Studienbücher Informatik

Herausgegeben von:

Walter Hower
Hochschule Albstadt-Sigmaringen
Albstadt-Ebingen, Deutschland

Die Reihe Studienbücher Informatik wird herausgegeben von Prof. Dr. Walter Hower.

Die Buchreihe behandelt anschaulich, systematisch und fachlich fundiert Themen innerhalb einer großen Bandbreite des Informatikstudiums (in Bachelor- und Masterstudiengängen an Universitäten und Hochschulen für Angewandte Wissenschaften), wie bspw. Rechner-Architektur, Betriebssysteme, Verteilte Systeme, Datenbanken, Software-Engineering, Interaktive Systeme, Multimedia, Internet-Technologie oder Sicherheit in Informations-Systemen, ebenso Grundlagen und Operations Research. Jeder Band zeichnet sich durch eine sorgfältige und moderne didaktische Konzeption aus und ist als Begleitlektüre zu Vorlesungen sowie zur gezielten Prüfungsvorbereitung gedacht.

Weitere Bände in dieser Reihe:
http://www.springer.com/series/12197

Dieter Duschl

Softwareentwicklung mit C++

Einführung mit Visual Studio

2., erweiterte und überarbeitete Auflage

Dieter Duschl
Reutlingen, Deutschland

Studienbücher Informatik
ISBN 978-3-658-18122-2   ISBN 978-3-658-18123-9 (eBook)
DOI 10.1007/978-3-658-18123-9

Die Deutsche Nationalbibliothek verzeichnet diese Publikation in der Deutschen Nationalbibliografie; detaillierte bibliografische Daten sind im Internet über http://dnb.d-nb.de abrufbar.

Springer Vieweg
© Springer Fachmedien Wiesbaden GmbH 2014, 2017
Das Werk einschließlich aller seiner Teile ist urheberrechtlich geschützt. Jede Verwertung, die nicht ausdrücklich vom Urheberrechtsgesetz zugelassen ist, bedarf der vorherigen Zustimmung des Verlags. Das gilt insbesondere für Vervielfältigungen, Bearbeitungen, Übersetzungen, Mikroverfilmungen und die Einspeicherung und Verarbeitung in elektronischen Systemen.
Die Wiedergabe von Gebrauchsnamen, Handelsnamen, Warenbezeichnungen usw. in diesem Werk berechtigt auch ohne besondere Kennzeichnung nicht zu der Annahme, dass solche Namen im Sinne der Warenzeichen- und Markenschutz-Gesetzgebung als frei zu betrachten wären und daher von jedermann benutzt werden dürften.
Der Verlag, die Autoren und die Herausgeber gehen davon aus, dass die Angaben und Informationen in diesem Werk zum Zeitpunkt der Veröffentlichung vollständig und korrekt sind. Weder der Verlag noch die Autoren oder die Herausgeber übernehmen, ausdrücklich oder implizit, Gewähr für den Inhalt des Werkes, etwaige Fehler oder Äußerungen. Der Verlag bleibt im Hinblick auf geografische Zuordnungen und Gebietsbezeichnungen in veröffentlichten Karten und Institutionsadressen neutral.

Gedruckt auf säurefreiem und chlorfrei gebleichtem Papier.

Springer Vieweg ist Teil von Springer Nature
Die eingetragene Gesellschaft ist Springer Fachmedien Wiesbaden GmbH
Die Anschrift der Gesellschaft ist: Abraham-Lincoln-Str. 46, 65189 Wiesbaden, Germany

Vorwort

Software ist ein Mittel zum Zweck. Mit der Definition der verschiedenen Hochsprachen führte man Schritt für Schritt verschiedene Konzepte ein, die die Programmierung, das Lesen von Programmen und deren Wartung erleichtert haben. In diesem Zusammenhang seien die Begriffe

- *Funktionen*,
- *Strukturen* und
- *Modulkonzept*

genannt. So gesehen ging es immer darum, mit praktikableren Mitteln einen bestimmten Zweck schneller und einfacher zu erfüllen.

Eine Weiterführung der oben genannten Begriffe ist der Begriff der OOP[1]. Die OOP ist keine Zauberei, kein Wunder und wird auch keine Wunder vollbringen. Sie ist ein neues, ein anderes Mittel zum Zweck. Und als solches sollte sie verstanden werden. Die OOP sollte Ihnen helfen, einfachere, effizientere und wartbarere Software zu entwickeln.

Ziel des Buches ist, dieses neue Mittel kennenzulernen. Wir wollen uns die Grundlagen und einige Features von C++ bzw. C++11 klarmachen. Die Features von C++11 wollen wir allerdings nur diskutieren, insofern der rote Faden des Buches nicht verloren geht, insofern das Buch als Ganzes verständlich bleibt. Wir wollen uns also zum grundsätzlichen Verständnis der Prinzipien der OOP der Sprache C++ bedienen. Und dabei werden wir die Entwicklungsumgebung Visual Studio 2012[2] nutzen. Sie können ganz beruhigt davon ausgehen, dass die vertiefte Beschäftigung mit einer Entwicklungsumgebung - in unserem Falle mit der Umgebung des VS 2012 - Ihnen den Einstieg in andere Entwicklungsumgebungen wesentlich erleichtern wird; sei es ein Einstieg in Qt, Eclipse, LabWindows CVI oder CodeWright. Und natürlich: Kenntnisse im Umgang mit dem VS 2012 erlauben Ihnen einen sofortigen Einstieg in alle älteren VS-Versionen.

Das Buch wendet sich an alle, die gewillt sind, die OOP anhand der Sprache C++ zu verstehen. Oberstes Gebot des Buches bleibt das Verständnis. In diesem Buch werden Sie anhand der Sprache C einen Übergang von einer modularen Sprache (C) zu einer objektorientierten Sprache (C++) selbst nachvollziehen können. Von fundamentaler Bedeutung wird dabei der Begriff der Struktur (`struct`) sein. Viele praxisrelevante Beispiele sichern Ihnen nach der Lektüre einen chancenreichen Einstieg in die professionelle Softwareentwicklung. Die Kenntnis der Sprache C ist hilfreich, aber bei der Lektüre nicht erforderlich. Alle wichtigen Sprachelemente werden erläutert.

---

[1] OOP: **O**bjekt**o**rientierte **P**rogrammierung
[2] Bitte beachten Sie, dass das Visual Studio 2012 (VS 2012) als Beta-Release Visual Studio 11 genannt wurde.

Wenn Sie Änderungswünsche oder Anregungen zum Buch haben, so werden wir diese sehr gern aufnehmen. Sie können uns unter folgender Mailadresse kontaktieren:
vs20124cpp@arcor.de

Abschließend möchte ich mich bei allen bedanken, die zum Gelingen des Buches beigetragen haben:
Ich möchte mich zuerst beim Verlag Springer Vieweg bedanken. Ohne die ständige und geduldige Unterstützung, die ich während der gesamten Entstehungszeit des Buches von den Mitarbeitern des Verlages, Frau Maren Mithöfer und Herrn Bernd Hansemann erhalten habe, wäre es zu keiner Veröffentlichung gekommen.
Herrn Prof. Dr. Walter Hower danke ich für die kritische Durchsicht des Manuskripts und seine fachlichen Ratschläge.
Ein besonderer Dank gilt auch Frau Ines Kessler, die durch nächtelange Korrekturarbeiten das Manuskript von vielen kleineren und größeren Fehlern befreite.
Und nicht zuletzt sei meiner Frau Angelika gedankt. Sie bewies große Geduld bei den "durchgeschriebenen" Wochenenden.

Hinweise zur 2. Auflage:

Für diese Auflage wurden folgende Änderungen vorgenommen:
1. Das Kapitel "Die Entwicklungsumgebung" wurde überarbeitet. Es wird kurz beschrieben, wie Sie die bestehenden Projekte mit dem Visual Studio 2015 bearbeiten können.
2. Das Kapitel "Verzweigungen und Schleifen" wurde um das Subkapitel "Die Berechnung der Zahl π" ergänzt. Dabei geht es neben dem Grundverständnis vor allem darum, wie man Iterationen programmieren kann.
3. Schlussendlich wurden viele kleinere Fehler beseitigt.

Reutlingen, im März 2017

Inhaltsverzeichnis

1 Die Entwicklungsumgebung **1**
  1.1 Hinweise zum Buch 1
  1.2 Die Nutzung von Tabulatoren 4
  1.3 Wichtige Hotkeys 5
  1.4 Anlegen von Projekten 9
  1.5 Kopieren von Projekten 17
  1.6 Features des Visual Studios 2015 20

2 Geschichte und Eigenschaften **23**
  2.1 Geschichte der Sprache C++ 23
  2.2 Eigenschaften 24
  2.3 Von C nach C++ 26
  2.4 Zusammenfassung 33
  2.5 Übungen 34

3 Grundlagen **35**
  3.1 Escapesequenzen 35
  3.2 Grunddatentypen 38
  3.3 Konsolenausgaben - cout 50
  3.4 Konsoleneingaben - cin 55
  3.5 Zusammenfassung 63
  3.6 Übungen 65

4 Konstanten - Variablen - Strukturen **67**
  4.1 Konstanten 67
  4.2 Variablen 77
  4.3 Speicherklassen 79
  4.4 Strukturen 81
  4.5 unions 89
  4.6 Die auto Variable, decltype und das RTTI-System 93
  4.7 Referenzen in C++ 97
  4.8 Genauigkeiten von Gleitpunktzahlen 99
  4.9 Aufzählungstypen und selbstdefinierte Typen 103
  4.10 Zusammenfassung 108
  4.11 Übungen 110

5 Verzweigungen und Schleifen — **111**
- 5.1 Die if-Anweisung — 111
- 5.2 Der ternäre Operator — 115
- 5.3 Die switch-Anweisung — 121
- 5.4 Die for-Anweisung — 123
- 5.5 Die while-Anweisung (kopflastige while-Schleife) — 133
- 5.6 Die do-while-Anweisung — 142
- 5.7 Die break-Anweisung — 145
- 5.8 Die continue-Anweisung — 154
- 5.9 Die goto-Anweisung — 156
- 5.10 Die Berechnung der Zahl π — 158
- 5.11 Zusammenfassung — 168
- 5.12 Übungen — 171

6 Klassen und Objekte — **173**
- 6.1 Von der Struktur zur Klasse — 173
- 6.2 Die Klasse und das public-Attribut — 180
- 6.3 Die Operatoren new und delete — 184
- 6.4 delete oder delete[] — 191
- 6.5 Der Konstruktor und der Destruktor — 193
- 6.6 Statische Variablen und Funktionen — 197
- 6.7 friend - Funktionen und Klassen — 202
- 6.8 Die Singleton-Klasse — 208
- 6.9 Zusammenfassung — 212
- 6.10 Übungen — 213

7 Exceptionhandling in C++ — **215**
- 7.1 Fehler ausgeben in C — 215
- 7.2 Exceptions — 219
- 7.3 Allround-Handler — 222
- 7.4 Eine Exception-Klasse — 227
- 7.5 Bibliotheks-Exceptions — 232
- 7.6 Exception in den Standard-Methoden — 237
- 7.7 Zusammenfassung — 241
- 7.8 Übungen — 243

8 Arbeiten mit Files — **245**
- 8.1 Thematik Files — 245
- 8.2 Filezugriffe — 246
- 8.3 Öffnen und Schließen von Files — 247
- 8.4 Lesen von Files — 252
- 8.5 Schreiben von Files — 260
- 8.6 Zusammenfassung — 265
- 8.7 Übungen — 267

9 Vererbung und Overloading — **269**
- 9.1 Die Klasse Rechteck als Basis-Klasse 269
- 9.2 Die Klasse Quadrat als abgeleitete Klasse 274
- 9.3 Das Schlüsselwort protected 280
- 9.4 Arten der Vererbung 284
- 9.5 Overloading 285
- 9.6 Overloading bei Operatoren 288
- 9.7 Zusammenfassung 301
- 9.8 Übungen 302

10 Polymorphismus — **305**
- 10.1 Frühe Bindung 305
- 10.2 Späte Bindung 310
- 10.3 Abstrakte Klassen 316
- 10.4 UML für Klassen 320
- 10.5 Zusammenfassung 322
- 10.6 Übungen 323

11 Templates — **325**
- 11.1 Makros 325
- 11.2 Funktions-Templates 327
- 11.3 Klassen-Templates 334
- 11.4 Die Standard Template Library; STL 337
- 11.5 Zusammenfassung 345
- 11.6 Übungen 347

12 Threads — **349**
- 12.1 Die Konsole 349
- 12.2 Threads - Bedeutung und Sinn 354
- 12.3 Der kritische Abschnitt 359
- 12.4 Threads und Objekte 366
- 12.5 Zusammenfassung 371
- 12.6 Übungen 372

13 Abschluss und Ausblick — **373**
- 13.1 Casting 373
- 13.2 Lesen von Files - ein GUI-Projekt 376
- 13.3 nullptr und NULL 387
- 13.4 Die move Semantik 388
- 13.5 Ende des Buches 391
- 13.6 Zusammenfassung 393

Literaturverzeichnis — **395**

Sachverzeichnis — **397**

1 Die Entwicklungsumgebung

Bevor wir richtig anfangen können, sollten wir uns mit einem Entwicklungswerkzeug beschäftigen. Das Entwicklungssystem ist wichtig, weil ein Einsteiger auf dem Gebiet der Softwareentwicklung unbedingt lernen muss, mit mächtigen Systemen umzugehen. Als Entwicklungssystem hatten wir in der Erstauflage das Visual Studio 2012 gewählt; nun wollen wir auch auf das Visual Studio 2015 eingehen. Sie werden sehen, dass dies keine große Umstellung bedeutet.
In diesem Kapitel lernen wir, wie man Tabulatoren nutzt, ohne dass sie ärgerliche Nebeneffekte bei anderen Editoren erzielen. Wir werden - zur Vermeidung eines Mouse-Armes - wichtige Hotkeys des Visual Studios 2015 kennenlernen.
Außerdem lernen wir, wie man Projekte anlegt und sie sichert. Eine gute Projektverwaltung - zum Beispiel mit dem Werkzeug Visual SourceSafe[1] - ist von enormer Bedeutung. Zuletzt werden wir einige Features des Visual Studios 2015 auflisten.

1.1 Hinweise zum Buch

Wir haben im Vorwort erfahren, dass Softwareentwicklung immer auch ein ökonomisches Problem war und ist. Dies ist insofern klar, als dass man Software in der Regel nicht im stillen Kämmerlein entwickelt, sondern in Firmen, die die entsprechenden Entwickler auch entlohnen. Der Entwickler produziert also eine kreative Leistung, die er verkauft; seiner Firma oder direkt an Kunden. Wie in allen Dingen des produktiven Wirkens, so benötigt man zur Erstellung von Software ein gescheites Werkzeug. Man benötigt ein Entwicklungssystem. Natürlich kann man sich ein beliebiges Entwicklungssystem aussuchen; und natürlich auch ein beliebiges Betriebssystem. Aus der Erfahrung der industriellen Praxis und aus der Erfahrung des Vorlesungbetriebs erscheint es nötig, dem Anfänger ein System zur Verfügung zu stellen, mit dem er (der Entwickler) schlicht und einfach beginnen kann, die Sprache, die er lernen möchte, zu lernen. In der üblichen Literatur wird kaum auf Betriebssysteme bzw. Entwicklungssysteme eingegangen. Natürlich ist dieser Fakt sinnigerweise nicht zuletzt gewissen ISO-Standards der Sprachen geschuldet. Und das ist auch gut so. Grundlegende Basics einer erfolgreichen Programmiersprache werden und müssen immer betriebssystemunabhängig sein; so auch bei der Sprache C++.

Trotzdem wird es spezielle Einzelheiten, spezielle Entwicklungssysteme geben, die den Umgang mit einer Sprache wesentlich, sehr wesentlich erleichtern. Aus diesem Grunde möchten wir in diesem Buch die Sprache C++ bei weitestgehender Beibehaltung des ISO-Standards unter Windows vorstellen. Dennoch sollten alle vorgestellten Programme prinzipiell auch unter Linux, UNIX-Derivaten oder anderen Betriebssystemen laufen. Sollten Ausnahmen behandelt werden, so wird ein entsprechender Hinweis gegeben.

---

[1]Eine Einführung von VSS kann leider in diesem Buch nicht besprochen werden.

Als Entwicklungssystem empfehle ich das Visual Studio 2015 Express for Windows Desktop. Mit dieser Umgebung, mit der man C++-Programme entwickeln kann, werden wir alle wesentlichen Beispiele üben. Diese Software kann auch direkt von Microsoft heruntergeladen werden [Mic11b]; das Visual Studio 2015 Express kann man auch unter [CHI17] herunterladen. In gewissen Ausnahmefällen werden wir auf den GNU-Compiler bzw. auf die Opensource-Umgebung Bloodshed Dev-C++ zurückgreifen. Warum empfehlen wir das Visual Studio als Entwicklungssystem?

1. Es hat eine sehr komfortable online-Hilfe zur Verfügung (F1).
2. Diese Entwicklungsumgebung ist neu und besitzt trotzdem eine jahrzehntelange Erfolgsgeschichte (VC4, VC5, VC6, .NET2003, VS 2005, VS 2008, VS 2010, VS 2015 und das VS 2017 wird demnächst erscheinen).
3. Andere moderne Entwicklungssysteme für embedded Systeme (z.B.: CodeWright) lassen sich in ähnlicher Weise bedienen. Analoges gilt für das System Qt.

Nach erfolgreicher Installation des Visual Studio 2015 Express sollten Sie das Bild in Abbildung 1.1 sehen. Wenn wir uns nun mit dem Visual Studio 2015 beschäftigen und mit dieser Entwick-

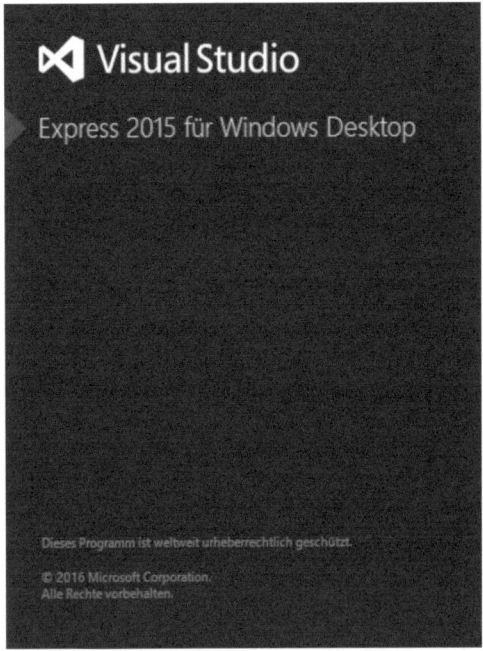

Abbildung 1.1: Ende einer erfolgreichen Installation des Visual Studio 2015.

lungsumgebung die Sprache C++ üben, so ergibt sich ganz zwangsläufig ein gewisser immer wiederkehrender Aufbau für das Buch.

Die Programme in diesem Buch werden im Wesentlichen Konsolenprogramme sein. Daraus ergeben sich die folgenden vier wichtigen Legenden, die in der Tabelle 1.1 dargestellt sind.

1.1 Hinweise zum Buch

Tabelle 1.1: Darstellung der Legenden.

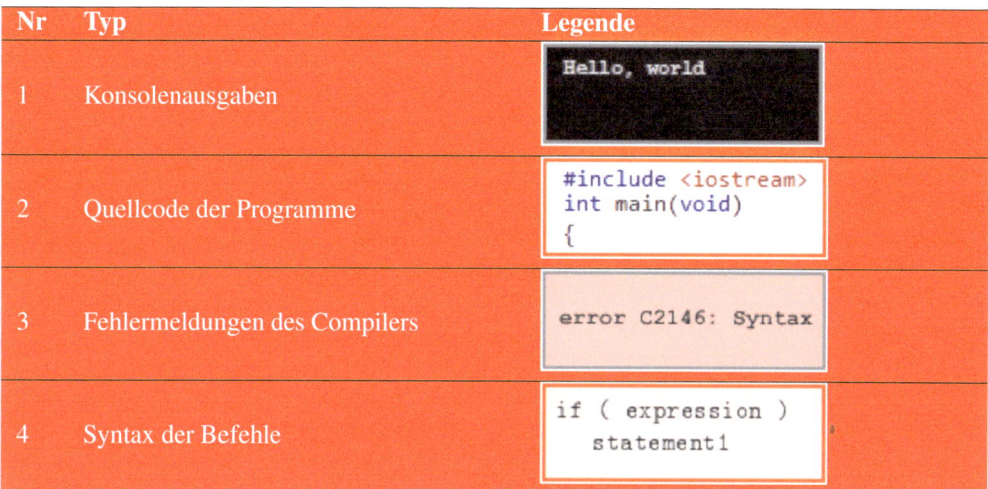

Nun haben wir wichtige Informationen, die für den Umgang mit diesem Buch nützlich sind, besprochen. Wenn Sie den Download von diesem Link [Mic11b] starten und die Entwicklungsumgebung Visual Studio 2012 Express installieren, so können Sie sofort mit der Arbeit beginnen. In der Einleitung zum Buch werden wesentliche Features der Entwicklungsumgebung erläutert. Diese Hinweise sind für die effiziente Nutzung der Entwicklungsumgebung sehr dienlich und werden Ihre Arbeiten bedeutend erleichtern! Bitte beachten Sie, dass alle Beispiele, die mit Visual Studio 2012 entwickelt wurden, als Projekte zur Verfügung stehen. Das bedeutet für Sie, dass Sie lediglich das Visual Studio Solution File (sln-File) anklicken müssen und schon startet das Visual Studio 2012 und Sie können die Applikationen debuggen und alle Schritte sofort nachvollziehen. Das wird Ihnen die Arbeit mit diesem Buch erleichtern.

Natürlich gelten alle diese Aussagen auch für das Visual Studio 2015. Wir werden an geeigneter Stelle in diesem Kapitel darauf hinweisen. Vorab sollten Sie wissen, dass Sie völlig sorgenfrei alle Beispiele und Aufgaben von dem unten genannten Link herunterladen können; diese, mit dem VS 2012 generierten Projekte können problemlos mit dem VS 2015 übersetzt werden.

Sourcen und Lösungen der Übungsaufgaben:
Sie finden alle Sourcen zum Buch unter folgendem Link:
http://www.springer.com/9783658181222
Unter dem gleichen Link finden Sie die Lösungen der Übungsaufgaben als PDF-File.

Das Entwicklungssystem Visual Studio 2015:
Das Visual Studio 2015 können Sie unter folgendem Link aus dem Netz laden:
http://www.microsoft.com/visualstudio/deu/downloads
Sie können die Express Version 2015 auch bei chip.de [CHI17] herunterladen.

1.2 Die Nutzung von Tabulatoren

Natürlich kann man "unsere" kleinen Übungsprogramme auch mit einem beliebigen Editor erstellen und bauen. Aber die Regel wird doch eher so sein, dass Sie Ihre Aufgaben als Projekt ansehen und lösen sollten. Deshalb wollen wir nun mit dem Visual C++ 2015 Express ein erstes kleines Projekt anlegen. Wir werden das Programm, das Stroustrup in seinem Tutorial zum Release 2.0 von C++ skizzierte, anlegen. Doch bevor wir ein Projekt anlegen, wollen wir ein

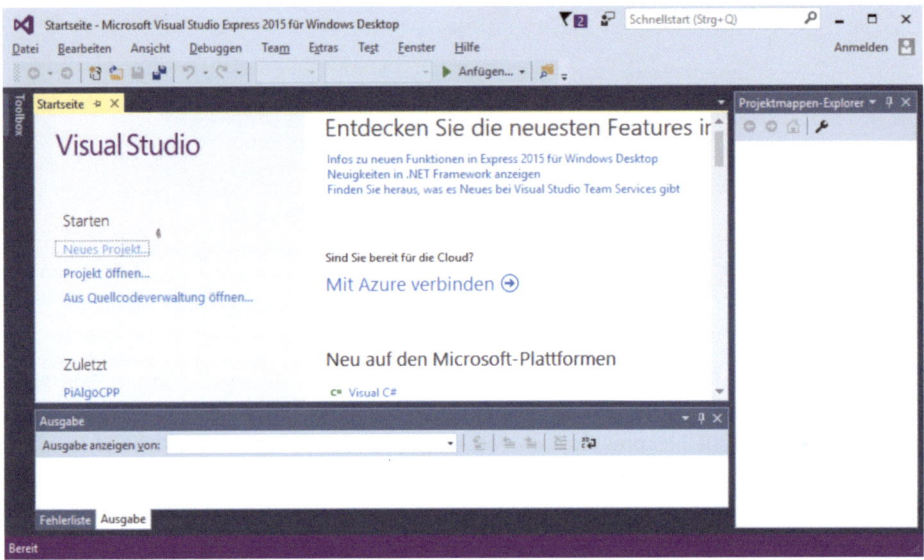

Abbildung 1.2: Startbild des Visual C++ 2015.

paar wenige nützliche Grundfeatures dieser Entwicklungsumgebung kennenlernen. Wenn man die Umgebung startet, so sieht man das folgende Startbild: siehe Abbildung 1.2 auf Seite 4.

Im Startfenster findet man unter der HELP den About-Dialog (About Microsoft Visual Studio Express 2015 for Windows Desktop). In diesem Dialog - siehe Abbildung 1.3 auf Seite 5 - kann man sehen, mit welcher Version gearbeitet wird. Man sieht in dieser Abbildung, dass diese Version nach 23 Tagen abgelaufen ist. Das ist kein Grund zur Beunruhigung: nach der Installation können Sie das Produkt 30 Tage lang testen. Nach dem Testzeitraum müssen Sie sich registrieren und erhalten dann einen kostenlosen Produktschlüssel für die weitere Nutzung. Außerdem sollten Studenten an den entsprechenden Hochschulen diese Versionen auch kostenfrei beziehen können.

Wir wollen diese Entwicklungsumgebung jetzt nur noch kurz Developer Studio bzw. Developer oder VS 2015 bzw. VS 2012 nennen. Vor Beginn der Arbeiten sollten Sie den Texteditor bezüglich seiner Tab-Eigenschaften konfigurieren. Es ist ganz einfach sinnvoll, das Tabulatorzeichen (0x09) gegen ein Spacezeichen (0x20) zu ersetzen. Das ist deshalb sinnvoll, weil Sie unter Umständen Ihre Programme auch mal mit anderen Editoren anschauen, vielleicht ändern wollen,

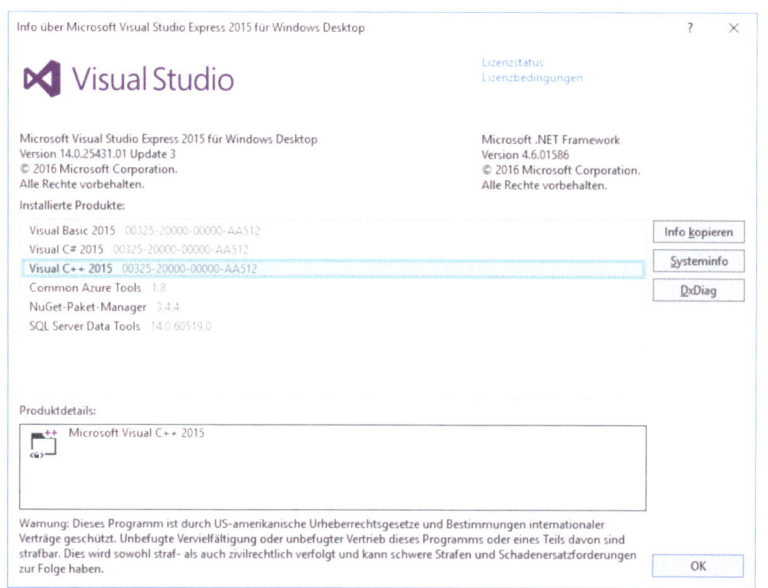

Abbildung 1.3: Der About-Dialog des Visual C++ 2015.

und da könnte es sein, dass dieser neue Editor nicht die gleichen Tabweiteneinstellungen hat wie das VS 2015. Sie sollten (sinnvollerweise) Ihren Developer auf eine Tabweite von vier einstellen, weil Sie damit Ihren Quellcode mit einem einzigen Tastendruck auf die Tabulator-Taste vier-Byte-weise einrücken können. Vier Bytes sind sinnvoll, weil vier Bytes Space groß genug sind, um einen definierten Scope im Quellcode deutlich erkennen zu können und klein genug sind, um nicht zu viel Platz zu verschwenden. Nun müssen wir aber noch das Tabulatorzeichen im Developer Studio gegen das Space-Zeichen tauschen. Das erreichen wir wie folgt: Wir gehen im Developer auf
`EXTRAS/Optionen/Text-Editor/C/C++/Tabstopp`
und dann ändern Sie die Einzugsgröße auf vier und wählen "Leerzeichen einfügen" aus. Sie können sich dazu die Abbildung 1.4 auf Seite 6 und die Abbildung 1.5 auf Seite 6 anschauen.

1.3 Wichtige Hotkeys

Hier sind die wichtigsten Hotkeys des Developer Studios zusammengefasst. Natürlich können Sie alle Keys auch via Mouse erreichen, aber es ist einfach sinnvoll, die Hotkeys zu verwenden, weil man damit schneller arbeiten kann und die Gefahr, einen "Mouse-Arm" zu bekommen, reduziert wird. Aber es steht natürlich jedem frei, es so oder so zu tun. Bevor wir einige Hotkeys vorstellen, sollten wir wissen, dass es verschiedene Keyboard-Einstellungen gibt. Um welche es sich handelt, kann man an der Abbildung 1.6 feststellen. Zunächst gehen wir zu den Definitionen der Einstellungen der Keyboards:
`EXTRAS/Optionen/Umgebung/Tastatur`

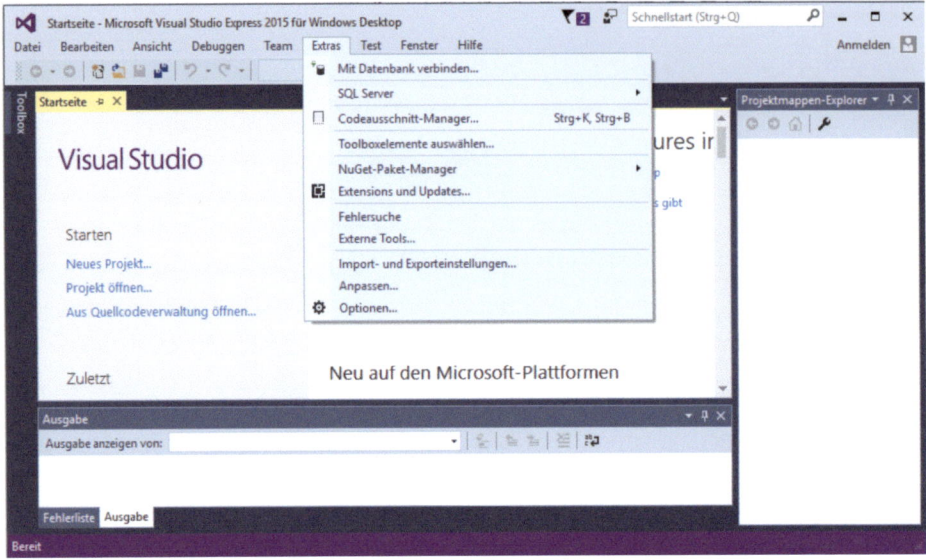

Abbildung 1.4: Einstellen der Tabeigenschaften (1).

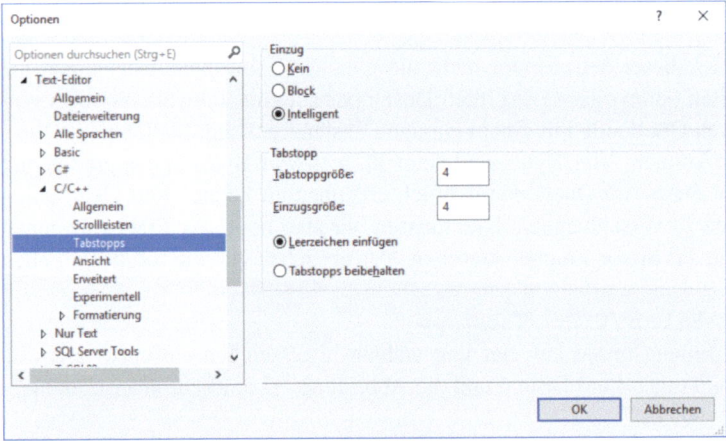

Abbildung 1.5: Einstellen der Tabeigenschaften (2.)

Die Anwahl von EXTRAS/Optionen kann man aus der Abbildung 1.4 entnehmen. Als Tastaturschema empfehlen wir das von Visual C++ 6. Aber auch hier ist es Ihre freie Entscheidung, ein anderes Tastaturschema zu wählen. Es wäre bei Teamarbeit allerdings sinnvoll, wenn alle mit dem gleichen Schema arbeiten. Dadurch kann man an PCs von Teammitgliedern sofort weiterarbeiten oder Kollegen sehr effektiv helfen, ohne sich die "Finger brechen" zu müssen.

1.3 Wichtige Hotkeys

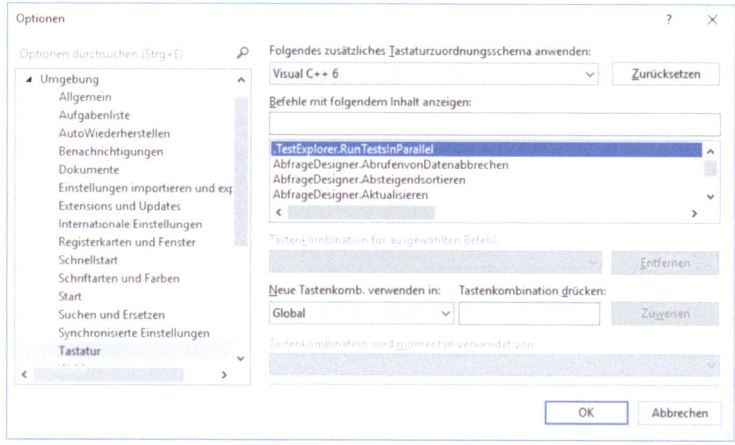

Abbildung 1.6: Das Tastatur-Schema (Visual C++ 6).

In der folgenden Tabelle 1.2 können Sie die wichtigsten Hotkeys, die im VS 2012 nützlich sind, einsehen. Es sei vorweggenommen, dass Sie die Tasten

1. F7 (Build eines Executables),
2. F5 (Debuggen des Executable),
3. Shift F5 (Beenden der Debug-Session),
4. F9 (Setzen/Löschen eines Break-Punktes),
5. F10 (Steppen durch das Programm),
6. F11 (Steppen in eine Funktion) und
7. Shift F11 (Funktion wieder verlassen)

zunächst am häufigsten benötigen werden. Damit ist zugleich auch folgendes gesagt: Sie werden mit dem VS 2012 das Debuggen Ihrer Software lernen - und das ist von größter Wichtigkeit. Dadurch können Sie auch mal "hinter die Sourcecode-Kulissen" schauen; Sie werden verstehen, warum Ihr Programm gerade das tut, was es tut - und sei es ein Absturz.
Sie werden Variablen sehen und während der Laufzeit ändern können. Sie können Ihren RAM sehen und sich sogar Prozessor-Register anschauen. Final werden Sie keinerlei Fragen zum Verhalten Ihrer Software mehr haben. Und dies ermöglicht Ihnen der Debugger.

Hinweis: *Bitte beachten Sie, dass es unter Windows viele allgemeine Hotkeys gibt, die Ihnen das Arbeiten mit Windows wesentlich erleichtern; damit ist durchaus auch die Programmierarbeit gemeint. Ein paar von diesen Kombinationen wie "Search" (<Strg F>), "Mark all" (<Strg A>), "Copy" (<Strg C>), "Cut" (Strg X) und "Paste" (<Strg V>) dürften Ihnen bekannt sein. Wenn Sie mehr dazu wissen wollen, empfehlen wir, einfach mal im Internet zu suchen (Stichwort: Windows Tastenkombinationen)[Mic11a]. Es wird sich lohnen!*

Taste	Funktion	Bemerkung
F1	Hilfe	Sie gehen mit dem Cursor auf das Schlüsselwort und drücken F1.
F2	Lesezeichen toggeln	F2 erlaubt Springen zwischen den Lesezeichen
F3	Suchen	Mit F3 wird der aktuelle Suchtext gesucht.
F5	Starten des Debuggers	Man muss auch ein Projekt angelegt haben.
F7	Build	Es wird ein EXE-File erzeugt.
F9	breakpoints	Setzen/Löschen des roten Kreises ●
F10	Step	Mit F10 steppen Sie zeilenweise.
F11	Step in	Mit F11 steppen Sie in eine Funktion.
F12	Goto Definition	Anzeige der Definition des Typs (s. Abb.: 3.6; S.42).
Mouse	Öffnen von Header-Dateien	Mit rechter Mousetaste auf Files gehen, drücken und "öffnen" (s. S. 112)
Mouse	Setzen/Löschen von breakpoints	Mit Mouse auf den linken, grauen Rand des Sourcecodes gehen und linke Mousetaste drücken.
Strg F2	Setzen/Löschen von Lesezeichen.	Hellgraues Rechteck auf dem linken, grauen Rand des Sourcecodes.
Strg Shift F2	alle Lesezeichen löschen	Mit dieser Tastenkombination kann man alle Lesezeichen löschen. Bestätigung nötig!
Strg Shift F9	alle breakpoints löschen	Mit dieser Tastenkombination kann man alle breakpoints löschen; siehe Strg Shift F2.
Strg K Strg F	Formatierung des selekt. Bereichs herstellen	Wenn man einen Bereich selektiert hat, so stellt Strg K Strg F Formatierung wieder her.
Strg F5	Execute	Startet ein Programm.
Strg ´	Springt zwischen { und }	Das Zeichen <´> liegt auf der Tastatur zwischen <Backspace> und <'?>.
Shift F5	Beenden des Debuggers	Die Debugsession wird beendet.
Shift F11	Step out	Mit Shift F11 steppt man aus einer Funktion.
Alt 6	Arbeitsspeicher einsehen	Funktion ist nur im Debugmode möglich.

Tabelle 1.2: Wichtige Hotkeys (Visual C++ 6-Einstellung bei der Tastatur; siehe Abbildung 1.6).

1.4 Anlegen von Projekten

Zum Erstellen eines Projektes starten wir das Developer Studio. Wir könnten direkt aus der Startseite ein neues Projekt (s. Abbildung 1.4 auf Seite 6) anlegen. Dazu brauchen Sie in der erwähnten Abbildung 1.4 nur auf
Neues Projekt
mit der Mouse zu klicken. Aber wir wollen den üblichen Weg über "DATEI" wählen (s. Abbildung 1.7 auf Seite 9).

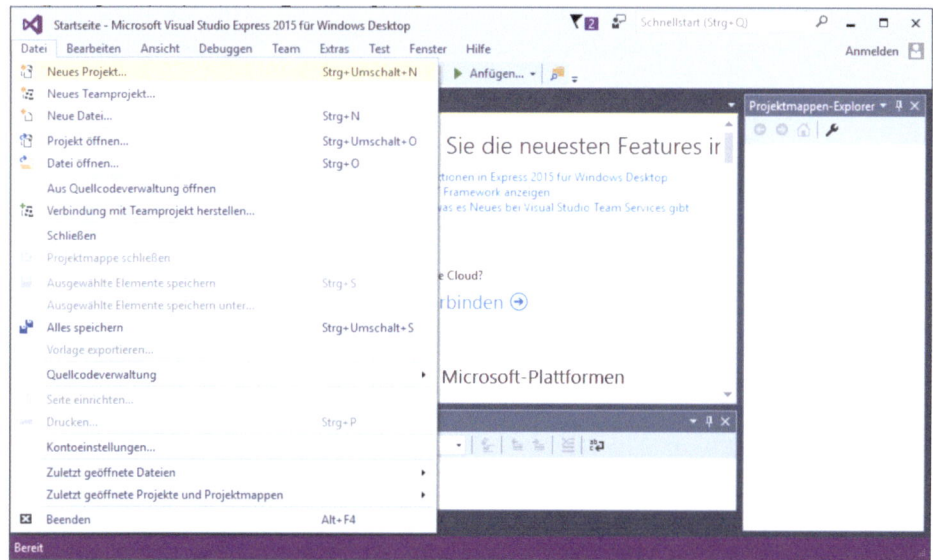

Abbildung 1.7: Projekterstellung (1).

Wir geben dann in dem folgenden Dialog (s. Abbildung 1.8 auf Seite 10) den Namen des Projektes an, das in einem "sinnvollen" Directory anzulegen ist. Sinnvoll ist ein Directory dann, wenn (beispielsweise) alle Aufgaben des Buches in diesem entsprechenden Directory gesichert werden. Das vereinfacht die Orientierung auf Ihrem PC und erleichtert Ihnen damit das Arbeiten.
Sie sollten ebenfalls einen sinnigen Namen für das Projekt bzw. die Projekte festlegen. Für unser erstes Programm wurde P001K1_HelloWorld als Projektname gewählt. Dabei sagt
P001,
dass dies unser erstes Programm ist und
K1
steht für das Kapitel (K1=Kapitel 1), in dem das Programm entwickelt wurde. Der Name nach dem underline (HelloWorld) soll an den Inhalt des Programmes erinnern. Prinzipiell werden für Programme bzw. Projekte immer gewisse Namenskonventionen festgelegt. Und in diesem Buch genügen sie der hier skizzierten Nomenklatur.

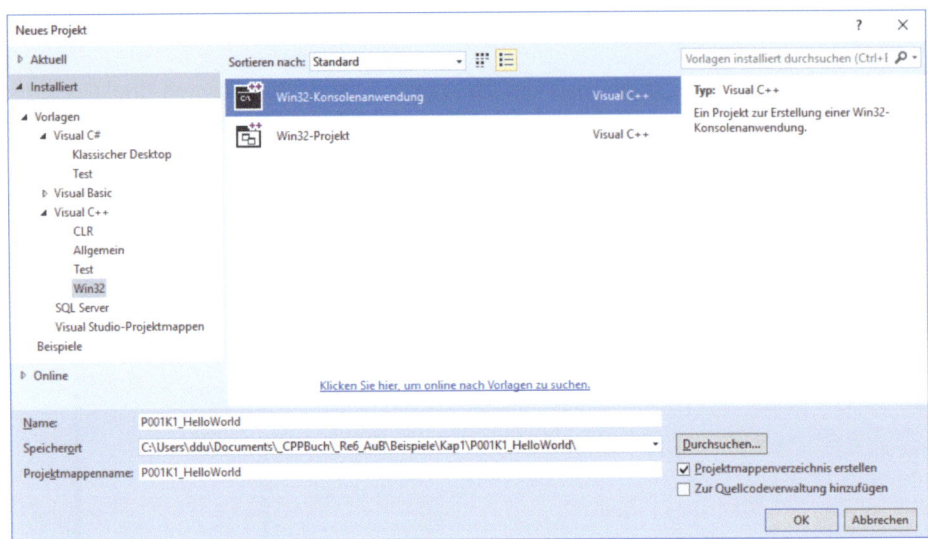

Abbildung 1.8: Projekterstellung (2).

Wichtig bei der Projekterstellung ist, dass Sie eine Win32-Konsolenanwendung gewählt haben (s. Abbildung 1.8; Seite 10). Nun betätigen Sie den OK-Button in Abbildung 1.8. Danach erscheint der Dialog in Abbildung 1.9 auf Seite 11.
In diesem Falle können Sie bedenkenlos auf Weiter drücken und es erscheint der letzte Dialog (siehe Abbildung 1.10; Seite 11), der Eigenschaften des Projektes abbildet, die da sind:

- Anwendungstyp
- Zusätzliche Optionen

Bei Anwendungstyp wählen Sie
Konsolenanwendung.
Wir werden uns in diesem Buch im Wesentlichen mit Konsolenanwendungen beschäftigen. Bei der Eigenschaft "Zusätzliche Optionen" wählen wir
- Vorkompilierte Header
- Security Development Lifecycle
Vorkompilierte Header benötigen wir, um komplexere Compiler-Einstellungen zu vermeiden. Diese Einstellung ist an das Inklude von
stdafx.h
gebunden. Wir wollen diesen Fakt zunächst einfach nur hinnehmen. Beachten Sie, dass bei fehlendem Inklude beim Kompilieren Fehlermeldungen erscheinen. Sie sollten also stdafx.h immer im Projekt lassen. Nehmen Sie an diesem File zunächst keine Änderungen vor!
Der Security Development Lifecycle (SDL) ist ein von Microsoft veröffentlichtes Konzept zur Software-Erstellung. In diesem Konzept geht Microsoft von folgenden Grundsätzen aus:

- Die Sicherheitsbelange werden in der Planungsphase berücksichtigt (secure by design).
- Die Standardeinstellungen (z.B. erforderliche Privilegien) sollten niedrig gewählt werden

1.4 Anlegen von Projekten

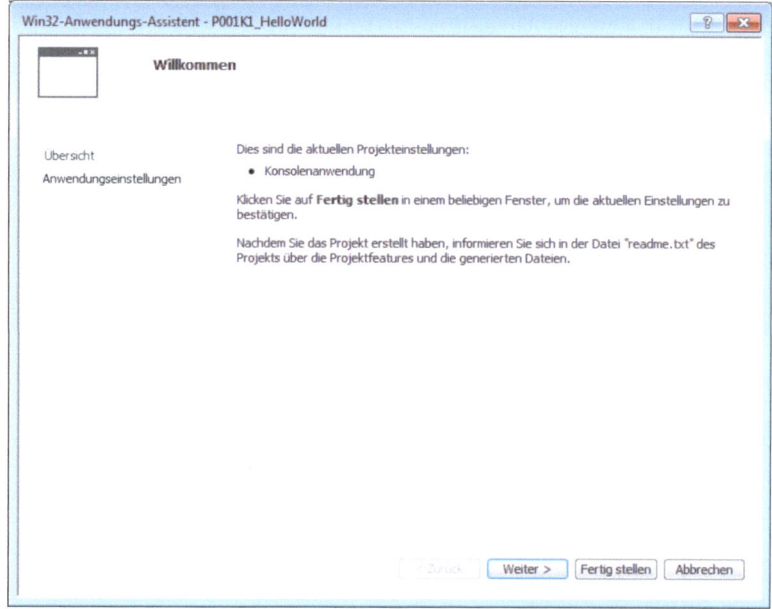

Abbildung 1.9: Projekterstellung (3).

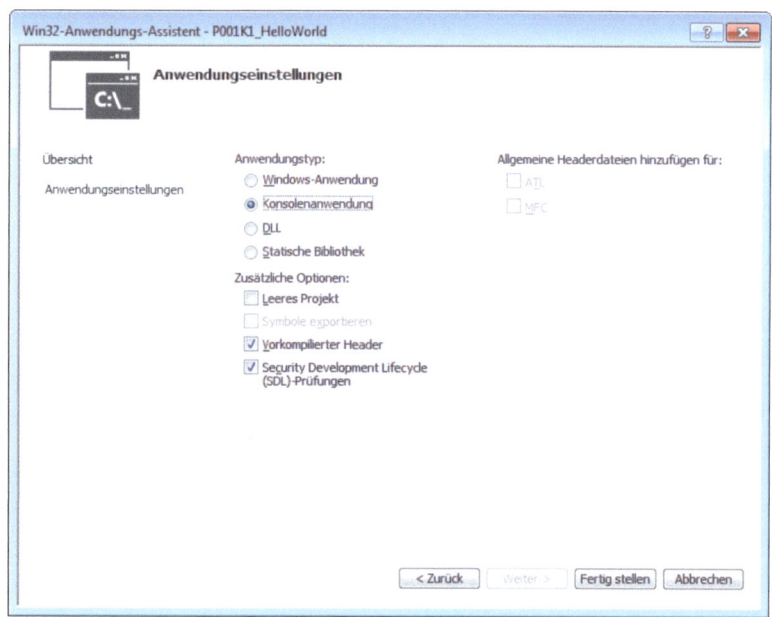

Abbildung 1.10: Projekterstellung (4).

und selten benutzte Features standardmäßig deaktiviert werden (secure by default).
- Die mitgelieferten Dokumentationen und Tools sollten die Administratoren dabei unterstützen, die Software möglichst optimal einzurichten (Secure in deployment).
- Alle Sicherheitslücken werden den Endanwendern offen kommuniziert und es werden schnell Patches oder Workarounds zur Verfügung gestellt. In einer Dokumentation sollte der Abschnitt "known bugs" nicht fehlen (Communications).

Doch kommen wir zur Abbildung 1.10. Wenn Sie nun den Button
Fertigstellen
betätigen, so erhalten wir das fertige Projekt, das Sie in der Abbildung 1.12 auf Seite 12 einsehen können. Wir wollen an diesem Projekt noch ein paar Vereinfachungen vornehmen. Allerdings

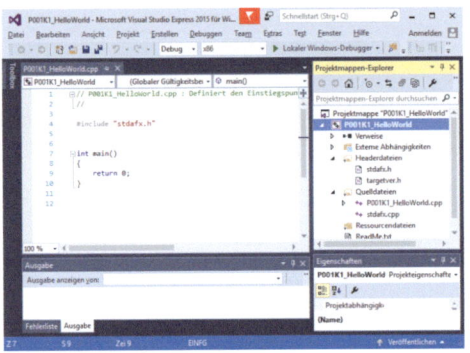

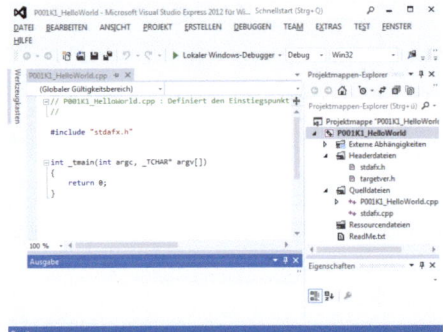

Abbildung 1.11: Projekterstellung VS 2015(5).   **Abbildung 1.12:** Projekterstellung VS 2012(5).

muss hier erwähnt werden, dass sich das Visual Studio 2012 von dem Visual Studio 2015 unterscheidet. Wir kommen hier zu den Änderungen, die Sie o.B.d.A.[2] für das Visual Studio 2012 vornehmen sollten (siehe Abb. 1.12):

- Wir benennen _tmain nach main um. Wir wollen uns in diesem Buch in der Regel mit 8-bitigen Projekten beschäftigen; d.h., dass wir keine Textausgaben in Sprachen wie Japanisch, Chinesisch, Koreanisch oder ... vornehmen werden.
- Aus gleichem Grunde entfernen wir _TCHAR und schreiben stattdessen char.
- Wir löschen aus dem Projekt die Files Ressourcendateien und ReadMe.TXT. Diese Files werden wir zum grundlegenden Verständnis nicht benötigen. Und alles, was das Projekt unnötig "belastet", sollte entfernt werden. Das Löschen dieser Files können Sie wie mit einem Explorer durchführen; siehe Abbildung 1.13 auf Seite 13. Bei Betätigung der rechten Mouse-Taste erscheint das Pull-Down-Menü, das Ihnen die Auswahl, wie in Abbildung 1.13 zu sehen, ermöglicht.

Nach Änderung erhalten Sie ein finales Projekt, das in Abbildung 1.14 auf Seite 13 einsehbar ist. Und wir haben dieses Projekt auch schon compiliert. Dies führten wir mit der Taste F7 durch; siehe dazu Tabelle 1.2 auf Seite 8. Es zeigt uns im Ausgabefenster in Abbildung 1.14, dass keine Fehler und keine Warnungen aufgetreten sind:

---

[2]ohne Beschränkung der Allgemeinheit. Wir werden häufig mit dem VS 2012 fortfahren.

1.4 Anlegen von Projekten

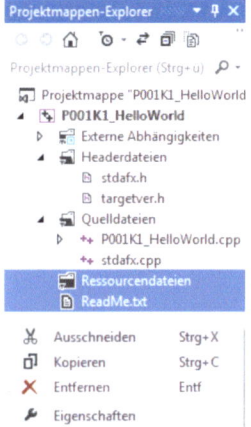

Abbildung 1.13: Das Löschen unnötiger Projektfiles können Sie wie mit dem Explorer im Projektmappen-Explorer realisieren.

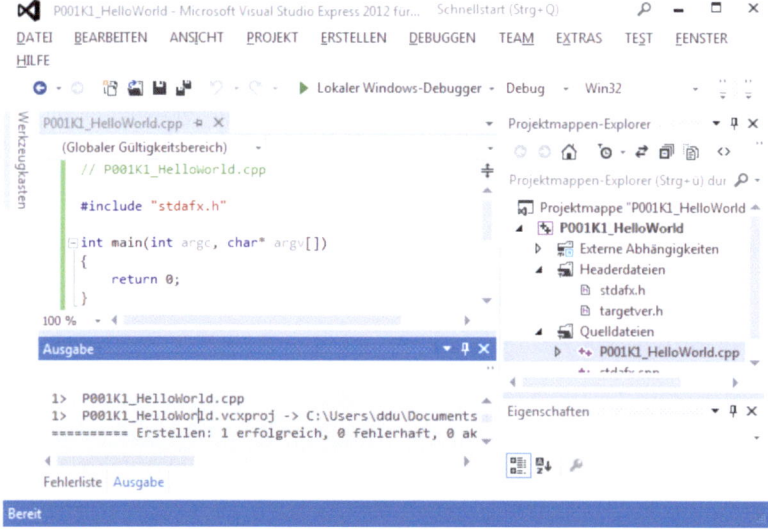

Abbildung 1.14: Das fertige Projekt nach einem Compile-Lauf (F7); hier mit dem VS 2012.

```
Erstellen: 1 erfolgreich, 0 fehlerhaft
```
Um es gleich vorweg zu nehmen: Wir sollten immer garantieren, dass wir warning-frei compilieren. Eine Warnung stellt IMMER eine potentielle Fehlergefahr dar. Wir werden später sehen, wie wir das warning level einstellen können. Sein Default-Wert steht auf 3. In der Projektmappenkonfiguration sehen Sie, dass Sie eine Debug-Version erstellt haben. In der Abbildung 1.15 auf Seite 14 ist die Projektmappenkonfiguration durch eine Ellipse markiert. Dort können Sie festlegen, ob Sie eine Debug-Version erstellen wollen. Sie können natürlich an dieser Stelle auch eine

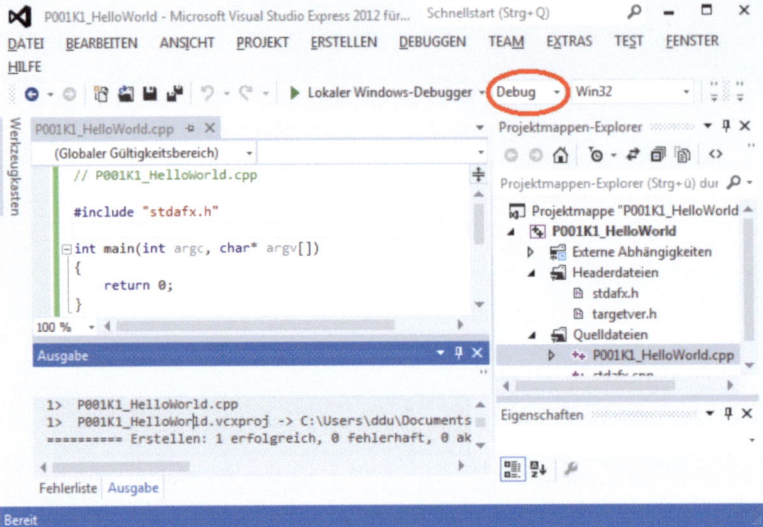

Abbildung 1.15: Das Programm wurde in der Debug-Version erstellt.

Release-Version anwählen. Dazu brauchen Sie in der Listbox Projektmappenkonfiguration nur die Release-Version anwählen. In diesem Buch werden wir im Wesentlichen Debug-Versionen erstellen. Üblicherweise finden Sie bei auszuliefernder Software immer Release-Versionen.

Sie können nun das Programm debuggen. Dazu sollten Sie zuerst einen breakpoint setzen; siehe dazu Tabelle 1.2 auf Seite 8. Diese Programmunterbrechung setzen Sie, indem Sie mit dem Cursor in die Programmzeile gehen, bei welcher Sie wünschen, dass die Software in den breakpoint läuft. Dort betätigen Sie die Taste F9. Und wenn wir tatsächlich einen breakpoint setzen, so wollen wir eigentlich in diesem Falle nur, dass das Programm vor dem Beenden stoppt. Wir werden also den breakpoint an der letzten abschließenden Klammer zu } setzen. Wenn Sie eine Software via Developer starten und diese Software keinen "Haltepunkt" hat, so wird sie unweigerlich terminieren. Die Konsole blitzt kurz auf und sie verschwindet wieder. In Abbildung 1.16 auf Seite 15 ist zu sehen, wo wir unseren breakpoint gesetzt haben; wir haben den breakpoint am Ende der Software gesetzt. Für solche simplen Anwendungen ist das auch in Ordnung, da wir hier nichts zu debuggen haben. Hier geht es nur darum, dass wir das Terminieren der Applikation verhindern wollen. Und da wir das nicht via Software sichergestellt haben, lassen wir dies den Debugger mit dem Setzen eines breakpoints tun. Wenn wir nun den Debugger mit F5 starten, so hält das Programm am breakpoint an: Wir sehen, dass CS:IP, die in der Entwicklungsumgebung bei einer Debugsession durch einen gelben Pfeil gekennzeichnet sind, unmittelbar am breakpoint stehen (siehe dazu Abbildung 1.17; Seite 15). Und wenn Sie nun mit ALT-Tab die aktiven Applikationen durchtoggeln, so werden Sie zwangsläufig auch auf unsere Konsole "treffen". Das Programm läuft (s. Programm 1.1 (P001); Seite 16)! Und gleich darunter sehen Sie die Konsolenausgabe; Abbildung 1.18 auf Seite 16.

Wir haben unser Ziel erreicht. Die entsprechenden Schlüsselwörter sind farblich markiert. Jetzt

1.4 Anlegen von Projekten

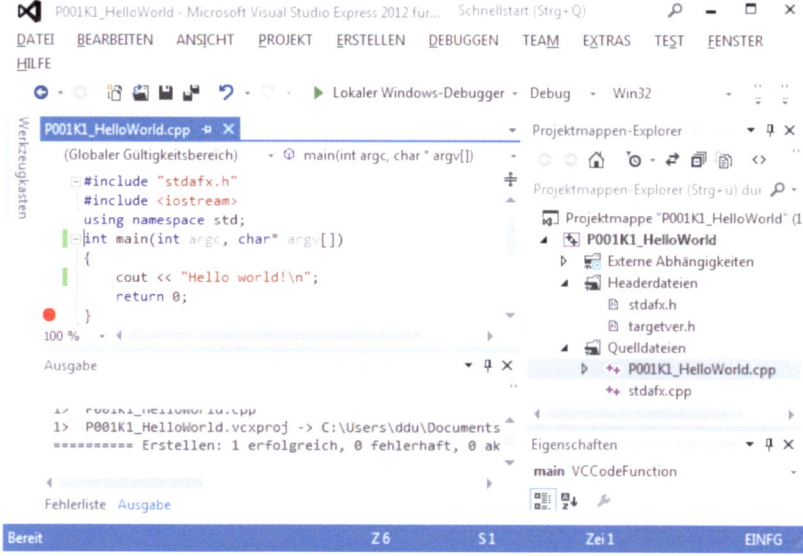

Abbildung 1.16: Der breakpoint im Developer.

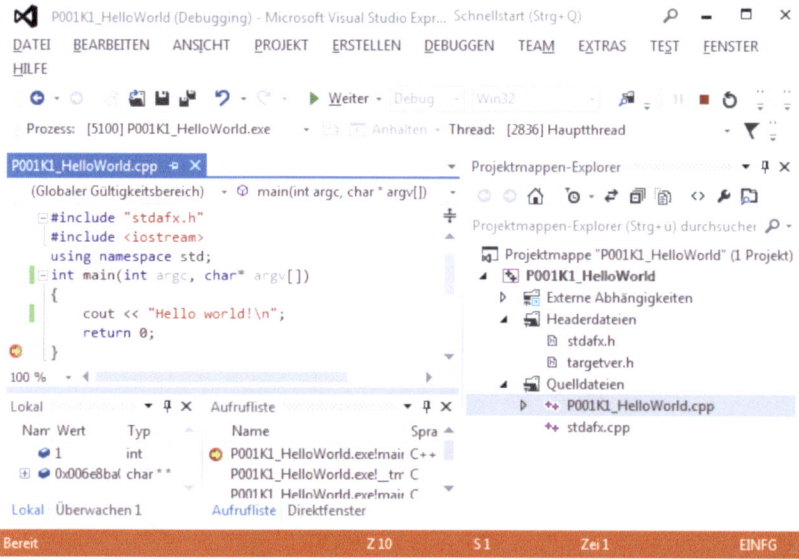

Abbildung 1.17: Das Programm steht im breakpoint.

können Sie mit Shift F5 die Debugsession beenden. Dabei wird sich auch das Output-Fenster 1.18 schließen. Es wird immer empfohlen, die Debugsession mit Shift F5 zu beenden. Häufig ist man geneigt, das "Schließen-Control" an der rechten oberen Ecke des Output-Fensters zu nutzen.

```cpp
// P001K1_HelloWorld.cpp
#include "stdafx.h"
#include <iostream>
using namespace std;

int main(int argc, char* argv[])
{
    cout << "Hello world!\n";
    return 0;
}
```

Programm 1.1: Das Programm HelloWord.

Abbildung 1.18: P001 (HelloWorld) als Konsolenausgabe.

Farbe	Bemerkung
blau	C++ Schlüsselwörter
grün	Kommentare
magenta	Strings

Tabelle 1.3: Die Farben des Syntax highlighting.

Davon ist abzuraten. Letztendlich sollte jedes Programm entweder via Software (zum Beispiel durch eine Tastaturabfrage) oder durch den Debugger gestoppt werden. Ein Programm mit

```
system ("Pause");
```

zu stoppen, mag dienlich sein, hält Sie aber davon ab, ein tieferes Verständnis zur Entwicklungsumgebung zu erhalten[3]. Und gerade darum geht es: Wir wollen eine Sprache - die Sprache C++ - lernen und bedienen uns dazu einer sehr ausgereiften Umgebung. Dass Sie quasi so nebenbei Debuggen lernen, was eine unabdingbare Voraussetzung für eine professionelle Softwareentwicklung ist, das sollten Sie nicht nur als ein nettes Add on betrachten. Wir werden im gesamten Buch an verschiedenen Stellen mit Hilfe des Debuggers gravierende Softwarefehler durchspielen und wir werden auch sehen, wie hilfreich der Debugger beim Auffinden solcher Fehler ist.

Nun haben wir so ganz nebenbei ein erstes C++ Programm geschrieben. Wir wollen allerdings an dieser Stelle nur ganz kurz darauf eingehen. Dazu sollten Sie das Programm 1.1 betrachten:

1. iostream benötigt man, um die Ausgabefunktion cout nutzen zu können.
2. Damit der Compiler weiß, woher er cout zu nehmen hat, verwenden wir die Using-Klausel (using namespace std); es würde auch ohne die Using-Klausel funktionieren: std::cout

---

[3] Die Funktion system ist in stdlib.h definiert.

3. int main sagt uns, dass die main-Funktion einen Return-Wert (eine int-Variable) zurückliefert.
4. argc gibt die Anzahl der übergebenen Parameter an; in argv können Sie diese Parameter lesen.
5. Mit cout gefolgt von dem stream insertion Operator bzw. dem "put to" Operator («) wird die Ausgabe nach std realisiert.
6. Anschließend erfolgt der auszugebende Text gefolgt von einem \n.
7. Das Programm schließt mit einem return 0 ab.

An dieser Stelle soll dies erst einmal genügen. Wir werden an vielen Stellen diesen Ablauf immer wieder in modifizierten Formen üben.

Eine kurze Bemerkung zu den Schriftfarben des Visual Studios sei noch gestattet: Sie können sich natürlich alle Ihre Schriftfarben selbst definieren. Dazu brauchen Sie nur im Visual Studio auf `Extras\Optionen\Umgebung` zu gehen. Dort finden Sie die Option "Schriftarten und Farben" (falls nicht, so aktivieren Sie bitte die Checkbox "Schaltfläche automatisch ausblenden" direkt in der Hauptmaske `Extras\Optionen\Umgebung`). Wir haben hier nur drei Syntaxfarben vorgestellt. Das Visual Studio kennt natürlich viel mehr und - wie gesagt - diese Farben können Sie alle nach Ihrem Gutdünken ändern. Trotzdem sollten Sie davon lieber die Finger lassen. In einem eingespielten Softwareteam, wo jeder auch einmal an dem Visual Studio eines Anderen arbeiten muss, weil er beispielsweise eine Hilfestellung zu leisten hat, ist es besser, dass sich Derjenige gleich "wie zuhause" fühlt. Und dieses Gefühl stellt sich vor allem (auch) durch ein identisches Syntax highlighting ein. Außerdem ist die Standardeinstellung sehr sorgfältig ausgewählt worden: Sie erhalten eine visuelle Unterstützung beim Codelesen und Schreiben, ohne dass es Ihnen im wahrsten Sinne des Wortes "zu bunt" wird. Merke: Das Auge sieht mit!

1.5 Kopieren von Projekten

An dieser Stelle sei ein kurzer, aber sehr praktikabler Hinweis gestattet, wie man Projekte sichern bzw. kopieren kann. In einer Fußnote wurde bereits darauf hingewiesen, dass zum Sichern von Projekten und zur Sourcecodeverwaltung VSS empfohlen wird. Unabhängig von VSS können Sie das Tool Tortois SVN verwenden. SVN steht dabei für Subversion und SVN wurde von Apache eigens zur Versionsverwaltung zur freien Verfügung gestellt. Man könnte die Liste solcher Tools weiter fortsetzen; der Fairness wegen seien noch GiT und TSV erwähnt. Zu all diesen Versionsverwaltungs-Tools ist der Markt auch reichlich mit Literatur gesegnet (siehe dazu [Pil09]. Wie dem auch sei: Es wird empfohlen, sich mit einem dieser Tools anzufreunden. Sie werden sehen, dass Sie nicht nur Source-Code, sondern auch Dokumente, Grafiken und mehr über solche Tools sinnvoll verwalten können. Und wenn Sie einmal eine gewisse Fertigkeit mit einem solchen Tool erzielt haben, so möchten Sie es nicht mehr missen.

Wenn Sie allerdings Ihre Projekte "händisch" sichern wollen - und das sollten Sie mindestens tun - dann werden Sie sehr erstaunt feststellen, dass Sie im Falle des Programmes P001 ca. 7 Mega Bytes zu sichern haben. Diese Größe ergibt sich, da zum Projekt nicht nur das cpp-File (was nur etwas mehr als 400 Bytes beansprucht) und das exe-File, welches in der Debug-Version ca.

64 Kilo Bytes an Plattenplatz belegt, gehören. Zum Projekt gehören noch diverse andere Files. Wichtig ist, dass man bis auf das cpp-File und die Projektfiles (*.sln und *.vcxproj) alle weiteren Files für unsere Belange löschen kann. Konkret heißt das für unser Programm P001, dass nur noch die folgenden Files in den entsprechenden Directories liegen:

P001K1_HelloWorld.sln ⇒ **Projektfile**
P001K1_HelloWorld\P001K1_HelloWorld.cpp ⇒ **Source-Files**
P001K1_HelloWorld\P001K1_HelloWorld.vcxproj ⇒ **Projektfile**

Natürlich müssen noch stdafx.h, stdafx.cpp und targetver.h vorhanden sein. Diese Files gehören zum Projekt und ohne sie würde der Compiler Fehler liefern. Falls Sie nur noch diese Files (P001K1_HelloWorld.sln, P001K1_HelloWorld.cpp, stdafx.h, stdafx.cpp, targetver.h, P001K1_HelloWorld.vcxproj) in den entsprechenden Verzeichnissen haben, so verringern Sie den Speicherbedarf des Projektes auf ca. 22 Kilo Bytes. Wenn Sie diese Verzeichnisse noch packen, so erhalten ein kompaktes, "eMail-geeignetes" Paket, das Sie auch versenden können. Bitte beachten Sie, dass Sie zum vollständigen Löschen der Files und Unterverzeichnisse unter Umständen Ihr Sourcecode-Verwaltungstool und/oder das Visual Studio verlassen müssen. Die Unterverzeichnisse, die Sie vor dem Archivieren Ihrer Projekte löschen können sind:

Debug
ipch
Release

Bitte beachten Sie, dass zwei Debug-Verzeichnisse und zwei Release-Verzeichnisse existieren; beide können gelöscht werden; und beide können mit einem einfachen Build wieder hergestellt werden. Sie können sich dazu auch die Abbildung 1.19 auf Seite 18 anschauen. Im Kontext des

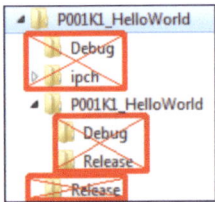

Abbildung 1.19: Die Projektstruktur mit zu löschenden Verzeichnissen.

Löschens bestimmter Files und Verzeichnisse des Projektes sei abschließend noch eine Bemerkung erwähnt: natürlich macht es auch nur Sinn, das reduzierte Projekt in SVN, VVS, oder einem der anderem Tools zu sichern. Sie können alle weiteren Files mit einem Build (Taste F7 im Visual Studio; siehe Tabelle 1.2 auf Seite 8) wieder generieren.

 Hinweis: *Sie können die Projekte auch öffnen, indem Sie direkt mit dem Explorer auf das sln-File gehen und es doppelt anklicken. Da alle Projekte (inklusive der Projektfiles und cpp-File) aus dem Netz geladen werden können, können Sie sehr bequem alle Programme "nach-debuggen". Und natürlich können Sie auch alle Programme sofort starten, wenn sie gelinkt sind.*

1.5 Kopieren von Projekten

In Abbildung 1.20 sehen Sie die Projektstruktur des Projektes HelloWorld in schematischer Darstellung. Die wichtigsten Files, die bei einem Build (Release oder Debug) anfallen oder benötigt werden, sind ebenfalls dargestellt.

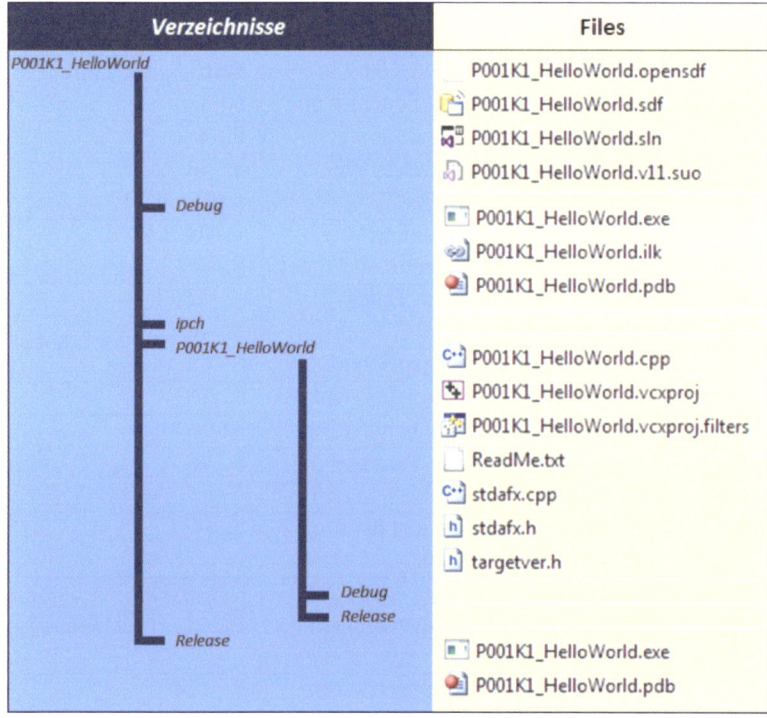

Abbildung 1.20: Die Projektstruktur mit allen Files.

1.6 Features des Visual Studios 2015

In der Tabelle 1.4 sind die Features des Visual Studios 2015, die wir in diesem Buch behandeln, aufgelistet:

Feature	Bemerkung	Seite
Verwendung von Tabulatoren	Wichtig für sauberen Source-Code	S. 4
Wichtige Hotkeys	F7, F5, F9, ...	S. 5
Schnellüberwachung	Überwachung und Ändern von Variablen im Debugger	S. 46 und S. 47
Überwachungsfenster	Überwachung und Ändern von Variablen im Debugger	s. Abb.3.9 S. 46
Ändern von Variablen im RAM bzw. Arbeitsspeicher	Im RAM können auch Daten manipuliert werden	s. Abb. 3.11 S. 48
Arbeitsspeicher	Anzeigen des Arbeitsspeichers	S. 45
Projekt öffnen	Durch Doppelklick auf das sln-File	S. 18
Überwachung von Variablen	Hex-Mode & Variablen hinzufügen	S. 76
Überwachung von Struktur-Variablen	Ändern von Struktur-Variablen im Debugger	S. 76
Adressen von Variablen einsehen	Das Vorgehen entspricht dem Ändern von Variablen	S. 90
Syntaxunterstützung beim Editieren	Man erhält beim Editieren einen Syntaxvorschlag	#include <iost iostream
Gehe zu Disassembly	Anzeigen des Assembler-Codes	S. 128
Gehe zu Quellcode	Anzeigen des Quellcodes	S. 128
Assembler im VS 2012	Nutzung des Inline-Assembler	S. 47
Debuggen Release-Version	Debuggen der Release-Version	Einfach probieren; es tut!
Importieren alter Projekte	Import von VC++ 6.0 nach VS 2012	trivial; über Projekt öffnen
Binary-Files editieren	Man kann Files binär öffnen und editieren	Sie können Hex-Editoren einbinden
warning level einstellen	Sie sollten auf eine Übersetzung ohne warnings achten!	s. Abb. 13.1 S. 374

Tabelle 1.4: Wichtige Features des Visual Studios 2015.

Wenn Sie alte Projekte, die mit dem VS 2012 erstellt wurden, verwenden wollen, so stellt das kein Problem dar. Microsoft kreiert in der Regel immer abwärtskompatible Lösungen. Sie gehen auf <Projekt Öffnen> und Sie erhalten einen Hinweis, dass das Projekt mit einer alten VS-Version kreiert wurde; schauen Sie sich dazu den Abbildung 1.21 an. Anschließend werden die

Projektdaten importiert. Und fertig!

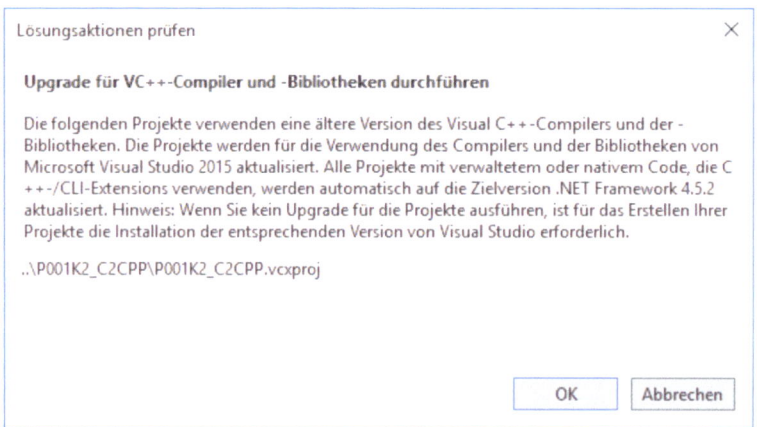

Abbildung 1.21: Import-Hinweis beim Importieren von VS 2012 Projekten nach VS 2015.

Bitte beachten Sie, dass es nur eine Abwärtskompatibilität gibt. Bei GUI-Projekten leuchtet das ein: Das neue Visual Studio sollte die alten Ressourcen verstehen und importieren können; umgekehrt kann es nicht funktionieren. Woher sollte eine "alte" IDE wissen, welche Formate und Features die neue IDE haben wird.

Mit Konsolenprojekten haben wir ein ähnliches Problem: Wenn Sie von VS 2015 wieder zurück zum VS 2012 wechseln wollen, so ist das so ohne weiteres nicht mehr möglich. Schauen Sie sich dazu die Fehlerausgabe in der Abbildung 1.22 an. Ganz kann man das bei Konsolen-Projekten nicht verstehen: Hier wurde nur Code verwendet, der dem ANSI-Standard entspricht. Man hat also ganz offensichtlich in den Projekt-Files Eigenschaften geerbt, die ein solches Vorgehen scheitern lassen. Auch wenn man wahrscheinlich dieses Feature nie brauchen wird, so kann man diesen Mangel nur negativ bewerten. Es wurde unnötigerweise eine Möglichkeit verwehrt.

In anderen Entwicklungssystemen ist man da weitaus toleranter. Als Beispiel sei von ©National Instruments das LabWindows™/CVI™ genannt. Hier können Sie die Konsolenprojekte zwischen den Versionen beliebig oft sowohl von einer aktuelleren Version als auch einer älteren Version übersetzen; als Beispiel seien die Versionen 2009 und 2015 genannt.
Selbst bei den GUI-Projekten gilt: Solange Sie keine Erweiterung an den NI-Ressource-Files machen (das sind die uir-Files), so können Sie auch die GUI-Projekte ebenfalls mit den verschiedenen Versionen übersetzen. Nur wenn Sie Ressourcen ändern, haben Sie ein Problem. Aber das kann auch nicht anderes sein. Wie bereits erwähnt: Woher sollte eine "alte" IDE wissen, welche Formate und Features die neue IDE haben wird.

Man sollte sich also einen Wechsel der Entwicklungsumgebung reiflich überlegen. Wechselt man zu früh, so fängt man sich unter Umständen Fehler oder Features ein, die man nicht gebrauchen kann. Denken Sie immer daran: Einen Kunden wird es in der Regel wenig interessieren, wenn

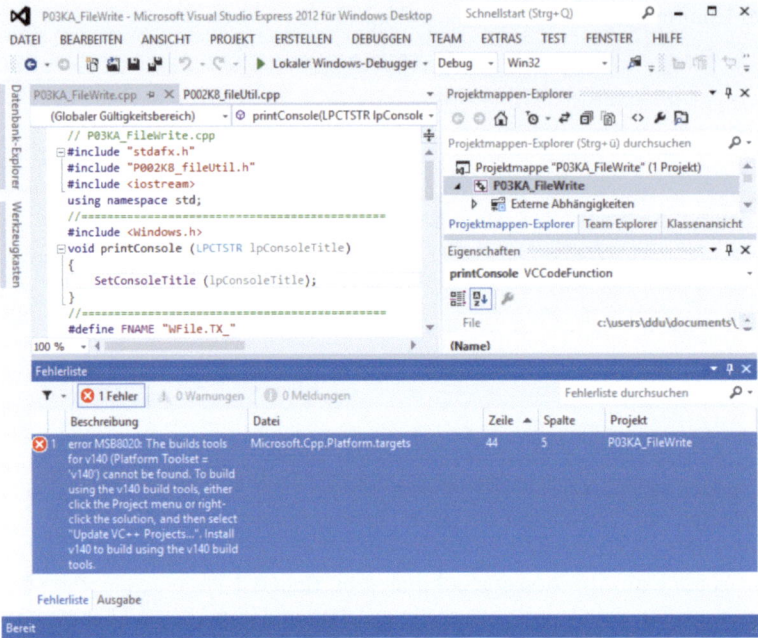

Abbildung 1.22: Versuch ein Projekt, das mit VS 2015 bearbeitet wurde nach VS 2012 "zurück zu transformieren".

Sie wegen dem Wechsel einer IDE nicht mehr lieferfähig sind; er wird sich einen anderen Zulieferer suchen. Zurecht.

Wechselt man zu spät, so könnte einem die Konkurrenz davonlaufen. Sie könnte Feature anbieten, die Sie unmöglich mit Ihrer alten IDE umsetzen könnten. Hier ist also viel Feingefühl und Strategieverständnis gefragt.

2 Geschichte und Eigenschaften

In diesem Kapitel werden wir kurz auf die Geschichte von C++ eingehen. Es handelt sich dabei um die wohl einflussreichste Entwicklung der Programmiersprachen der letzten 30 Jahre[MIT10]. Wir werden durch ein C-Programm einen Übergang von C nach C++ skizzieren. Wenn Sie keine C-Erfahrung haben, so müssen Sie einfach gewisse Dinge so akzeptieren, wie sie dargestellt sind. Es wäre allerdings günstig, wenn Ihnen der Begriff der Struktur (struct), der bei diesem Übergang fundamental ist, bekannt ist. Anderenfalls verweisen wir auf die Folgekapitel oder Sekundärliteratur[Dus11].

2.1 Geschichte der Sprache C++

Die Sprache C++ wurde Ende der siebziger/Anfang der achtziger Jahre von Bjarne Stroustrup[1] bei AT&T als eine Erweiterung von C entwickelt. Ziel war, größere Programme wartbarer zu machen, die Anzahl von Software-Fehlern zu verringern und Code-Redundanzen zu vermeiden. Natürlich gab es ständig Ideen, die in diese Richtung gegangen sind. Die Wirth´sche Sprachfamilie ist ein ebensolcher Ansatz. Hier wollen wir besonders die Sprache Modula 2 hervorheben. Gelang es doch Niklaus Wirth[2] mit dem Modulkonzept einen entscheidenden Schritt in Richtung OOP zu gehen. Man konnte Strukturen, die hier RECORD hießen, definieren und mit den Schlüsselwörtern
EXPORT QUALIFIED
gelang es, Funktionen oder Variablen "versteckt" zu halten oder auch nicht. Seinen objektorientierten Niederschlag fanden diese Sprachen (Pascal, Modula) in Oberon und Delphi. Doch kommen wir zurück zu C++: 1979 entwickelte Stroustrup C mit Klassen. Unter einer Klasse, die Stroustrup class nannte, verstehen wir eine Struktur (struct) mit besonderen Eigenschaften. Diese Eigenschaften werden wir noch kennenlernen. Damit sich diese besondere Struktur von den in C üblichen Strukturen abhebt, war es sinnig einen neuen Namen zu definieren, der dann class war. Im Jahre 1983 entwickelt Stroustrup dann C++. In diesem Jahr wurde auch der Name der Sprache festgelegt: C++. Als wichtige Features entstanden virtuelle Funktionen und Operator Overloading. 1985 publizierte Stroustrup C++ als Erweiterung zu C (Release 1.0); dieses Jahr gilt als das Jahr der allgemeinen Verfügbarkeit der Sprache C++. Allerdings fehlte immer noch ein Compiler. Im Jahr 1988 erschien eine Art C++ Tutorial von Stroustrup. In diesem Dokument wurde das berühmte "Hello world" auf C++ codiert; siehe dazu Abbildung 2.1. Im gleichen Jahr stand auch der erste kommerzielle Compiler zur Verfügung[att89]; siehe: www.softwarepreservation.org/projects/c_plus_plus/cfront/release_2.0/doc/ReleaseNotes.pdf

---
[1]Bjarne Stroustrup (* 30. Dezember 1950 in Aarhus, Dänemark) ist Professor der Informatik an der Texas A&M University.
[2]Niklaus Wirth (* 15. Februar 1934 in Winterthur, Schweiz) ist ein Schweizer Informatiker.

> **A C++ Tutorial**
>
> *Bjarne Stroustrup*
>
> AT&T Bell Laboratories
> Murray Hill, New Jersey 07974
>
> **1 Introduction**
>
> *"The only way to learn a new programming language is by writing programs in it"* (K&R[1], page 5).
>
> This tutorial will guide you through a sequence of C++ programs and program fragments. At the end you should have a general idea about the facilities of C++, and enough information to write simple programs. Little is assumed about your knowledge of programming, but the progress through the concepts may be mind-boggling if you are a novice. If you are familiar with C you will notice that with few exceptions C++ is a superset of it. However, the examples have been chosen so that only few could have been written identically in C.
>
> A precise and complete explanation of the concepts involved in even the smallest complete example would require pages of definitions. To avoid this paper turning into a manual or a discussion of general ideas, examples are presented first with only the briefest definition of the terms used. Many of these terms are reviewed later when a larger body of examples are available to aid the discussion. References 2 and 3 contain more systematic and complete discussions of C++.
>
> **Output**
>
> Let us first of all write a program to write a line of output:
>
> ```
> #include <stream.h>
>
> main()
> {
>     cout<<"Hello, world\n";
> }
> ```

Abbildung 2.1: Der Anfang des Tutorials der Release 2.0 von B. Stroustrup.

Stroustrup verwendete einen C++-Translator, der seinen C++-Code in C-Code umsetzte und anschließend wurde dieser Code einem "normalen" C-Compiler übergeben:

$$\text{C++ Code} \Rightarrow \text{Translator} \Rightarrow \text{C Code} \Rightarrow \text{C-Compiler} \Rightarrow \text{Executable}$$

Im Release 2.0 wurde erstmals die Mehrfachvererbung definiert und es war möglich, weitere Operatoren zu überladen. Wir werden zu gegebener Zeit auf diese Features eingehen. So viel sei vorweg genommen: diese Features haben nicht nur Vorteile. 1991 wurden Templates implementiert und im Jahr 1998 wurde C++ erstmals als ISO/IEC 14882 standardisiert. Wir sollten an dieser Stelle erwähnen, dass der Begriff Template fundamentale Bedeutung in C++ hat. Sie sollten - wie schon beim Begriff der class an den Begriff struct - sich bei Template an das Feature Makro, das wir von der Sprache C her kennen, erinnern. Natürlich werden wir auch in diesem Buch nochmals darauf eingehen.

2.2 Eigenschaften

C++ ist eine multi-paradigmen Sprache. Das bedeutet, dass man sowohl prozedural, modular, objektorientiert als auch generisch (typunabhängig) programmieren kann:

- prozedurale Programmierung
  - Blockstrukturen
  - Funktionen
- modulare Programmierung
  - Namensräume
  - Überladen von Funktionen
  - Nutzung von "static"
- objektorientierte Programmierung
  - Klassen
  - Vererbung
  - Polymorphie
- generische Programmierung
  - Templates (Funktion und Klassen)
  - Verwendung von auto-Variablen

Alle diese Eigenschaften werden wir im Verlauf des Buches detailliert kennenlernen und üben. Aus diesem Grunde soll hier nicht weiter darauf eingegangen werden.
Eine Bemerkungen sei jedoch noch erwähnt:
C++ ist wie schon C eine formatfreie Sprache; das heißt, Sie können Ihren Quellcode gestalten, wie Sie wollen. Wenn Sie jedoch eine gute Wiederverwendbarkeit Ihres Codes im Fokus haben, so sollten Sie unbedingt auf eine gute Lesbarkeit Ihres Codes achten. Und wenn man an eine gute Lesbarkeit des Programmes denkt, so hat man zwei Dinge im Auge:
A) Das Programm sollte eine vernünftige Form haben.
B) Das Programm sollte gut dokumentiert sein.
Unter A) verstehen wir zunächst, dass die geschweiften Klammern ({ und }) immer symmetrisch untereinander stehen. Unter B) wollen wir zunächst nur die Dokumentation der Software innerhalb des Quellcodes verstehen. Der Quellcode kann durch Einzeilenkommentare mit // kommentiert werden[3]. Welche Grundregeln sollten Sie beim Kommentieren beachten:

- Es ist besser, zu viel als zu wenig zu kommentieren. Trotzdem sollte der Kommentar kurz und treffend sein!
- Es ist besser, nichts zu kommentieren als falsch zu kommentieren.
- Trivialen Quellcode zu kommentieren ist überflüssig und schädlich, weil so etwas das Programm künstlich aufbläht und damit unleserlich macht.
- Es ist günstig, ein gewisses Format beim Kommentieren einzuhalten. Das erhöht die Lesbarkeit.

Grundsätzlich kann man es nicht oft genug wiederholen: kommentieren Sie klug, treffend und sauber und pflegen Sie ihre Kommentare! Das wird Ihnen die Weiterentwicklung Ihrer Software und das Einarbeiten in Fremdsoftware, sofern diese gut kommentiert ist, enorm erleichtern und

---
[3]Bitte beachten Sie, dass Syntax nicht zu kommentieren ist. Damit würden Sie das Programm unleserlich machen. Man sollte ebenfalls vermeiden, trivialen Quellcode zu kommentieren.

Ihnen sehr, sehr viel Zeit sparen.

In vielen Firmen bemüht man sich in englischer Sprache zu kommentieren. Das ist in der Regel auch richtig. Aber: wir sollten nicht vergessen, dass es manchem Entwickler kaum gelingt, die Quintessenz seines Programmes, seiner Funktion, seines Moduls oder seiner Klasse in deutscher Sprache kurz, knapp und verständlich zu beschreiben. Wie soll er das in englischer Sprache tun? In englischer Sprache kann diese Beschreibung nur unverständlicher sein. Dennoch muss man sagen, dass wesentliche Begriffe aus dem Bereich der Informatik ihre Wurzeln im angelsächsischen Sprachbereich haben. Aus diesem Grunde sollten die Entwickler entsprechend geschult sein, Englisch verständlich dokumentieren zu können. Wenn diese Qualifikation fehlt, ist eine der Dokumentation in der Landessprache vorzuziehen.

Hinweis: *Mangelnde Kommentare und Dokumentationen sind erfahrungsgemäß eines der Hauptprobleme in der Softwareentwicklung und treiben die Kosten von Pflegeaufwänden und Neuentwicklungen enorm in die Höhe. Eine Software kann erst dann als "fertig" bezeichnet werden, wenn ihre Dokumentation sauber beendet ist. Und es ist sicherlich nicht ganz falsch anzunehmen, dass die Qualität des Codes des Entwicklers in der Regel den gleichen Level hat wie die Dokumentation. Insofern kann man in erster Näherung einen guten Entwickler auch an der Qualität seiner Dokumentation, an der Qualität seiner Code-Kommentare ausmachen.*

2.3 Von C nach C++

Bevor wir ein Beispiel zeigen, wie man von C nach C++ übergehen kann, wollen wir uns klarmachen, wie man überhaupt ein Programm erstellen kann. Bei der Erstellung eines Programmes (C oder C++) werden drei Abschnitte durchlaufen:

- Sie editieren ein (oder mehrere) Programmfile(s) mit dem Visual Studio.
- Sie compilieren das Programm (Taste F7 im Visual Studio; s. Tabelle 1.2 auf Seite 8).
- Sie linken das Programm (wird ebenfalls mit F7 durchgeführt).

In Abbildung 2.2 ist der prinzipielle Ablauf der Entstehung eines lauffähigen Programmes dargestellt. In der IDE [4] des Visual Studios wird auch ein Assemblerlisting erstellt. Dieses Listing kann erzeugt werden, wenn Sie im Debugger - Sie befinden sich im Quellcodefenster in einem breakpoint - die rechte Mouse-Taste drücken und die Funktion

"Gehe zu Disassembly"

aktivieren (siehe Abbildung 2.3 auf Seite 27). Dann erhalten Sie den in der Abbildung 2.4 auf Seite 28 dargestellten Assemblercode unseres Programmes P001. Auch diesen Code können Sie debuggen und es ist durchaus in gewissen - wenn auch zugegebenermaßen wenigen - Situationen günstig, sich des Assemblerlistings im Debug-Mode zu bedienen. Dieses Debuggen dient Ihnen manchmal dazu, Ihr Programm besser zu verstehen, wenn Sie mit dem Sourcecode-Debuggen am Ende Ihres Lateins sind. Wenn beispielsweise Ihre Software nicht korrekt gebaut wurde, hilft

---

[4]IDE steht für "integrated development environment".

2.3 Von C nach C++

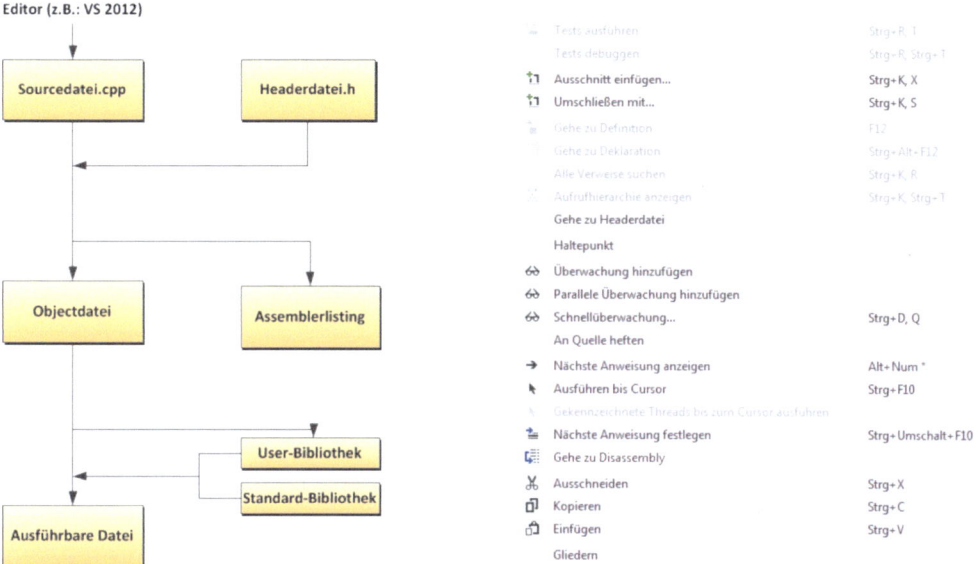

Abbildung 2.2: Ablauf der Entstehung eines Programmes.

Abbildung 2.3: Aktivierung des Assemblerlistings der Source.

Ihnen das Sourcecode-Debuggen häufig nicht weiter. Wenn wir im Laufe des Buches die entsprechenden Debug-Fähigkeiten besitzen, können Sie einfach versuchen, ein geändertes Programm zu debuggen, ohne es zu compilieren und zu linken. Sie werden sehen, dass dies möglich ist und dass der Assemblercode Ihnen verrät, wo der Hase im Pfeffer liegt.

Mit dem Visual Studio 2012 können Sie auch C-Programme schreiben. Wie wir das tun können ist bereits im Buch [Dus11] beschrieben. Als Beispiel für ein Programm wählen wir das in unserem Vorwort skizzierte Beispiel einer Flüssigkeit. Wenn wir Flüssigkeiten beschreiben wollen, die die Eigenschaften haben, die auf Seite 28 beschrieben sind, so werden wir diese Eigenschaften in eine Struktur pressen. Sie sehen schon hier, dass Sie einigermaßen mit der C-Syntax vertraut sein müssen. Wenn Sie auf diesem Gebiet noch Probleme haben, so ist dies nicht weiter tragisch. Im Kapitel Grundlagen werden wir uns nochmals mit dieser Syntax beschäftigen. Wie dem auch sei: der Begriff der Struktur ist von fundamentaler Bedeutung. Das Schlüsselwort einer Struktur ist in C/C++

```
struct
```

Eine **Struktur** besteht aus Komponenten, die sich aus den Basistypen der Sprache C/C++ (wir sprechen von vier Basistypen: `char`, `int`, `float` und `double`) zusammensetzen. In einer Struktur können aber neben den Basistypen auch abgeleitete Typen (z.B. `unsigned short int`, `short`, ...) und Substrukturen deklariert sein. Strukturen fassen also mehrere primitive und/oder komplexe Variablen zu einer Einheit zusammen.

Diese Variablen in einer Einheit zusammenzufassen macht insofern Sinn, insofern man in dieser Einheit ein "Problem" beschreiben kann; und dies mit nur einer Variablen, der sogenannten

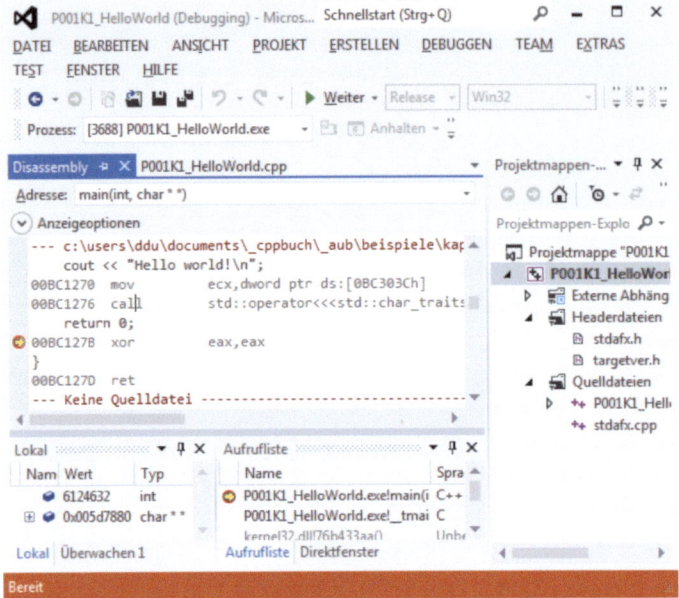

Abbildung 2.4: Source und Assemblerlisting im Visual Studio.

Strukturvariablen. Der Zugriff auf die Elemente der Struktur - auch Members oder Membervariablen genannt - ist via Punktoperator (.) oder Pfeiloperator (->) möglich. Sie können den Punktoperator-Zugriff im Programm-Beispiel 2.1 auf Seite 29 sehen.
Unsere Struktur hatte folgende Bestandteile:

- eine Farbe,
- eine chemische Formel,
- ein Volumen und
- eine Masse.

In C++ Code gegossen kann der Code unserer Struktur wie folgt ausschauen:

```
struct
{

    char strFarbe[32];
    char strFormel[32];
    float fVolumen;
    float fMasse;

};
```

Wir wollen dieses Kapitel nicht abschließen, ohne zu den oben erwähnten Bemerkungen ein Programm zu schreiben, das den Übergang von C nach C++ skizziert. Für dieses Programm ist der Begriff des Funktionspointers unverzichtbar. Wir werden ihn im Programm 2.1 anwenden und zugleich erläutern. Wenn Sie auf der Zeile return 0 - also beim Kommentar //21 des Program-

2.3 Von C nach C++

```c
// P001K2_C2CPP.c
#include <stdio.h>                                              // 1
#define iStrLen_ 32                                             // 2

struct tLiquid                                                  // 3
{
    char cFarbe[iStrLen_];                                      // 4
    char cFormel[iStrLen_];                                     // 5
    double dMasse;                                              // 6
    double dVolumen;                                            // 7
    double (*dPtr2RetDichte)(double, double);                   // 8
};
double retDichte (double dMasse, double dVolumen)               // 9
{
    return dMasse/dVolumen;
}

int main (void)
{
    struct tLiquid liquid1;                                     // 10
    struct tLiquid liquid2;                                     // 11

    liquid1.dMasse   = 1;                                       // 12
    liquid1.dVolumen = 1;                                       // 13
    liquid1.dPtr2RetDichte = retDichte;                         // 14
    strcpy_s (liquid1.cFarbe, iStrLen_, "transparant");         // 15
    strcpy_s (liquid1.cFormel, iStrLen_, "H2O");                // 16
    printf ("Es handelt sich um eine Fluessigkeit die %s ist und\n"
            "der chemischen Formel %s genuegt.\n",
            liquid1.cFarbe, liquid1.cFormel);                   // 17
    printf ("Die Fluessigkeit hat eine Dichte von %.2f g/qcm.\n",
            liquid1.dPtr2RetDichte(liquid1.dMasse, liquid1.dVolumen));  // 18
    printf ("Die Fluessigkeit heisst Wasser.\n");               // 19

    liquid2.dMasse   = 0.88;                                    // 20 ff
    liquid2.dVolumen = 1;
    liquid2.dPtr2RetDichte = retDichte;
    strcpy_s (liquid2.cFarbe, iStrLen_, "transparant");
    strcpy_s (liquid2.cFormel, iStrLen_, "C6H6");
    printf ("\nEs handelt sich um eine Fluessigkeit die %s ist und\n"
            "der chemischen Formel %s genuegt.\n",
            liquid2.cFarbe, liquid2.cFormel);
    printf ("Die Fluessigkeit hat eine Dichte von %.2f g/qcm.\n",
            liquid2.dPtr2RetDichte(liquid2.dMasse, liquid2.dVolumen));
    printf ("Die Fluessigkeit heisst Benzol.\n");

    return 0;                                                   // 21
}
```

Programm 2.1: P001K2_C2CPP mit Einzeilenkommentaren.

mes 2.1 - einen breakpoint mittels F9 setzen, dann erhalten Sie die Ausgabe wie in Abbildung 2.5 zu sehen.

//1 Nach dem Nummernzeichen # für den Präprozessor findet der Präprozessor die Anweisung "include". Er weiß damit, dass die Lib-Datei stdio.h an dieser Stelle in das Programm einzubauen ist. Das ist nötig, damit das Programm P001 kompilierbar ist. Wir verwenden nämlich die Funktion printf, die in stdio.h deklariert ist. Wenn die zu inkludierende Datei in spitzen Klammern steht, so sucht das System "Visual Studio" das File zuerst in den

Systempfaden; falls das zu inkludierende File in Anführungszeichen steht, so sucht das System zuerst in den aktuellen Projektpfaden.

//2 Die Direktive #define ersetzt jedes weitere Vorkommen des Bezeichners iStrLen_ im Quelltext durch den String 32. Dies wird durch den Präprozessor erledigt. Wir haben es also hier mit einer Art SearchAndReplace zu tun.

//3 An dieser Stelle deklarieren wir eine Struktur. Mit dieser Struktur wollen wir Flüssigkeiten beschreiben.

Eine Struktur wird immer mit dem Schlüsselwort `struct` eingeleitet. Anschließend folgen:

- geschweifte Klammer auf ({)
- geschweifte Klammer zu (})
- Semikolon (;)

Es empfiehlt sich also immer, den hier skizzierten Rahmen zu codieren und anschließend die Variablen einzufügen.

//4 Nun beginnen wir die Variablen in der Struktur tLiquid zu deklarieren. Wir deklarieren Variablen, die nach unserer Ansicht die Flüssigkeit beschreiben sollen. Dies soll zunächst die Farbe der Flüssigkeit sein.

Bitte beachten Sie, dass die Typen immer mit einem Präfix eingeleitet werden. Dieser Präfix soll an den Typ erinnern: c für char, i für int, d für double. Wir werden an geeigneter Stelle nochmals auf eine sinnvolle Verwendung von Präfixen eingehen.

//5 An dieser Stelle wollen wir die chemische Formel der Flüssigkeit beschreiben,

//6 hier die Masse und

//7 hier das Volumen. Für Masse und Volumen verwenden wir als Variablentyp double.

//8 Final deklarieren wir einen Funktionspointer. Wie viele Sprachen besitzt auch die Sprache C die Eigenschaft, dass man nicht nur bei Variablen einen Pointer deklarieren kann, sondern auch bei Funktionen. Hier deklarieren wir eine Funktion, die aus den Membervariablen Masse und Volumen (dMasse, dVolumen) die Dichte der Flüssigkeit berechnet. Es ist einfach sinnvoll, in der Struktur auch die Funktion der Dichteberechnung zu deklarieren; wir haben ja alle Daten zusammen - warum sollte die Funktion fehlen? Sie gehört einfach dazu! In diesem Kontext sprechen wir auch von Memberfunktionen.

Unserer Memberfunktion werden zwei double-Variablen übergeben; Masse und Volumen. Und wir erhalten eine double Variable zurück - die Dichte der Flüssigkeit.

//9 Hier wird die Memberfunktion definiert. Man übergibt Masse und Volumen und erhält den Quotienten zurück - die Dichte.

//10 An dieser Stelle deklarieren Sie eine Strukturvariable liquid1.

//11 An dieser Stelle deklarieren Sie eine zweite Strukturvariable liquid2. Mit dieser Variablen beschreiben Sie eine zweite Flüssigkeit.

//12 Nun definieren Sie die erste Strukturvariable. Zuerst definieren Sie die Masse der Flüssigkeit liquid1. Sie beträgt 1; z.B.: 1 Kg.

//13 Als nächstes definieren Sie das Volumen. Die Flüssigkeit wird Ihnen in einem Behälter gereicht, der einen Liter fasst. Das Volumen ist also auch 1.

//14 Und irgendwann möchten Sie die Dichte ermitteln. Dazu weisen Sie dem Funktionspointer als nächstes die Funktion retDichte zu.

//15 Anschließend weisen Sie dem Feld liquid1.cFarbe das Wort "transparent" zu; das ist die Farbe der Flüssigkeit.
//16 Und in dem Feld liquid1.cFormel sichern Sie das Wort "H2O". Bei der Flüssigkeit, die mit der Strukturvariable liquid1 beschrieben wird handelt es sich um Wasser.
//17 An dieser Stelle geben wir Formel und Farbe der Flüssigkeit liquid1 aus.
//18 Hier nutzen wir die Funktion, die wir in der Struktur tLiquid deklariert haben und berechnen mit dem Members dMasse und dVolumen der Flüssigkeit liquid1 und der Memberfunktion dPtr2RetDichte die Dichte der Flüssigkeit. Wir können also mit einer einzigen Strukturvariablen Membervariablen UND Memberfunktionen zugleich benutzen. Das erleichtert uns durchaus den Überblick und sichert über Kompaktheit die Transparenz des Codes.

Das ist ein wesentlicher Erfolg und ein wichtiger Schritt in Richtung OOP.
//19 Anschließend geben wir den Namen der Flüssigkeit aus.
//20ff Nun wiederholen wir den ganzen Vorgang für die Flüssigkeit Benzol.
//21 Das Programm wird mit return 0 beendet.

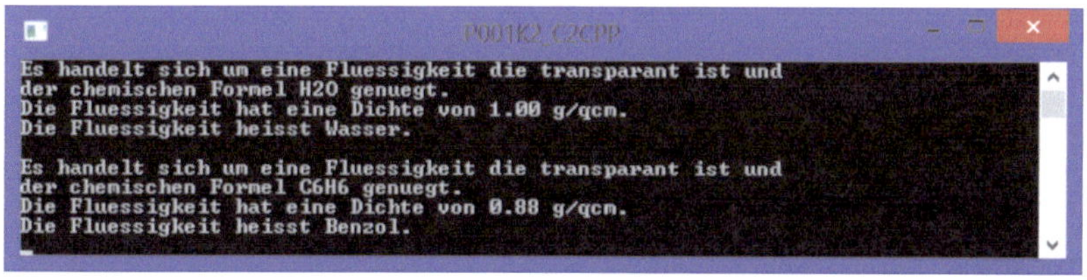

Abbildung 2.5: Die Ausgabe des Programmes P001K2_C2CPP.

Wir wollen an dieser Stelle nochmals auf die Definition der Funktion retDichte eingehen. Gleich zu Beginn des Buches wollen wir uns zwei wichtige Dinge merken:
1. Jede Funktion sollte mit einem Kopfkommentar versehen sein
2. Sie sollten für mögliche "Singularitäten" Vorsorge getragen werden.

Zu diesen zwei Punkten können Sie sich den Code 2.2 anschauen. Dazu die folgenden Bemerkungen:
zu 1.:
Neben den in C++ (und seit C99 auch in C) üblichen Einzeilenkommentaren, die mit // eingeleitet werden, sind auch Mehrzeilenkommentare möglich. Ein Mehrzeilenkommentar beginnt mit /* und endet mit */. Diese Kommentare können über mehrere Zeilen gehen. In unserem Beispiel geht der Kommentar nur über eine Zeile. Wir benutzen ihn, um einen Funktionskopf in geeigneter Weise zu kommentieren. Sie sollten diese oder eine ähnlich Kommentierung Ihrer Funktionen immer vornehmen. Es erleichtert Ihnen und anderen, den Code lesen zu können.
zu 2.:
Bitte beachten Sie, dass Sie mögliche Fehler innerhalb der Funktion abfangen. In dem Beispiel 2.2 vermeiden wir eine Division durch 0. Zusätzlich sollte eine Dichte immer größer Null sein. Dies wird mit

`fabs`

erreicht. `fabs` gibt den Absolutwert des Argumentes zurück. Dazu muss man allerdings math.h includieren:
`#include <math.h>`
Sollten Sie den Inklude von math.h vergessen, so sendet Ihnen der Compiler ein warning; siehe

```
/*============================================================================*/
/* Desc.: Ermittelt aus Masse und Volumen die Dichte eines Koerpers.         */
/* In    : dMasse  (double): Masse                                            */
/*         dVolumen (double): Volumen                                         */
/* Out   : Dichte (double); Falls dVolumen <= 0 wird 0 zurueck gegeben.       */
/*============================================================================*/
/*----------------------------------------------------------------------------*/
double retDichte (double dMasse, double dVolumen)                         //9
/*----------------------------------------------------------------------------*/
{
    if (dVolumen <= 0)
        return .0;
    return fabs(dMasse/dVolumen);
}
```

Programm 2.2: Die Funktion retDichte mit Kommentaren.

```
warning C4013: 'fabs' undefiniert; Annahme: extern mit Rückgabetyp int
```

Compilerausgabe 2.1: Compiler-warning bei vergessenem Inklude von math.h.

Compilerausgabe 2.1. Und wenn Sie diese Warnung nicht beherzigen, so werden Sie auf der Konsole sehr wirre Dichte-Werte sehen.

2.4 Zusammenfassung

- Wir haben gelernt, wie man mit dem Visual Studio Express 2012 ein Projekt anlegt.
- Jede Aufgabe sollte als ein separates Projekt behandelt werden. Bei größeren Aufgaben/Projekten sollte man zur Codeverwaltung ein Sourcecodeverwaltungs-Tool verwenden. Dazu empfehlen wir - weil es ganz einfach aus einem "Guss" ist - Visual SourceSafe. Aus Zeit- und Platzgründen können wir hier allerdings nicht darauf eingehen.
- Während des Editierens Ihres Programmes können Sie sehr leicht C++ Schlüsselwörter (blau), Kommentare (grün) und Strings (magenta) voneinander unterscheiden.
- Eine gute Dokumentation des Programmes ist unabdinglich für ein späteres Verständnis der Software.
- Programmkommentare sollten kurz, treffend und in einer guten Form im Quellcode enthalten sein.
- Die (vorerst) wichtigsten Tasten im Visual Studio sind: F7 (Build), F9 Setzen/Löschen eines breakpoints, F5 Debugger starten, Shift F5 Debugger beenden.
- Zum Debuggen einer Aufgabe erstellen Sie eine Debugversion Ihres Programmes.
- Einzeilenkommentare werden // realisiert.
- Mehrzeilenkommentare werden mit /* ... */ realisiert. Hinweis: Vermeiden Sie geschachtelte Kommentare (/* .. /* .. */ .. */).
- Ein CPP-Programm wird im Visual Studio mit cl.exe generiert .
- Mit "Gehe zu Disassembly" kann man den Assemblercode der Source während einer Debugsession kontrollieren.
- `struct` ist das zentrale Schlüsselwort, um den Übergang zu CPP verstehen zu können. Wir werden auf das Programm 2.1 bei der Einführung des Schlüsselwortes `class` zurückkommen. In Abbildung 2.6 ist der Versuch dargestellt, den Übergang von C nach C++ zu skizzieren.

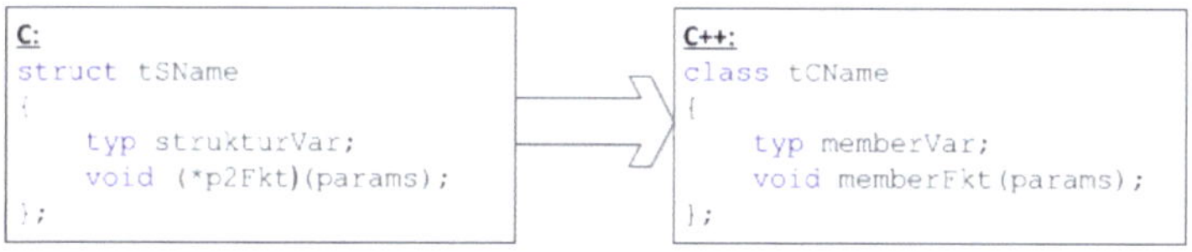

```
C:
struct tSName
{
    typ strukturVar;
    void (*p2Fkt)(params);
};
```

```
C++:
class tCName
{
    typ memberVar;
    void memberFkt(params);
};
```

Abbildung 2.6: Der Übergang von C nach C++.

Zuletzt sei noch eine Bemerkung zu den Ausgaben des Compilers gestattet:
Ein Programm gilt dann als fehlerfrei übersetzt, wenn Sie 0 Fehler und 0 warnings haben. In der Compilerausgabe 2.2 kann man ein sauber übersetzbares Programm P001 feststellen.
 Bitte beachten Sie, dass Ihre Software unbedingt warning-frei übersetzbar ist. In der Regel kann nämlich jedes warning auch einen möglichen Fehler verursachen! Und wenn Sie in einem großen Team an einem großen Projekt arbeiten, kann Ihr Kollege nicht wissen, ob Sie ein bestimmtes warning nur toleriert haben, oder ob es vergessen wurde, dieses warning zu beseitigen. Wenn man das Axiom, nur warning-frei übersetzbare Codes freizugeben, nicht konsequent einhält, so wird man sehr schnell während des Gesamtbuilds eines großen Software-Paketes dutzendweise warnings haben. Und jedes einzelne Teammitglied wird beteuern, dass seine warnings ungefähr-

lich sind und trotzdem kracht die Software an allen Ecken und Enden. Dann ist guter Rat im wahrsten Sinne des Wortes teuer!

```
===== Erstellen: 1 erfolgreich, Fehler bei 0, 0 aktuell, 0 übersprungen =====
```

Compilerausgabe 2.2: Compiler-Ausgabe bei P001 (Ausschnitt).

2.5 Übungen

1. Wir haben im Programm die Funktion retDichte wie im Code 2.2 zum Programm 2.1 hinzugefügt. Was haben wir falsch gemacht, wenn wir eine derartige Konsolenausgabe wie in 2.7 erhalten?
2. Welche Art von Kommentaren ist Ihnen bekannt?

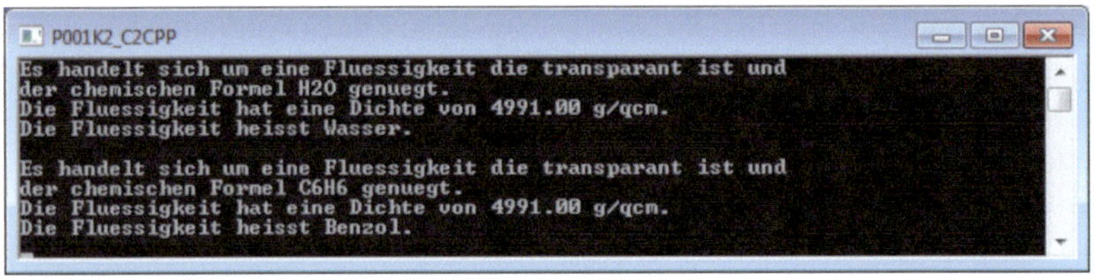

```
P001K2_C2CPP
Es handelt sich um eine Fluessigkeit die transparant ist und
der chemischen Formel H2O genuegt.
Die Fluessigkeit hat eine Dichte von 4991.00 g/qcm.
Die Fluessigkeit heisst Wasser.

Es handelt sich um eine Fluessigkeit die transparant ist und
der chemischen Formel C6H6 genuegt.
Die Fluessigkeit hat eine Dichte von 4991.00 g/qcm.
Die Fluessigkeit heisst Benzol.
```

Abbildung 2.7: Die Konsolenausgabe des Programmes 2.1 mit geänderter Funktion retDichte wie im Code 2.2.

3 Grundlagen

In diesem Kapitel werden wir wiederholen, was wir von der Sprache C her kennen müssten. Wir werden die fünf Grunddatentypen in C/C++ kennenlernen. Zum besseren Verständnis dieser Typen werden wir Variablen dieser Typen auf der Konsole darstellen. Dafür benötigen wir das erste Objekt: cout. Das nutzen wir, um Texte auf der Konsole ausgeben zu können. Außerdem lernen wir das Objekt cin kennen. Zur Darstellung der Daten auf der Konsole benötigen wir auch die hier vorgestellten Escapesequenzen und Umwandlungszeichen. Bitte denken Sie daran, dass die Konsolenausgabe für Sie auch so etwas wie eine Verifikation Ihres Programmes ist; sie ist also so etwas wie ein Debugger für Sie.

3.1 Escapesequenzen

Bevor wir uns mit Datentypen beschäftigen, sollten wir uns mit Escapesequenzen befassen. Das tun wir aus dem Grunde, damit wir in den folgenden Programmen unseren Konsolenausgaben auch eine gewisse Form verleihen können. Generell sollten Sie bei der Softwareentwicklung immer darauf achten, dass die Software, die direkt mit einem User kommuniziert (HMI[1]), sich nahezu von selbst erklärt. Und für unsere Konsolenprogramme sind die Escapesequenzen sehr wichtig, damit die Ausgaben in einer gewissen Wohlordnung dargestellt werden können.
Wenn Sie Texte untereinander schreiben wollen, so benutzen Sie

$$\backslash n$$

Hinter diesem \n stehen zwei Steuerzeichen: cr/lf; oder in Hexcode:

$$0x0d\ 0x0a$$

Dabei steht 0x0d für carriage return (cr)[2] und 0x0a steht für line feed (lf). Eigentlich steht \n nur für ein line feed. Aber in unseren Beispielen wird bei \n ein cr/lf aktiviert. Es ist zu beachten, dass das nicht auf allen Systemen so ist. Sie werden verschiedene Beispiele finden, bei denen Editoren ein lf als cr/lf interpretieren. Dies kann zu unangenehmen Nebeneffekten führen.

Wir wollen uns nun am Programm 3.1 klarmachen wie einige Escapesequenzen wirken. Vor der Ausgabe wollen wir uns den Code genauer anschauen:
//1 Wenn wir die Objekte cout, cin cerr oder clog verwenden wollen, so müssen wir das File iostream includieren. Dieser Inklude wird mit der Präprozessor-Anweisung # eingeleitet. Bitte beachten Sie, dass mit den hier genannten Objekten lediglich 8-Bit-Eingaben bzw.

---

[1] HMI steht für human machine interface
[2] carriage return steht für Wagenrücklauf. Bei alten Schreibmaschinen findet man noch die Taste <WR> (Wagenrücklauf), die bei Betätigung den Wagen zurück laufenlässt und sicherstellt, dass der zu schreibende Text in einer neuen Zeile beginnt.

```cpp
// P001K2escSequ.cpp
#include "stdafx.h"
#include <iostream>               //1
using namespace std;              //2
int main(void)
{
    cout << "1";                  //3
    cout << "\r";                 //4
    cout << "\n";                 //5
    cout << "!\t!";               //6
    cout << "\n!01234567";        //7
    cout << "\b\b\b\b\b\b\b\b";   //8
    return 0;
}
```

Programm 3.1: Einige Escapesequenzen.

Ausgaben möglich sind. Sollten Sie 16-Bit-Eingaben bzw. Ausgaben zu tun haben, so haben Sie dann mit wcout, wcin wcerr oder wclog zu tun.

//2 Mit dieser Anweisung teilen wir dem Compiler mit welches cout er verwenden soll. Wir nahmen das cout aus dem Namensraum std. Sollten wir diese Zeile weglassen, so müssen wir cout wie folgt spezifizieren:
std::cout

//3 An dieser Stelle geben wir eine Eins aus. Sie wird an der aktuellen Position des Cursors geschrieben. Nach der Ausgabe blinkt der Cursor rechts von der Eins.

//4 Mit dem carriage return erreichen wir, dass der Cursor wieder zum Zeilenanfang geht.

//5 Anschließend bewegen wir den Cursor eine Zeile tiefer. Letzten Endes geschieht dies mit einem line feed. Aber wir wissen, dass es in unserem Falle so ist, dass sich das \n aus einem cr UND lf zusammensetzt. So betrachtet hätten wir das cr der Zeile //4 weglassen können. Versuchen Sie es einmal!

//6 Nun geben wir ein Ausrufezeichen auf der neuen Zeile aus, bewegen mittels Tabulator (\t) den Cursor 8 Bytes nach rechts und geben wieder ein Ausrufezeichen aus.

//7 An dieser Stelle gehen wir mit einem line feed auf eine neue Zeile und geben anschließend acht Ziffern - von 0 bis 7 - aus. Nach der Zahl sieben blinkt der Cursor. Sie sehen, dass der Tabulator, der eine Zeile oberhalb angewendet wurde, den Cursor exakt acht Bytes weiter rechts positioniert. Das Escapezeichen \t verschiebt die aktuelle Cursor-Position also acht Bytes weiter rechts. Im Visual Studio haben wir Tabulator, der dem Byte 0x09 entspricht, gegen vier Spaces (0x20) ersetzt; siehe dazu Abbildung 1.4 auf Seite 6.

//8 In dieser Zeile gehen wir mit dem Backspace acht Bytes wieder nach rechts und terminieren unsere Software mit einem return 0. Dies sollte immer ein Hinweis darauf sein, dass das Programm fehlerfrei beendet wurde.

Sie sollten das Programm step by step debuggen und dem Lauf des Cursors folgen. Bitte setzen Sie dazu in jede Zeile einen breakpoint, und setzen Sie immer wieder mittels Mouse die Konsole aktiv; klicken Sie die Konsole - wie in Abbildung 3.1 zu sehen - einfach an. So können Sie am besten die Ausgaben und die Escapesequenzen verfolgen. In der Abbildung 3.1 sehen Sie das finale Ergebnis; der breakpoint steht unmittelbar vor dem Befehl <return 0>; siehe Programm 3.1 auf Seite 36.

3.1 Escapesequenzen

Abbildung 3.1: Die Ausgabe des Programmes P001K2escSequ.

Sequenz	Bemerkung	Zeichen
\n	line feed (lf)	0x0a Unter Microsoft Windows versteht man darunter cr+lf
\r	carriage return (cr)	0x0d
\t	Horizontaler Tabulator (ht)	0x09
\v	Vertikaler Tabulator (vt)	0x0b
\b	Backspace (bs)	0x08
\f	Formfeed (ff)	0x0c
\\	Backslash	0x5c
\'	Apostroph	0x27
\a	Bell	0x07
\?	Question	0x3f
\"	Anführungszeichen	0x22
\xnn	beliebige Hexzahl	
\x81		ü (unter DOS)
\xFC		ü (unter UNIX und Windows)
\x84		ä (unter DOS)
\xE4		ä (unter UNIX und Windows)
\x94		ö (unter DOS)
\xF6		ö (unter UNIX und Windows)
\x8E		Ä (unter DOS)
\xC4		Ä (unter UNIX und Windows)
\x99		Ö (unter DOS)
\xD6		Ö (unter UNIX und Windows)
\x9A		Ü (unter DOS)
\xDC		Ü (unter UNIX und Windows)
\xE1		ß (unter DOS)
\xDF		ß (unter UNIX und Windows)

Tabelle 3.1: Escapesequenzen

Wir kommen zum Programm 3.2 auf Seite 38. In diesem Programm wollen wir zuerst die Zahl 1000 ausgeben und danach in der gleichen Zeile die Zahl 999. Solche Aufgaben können Ihnen später in Zählschleifen noch öfters begegnen. Wenn Sie den breakpoint in die Zeile des returns setzen, so erhalten Sie ein ganz eigenartiges Ergebnis: 9990. Wie kommt das zustande? Dazu

```
// P002K3cr.cpp
#include "stdafx.h"
#include <iostream>
using namespace std;
int main (void)
{
    cout << 1000;     //1
    cout << "\r";     //2
    cout << 999;      //3
    return 0;
}
```

Programm 3.2: P002K3cr zum Testen des carriage return.

sollten Sie bereits wissen, dass ein carriage return lediglich den Cursor an den Anfang der Konsole setzt. Dass ein carriage return noch die Zeile löscht, davon war nie die Rede. Wir erhalten also das angekündigte Resultat, das in der Abbildung 3.2 zu sehen ist; der Cursor steht - wie zu erwarten - exakt unter der Null.

Abbildung 3.2: Die Ausgabe des Programmes P002K3cr

//1 Hier geben Sie ganz einfach die Zahl 1000 aus. Der Cursor blinkt rechts der letzten 0 von 1000.
//2 An dieser Stelle aktivieren Sie den Cursor, auf den Anfang der Zeile zu springen.
//3 Hier geben Sie die Zahl 999 aus. Da Sie mit dieser Ausgabe am Anfang der Zeile beginnen und nichts weggelöscht wird, so ist das final sichtbare Resultat eine 9990.

Wie können Sie das vermeiden? Ganz einfach: Sie wissen ja, dass die größte Zahl, die Sie ausgeben wollen, vier Stellen hat (1000). Löschen Sie nach dem carriage return die Zeile mit vier Spaces, geben Sie nochmals ein carriage return aus und schon haben Sie statt einer 9990 eine 999 stehen.

3.2 Grunddatentypen

C/C++ besitzt fünf Grunddatentypen:

Dabei unterscheiden sich die Daten in ihrer Anzahl von Bits, die sie auf einem speziellen Zielsystem benötigen. Grundsätzlich ist zu bemerken, dass alle unspezifizierten Daten als signed Daten[3] gelten; d.h., sie verfügen über ein Vorzeichen. Wenn wir von unsigned Daten sprechen, müssen diese entsprechend qualifiziert sein. Wir schreiben nun eine Software, die für diese Datentypen die Intervalle als signed und (wo möglich) als unsigned ausgibt. Das Pro-

---

[3] char und wchar_t bilden eine Ausnahme: char ist abhängig vom Compiler (im VS 2012 sind char-Variablen defaultmäßig signed!); für wchar_t gilt: wchar_t $\in [0, 0xFFFF]$. Siehe dazu Abbildung 3.3.

3.2 Grunddatentypen

```cpp
// P003K3DTyp.cpp
#include "stdafx.h"
#include <iostream>
using namespace std;
#include <limits.h>                                                    //1
#include <float.h>                                                     //2
int main(void) {
    cout << "Typ\t\t\tBytes\tMinimalwert\t\tMaximalwert\n";
    cout << "//=== 0. bool ==============================================================\n";
    cout << "bool              \t" << sizeof(bool)                 << "\t"   //3
         << 0         << "\t\t\t" << 1                             << "\n";  //4
    cout << "//=== 1. char ==============================================================\n";
    cout << "char              \t" << sizeof(char)                 << "\t"
         << CHAR_MIN  << "\t\t\t" << CHAR_MAX                      << "\n";  //5
    cout << "unsigned char     \t" << sizeof(unsigned char)        << "\t"
         << 0         << "\t\t\t" << UCHAR_MAX                     << "\n";  //6
    cout << "signed   char     \t" << sizeof(signed char)          << "\t"
         << SCHAR_MIN << "\t\t\t" << SCHAR_MAX                     << "\n";
    cout << "//=== 2. int ===============================================================\n";
    cout << "int               \t" << sizeof(int)                  << "\t"
         << INT_MIN   << "\t\t"   << INT_MAX                       << "\n";
    cout << "unsigned int      \t" << sizeof(unsigned int)         << "\t"
         << 0         << "\t\t\t" << UINT_MAX                      << "\n";
    cout << "signed   int      \t" << sizeof(signed int)           << "\t"
         << INT_MIN   << "\t\t"   << INT_MAX                       << "\n";
    cout << "short int         \t" << sizeof(short int)            << "\t"
         << SHRT_MIN  << "\t\t\t" << SHRT_MAX                      << "\n";
    cout << "unsigned short int\t" << sizeof(unsigned short int)   << "\t"
         << 0         << "\t\t\t" << USHRT_MAX                     << "\n";
    cout << "signed   short int\t" << sizeof(signed short int)     << "\t"
         << SHRT_MIN  << "\t\t\t" << SHRT_MAX                      << "\n";
    cout << "long int          \t" << sizeof(long int)             << "\t"
         << LONG_MIN  << "\t\t"   << LONG_MAX                      << "\n";
    cout << "unsigned long int \t" << sizeof(unsigned long int)    << "\t"
         << 0         << "\t\t\t" << ULONG_MAX                     << "\n";
    cout << "signed   long int \t" << sizeof(signed long int)      << "\t"
         << LONG_MIN  << "\t\t"   << LONG_MAX                      << "\n";
    cout << "long long         \t" << sizeof(__int64)              << "\t"
         << LLONG_MIN << "\t"     << LLONG_MAX                     << "\n";
    cout << "unsigned long long\t" << sizeof(unsigned long long)   << "\t"
         << 0         << "\t\t\t" << ULLONG_MAX                    << "\n";
    cout << "//=== 3. float =============================================================\n";
    cout << "float             \t" << sizeof(float)                << "\t"
         << FLT_MIN   << "\t\t"   << FLT_MAX                       << "\n";
    cout << "//=== 4. double ============================================================\n";
    cout << "double            \t" << sizeof(double)               << "\t"
         << DBL_MIN   << "\t\t"   << DBL_MAX                       << "\n";
    cout << "long double       \t" << sizeof(long double)          << "\t"   //6
         << LDBL_MIN  << "\t\t"   << LDBL_MAX                      << "\n";
    return 0;
}
```

Programm 3.3: P003K3DTyp Die Intervalle der Datentypen (64-Bit-Maschine).

gramm 3.3 auf Seite 39 führt zu der Ausgabe, die in Abbildung 3.3 zu sehen ist. Natürlich müssen wir uns jetzt ausführlich mit dem Programm 3.3 beschäftigen. Doch zunächst wollen wir ein paar Worte zum prinzipiellen Aufbau des Programmes 3.3 verlieren. #include <limits.h> wird inkludiert, um die Grenzen der Variablen zu definieren. "Leider" werden diese Grenzen schon durch iostream inkludiert. Wenn dem nicht so wäre, so hätten wir ohne diesen Inklude Fehlermeldungen. Um dies zu illustrieren, haben das Programm 3.3 soweit reduziert, dass Sie

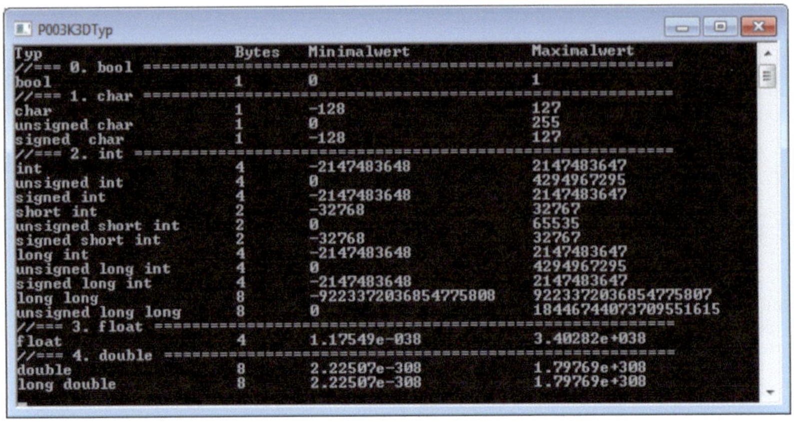

P003K3DTyp
Typ Bytes Minimalwert Maximalwert
//=== 0. bool
bool 1 0 1
//=== 1. char
char 1 -128 127
unsigned char 1 0 255
signed char 1 -128 127
//=== 2. int
int 4 -2147483648 2147483647
unsigned int 4 0 4294967295
signed int 4 -2147483648 2147483647
short int 2 -32768 32767
unsigned short int 2 0 65535
signed short int 2 -32768 32767
long int 4 -2147483648 2147483647
unsigned long int 4 0 4294967295
signed long int 4 -2147483648 2147483647
long long 8 -9223372036854775808 9223372036854775807
unsigned long long 8 0 18446744073709551615
//=== 3. float
float 4 1.17549e-038 3.40282e+038
//=== 4. double
double 8 2.22507e-308 1.79769e+308
long double 8 2.22507e-308 1.79769e+308

Abbildung 3.3: Der Konsolen-Output des Programmes P003K3DTyp

die Auswirkungen dieses missing Inklude sehen können; siehe Abbildung 3.4. Ein Teil der wichtigen Informationen sind dabei mit Kreisen bzw. Ellipsen markiert. Zum Ersten sollten Sie immer bei Compilerfehlermeldungen diese von "oben" nach "unten" abarbeiten. Das tun wir auch: Wir

P003K3DTyp - Microsoft Visual Studio Express 2012 für Window...
Schnellstart (Strg+Q)
DATEI BEARBEITEN ANSICHT PROJEKT ERSTELLEN DEBUGGEN TEAM EXTRAS TEST FENSTER HILFE
Lokaler Windows-Debugger Debug Win32
P003K3DTyp.cpp stdafx.cpp stdafx.h
(Globaler Gültigkeitsbereich) main(void)
// P003K3DTyp1.cpp
#include "stdafx.h"
//#include <limits.h>
int main(void)
{
int iTest = CHAR_MIN;
iTest = CHAR_MAX;
100 %
Fehlerliste
4 Fehler
0 Warnungen
0 Meldungen
Fehlerliste durchsuchen
Beschreibung Datei Zeile Spalte Projekt
1 error C2065: 'CHAR_MIN': nichtdeklarierter Bezeichner p003k3dtyp 6 1 P003K3DTyp
3 IntelliSense: Der Bezeichner ""CHAR_MIN"" ist nicht definiert. P003K3DTy 6 17 P003K3DTyp
2 error C2065: 'CHAR_MAX': p003k3dtyp 7 1 P003K3DTyp
Fehlerliste Ausgabe Suchergebnisse Ergebnisse der Symbolsuche
Z 6 S 1 Zei 1 EINFG

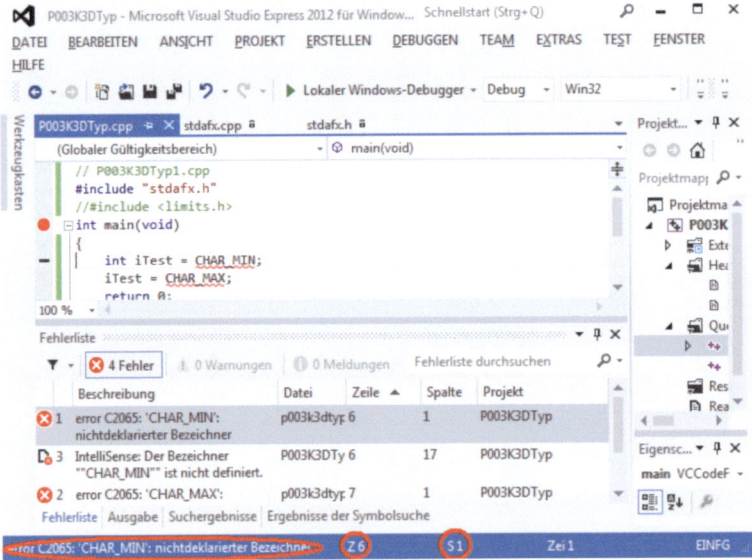

Abbildung 3.4: Compilerfehler in P003 bei fehlendem include von limits.h

gehen in das Ausgabefenster und machen einen Doppelklick auf die erste Fehlermeldung. Sie sehen diese Meldung auch im Fenster des Visual Studios (unten links mit Ellipse markiert). Falls Ihnen das nichts sagt, so können Sie auch in das Ausgabefenster gehen, den Cursor direkt auf Fehlernummer C2065 setzen und die Hilfetaste drücken.

3.2 Grunddatentypen

Wie dem auch sei: nach unserem Doppelklick springt der Cursor im Quellcodefenster automatisch in die Zeile, in der der Fehler auftritt. In unserem Falle ist dies die Zeile 6 (Z6 ist mit Ellipse umrandet). Der Cursor steht dabei stets am Anfang der Zeile, also in der ersten Spalte (S1 ist mit Ellipse umrandet) und ist im Quellcodefenster mit einer roten Ellipse markiert. Und wenn Sie

```
error C2065: 'CHAR_MIN': nichtdeklarierter Bezeichner
error C2065: 'CHAR_MAX': nichtdeklarierter Bezeichner
error C2065: 'INT_MIN': nichtdeklarierter Bezeichner
```

Compilerausgabe 3.1: Compiler-Ausgabe bei P006 falls limits.h fehlt(Ausschnitt)

nicht wissen, wo (beispielsweise) CHAR_MIN deklariert ist, so gehen Sie einfach in das Quellcodefenster und setzen den Cursor auf CHAR_MIN und drücken die Hilfetaste (F1). Dann sagt Ihnen die Onlinehilfe, dass Sie limits.h inkludieren müssen (s. Abbildung 3.5 auf Seite 41). Und

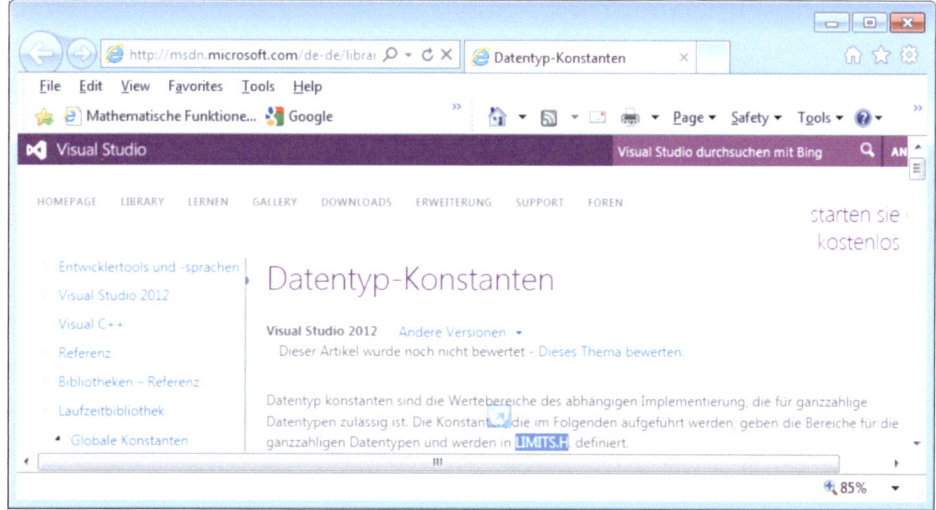

Abbildung 3.5: Onlinehilfe: Woher weiß man, welche Header-Files zu inkludieren sind?

wenn Sie nun wieder den Inklude in Abbildung 3.4 in den Compilevorgang mit einbeziehen, so sind mit einem Schlage alle Fehlermeldungen verschwunden.

Wir sehen, wenn wir uns alle Fehlermeldungen anschauen, dass limits.h die Grenzen von alphanumerischen (char) und ganzzahligen Variablen (int, long, ...) definiert. Was geschieht nun, wenn wir

$$\texttt{\#include <float.h>}$$

vom Compile-Prozess ausschließen? Wir müssten dazu das Programm in Abbildung 3.4 so ändern, dass wir die Grenzen der Gleitpunktzahlen nutzen. Dann erhalten wir Fehlermeldungen, die auf das Fehlen der Grenzen der Gleitpunktzahlen hinweisen (siehe dazu Compilerausgabe3.2 auf Seite 42). Wir werden also float.h wieder inkludieren und wenn wir nun wieder alles sauber kom-

```
error C2065: 'FLT_MIN': nichtdeklarierter Bezeichner
error C2065: 'FLT_MAX': nichtdeklarierter Bezeichner
error C2065: 'LDBL_MAX': nichtdeklarierter Bezeichner
```

Compilerausgabe 3.2: Compiler-Ausgabe bei P006 falls float.h fehlt.

pilierbar haben, so können wir noch ein weiteres Feature des Visual Studios kennenlernen: wenn Sie wissen wollen, wo bestimmte Konstanten, Variablen, etc. deklariert sind, so gehen Sie einfach im Quellcodefenster auf die entsprechenden Typen und drücken die F12-Taste. Das wollen wir auch gleich am Programm 3.3 üben: wir gehen auf die Konstante LDBL_MIN und drücken F12. Danach wird im Quellcodefenster das Header-File float.h eingeblendet (s. dazu Abbildung 3.6 auf Seite 42). Sie sehen in der Abbildung 3.6, dass LDBL_MIN auf DBL_MIN gemappt

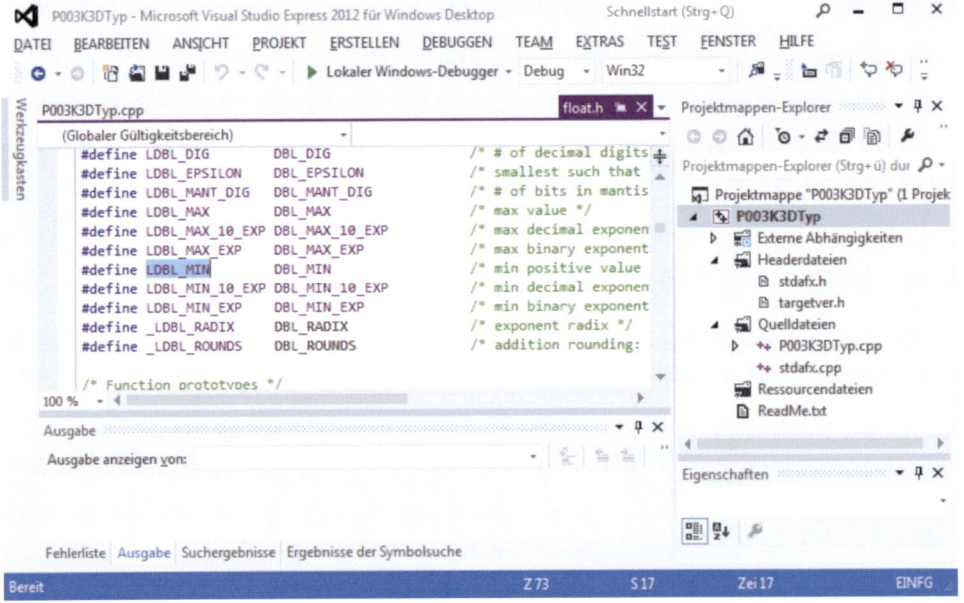

Abbildung 3.6: Das Feature "Finden von Konstanten" in VS 2012

3.2 Grunddatentypen

wird. Das Visual Studio 2012 kennt den Typ long double nur vom Namen her. Eine vollständige Nutzung ist hier nicht möglich. Die Grenzen des Typs long double sind in Tabelle 3.2 dargestellt.

Typ	Bytes	Minimalwert	Minimalwert
long double	10	3.3621E-4932	1.18973E+4932

Tabelle 3.2: Die Grenzen des Typs long double; siehe dazu auch Abbildung 3.7.

Nun wollen wir uns aber das Programm 3.3 klarmachen:
//1 Wir haben bereits gesehen, dass in limits.h die Grenzen der Ganzzahlvariablen und der alphanumerischen Variablen definiert sind.
//2 In float.h sind die Grenzen der Gleitpunktzahlen definiert.
//3 C++ bietet den neuen Datentyp bool an. Der Typ bool hat eine size von einem Byte und
//4 kann die Werte 0 (false) und 1 (true) annehmen.
//3 Wir geben hier folgendes aus:

1. Speicherbedarf der Variable char.
2. Minimaler Wert, den char annehmen kann.
3. Maximaler Wert, den char annehmen kann.

Die Ausgabe beginnt mit einem \n. Damit wird sichergestellt, dass dieser Ausdruck in einer neuen Zeile erscheint. Hier wird der String char ausgegeben: "char   ". Dann folgt ein Tabulator (\t). Die Tabulatoren sind so gewählt, dass die Ausgabe (s. Abb.: 3.3; S. 40) eine gewisse Ordnung auf der Konsole ergibt. Wenn Sie in der Hilfe von sizeof nachschauen, so werden Sie feststellen, dass sizeof den Speicherbedarf der Variable in size_t zurückliefert. Und wenn Sie noch genauer hinschauen, so werden Sie feststellen, dass size_t letztlich eine unsigned int Variable ist. Nach einem bzw. drei Tabulatoren erfolgt nun die Ausgabe der Grenzen des Datentypes char. Das Minimum wird in limits.h durch CHAR_MIN und das Maximum durch CHAR_MAX definiert.

//4 Hier gilt natürlich das Gleiche. Nur haben wir es hierbei mit einer unsigned Variable zu tun. Zur Trennung, für die bessere Übersicht haben wir bei den verschiedenen Datentypen eine HeadLine gegeben; für den Typ char haben wir
// === 1.char ==
eingefügt.

//5 Diese Zeile verdient ein wenig mehr Beachtung. Unter Win 7 mit dem Visual Studio 2012 werden offensichtlich double und long double Variable mit den gleichen Intervallgrenzen belegt. Eine long double Variable belegt auf diesen Systemen nur 8 Bytes. Wer zweifelt, kann sich gern nochmals mit der Taste F12 von der Richtigkeit dieser Aussage überzeugen. In float.h findet man:
#define LDBL_MIN DBL_MIN /* min positive value */
Und genau dieses Resultat erhalten wir mit dem Programm 3.3; s. Abb.: 3.3.
Beachte: Eine long double Variable belegt "normalerweise" 10 Bytes.

Bemerkung:
- Der Typ "long long" ist seit C99 möglich.
- Der Typ long long entspricht im VS 2012 dem Typ __int64.

Jetzt sollte noch erklärt werden, was unter den entsprechenden Datentypen nun konkret zu verstehen ist. Einiges wissen wir ja schon:

- `bool`:
  `bool` ist ein neuer Typ, der ein Byte Speicherplatz belegt. Der Wert 0 steht für false und der Wert 1 für true. Bitte beachten Sie, dass dieser Wert immer konkret auf 0 oder 1 abzufragen ist. Beispiel:

richtig	falsch
`if (1==bTest)`	`if (bTest)`

  Die Abfrage `if (bTest)` ist deshalb falsch, weil in bTest 256 Werte stehen könnten, die die Bedingung `if (bTest)` true werden ließen obwohl nur ein Wert true ist; nämlich die 1. Und genau aus diesem Grunde ist die Abfrage `if (1==bTest)` - sofern auf true geprüft wird - korrekt.

- `char`:
  Unter einem `char` verstehen wir einen Typ, der lediglich ein Byte Speicherplatz belegt. Wir unterscheiden `signed` und `unsigned` char. Bei einem char bzw. `signed char` (alle unspezifizierten Ganzzahlvariablen wie char und int gelten immer als `signed`) ist das Bit 7 das Vorzeichenbit. Ein `unsigned char` hat kein Vorzeichenbit. Beispiele dazu können in der Tabelle 3.3 eingesehen werden. In der Abbildung 3.9 ist dargestellt, wie eine `signed char` im Visual Studio eingesehen werden kann.

- `int`:
  Der Basis-Typ `int` belegt 4 Bytes. Auch hier existieren Specifier. Wenn wir den Speicherbereich einer Variable vom Typ `int` anschauen, so müssen wir beachten, dass für die x86-Processor-Familie die sogenannte Intelkonvention[4] gilt: Die Daten werden so abgelegt, dass zuerst das low-Word und dann das high-Word gesichert ist. Und in diesen Wörtern wird jeweils zuerst das low-Byte und dann das high-Byte gesichert (siehe dazu Programm P005IntelKonv.c, das in den Abbildungen 3.13 bis 3.12 auf der Seite 48 skizziert ist). Die Tabelle 3.4 gibt Beispiele für Typbezeichner und sie gilt für eine 64-Bit-Maschine.

- `long long`:
  Ein `long long` belegt immer 8 Bytes. Dieser Datentyp erlaubt es, bei 32-Bit-Maschinen mit einem größeren Wertebereich zu arbeiten, als es die Prozessorregister zulassen.

- `float`:
  Für diesen Datentyp werden 4 Bytes reserviert. Wir werden diesen Typ nochmals genauer behandeln. Dabei werden wir etwas zum Aufbau einer `float`-Variablen sagen und die Genauigkeit dieses Typs unter die Lupe nehmen.

- `double`:
  Für diesen Typ werden in der Regel 8 Bytes reserviert.

- `long double`:
  Für diesen Typ werden in der Regel 10 Bytes reserviert. Beachte: für das Visual Studio entspricht der Typ `long double` dem Typ `double` (vgl.: Abbildung 3.3 auf Seite 40).

---

[4]Der exakte informationstechnische Begriff lautet: Little Endian. Hier werden die Bytes so gesichert, dass der Low-Teil zuerst gespeichert wird. Der x86-Prozessor ist ein typischer Vertreter der "Klein-Ender". Ein Vertreter der "Groß-Ender"(Big Endian) ist der Motorola-Prozessor. Hier wird zuerst der High-Teil einer Variable gesichert. Beide Begriffe gehen auf einen Roman von Swift[Swi74] zurück. Zur weiteren Lektüre sei auf die Page von J. Gärtner [Gär10]verwiesen.

3.2 Grunddatentypen

Wenn man allerdings das Programm 3.3 mit dem gcc übersetzt, so erhält man statt der Abbildung 3.3 auf Seite 40 den Konsolenoutput wie er in der Abbildung 3.7. dargestellt ist. Sie sehen also, dass der gcc hier den Typ `long double` richtig behandelt. Die Version des gcc, den wir in diesem Buch noch ab und zu benötigen, können wir von diesem Link aus dem Netz laden: [blo11].

Bitte beachten Sie, dass die Anzahl der Bytes (16) für den Typ `long double` beim gcc dem Fakt geschuldet ist, dass wir es hier mit einem Alignment von 8 Bytes zu tun haben; d.h.: die Speichertiefe der Variable wird auf 16 "aufgerundet".

```
C:\Program Files (x86)\Dev-Cpp\ConsolePauser.exe
Typ                    Bytes   Minimalwert             Maximalwert
//=== 0. bool =================================================
bool                   1       0                       1
//=== 1. char =================================================
char                   1       -128                    127
unsigned char          1       0                       255
signed   char          1       -128                    127
//=== 2. int ==================================================
int                    4       -2147483648             2147483647
unsigned int           4       0                       4294967295
signed int             4       -2147483648             2147483647
short int              2       -32768                  32767
unsigned short int     2       0                       65535
signed short int       2       -32768                  32767
long int               4       -2147483648             2147483647
unsigned long int      4       0                       4294967295
signed long int        4       -2147483648             2147483647
long long              8       -9223372036854775808    9223372036854775807
unsigned long long     8       0                       18446744073709551615
//=== 3. float ================================================
float                  4       1.17549e-038            3.40282e+038
//=== 4. double ===============================================
double                 8       2.22507e-308            1.79769e+308
long double            16      3.3621e-4932            1.18973e+4932
```

Abbildung 3.7: Der Konsolen-Output des Programmes P003K3DTyp mit dem gcc generiert. Der Typ `long double` wird hier "korrekt" gehandelt.

	bin	hex	dec
signed char	IIII IIII	0xff	-1
unsigned char	IIII IIII	0xff	255

Tabelle 3.3: Beispiele für Daten vom Typ char.

Wie angekündigt, stellen wir nun zwei Programme vor, in denen wir zwar etwas vorauseilen, aber uns auch Gewissheit holen, wie die in der Tabelle 3.3 und in der Tabelle 3.4 dargestellten Typen im Arbeitsspeicher abgelegt werden. Außerdem werden wir an dieser Stelle ein weiteres Feature des Visual Studios kennenlernen: Schnellüberwachung. Doch schauen wir uns zunächst das Programm P005 in der Abbildung 3.8 an. Wir haben hier lediglich eine Variable (zu diesem Kapitel werden gleich kommen) vom Typ char deklariert und zugleich definiert. Die Variable heißt cTest und hat den Wert -1. Es handelt sich also um eine `signed` Variable.

Damit schließt sich der Kreis zu der Tabelle 3.3 auf Seite 45: Sie sehen, dass die `signed` Variable cTest, die den Wert -1 hat, tatsächlich im Arbeitsspeicher mit dem Wert 0xff gesichert ist. Eine `unsigned` Variable würde bei gleichem Wert im Arbeitsspeicher den Wert 255 haben; exakt so wie in der Tabelle 3.3 angegeben.

Typ-Bez.	Bytes	Bemerkungen
`int, signed int`	4	Manchmal auch schlicht `signed`
`long, signed long, long int,` `unsigned long,` `signed long int,` `unsigned long int`	4	
`short, signed short,` `signed short int`	2	Entspricht dem int für ältere CPUs In Pascal, Modula oder Delphi: INTEGER
`unsigned short,` `unsigned signed int`	2	In Pascal, Modula oder Delphi: CARDINAL
`long long, long long int,` `signed long long,` `signed long long int`	8	
`unsigned long long,` `unsigned long long int`	8	

Tabelle 3.4: Bezeichner für Daten vom Typ `int`.

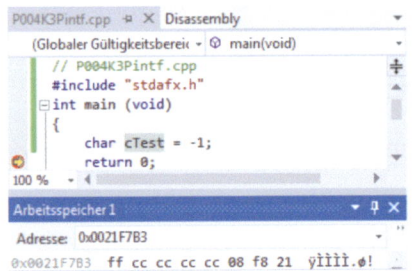

Abbildung 3.8: Im breakpoint sieht man bei 0x021F7B3 den Inhalt von cTest (0xff).

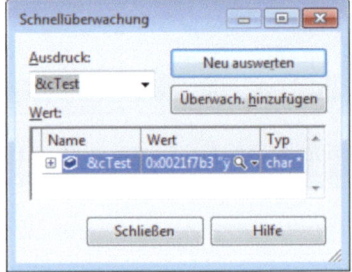

Abbildung 3.9: Anzeige der Adresse von cTest im Arbeitsspeicher; es ist die Adresse 0x021F7B3.

Wie kommen wir aber nun zu der Schnellüberwachung? Und wie gelangen wir von einer Variable zu der Adresse der Variable? Und was ist eine Adresse einer Variable? Zur letzten Frage ist zu sagen, dass die Adresse einer Variable auf den Arbeitsspeicherplatz zeigt, auf dem der Inhalt der Variable gesichert ist. Und zu einer Adresse einer Variablen gelangt man, indem man vor die Variable den Adressoperator & setzt (siehe Abbildung 3.9). Dazu werden wir später noch kommen. Jetzt klären wir zum Schluss, wie man die Schnellüberwachung aktiviert. In der Abbildung 3.8 sieht man die Variable cTest; Sie gehen mit dem Cursor darauf. Wenn man jetzt die rechte Mouse-Taste drückt, so erscheint das Fenster in der Abbildung und dort aktivieren Sie den Eintrag Schnellüberwachung. Dann kommen Sie zu der Abbildung 3.9 bzw. Sie kommen beinahe zu dieser Abbildung. Noch sehen Sie im Fenster "Ausdruck" die Variable selbst. Und diese steht erwartungsgemäß auf -1. Jetzt müssen Sie noch den Adressoperator (&) **vor** die Variable setzen, damit Ihnen die Schnellüberwachung auch die Adresse der Variable liefert. Und

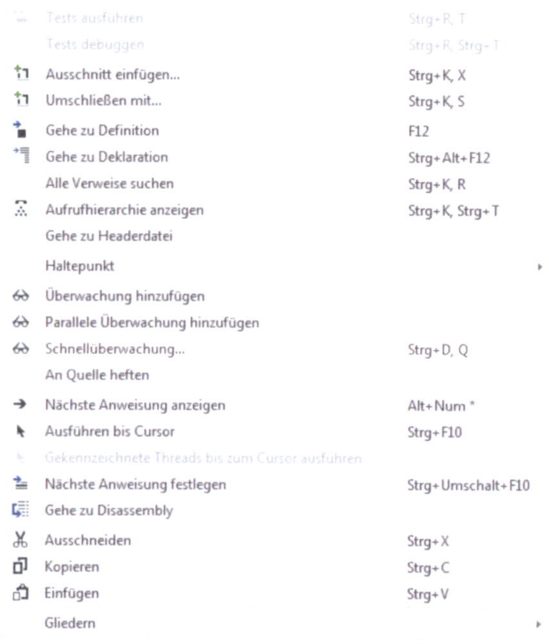

3.2 Grunddatentypen

Abbildung 3.10: Die Anwahl der Schnellüberwachung.

diese kopieren Sie dann in den Arbeitsspeicher, den Sie in der Abbildung 3.8 sehen. Fertig! Sie können also die Variablen direkt im Arbeitsspeicher (im RAM) mit der Schnellüberwachung und auch als Tool-Tipp anschauen; immer wenn Sie im breakpoint sind. Bitte beachten Sie, dass der Arbeitsspeicher nicht sofort einsehbar ist. Sie können ihn mit der Tastenkombination ALT 6 aktivieren; siehe dazu Tabelle 1.2 auf Seite 8. Sie können die zu untersuchende Variable aber auch "dauerhaft" zur Überwachung "hinzufügen". Das können Sie in der Abbildung 3.13 auf Seite 48 sehen. Falls Sie Variablen nicht mehr dauerhaft in der Überwachung haben wollen, so können Sie diese auch mit der Taste <Entf> entfernen.

Hinweis: *Sie können natürlich die Variable via Schnellüberwachung auch ändern. Das ist exakt eine der hervorstechenden Eigenschaften des Debuggers! Eine andere Variante ist, die Variable cTest im Arbeitsspeicher zu ändern. In der Abbildung 3.11 sehen Sie, dass wir das 0xff an der Adresse der Variable gegen den Wert 0x80 getauscht haben. Und wenn Sie dann im Debugger mit der Mouse über der Variable cTest sind, so sehen Sie, dass diese Variable nicht mehr den Wert -1, wie im Programm angegeben, hat, sondern den Wert -128. Ganz offensichtlich ist die -128 (0x80) der kleinste Wert, den ein* `char` *annehmen kann (vgl. dazu auch Abbildung 3.3 auf der Seite 40). Wenn man die 0x80 um eins inkrementiert, so erhält man 0x81 (-127=0x81-0x100). Und dies können Sie fortsetzen, bis Sie bei 0xff angelangt sind. Das entspricht -1. Wenn Sie 0xff um 1 inkrementieren, so erhalten Sie 0x00. Dann können Sie das Inkrementieren bis 0x7f fortsetzen, das ist die höchstmögliche positive Zahl (127).*

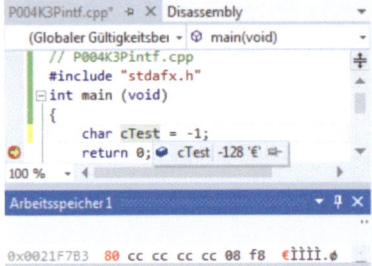

Abbildung 3.11: Das Ändern der Variable cTest im Arbeitsspeicher

Abschließend sei in diesem Kapitel auf die Intelkonvention eingegangen. Wir wollen uns diese Konvention am Beispiel der Abbildungen 3.13 bis 3.13 klarmachen. Dazu die folgenden Erläu-

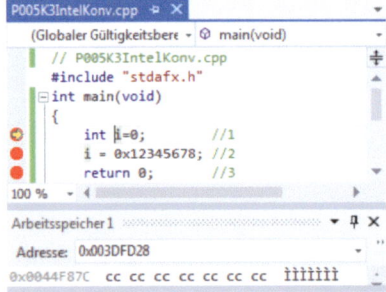

Abbildung 3.12: Darstellung der Intelkonvention; 1. breakpoint.

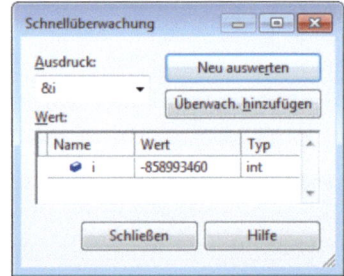

Abbildung 3.13: Ermittlung der Adresse von i.

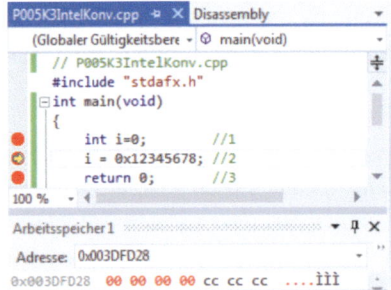

Abbildung 3.14: Darstellung der Intelkonvention; 2. breakpoint.

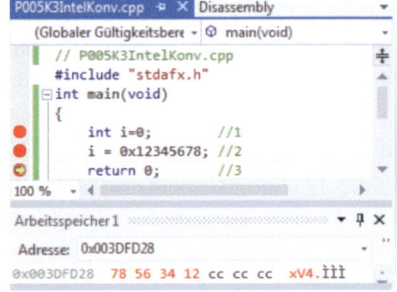

Abbildung 3.15: Darstellung der Intelkonvention; 3. breakpoint.

terungen zum Programm P008IntelKonc.c, das in der Abbildung 3.13 zu sehen ist:

//1 Wir haben hier eine andere Variable deklariert und definiert; eine integer-Variable. Wir wissen, dass diese Variable 4 Bytes Speicherplatz belegt (siehe dazu Abbildung 3.3). Wenn wir

3.2 Grunddatentypen

das Programm starten, so haben wir bereits drei breakpoints definiert. Der erste breakpoint liegt vor der Definition der integer-Variable (direkt in der Zeile des Kommentars //1). Der zweite breakpoint liegt nach der Definition der Variable i mit 0. Und der letzte breakpoint liegt nach der Definition der Variable i mit 0x12345678, was der Dezimalzahl 305419896 entspricht). Die Zahl 0x12345678 wurde ganz bewusst gewählt, weil mit dieser Zahl die Intelkonvention für eine integer-Variable recht gut verstanden werden kann.

Sie sehen im Arbeitsspeicher, dass i noch definiert wurde; im Arbeitsspeicher finden Sie die "Hausnummer" 0xcccccccc, was auf einen undefinierten Wert hindeutet.

//2 Jetzt befinden wir uns im breakpoint 2. Die Variable i ist definiert, sie hat den Wert 0. Der Arbeitsspeicher weist an der Adresse von i (in unserem Falle: 0x3DFD28) vier Nullen auf. Beachte: Sowohl in der Schnellüberwachung als auch im Arbeitsspeicher werden geänderte Werte immer durch rote Zahlen dargestellt.

//3 Das ist der letzte breakpoint (siehe Abbildung 3.12). i besitzt den Wert 0x12345678. Und wir sehen im Arbeitsspeicher, dass dieser Wert exakt nach der Intelkonvention abgelegt ist (78 56 34 12).
Von links nach rechts lesen wir aus dem Arbeitsspeicher:
1 : lowWord   (78 56)
1a: lowByte lowWord   (78)
1b: highByte lowWord   (56)
2 : highWord   (34 12)
2a: lowByte highWord   (34)
2b: highByte highWord   (12)

Final sei noch eine Bemerkung zur Thematik Deklaration und Definition von Variablen gestattet. Wir wollen folgendes vereinbaren:
Wir sprechen von einer Deklaration einer Variablen, wenn wir sie lediglich benennen und ihren Typ festlegen. Beispiel einer Deklaration:
char chrTest;
Wenn wir eine Variable definieren, so muss sie bereits deklariert sein. Wir weisen ihr dann einen Wert zu. Beispiel einer Definition einer Variablen:
char chrTest='A';
Insofern kann man die Definition als Erweiterung der Deklaration ansehen. Die Bedeutung von Deklaration und Definition von Variablen kann man auch auf Funktionen übertragen: Funktionen werden üblicherweise in Header-Files (h-Files) deklariert und in den cpp-Files wird die Funktion definiert; das heißt, der Funktion wird durch Schreiben von Source-Code ein konkreter Sinn gegeben. Wenn Sie eine Variable nur deklarieren und nie nutzen, so erhalten Sie einen Compiler-Fehler und ein Compiler-warning; siehe Compilerausgabe 3.3.

Hinweis: *Es ist zu empfehlen, dass jede Variable sofort nach ihrer Deklaration auch definiert wird. Begründung: Sie werden später sehen, dass Sie Variablen auch tracen können. Dies ist ein Feature, das der Fehlerverfolgung in Ihrer Software dient. Wenn Sie in so einem Falle die nicht definierte Variable tracen, dann können Sie nicht wissen, ob diese Variable überschrieben wurde oder ganz einfach nicht definiert ist. Nach einer Variablen-Deklaration ist der Speicher, den die Variable belegt, undefiniert. In unserem Falle besitzt die Variable den Wert -52 (0xcc).*

Das können Sie auch via Arbeitsspeicher nachvollziehen.

```
Fehler 1 error C2220: Warnung wird als Fehler interpretiert, es wurde keine
object-Datei generiert.
Warnung 2 warning C4101: 'chrTest': Unreferenzierte lokale Variable.
```

Compilerausgabe 3.3: Compiler-Fehler/Compiler-warning für eine Variable, die nicht verwendet wird.

3.3 Konsolenausgaben - cout

Im letzten Kapitel haben wir gelernt, wie man den Debugger nutzen kann, um das Programm im Fehlerfall genauer zu verstehen. Wir konnten lernen, wie man Variablen beobachtet und wie man sie beeinflussen und ändern kann. Das ist sehr wichtig und wird Ihnen immer helfen, komplexe Zusammenhänge für Sie transparenter zu machen.

Nun ist es so, dass wir in diesem Buch "kleinere" Programme durchgehen. Sie sollten die einfachen Features der Sprache C++ verstehen. Und da bietet sich an, dass wir die einfachen Abläufe auf der Konsole darstellen. Die Konsole ist für Sie quasi das Tor zum Verständnis. Und wir haben ja auch schon verschiedene kleinere Programme erstellt und sie uns auf der Konsole klargemacht. Also: Sie programmieren etwas und geben die Ergebnisse auf der Konsole aus und stellen fest, dass es so gelaufen ist wie Sie wollten, oder Sie stellen fest, dass es nicht so gelaufen ist. In jedem Fall wird die Konsole Ihnen helfen, Ihr Programm zu verstehen; sie ist also so etwas wie ein kleiner Debugger für Sie. Aus diesem Grunde wollen wir an dieser Stelle kurz die wichtigsten Features zu Konsolenausgaben skizzieren. Mit dem Programm 3.4 erhalten Sie eine

```cpp
// P006K3cout.cpp
#include "stdafx.h"
#include <iostream>
using namespace std;

int main(void)
{
    cout << "Das ist die Zeile 1\n"                                  // 1
         << "und das wird auf der Zeile 2 ausgegeben.\n";            // 2
    int iSum1 = 4700, iSum2 =11;                                     // 3
    cout << "Und rechnen kann man mit cout auch:\n"                  // 4
         << iSum1 << " + " << iSum2 << " = " << iSum1 + iSum2 << endl; // 5
    return 0;
}
```

Programm 3.4: Das Programm P006K3cout; mit cout kann man auch rechnen.

Konsolenausgabe wie in der Abbildung 3.16. Folgende Erläuterungen zum Programm 3.4:
//1 Dass wir für das cout-Objekt iostream inkludieren und den Namensraum std verwenden müssen, haben wir bereits im Programm 3.3 erläutert. An dieser Stelle wollen wir nochmals zeigen, dass ein cout auch über mehrere Zeilen gehen kann. Hier wird die erste Zeile dargestellt.

3.3 Konsolenausgaben - cout   51

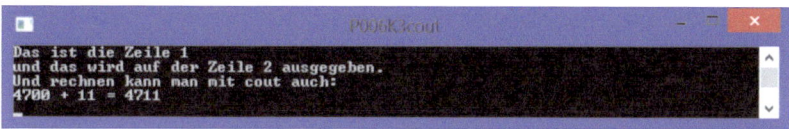

Abbildung 3.16: Die Konsolenausgabe von Programm 3.4.

//2 Und nach einem cr/lf wird die zweite Zeile dargestellt. Die zweite Zeile ist darstellbar, ohne dass Sie cout ein zweites Mal aktivieren - was Sie natürlich auch tun könnten. So jedoch wird in einfacher Weise folgendes besser:

- Sie können zusammenhängende Ausgaben ohne weiteren Aufruf von cout über mehrere Zeile aktivieren.
- Sie können bei zu langen Strings diese im Source-Code auf einer zweiten Zeile fortsetzen, ohne dass Sie ein zweites Mal cout aufrufen. Das haben wir schon im Programm 3.3 auf Seite 39 getan. Sie sehen dort sehr gut, dass der Source-Code übersichtlich ist und dass zwei Source-Code-Zeilen eine Ausgabezeile implizieren; zumindest da, wo die Typen ausgegeben werden.

//3 Hier deklarieren und definieren wir zwei Integer-Variablen. Mit diesen Variablen wollen wir rechnen. In C++ (und seit C99 auch in C) können Sie an beliebigen Stellen im Quellcode Typen und Variablen deklarieren und definieren. Das ist insofern sinnvoll, insofern Sie leicht diese Variablen mit samt dem Code, in dem die Variablen benötigt werden, in einer "eigenen" Funktion sichern können. Diese Funktion kann dann auch wieder von anderen Codeteilen genutzt werden.

//4 Hier geben wir den Hinweis aus, dass nun eine Rechnung erfolgt

//5 und an dieser Stelle erfolgt die Berechnung.

Wenn Sie die Präprozessor-Anweisung
#using namespace std;
im Programm 3.4 weglassen wollen, so müssen Sie cout mit dem Scope-Resolution operator verwenden:
std::cout

Nun wollen wir noch ein Feature kennenlernen, das sehr nützlich ist. cout kann die Zahlen in hexadezimaler Form, dezimaler Form und oktaler Form ausgeben. Dazu schauen wir uns das Programm 3.5 an.

//1 Hier geben wir die Funktion des Programmes an - es soll die Zahlen 16 und 32 in den entsprechenden Zahlensystemen ausgeben. Falls Ihnen diese Systeme nicht vertraut sind, so sollten Sie sich damit vertraut machen; siehe hierzu [Dus11].

//2 Und nach einem cr/lf wird die zweite Zeile dargestellt. Zunächst werden die Zahlen 16 und 32 in hexadezimaler Form ausgegeben.

//3 Im Anschluss daran gegeben wir die Zahlen in der uns vertrauten dezimalen Darstellung aus.

//4 Und final erfolgt die Ausgabe in oktaler Form. Alle Ausgaben werden mit einem endl beendet. Ein endl entspricht einem "\n". Wir werden an passender Stelle auf die Unterschiede

```cpp
// P007K3coutHDO.cpp
#include "stdafx.h"
#include <iostream>
using namespace std;
int main(void)
{
    cout << "Wir geben 16 und 32 in hexadezimaler, "        // 1
         << "dezimaler und oktaler Form aus:\n";
    cout << "hex: " << hex << 16 << " " << 32 << endl       // 2
         << "dec: " << dec << 16 << " " << 32 << endl       // 3
         << "oct: " << oct << 16 << " " << 32 << endl;      // 3
    return 0;
}
```

Programm 3.5: Das Programm P007K3coutHDO.

eingehen. Das Programm terminiert mit einem Return-Code von 0.

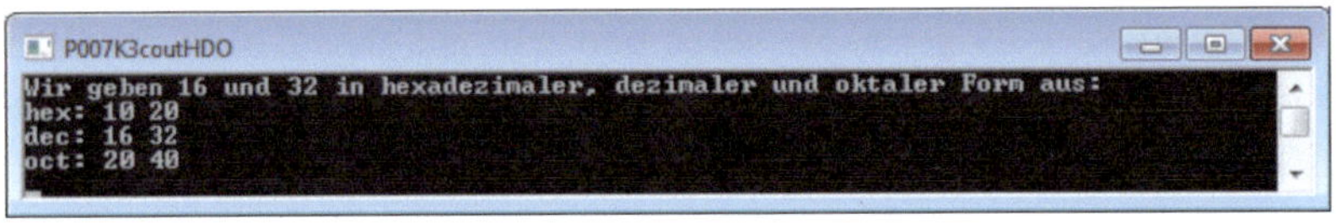

Abbildung 3.17: Die Konsolenausgabe des Programmes P007K3coutHDO.

In der Abbildung 3.17 können wir uns die Konsolenausgabe des Programmes P007K3coutHDO anschauen.
Wenn wir das Programm prog:P007K3coutHDO nochmals analysieren, so stellen wir fest, dass die Manipulatoren hex, dec und oct nicht in iostream definiert sind und trotzdem erhalten wir keine Fehlermeldung. Das liegt daran, dass die Manipulatoren indirekt über iostream inkludiert werden:

$$\text{iostream} \Leftarrow \text{istream} \Leftarrow \text{ostream} \Leftarrow \text{ios}$$

Wir sehen, dass hex, oct und dec in ios definiert sind. Das können Sie sehr einfach mit dem VS 2012 nachvollziehen. Gehen Sie dazu mit der Mouse auf den Befehl
#include <iostream>
und drücken Sie die rechte Mouse-Taste. Sie können nun die oben erwähnten Files Schritt für Schritt öffnen bis Sie bei ios sind; siehe dazu Abbildung 3.18. Neben den oben genannten Manipulatoren stehen noch weitere Funktionen zur Verfügung. Sie sind in der Tabelle 3.5 dargestellt. Für setiosflags und resetiosflags sind die in Tabelle 3.6 dargestellten Flags interessant. Die Flags wollen wir uns im Programm 3.6 auf Seite 54 verdeutlichen. Bemerkung:

- Whitespace-Charakter sind: space, 0x09, 0x0a, 0x0b, 0x0c, 0x0d
- IEEE-Norm steht für: **I**nstitute of **E**lectrical and **E**lectronics **E**ngineers. [5]

---

[5]Die IEEE 754-Norm legt die Standarddarstellungen für binäre Gleitkommazahlen in Computern fest und definiert die Verfahren für die Durchführung mathematischer Operationen.

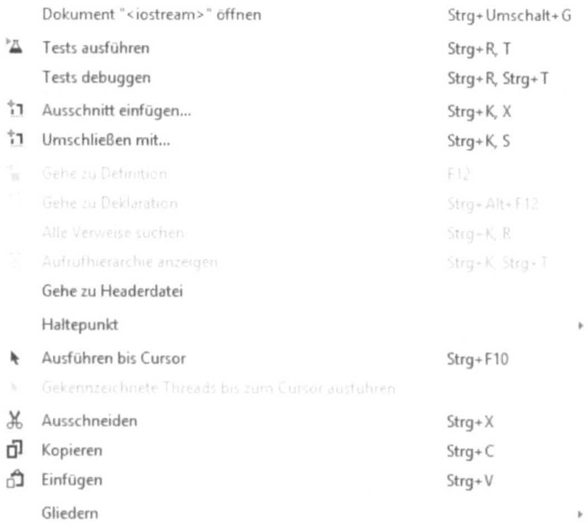

3.3 Konsolenausgaben - cout

	Dokument "<iostream>" öffnen	Strg+Umschalt+G
	Tests ausführen	Strg+R, T
	Tests debuggen	Strg+R, Strg+T
	Ausschnitt einfügen...	Strg+K, X
	Umschließen mit...	Strg+K, S
	Gehe zu Definition	F12
	Gehe zu Deklaration	Strg+Alt+F12
	Alle Verweise suchen	Strg+K, R
	Aufrufhierarchie anzeigen	Strg+K, Strg+T
	Gehe zu Headerdatei	
	Haltepunkt	
	Ausführen bis Cursor	Strg+F10
	Gekennzeichnete Threads bis zum Cursor ausführen	
	Ausschneiden	Strg+X
	Kopieren	Strg+C
	Einfügen	Strg+V
	Gliedern	

Abbildung 3.18: Das Öffnen von Files, die inkludiert sind.

Manipulator	Bemerkung
hex, oct, dec	Definiert ausgegebenes Zahlensystem
setw(int iWidth)	Definiert die Anzahl der Zeichen, die ausgegeben werden
sefill (char cFill)	Definiert das Füllzeichen, wenn Ausgabe zu kurz ist
setbase (int iBase)	Definiert ausgegebenes Zahlensystem
setiosflags (ios::Flag)	Definiert Ausgabeeigenschaften
resetiosflags (ios::Flag)	setzt Ausgabeeigenschaften zurück

Tabelle 3.5: Manipulatoren für cout.

Wir erläutern das Programm 3.6

//1 Ohne den Inklude von iomanip würden dem Compiler wichtige Funktionen fehlen: setw, setprecision etc. Sie könnten das Programm 3.6 nicht kompilieren.

//2 An dieser Stelle definieren Sie das Füllzeichen, das wirksam wird, wenn die angegebene Weite der Ausgabe geringer ist als die tatsächliche. In unserem Falle haben wird ein Ausrufungszeichen ("!") festgelegt. Sollten Sie kein Zeichen definieren, so wird im Default-Fall ein Leerzeichen (0x20) ausgegeben; das Space-Zeichen.

//3 Mit setw (5) definieren wir die Weite der Ausgabe und mit setiosflags (ios::right) legen wir fest, dass die auszugebenden Zeichen rechtsbündig innerhalb der Weite 5 angeordnet werden. Und wenn Sie in der Abbildung 3.19 die erste Zeile anschauen, so sehen Sie, dass fünf Zeichen ausgegeben werden. Da aber nur drei Zeichen als String definiert wurden, nämlich "345", so werden von links zwei Ausrufezeichen aufgefüllt.

//4 Mit diesem endl veranlassen wir den Cursor, an den Anfang einer neuen Zeile zu springen.

//5 Hier geben wir die Zahl 10 im Oktalsystem aus; auf dem Display sehen wir dann eine 12 ($\mathbf{1} \cdot 8^1 + \mathbf{2} \cdot 8^0$). Das Oktalsystem haben wir über die Funktion setbase (8) definiert.

ios::skipws	Verwirft Whitespaces
ios::scientific	Gleitpunktausgabe in der IEEE-Norm (2.718282E+000)
ios::fixed	normale Gleitpunktausgabe (2.718282)
ios::showpos	Vorzeichenangabe bei Zahlen
ios::left	Linksbündige Ausgabe
ios::right	Rechtsbündige Ausgabe
ios::dec, ios::hex, ios::oct	Ausgabe in den entsprechenden Zahlensystemen

Tabelle 3.6: Flags für setioflags und resetioflags.

```
// P008K3coutManip
#include "stdafx.h"
#include "stdafx.h"
#include <iostream>
#include <iomanip>                                                          //1
using namespace std;
int main(void)
{
    double dEulerZ = 2.7182818284590452;
    cout.fill ('!');                                                        //2
    cout << setw (5) << setiosflags (ios::right) << "345";                  //3
    cout << endl;                                                           //4
    cout << setbase (8) << 10;                                              //5
    cout << endl;
    cout << setiosflags (ios::uppercase) << setbase (16) << 10;             //6
    cout << endl;
    cout << dEulerZ;                                                        //7
    cout << endl;
    cout.fill ('.');                                                        //8
    cout << setw (20) << dEulerZ;                                           //9
    cout << endl;
    cout << setiosflags (ios::scientific) << dEulerZ;                       //10
    cout << endl;
    cout << setw (20) << setprecision (17)
         << resetiosflags (ios::scientific) << dEulerZ;                     //11
    cout << endl;
    cout << setw (20) << setprecision (17) << setiosflags (ios::showpos) << dEulerZ; //12
    cout << endl;
    cout << "012345678901234567890\n";
    return 0;
}
```

Programm 3.6: Das Programm P008K3coutManip.

//6 Nun geben wir die Zahl 10 nochmals im Hexadezimalsystem aus. Wir erreichen dies, indem wir setbase (16) aktivieren und dass es sich in der Ausgabe um einen Großbuchstaben (wir sehen ein großes A) handelt, wird durch setiosflags (ios::uppercase) sichergestellt.

//7 An dieser Stelle geben wir die Eulersche Zahl aus. Die Ausgabe erfolgt immer in dem Format, das sicherstellt, dass der ausgegebene String am kürzesten ist. Aus diesem Grunde sehen wir hier 2.71828. Beispiel für einen automatischen Formatwechsel:

Zahl	Ausgabe
5555555.55	5.55556e+006
555555.55	555556

//8 Wir definieren hier ein neues Füllzeichen, den Punkt.

//9 Und nun geben wir rechtsbündig wieder die Eulersche Zahl aus. Sie sehen, dass von links die Zeichen, die an 20 fehlen durch einen Punkt gefüllt werden.

//10 Anschließend erzwingen wir mit setiosflags (ios::scientific) die Ausgabe in der IEEE-Form.

//11 Jetzt geben wir *e* (die Eulersche Zahl) mit einer Genauigkeit von 17 aus. Wir erreichen dies über den Befehl setprecision (17). Außerdem nehmen wir das IEEE-Format mit dem Befehl resetiosflags (ios::scientific) zurück.

Sie wissen, dass die Genauigkeit einer double-Variablen nur 15 bis 16 beträgt. Das bedeutet, dass wir ab diesen Stellen keine exakten Werte mehr erwarten können. Und so ist es auch:

2.7182818284590452   Diese Zahl wird cout übergeben
2.7182818284590451   Diese Zahl wird ausgegeben

//12 Hier geben wir *e* nochmals aus. Mir setiosflags (ios::showpos) erzwingen wir, dass das Vorzeichen der Zahl mit ausgegeben wird.

In der letzten Zeile sind 2x die Ziffern 0-9 dargestellt. Bitte betrachten Sie das nur als eine Art Lineal, das Ihnen das Zählen der vielen Stellen erleichtern soll.

Abbildung 3.19: Die Konsolenausgabe des Programmes P008K3coutManip.

3.4 Konsoleneingaben - cin

Mit cin kann man Zeichen von der Standardeingabe einlesen. Diese Zeichen werden in Variablen gesichert, die dem Typ entsprechen, der eingelesen werden soll. Whitespace-Character führen beim Einlesen zu einem Abbruch der Routine. So wird aus

     Hallo Franz!

ganz einfach ein

     Hallo

Vermeiden können Sie das Ignorieren der führenden Whitespaces durch den Manipulator

`ws`

Um jedes Zeichen - auch Whitespaces - von der Tastatur einlesen zu können, müssen Sie sich der Funktion get bedienen

```
char cChar;
cin.get (cChar);
```

Wir wollen uns zunächst mit ganz einfachen Funktionen beschäftigen. Dazu schauen wir uns das Programm 3.7 an.

```
// P009K3cin
#include "stdafx.h"
#include <iostream>
using namespace std;
int main (void)
{
    int iTest = 0;                                              //1
    char cStr[3] = "ab";                                        //2
    cout << "iTest vor Stringeinagbe : " << iTest << endl;      //3
    cout << "cStr vor Stringeinagbe  : " << cStr  << endl;      //4
    cin >> cStr;                                                //5
    cout << "iTest nach Stringeinagbe: " << iTest << endl;      //6
    cout << "cStr nach Stringeinagbe : " << cStr  << endl;      //7
    return 0;
}
```

Programm 3.7: Das Programm P009K3cin.

//1 Wir deklarieren und definieren hier die Variable iTest. Sie ist vom Typ int und gleich mit 0 vorbelegt.

//2 An dieser Stelle deklarieren wir einen String, der drei Zeichen fassen kann. Auch er wird gleich definiert. Wir schreiben die Zeichen a, b und \0 in den String; mehr Zeichen fasst er nicht!

//3 Nun geben wir die Variablen aus. Zuerst geben wir die Variable iTest aus. Sie ist mit 0 vorbelegt und wir werden in der Konsole - siehe Abbildung reffig:P009K3cinKonsole - diese 0 sehen.

//4 Anschließend geben wir die Variable cStr aus. Wir sehen den String "ab".

//5 Vor der Eingabe des Strings - am besten, Sie machen einen breakpoint VOR cin - schauen wir uns die Variablen iTest und cStr an; siehe dazu Abbildung 3.20. Sie sehen, dass der String auf einer niedrigeren Adresse wie iTest abgelegt ist. Im Abstand von 16 Bytes folgt der Speicher der int-Variable iTest; wir sehen vier Nullen hintereinander. Und dass eine int-Variable vier Bytes im RAM belegt, das wissen wir bereits; siehe dazu Abbildung 3.3 auf Seite 40.
Nun geben wir cStr ein: 01234567890123
Wir wissen schon, dass wir den String cStr überbeanspruchen: Er fasst nur drei Zeichen, inklusive des \0 am Ende des Strings.

//6 Nun geben wir iTest aus. Es hat sich geändert: Aus 0 wurde 13106.

//7 Als String wird das ausgegeben, was wir eingegeben haben.

Wir wollen uns klarmachen, warum wir gerade das auf der Konsole sehen, was wir sehen; siehe Abbildung 3.21. Dazu schauen wir uns die Situation direkt vor dem return 0 an. Sehen Sie sich die Abbildung 3.21 an. Sie sehen, dass zwei Stellen der int-Variable iTest überschrieben wurden; mir einer 0x32 und einer 0x33; siehe dazu Abbildung 3.22. Hinter diesen Bytes verbergen sich die Zahlen 2 und 3. Und das sind die letzten zwei Ziffern, die wir eingegeben haben. Wenn Sie

3.4 Konsoleneingaben - cin

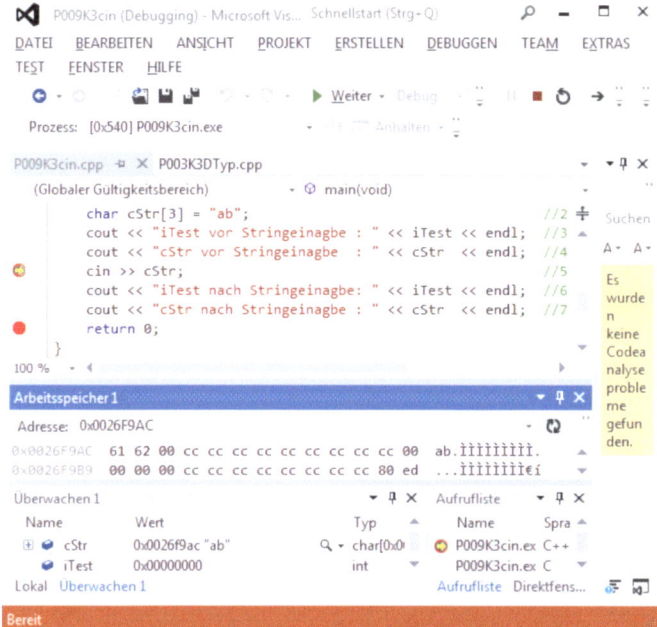

Abbildung 3.20: Die Variablen iTest und cStr **VOR** der Eingabe von cStr.

nun noch erinnern, dass wir einen little Endian-Prozessor haben, so sollten Sie noch wissen, dass zuerst der low-Teil und dann der high-Teil gesichert wird. Also drehen wir die Reihenfolge herum und wandeln nunmehr die Zahl 0x3332 in eine Dezimalzahl um:

13106

Diese Zahl kommt uns bekannt vor: Das ist genau die Zahl, die wir auf der Konsole sehen!

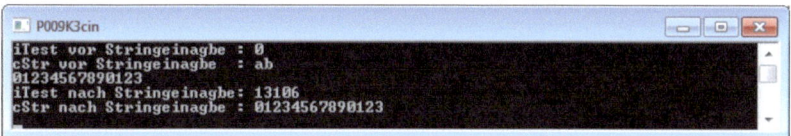

Abbildung 3.21: Die Konsolenausgabe P009K3cinKonsole.

Ganz offensichtlich, haben wir mit diesem Überschreiben von cStr nicht nur cStr überschrieben, sondern mit diesem Bug auch die Variable iTest geändert.
Dieses kleine Beispiel soll Ihnen nur zeigen, wie nachtragend C/C++ sein kann. Die Rechnung erhalten Sie, wenn Sie das Programm beenden wollen - es erscheint ein Run-Time Check Failure; siehe Abbildung 3.23. Wie können wir das vermeiden? Klar - wir brauchen nur 2 Bytes

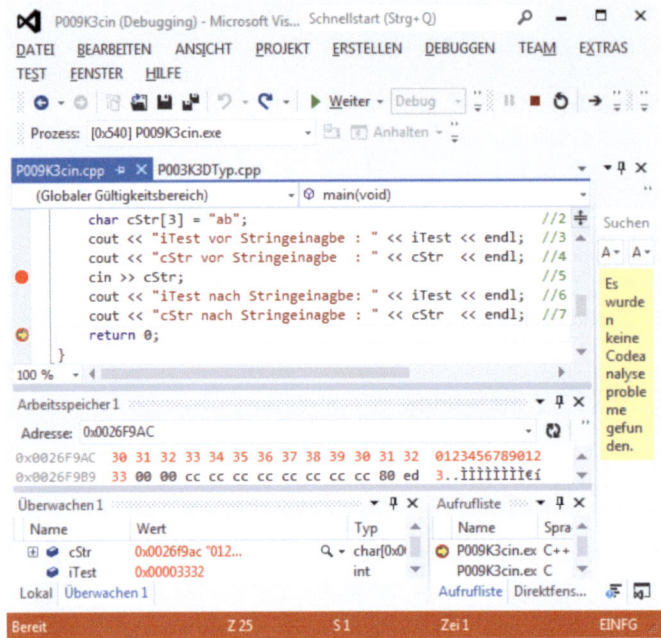

Abbildung 3.22: Die Variablen iTest und cStr **NACH** der Eingabe von cStr.

Abbildung 3.23: Der Run-Time Check Failure des Programmes P009K3cin.

in den String schreiben. Dann funktioniert es. Schreiben Sie einfach nur xy. Dann erhalten Sie die Ausgabe wie in Abbildung 3.24 dargestellt. Und das Programm terminiert dann auch sauber; Sie werden keinen Run-Time Check Failure mehr erhalten. Aber: der Nutzer Ihres Programmes wird dies in der Regel nicht wissen! Er schreibt und schreibt und schreibt... **Sie (!!!)** müssen es verhindern, dass solche Überschreibungen auftreten können!

3.4 Konsoleneingaben - cin

Wir "überlegen" uns nun, wie wir dies tun können. cin bietet uns eine Funktion an, die es verhindert, dass wir über den Bereich hinaus den Speicher beschreiben:

```
cin.getline (char *str, int iSize);
```

Mit getline können Sie einen String einlesen. Es werden nach str aber nie mehr als iSize Buchstaben gelesen; einschließlich des Null-Characters; siehe dazu Syntax 3.1.

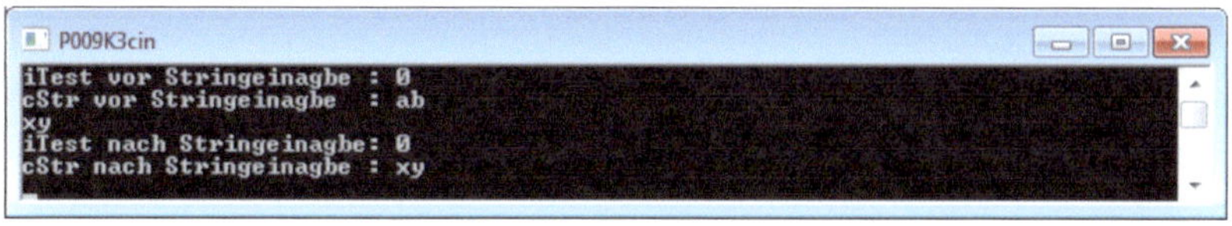

Abbildung 3.24: Die Konsolenausgabe P009K3cinKonsole bei "vernünftiger" Eingabe.

```
istream& getline (char* cStr, streamsize iSize );
istream& getline (char* cStr, streamsize iSize, char cDelim );
Beispiel:
cin.getline (cStr, 5); //Es werden 5 Charakter in den String cStr geschrieben
Syntaxbeschreibung:
```
- Return: Pointer auf istream-Objekt (*this)
- In : cStr : String, in den die Eingaben gesichert werden.
- In : iSize : int (oder long long falls ein 64-Bit-System vorhanden ist) Variable, die die maximale Anzahl der Zeichen definiert, die nach cStr geschrieben werden.
- In : cDelim: Falls dieses Byte eingegeben wird, so terminiert die Eingabe.

Syntax 3.1: Syntax von getline.

Dazu schauen wir uns das Programm 3.8 an.

//1 Wie schon im Programm 3.7 deklarieren und definieren wir hier die Variable iTest.
//2 Auch hier wird der String mit a und b vorinitialisiert.
//3 Und wir geben zur Kontrolle auch hier die int-Variable und
//4 den String für die Stringeingabe aus.
//5 Nun erfolgt die Stringeingabe. Wie Sie in Abbildung 3.25 sehen können, haben wir viel mehr als nur 3 Bytes eingegeben.
//6 Und nach dieser Eingabe schauen wir uns auch hier wieder die Variablen an; zuerst iTest
//7 und dann den String.

Sie sehen in der Abbildung 3.25 das Programm 3.8. Und Sie stellen fest, dass Sie zwar die gleiche Zeichenzahl eingegeben haben wie in der Abbildung 3.21, jedoch ist hier das Schreiben der Zeichen im String cStr auf drei Zeichen begrenzt. Es werden nur die Zeichen

```cpp
// P009K3cin2.cpp
#include "stdafx.h"
#include <iostream>
using namespace std;
int main (void)
{
    int iTest = 0;                                          //1
    char cStr[3] = "ab";                                    //2
    cout << "iTest vor Stringeinagbe : " << iTest << endl;  //3
    cout << "cStr vor Stringeinagbe  : " << cStr  << endl;  //4
    cin.getline (cStr, 3);                                  //5
    cout << "iTest nach Stringeinagbe: " << iTest << endl;  //6
    cout << "cStr nach Stringeinagbe : " << cStr  << endl;  //7
    return 0;
}
```

Programm 3.8: Das Programm P009K3cin2; die Funktion getline.

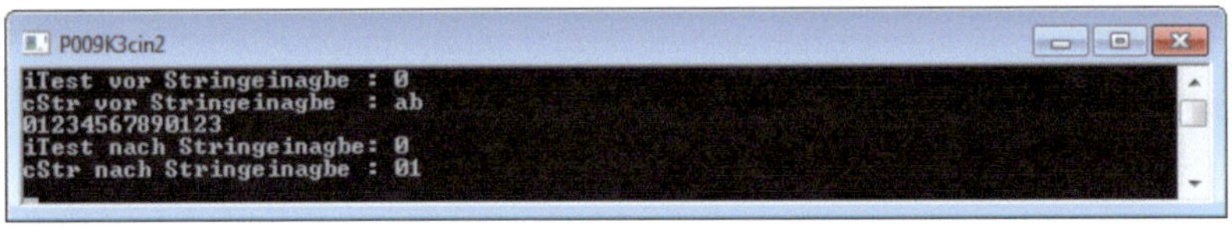

Abbildung 3.25: Die Konsolenausgabe des Programmes 3.8.

- 0
- 1
- \0

eingegeben. Oder, wenn wir die Zeichen hexadezimal notieren wollen, so handelt es sich um die Bytes:

- 0x30
- 0x31
- 0x00

Und natürlich kommt es auch hier zu keinen Überschreibungen der Variable iTest; das Programm terminiert blitzsauber.

Aber es gibt durchaus noch weitere Stellen, die Ihnen die Ein-und Ausgabe vermiesen könnten; wenn Sie beispielsweise Zahlen eingeben, die anschließend von einer Stringeingabe gefolgt werden. Dazu schauen wir uns das Programm 3.9 an. Und wir erläutern es wie folgt:

//1 Mit const int iMax definieren wir eine konstante Integer-Variable, die die maximale Anzahl der Bytes bestimmt, die in den entsprechenden Arrays of char gesichert werden können. Es ist immer von Vorteil, solche Konstanten global zu definieren, da Sie mit einer einzigen Änderung dieser Konstanten alle Strings, die Sie nutzen, in ihrer Size ändern können.

3.4 Konsoleneingaben - cin

//2 Hier werden diese Strings deklariert. Zuerst cStr1 und
//3 danach cStr2. Beide Strings fassen drei Bytes; inklusive des 0-Bytes am Stringende.
//4 An dieser Stelle definieren wie die Integer-Variable iTest und wir definieren sie zugleich - wir setzen sie auf 0.
//5 Jetzt geben wir diese Integer-Variable über die Tastatur ein; sie wird nach iTest gesichert. Das erledigt für uns das cin-Objekt. Da wir den Namensraum nicht angeben
(
#using namespace std;
fehlt),
müssen wir dem Compiler mitteilen, aus welchem Namensraum das cin-Objekt kommt. Das tun wir, indem wir cin durch std:: spezifizieren.
//6 Diese Zeile ist zunächst nicht wirksam. Wir haben sie auskommentiert. Wir werden Sie im step 2 wieder aktivieren.
//7 Jetzt geben wir den String cStr1 ein. Dazu nutzen wir wieder die getline-Funktion.
//8 Und anschließend geben wir den String cStr2 ein.
//9 Nun - nach einem Zeilensprung, der durch std::endl sichergestellt wird - geben wir zuerst den String cStr2 aus; also gerade den String, den wir eben eingegeben haben. Nach der Ausgabe gehen wir auf eine neue Zeile; wieder mit std::endl.
//10 Und anschließend geben wir den String cStr1 aus. Nach der Ausgabe steuern wir abermals eine neue Zeile an.
//11 Und final geben wir die Variable iTest aus. Diese Ausgabe wird wieder mit einem Zeilensprung abgeschlossen.

```
// P00AK3Ignore.cpp
#include "stdafx.h"
#include <iostream>

const int iMax = 3;                                 // 1
int main (void)
{
    char cStr1[iMax];                               // 2
    char cStr2[iMax];                               // 3
    int iTest = 0;                                  // 4
    std::cin >> iTest;                              // 5
    // std::cin.ignore (1);                         // 6
    std::cin.getline (cStr1, iMax);                 // 7
    std::cin.getline (cStr2, iMax);                 // 8
    std::cout << std::endl << cStr2 << std::endl;   // 9
    std::cout << cStr1 << std::endl;                // 10
    std::cout << iTest << std::endl;                // 11
    return 0;
}
```

Programm 3.9: Das Programm P00AK3Ignore; die Funktion ignore.

Was sehen wir in der Ausgabe 3.26?
Wir sehen die Eingabe von iTest. Wir geben eine
12
ein. Wir sehen weiterhin die Angabe des Strings cStr1; wir geben hier den String
AB

Abbildung 3.26: Die Konsolenausgabe des Programmes 3.9 (P00AK3Ignore; ignore wird nicht genutzt).

ein. Beim String cStr2 kommen wir zu keiner Eingabe. Wir sehen einfach eine Leerzeile:

Anschließend beginnen die Ausgaben. Zuerst wird der String cStr1 ausgegeben.
AB
Anschließend sehen wir wieder die Leerzeile; das ist also der String cStr2.

In dieser Leerzeile steckt das cr/lf, das von der Zahleneingabe iTest noch im Buffer war. Deshalb konnten wir auch keinen String cStr2 eingeben. Das <ENTER> (cr/lf)beendet sofort die Eingabe des Strings cStr2.
Und final sehen wir die Variable iTest:
12

Wir nehmen nun die Zeile //6 mit in den Code und schauen uns die Ausgabe an. Sie können die Konsolenausgabe in der Abbildung 3.27 sehen. Sie sehen, dass wir jetzt mit der Funktion

Abbildung 3.27: Die Konsolenausgabe des Programmes 3.9 (P00AK3Ignore; ignore wird genutzt).

```
cin.ignore (1)
```
genau das ENTER-Zeichen aus dem Buffer entfernen. Damit sind wir in der Lage, auch den String cStr2 einzugeben. Das tun wir auch. Wir haben
CD
eingegeben. Zum genaueren Verständnis haben wir die Syntax von ignore nochmals angegeben; siehe Syntax 3.2.

```
istream& ignore (streamsize iSize, char cDelim );
Beispiel:
cin.ignore (5); //Es werden 5 Charakter aus dem Eingabe-Buffer entfernt
Syntaxbeschreibung:
```
- Return: Pointer auf istream-Objekt (*this)
- In : iSize : int (oder long long falls ein 64-Bit-System vorhanden ist) Variable, die die maximale Anzahl der Zeichen definiert, die aus dem Eingabe-Buffer entfernt werden.
- In : cDelim: Alle Zeichen bis cDelim werden entfernt, falls nicht vorher iSize erreicht wird.

Syntax 3.2: Syntax von ignore.

3.5 Zusammenfassung

- Escapesequenzen dienen dazu, der Ausgabe eine gewisse Form zu verleihen. Die wichtigsten Escapesequenzen sind cr (carriage return), lf (line feed), ht (horizontal tabulator), bs (backspace). Dabei wird der Cursor der Konsole folgende Bewegungen durchführen:
  cr (\r)   Cursor wird an den Anfang der Zeile bewegt.
  lf (\n)   Cursor geht auf die nächste Zeile.
  ht (\t)   Cursor wird (in der Regel) 8 Zeichen nach rechts bewegt.
  bs (\b)   Cursor löscht das Zeichen links von seiner Position.
- Fehlermeldungen des Compilers werden "von oben nach unten" abgearbeitet. Diese Meldungen stehen im Ausgabefenster. Durch Doppelklick auf die Meldung wird man mit dem Cursor in die Zeile geführt, in der der Fehler auftritt. Sollten Sie mit der Fehlermeldung wenig anfangen können, so ist es hilfreich, mit dem Cursor auf den Fehlercode (Beispiel: C2065) im Ausgabefenster zu navigieren und dort die Taste F1 zu drücken (siehe dazu Abbildung 3.5).
- C/C++ kennt fünf Grunddatentypen:
  bool, char, int, float und double.
  Die alphanumerischen und die ganzzahligen Typen können mit den Schlüsselwörtern signed und unsigned qualifiziert werden. Dabei verstehen wir unter signed, dass das erste Bit bei diesem Typ für das Vorzeichen reserviert ist. Jede nichtqualifizierte Variable gilt als signed.
- Die ganzzahligen Typen können außerdem mit den Schlüsselwörtern short, long, und long long qualifiziert werden. So handelt es sich beispielsweise bei einem "unsigned short int" um einen 16-Bit großen Typ mit positivem Vorzeichen.
  Beachte: Ein unsigned char entspricht dem Typ byte (oder BYTE) in Delphi. Sollten Sie einmal ein File in C++ einlesen, das mit einem Delphi-Programm als Folge von Bytes (vom Type byte) geschrieben wurde und Sie würden diese Bytes als char einlesen, so würden Sie völlig falsche Werte erhalten. Sie müssten diese Bytes in C++ dann natürlich als unsigned char einlesen.
- Variablen vom Typ float und vom Type double sind Gleitpunktzahlen. Sie haben den

folgenden Speicherplatzbedarf und zeichnen sich durch die unten dargestellte Genauigkeit aus:

`float`   4 Bytes tief; 7-8 Stellen genau.
`double`   8 Bytes tief; 15-16 Stellen genau.
`long double`   10 Bytes tief; 19-20 Stellen genau.

Eine `long double` Variable entspricht beim VS 2012 einer `double`-Variable. Derzeit können Sie den vollen Umfang der Variable long double mit dem gcc nutzen; Bloodshed Software V5.4.0 (build time: 13.02.2013).

- Mit dem sizeof-operator können die Bereichsintervalle der Datentypen bestimmt werden.
- Speichert man eine short-Variable gemäß der Intel-Konvention (bei x86-Prozessoren ⇒ Little Endian), so wird zuerst das low-Byte und dann das high-Byte des Wortes gesichert (s. [Küv06]).
- Mit cout kann man Daten ausgeben und rechnen.
- Mit cin können wir Daten von der Tastatur lesen.

3.6 Übungen

1. Schreiben Sie das Programm 3.2 so um, dass nacheinander die Zahl 1000 und dann die Zahl 999 in einer Zeile ausgegeben werden und dass final die Konsolenausgabe 3.28 zu sehen ist.

Abbildung 3.28: Die Konsolenausgabe des Programmes Auf1K3.

2. Schreiben Sie ein Programm, das die Ausgabe des Morgensternschen Gedichtes "Der Trichter" [Mor84] in der Form der unten dargestellten Abbildung 3.29 auf die Konsole schreibt.

Abbildung 3.29: Die Konsolenausgabe des Programmes Auf2K3.

3. Was erhalten Sie für eine Ausgabe, wenn Sie im Programm 3.10 die Zahl 8481 eingeben?

```cpp
// Auf3K3.cpp
#include "stdafx.h"
#include <iostream>
using namespace std;
int main (void)
{
    short int siTest;
    cin >> siTest;
    cout << char(siTest);
    cout << endl;
    return 0;
}
```

Programm 3.10: Das Programm Auf3K3.

4. Schreiben Sie ein Programm, das den Charakter "A" einliest und ihn wieder auf die Konsole ausgibt; als Charakter, als Dezimalzahl, als Oktalzahl und als Hexadezimalzahl. Sie sollten eine Ausgabe wie in Abbildung 3.30 dargestellt erhalten.
Hinweis:
Verwenden Sie iomanip als Inklude.

Abbildung 3.30: Die Konsolenausgabe des Programmes Auf4K3.

5. Stellen Sie die Zahl 25_{dec} oktal und hexadezimal dar.
   Hinweis: Im Hexadezimalsystem ist die Basis 16 und im Oktalsystem ist die Basis 8.
6. Worin unterscheiden sich die Typen `float`, `double` und `long double` und welche Genauigkeiten haben sie?
   Bitte beachten Sie den Unterschied zwischen VS 2012 und dem gcc!
7. Welche Bedeutung haben die Inkludes von float.h und limits.h?

4 Konstanten - Variablen - Strukturen

In diesem Kapitel beschäftigen wir uns mit Konstanten, Variablen und Strukturen. In dieser Reihenfolge bilden diese drei Grundelemente wichtiges Rüstzeug für die Softwareentwicklung. Besonderes Augenmerk legen wir dabei auf Strukturen. In Strukturen fassen wir verschiedene Variablen zusammen, die für eine Systembeschreibung geeignet sind. Wir erinnern in diesem Zusammenhang an das Beispielprogramm 2.1 auf Seite 29.
Der Begriff der Struktur ist von fundamentaler Bedeutung und geht in der OO in den Begriff der Klasse über.

4.1 Konstanten

Wenn wir uns mit einer Programmiersprache beschäftigen, so verfolgen wir das Ziel, Probleme, Verfahren, Abläufe und mehr der uns umgebenden Welt so in Bits zu gießen, dass diese Programme für uns Aufgaben erledigen, für die wir viel mehr Zeit benötigen würden oder, die für uns generell vernünftig nicht lösbar wären. Aus diesem Verständnis heraus wollen wir neue Erkenntnisse, Vorschriften und Vereinfachungen gewinnen. Zur Beschreibung all dieser Dinge benötigen wir Zahlen, Konstanten und strukturelle Abbildungen, die es uns erleichtern, unser Ziel zu erreichen. Stellen Sie sich vor, Sie müssten den Inhalt eines Kreises berechnen, ohne Kenntnis der Zahl π. Natürlich ist auch das möglich, aber es macht wenig Sinn. Sie sollten wissen, dass Sie die Zahl π (ca. 3.14159265) dafür benutzen können. Damit würden Sie sich selbst nützen und Archimedes[1] ehren. Oder stellen Sie sich vor, Sie müssten die Fallzeit eines Körpers berechnen, ohne Kenntnis des Zahlenwerts der Erdbeschleunigung (g $\cong$ 9.81 $\frac{m}{s^2}$) zu haben. Und man könnte sicher noch eine Vielzahl solcher Beispiele auflisten. Für all diese Beispiele benötigen Sie Konstanten (auch wenn π im mathematischen Sinne keine Konstante ist).

Falls Sie das Programm 4.1 mit dem VS 2010 bauen wollen, so müssten Sie eine `define` einfügen.[2]:
`#define M_PI 3.141593`

//1 Mit diesem Inklude sichern wir, dass wir die Konstante `M_PI` verwenden dürfen. Dies ist im VS 2012 möglich. Wir aktivieren damit die Compiler-Option

---

[1] Archimedes von Syrakus (um 287 v. Chr. bis 212 v. Chr.) gelang es als Erstem, die Zahl π mathematisch zu bestimmen.
[2] Es hat sich eingebürgert, dass Konstanten, die mit `#define` definiert werden, groß zu schreiben sind. Dadurch sind sie sofort von Variablen oder Konstanten, die man mit dem Schlüsselwort `const` definieren kann, zu unterscheiden.

```
// P001K4_Pi
#include "stdafx.h"
#define _USE_MATH_DEFINES                                        //1
#include <iostream>
using namespace std;
int main(int argc, char* argv[])
{
    cout << "Radius des Einheitskreises          : " << 1.0   << endl;   //2
    cout << "Fl\x84\bcheninhalt des Einheitskreises: " << M_PI << endl;  //3
    cout << "Umfang des Einheitskreises          : " << 2*M_PI << endl;  //4
    return 0;
}
```

Programm 4.1: Umfang und der Flächeninhalt des Einheitskreise.

```
Radius des Einheitskreises         : 1
Flächeninhalt des Einheitskreises: 3.14159
Umfang des Einheitskreises         : 6.28319
```

Abbildung 4.1: Die Ausgabe des Programmes P001K4_Pi.

    _USE_MATH_DEFINES
//2 Hier geben Sie den Radius des Einheitskreises an.
//3 Und an dieser Stelle geben wir den Flächeninhalt des Einheitskreise aus ($\pi \cdot r^2$).
//4 Und zum Schluss geben wir den Umfang des Einheitskreises aus ($2 \cdot \pi \cdot r$).

Natürlich können Sie hier durchaus einen genaueren Wert angeben. Das hängt einzig und allein davon ab, wie genau Sie den Wert PI benötigen; dafür dürfen wir allerdings nicht diese Compile-Option //1 verwenden und wir müssen *pi* selbst definieren, so genau eben wie Sie es benötigen.

Doch bevor wir auf Konstanten eingehen, müssen wir uns etwas näher mit den Schlüsselwörtern in C/C++ beschäftigen. Diese Schlüsselwörter sind in den Tabellen 4.1 und reftab:KeyWords2 dargestellt und es wurde auch versucht, ganz kurz die Bedeutung dieser Schlüsselwörter zu skizzieren. Einen Großteil davon werden wir in diesem Buch durchgehen. Bei einigen wird es bei der Erklärung in der Tabelle bleiben. Das hat den Grund, dass sehr viele Compiler bestimmte Schlüsselwörter noch nicht verstehen. Das VS 2012 ist leider besonders langsam, die neuen Features einfließen zu lassen. In der Regel ist da noch eine Wartezeit von ein, zwei Jahren nötig. Außerdem sind nicht alle C/C++ Schlüsselwörter dargestellt (es fehlen beispielsweise _Imaginary, _Bool).

Wie dem auch sei: Diese Schlüsselwörter fallen als Bezeichner für Konstanten, Variablen, und Ähnlichem weg. Sie wissen jetzt also, dass C/C++ eine ganze Reihe von reservierten Wörtern hat. Diese können nicht als Namen verwendet werden. In ANSI-C sind mindestens 31 Zeichen für interne Namen und mindestens 6 Zeichen für externe Namen reserviert. Natürlich hängen diese Grenzen von dem Compiler, den Sie nutzen, ab. In der Regel werden Sie diese Grenzen nicht erreichen. Weiterhin ist wichtig, dass diese Namen case-sensitiv sind (Anton ist ein anderer Name als anton).

4.1 Konstanten

Außerdem müssen Sie noch wissen, dass jeder Name mit einem Alphazeichen zu beginnen hat. Sollten Sie mit einer Ziffer beginnen, so wird der Compiler Sie auf Ihr Problem aufmerksam machen (siehe dazu Programm 4.2). Und in der Compilerausgabe 4.1 können Sie sehen, was Ihnen der Compiler zu diesem Bug mitteilt; eine recht vernünftige Information von den vielen können Sie in der Compilerausgabe 4.1 einsehen. Leider finden Sie diese Ausgabe recht weit unter in der Fehlerliste des VS 2012. Das "Leider" ist hier nötig, weil wir im Normalfall die Fehlerliste von "oben" nach "unten" abarbeiten sollten. Eine Konsolenausgabe des Programmes 4.2 ist hier nicht möglich, da das Programm nicht kompilierbar ist. Das Problem am Programm

```
// P002K4_Const
#include "stdafx.h"
#define 3Test 815
int main (void)
{
    int iTest = 3Test;
    return 0;
}
```

Programm 4.2: Fehler: Ein Name MUSS mit einem Alphazeichen beginnen!

```
Fehler 1 error C2059: Syntaxfehler: 'Ungültiges Suffix für Zahl'
```

Compilerausgabe 4.1: Compiler-Ausgabe bei P013Name.c (Programm 4.2).

P002K4_Const (siehe Programm 4.2) ist natürlich
#define 3Test 815
Wenn Sie das Wort 3Test gegen cTest ersetzen, so ist das Programm wieder sauber kompilierbar.

Bei den Konstanten unterscheidet man zwei Typen:

1. Literale Konstanten
2. Symbolische Konstanten

Key Wort	Bemerkung	Key Wort	Bemerkung
`alignas`	Aligment eines Typs definierbar	`inline`	Fügt Fkt.-Code an Aufrufstelle ein
`alignof`	ermittelt das Aligment eines Typs	`int`	Typ
`and`	logisches AND (entspricht &&)	`long`	Typ (bzw. Erweiterungstyp)
`and_eq`	bitweiser AND-Zuweisungsoperator	`mutable`	Member konstanter Objekte änderbar
`asm`	leitet asm-Code ein	`namespace`	Erlaubt Gruppierung von Klassen
`auto`	Speicherklassenbezeichner/auto-Variable	`new`	Reserviert Speicher
`bitand`	bitweises AND	`noexcept`	Gibt an, ob eine Exception geworfen wird
`bitor`	bitweises OR	`not`	Logisches NOT (entspricht !)
`bool`	Typ	`not_eq`	ungleich (entspricht !=)
`break`	terminiert Schleifen und switches	`nullptr`	Hebt 0-NULL-Problem auf
`case`	Select für switch	`operator`	Verknüpfung zu 1, 2 o. 3 Operanden
`catch`	Einleitung eines catch-Blockes	`or`	Logisches OR (entspricht ||)
`char`	Typ	`or_eq`	bitweiser OR-Zuweisungsoperator
`char16_t`	Typ (UTF16)	`private`	Membereigenschaft (in Klassen nutzbar)
`char32_t`	Typ (UTF32)	`protected`	Membereig. (in abgel. Klassen nutzbar)
`class`	Analogon zu struct	`public`	Membereigenschaft (überall nutzbar)
`compl`	Einerkomplement (entspricht ~)	`register`	Speicherklassenbezeichner
`const`	Attribut für Typ	`reinterpret_cast`	Umwandlung von verschiedenen Typen
`constexpr`	Spezif. berechenbare const-Var	`return`	Rücksprungbefehl
`const_cast`	Konstanz v. Objekten zu oder abschalten	`short`	Typ (bzw. Erweiterungstyp)
`continue`	Fortsetzung einer Schleife	`signed`	Typ (bzw. Erweiterungstyp)
`decltype`	Var hat den Typ des Ausdruckes	`sizeof`	Operator zur Größenbestimmung
`default`	Letzter switch-Fall (immer zu nutzen!!!)	`static`	deklariert objektunabhängige Members
`delete`	Gibt Speicher wieder frei	`static_assert`	Prüft compile-Zeit Assertions
`do`	Anfang einer fußlastigen Schleife	`static_cast`	Ermöglicht Umwandl. versch. Typen
`double`	Typ	`struct`	Deklaration eines Komponenten-Typs
`dynamic_cast`	Zum casten von Derived to Base	`switch`	Deklaration leitet case-Konstrukte ein
`else`	Teil einer if-Abfrage (else-Part)	`template`	definiert Familien von Funktion/Klassen
`enum`	Aufzählungstyp	`this`	Pointer auf eigenes Objekt
`explicit`	Anwendbar auf Kontruktoren/Operatoren	`thread_local`	Speicherklassenbez. (thread-bezogen)
`export`	Verhindert, dass Templates inline werden	`throw`	Definiert Fehlerbedingung
`extern`	Speicherklassenbezeichner	`true`	Wert einer booleschen Variable
`false`	Wert einer booleschen Variable	`try`	Key-Wort für Exception-Handler
`float`	Typ	`typedef`	Deklaration für alias-Typen
`for`	Schleifenbefehl	`typeid`	Gibt den Typ einer Var zurück
`friend`	Zugriff auf private oder protected	`typename`	Proxi-Name für Typen bei Templates
`goto`	Sprungbefehl	`union`	Spezieller Strukturtyp

Tabelle 4.1: Die reservierten Wörter von C/C++; Teil 1.

4.1 Konstanten

Key Wort	Bemerkung	Key Wort	Bemerkung
unsigned	Typ (bzw. Erweiterungstyp)	wchar_t	Typ (wide character)
using	Deklaration im Kontext namespace und typeid	while	Schleifen-Deklaration
virtual	Definiert Funktion als virtuell	xor	bitweises XOR (entspricht ^)
void	Für parameterlose Funktionen/Return-Werte	xor_eq	bitweiser XOR-Zuweisungsoperator (entspricht ^=)
volatile	Definiert einen Typ als "volatile"		

Tabelle 4.2: Die reservierten Wörter von C/C++; Teil 2.

Literale Konstanten (oft nur Literale genannt) haben keinen Namen. Sie werden durch ihren Wert dargestellt. Symbolische Konstanten können durch den Präprozessor-Befehl
#define
definiert werden. Im obigen Beispiel (siehe Programm 4.1) haben wir eine solche Definition bei π gesehen; sie steht in math.h. Symbolische Konstanten sind von enormer Bedeutung, da damit Konstanten global definiert werden können. Man ist also in der Lage, den Wert einer Konstanten ganz zentral an einer einzigen Stelle zu ändern. Diese Änderung wird übergreifend wirken; überall dort, wo diese symbolische Konstante genutzt wird.

Jede Konstante repräsentiert ihren Typ. Man spricht in diesem Zusammenhang von self-typing. Kommen wir zu den verschiedenen Arten von Konstanten.

1. Ganzzahlkonstanten
2. Gleitpunktkonstanten

Zu 1.:
Man unterscheidet zwei Ganzzahlkonstanten:
a) Ganzzahlige Konstanten
b) `char`-Konstanten
Zu a):
Präfix von ganzzahligen Konstanten:

- Dezimale Konstanten beginnen immer mit einer von 0 verschiedenen Zahl.
  Beispiel: `int i = 15;`
- Oktale Konstanten beginnen immer mit einer 0 vor der Zahl (siehe Lösungen Auf5K3).
  Beispiel: `int i = 017;`
- Hexadezimale Konstanten beginnen immer mit 0x oder 0X.
  Beispiel: `int i = 0x0F;`

Suffix von Ganzzahlige Konstanten:

- `unsigned`: u oder U.
- `long`: l oder L
- `unsigned long`: ul, UL, oder Ul
- `long long`: ll oder LL
- `unsigned long long`: ull, uLL, ULL, Ull

Zu b):
`char`-Konstanten werden mit einem einfachen Hochkomma gekennzeichnet: 'A'.
Beachte: Man kann natürlich (in C/C++) einem `char` auch eine Zahl zuweisen. Bitte beachten Sie, dass dabei nur der low(erste) Teil der 'Zahlen'-Konstanten dem char zugewiesen wird; auch hier gilt die Intelkonvention. Schauen Sie sich dazu durchaus nochmals das Programm 3.10 auf Seite 65 an.
Zur Verdeutlichung von Konstanten schauen wir uns das Programm 4.3 an. Wir verzichten an dieser Stelle ganz bewusst auf den define
_USE_MATH_DEFINES
Zu 2.:
Zu den Gleitpunktkonstanten schauen wir uns das Programm 4.3 an; jedenfalls wird ein Teil des Programmes sich mit Gleitpunktkonstanten befassen.
 Wenn Sie im Programm 4.3 den include `#include <math.h>` weglassen und math.h nicht in iostream inkludiert werden würde (letztlich findet dieser Inklude in ios statt), so erhalten Sie die Compilermeldung 4.2. Und das Programm wäre nicht übersetzbar.
Im Vergleich zum VS2 010 ist das VS 2012 restriktiver; beim VS 2010 gab es lediglich ein warning und es erschienen auf der Konsole des Executable "schräge" Werte. Insofern ist diese Restriktion auf alle Fälle der VS 2010-Lösung vorzuziehen. Wie dem auch sei: wir setzen den breakpoint unmittelbar vor dem return-Befehl des Programmes 4.3 und erhalten die Konsole 4.2. Wir kommen nun zur Programmbeschreibung:

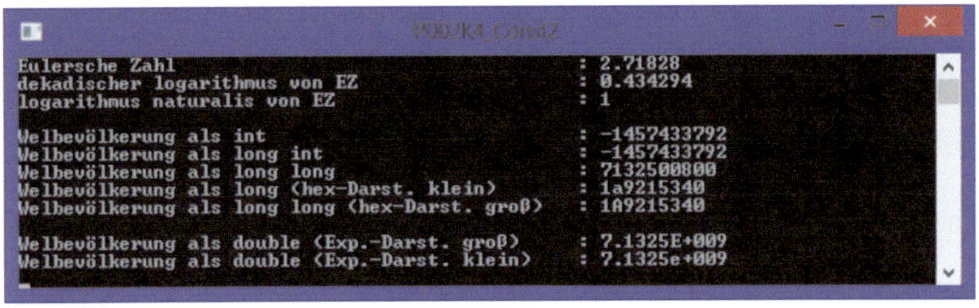

Abbildung 4.2: Die Konsolenausgabe des Programmes P002K4_Const2.

//1 Wie bereits erwähnt, müssen Sie bei der Verwendung mathematischer Funktionen auch math.h inkludieren. Sollten Sie das vergessen, so lässt sich Ihr Programm trotzdem kompilieren. Der Inklude wird durch iostream sichergestellt. Sollten Sie einmal ein Programm

4.1 Konstanten

```
// P002K4_Const2
#include "stdafx.h"
#include <math.h>                                                              //1
#include <iostream>
#include <iomanip>
using namespace std;
#define EZ 2.718281828459045      //basis logarithmus naturalis (Eulersche Zahl)  //2
#define WBV 0x1A9215340           //Weltbevölkerung (01.04.2013)                  //3

int main (void)
{
    long long  llWBV  = WBV;                                                   //4
    double     dWBV   = WBV;                                                   //5
    double     dEZ    = EZ;                                                    //6
    double     dLn    = log (dEZ);                                             //7
    double     dLg    = log10 (dEZ);                                           //8

    cout << "Eulersche Zahl"                          : " << dEZ << endl;      //9
    cout << "dekadischer logarithmus von EZ"          : " << dLg << endl;      //10
    cout << "logarithmus naturalis von EZ"            : " << dLn << endl;      //11
    cout << endl;
    cout << "Welbev\x94lkerung als int"               : " << (int)llWBV
                                                         << endl;              //12
    cout << "Welbev\x94lkerung als long int"          : " << (long int)llWBV
                                                         << endl;              //13
    cout << "Welbev\x94lkerung als long long"         : " << llWBV
                                                         << endl;              //14
    cout << "Welbev\x94lkerung als long (hex-Darst. klein)"  : " << hex << llWBV
                                                         << endl;              //15
    cout << "Welbev\x94lkerung als long long (hex-Darst. gro\xe1)" : "
         << setiosflags (ios::uppercase) << llWBV
                                                         << endl;              //16
    cout << endl;
    cout << "Welbev\x94lkerung als double (Exp.-Darst. gro\xe1)"  : "
         << dWBV                                      << endl;                 //17
    cout << "Welbev\x94lkerung als double (Exp.-Darst. klein)" : "
         << resetiosflags (ios::uppercase) << dWBV    << endl;                 //18
    return 0;
}
```

Programm 4.3: Beispiel Programm zur Thematik Konstanten.

```
Fehler 1 error C3861: "log": Bezeichner wurde nicht gefunden.
Fehler 1 error C3861: "log10": Bezeichner wurde nicht gefunden.
```

Compilerausgabe 4.2: Compiler-Ausgabe bei einem Programm, in dem der include von math.h fehlt und mathematische Funktionen benötigt werden.

übersetzen, wo Sie mathematische Funktionen nutzen und iostream und math.h nicht inkludieren, so erhalten die Compilermeldung 4.2. Bemerkungen:

1. Beispiele mathematischer Funktionen, die Sie durch math.h nutzen können, sind in der Tabelle 4.3 zusammengefasst.
2. Der Inklude von math.h wird in der Regel bei C++ durch <cmath> sichergestellt.

//2 Hier wird die Basis des natürlichen Logarithmus - die Eulersche Zahl - definiert. Es macht sicherlich mehr Sinn, diese Zahl(en) in einem zentralen Header-File (h-File) zu definieren. Dann können diese Konstanten auch ganz zentral geändert werden und diese Änderung wirkt projektübergreifend.

Bemerkung: Jede nicht spezifizierte reelle Zahl wird als `double` interpretiert. Sollten Sie eine solche Konstante einer `float`-Variablen gleichsetzen, so erhalten Sie das Compilerwarning 4.3.

//3 In diesem Punkt definieren wir eine Konstante vom Typ int. An dieser Stelle hätte man den define auch genauer spezifizieren können. Sinnvoll wäre ein Suffix ull:
#define WBV 0x198B2591Aull
Warum ist das sinnvoll?
1. Weil WBV eine ganze Zahl ist (also vom Typ `int`)
2. Weil WBV "sehr groß" ist (deshalb ll).
3. Weil WBV > 0 ist (deshalb ull).

//4 Der Variablen llWBV wird hier die Konstante WBV gleichgesetzt. Im obigen Sinne wäre es korrekter, die folgende Definition zu treffen:
unsigned long long ullWBV = WBV;

//5 Hier setzen wir WBV einer `double`-Variablen gleich. Das geht selbstredend warning-frei.

//6 Im Punkt //6 wird die Eulersche Zahl (Konstante) einer `double`-Variablen gleichgesetzt. Zweifelsfrei könnten wir die Konstante auch einer `long double` Variablen gleichsetzen. Im VS 2012 ist das allerdings irrelevant (s. hierzu auch Programm 3.3). Wichtig ist, dass eine unspezifizierte Gleitpunktzahl immer einer `double`-Variablen warning-frei gleichgesetzt werden kann.

//7 Jetzt berechnen wir den natürlichen Logarithmus. Dies geschieht über die Funktion

$$\log$$

aus math.h. Wir erhalten als Resultat eine `double`-Variable.

//8 So ähnlich verhält es sich auch hier. Es wird der Logarithmus zur Basis 10 berechnet. Leider werden die üblichen Bezeichnungen wie in der Mathematik nicht beibehalten:

math.h		**Mathematik**
log	$\Rightarrow$	ln
log10	$\Rightarrow$	log

//9 Hier wird die Eulersche Zahl ausgegeben.

//10 Nun geben wir den dekadischen Logarithmus von EZ (der Eulerschen Zahl) aus,

//11 und hier wird der logarithmus naturalis der Basis selbst ausgegeben. Der kann natürlich nur 1 sein. Da wir maximale Genauigkeit voraussetzen, erhalten wir auch 1. Wenn Sie EZ mit weniger Stellen hinter dem Komma angeben, so erhalten Sie eine Zahl ungleich 1. Beispiel: dEZ = 2.71 $\Rightarrow$ log (dEZ) = 0.996949
Wichtig ist hier die Information, dass eine Gleitpunktzahl niemals auf gleich gleich (==)[3] abgefragt werden sollte. Das Resultat einer Gleitpunktoperation hängt immer (!!!) von der geforderten Genauigkeit ab.

//12 An dieser Stelle wird versucht, eine long long Variable als integer auszugeben. Leider gibt hier der Compiler keine warning. Wir sehen nur das desolate Resultat:
Weltbevölkerung als `int` : -1457433792
Wie kommt das Programm auf die Zahl -1457433792? Dazu schauen wir uns llWBV mal genauer an: Wir wissen, dass eine `int`-Variable vier Bytes "groß" ist. Nehmen Sie von 1A9215340 die "niederwertigsten" vier Bytes. Das wären dann die Zahl A9215340. Defi-

---

[3] Wir werden den == Operator noch besprechen.

4.1 Konstanten

nieren Sie eine integer-Variable im Programm 4.3 und weisen Sie dieser Variable den Wert 0x98B2591A zu. Im Debugger werden Sie sehen, dass diese Zahl der Zahl -1457433792 entspricht.

//13 Auch hier haben wir das gleiche Problem wie bei //12. Eine `long int` Variable kann auch nur 4 Bytes fassen (siehe hierzu Programm 3.3 auf Seite 39). Deshalb erhalten wir hier auch nur den falschen Konsolenoutput.

//14 An dieser Zeile werden wir den korrekten Output erhalten: unsere Konstante wurde einer `long long` Variablen gleichgesetzt und ausgegeben.

//15 Hier werden wir wieder einen korrekten Output erhalten; diesmal in Hexform: 1A9215340.

//16 Diese korrekte Ausgabe entspricht der Hexform der Konstanten-Definition.

//17 Wir geben die Konstante hier als `double` aus.

//18 Zuletzt geben wir die Konstante noch als `double` in der Exponentialdarstellung (kleine Darstellung) aus. Mit dieser Zahl ($7.12325 \cdot 10^9$) kann man wohl am meisten etwas anfangen. Sie sehen, dass die Art der Darstellung sehr wichtig für ein "schnelles" Verständnis ist. Sie erreichen diese Darstellung, wenn Sie die ios-Flags wieder zurücksetzen (resetiosflags (ios::uppercase)).

Nr.	Funktion	Bemerkung
1	double dRes = sqrt (double d)	Quadratwurzel.
2	double dRes = pow (double x, double y)	x^y.
3	double dRes = fabs (double x)	Absolutwert von x.
4	double dRes = ceil (double x)	kleinste ganze Zahl (nicht kleiner als x) als double. Aufrunden!
5	double dRes = floor (double x)	größte ganze Zahl (nicht größer als x) als double. Abrunden!
6	double dRes = exp (double x)	e^x; (e: Eulersche Zahl).
7	double dRes = fmod (double x, double y)	Gleitpunkt-Rest von x/y.
8	double dRes = log (double x)	Natürlicher Logarithmus.
9	double dRes = log10 (double x)	Dekadischer Logarithmus.
10	double dRes = modf (double x; double *dVorKomma)	x wird in Vor- und Nachkomma geteilt. dRes: Nachkommawert; dVorKomma: Vorkommawert.
11	double dRes = cos (double x)	Kosinus von x (x in Bogenmaß).
12	double dRes = sin (double x)	Sinus von x (x in Bogenmaß).
13	double dRes = acos (double x)	Arkus-Kosinus von x.
14	double dRes = asin (double x)	Arkus-Sinus von x.
15	double dRes = cosh (double x)	Cosinus-Hyperbolicus von x.
16	double dRes = sinh (double x)	Sinus-Hyperbolicus von x.
17	double iRes = abs (int x)	Absolutwert von x (int).
18	double iRes = labs (long x)	Absolutwert von x (long).
19	double iRes = llabs (long long x)	Absolutwert von x (long long).

Tabelle 4.3: Beispielfunktionen aus math.h.

Mit diesen kurzen Bemerkungen sollte das Programm kommentiert sein. Es sei noch kurz darauf hingewiesen, dass die Suffixe ll bzw. LL (sowie alle `unsigned` Varianten) nicht von allen Compilern unterstützt werden. Gleiches gilt für ld (`long double`).

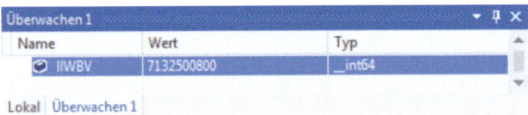

Abbildung 4.3: Das Überwachungsfenster im Debug-Mode.

```
warning C4305: 'Initialisierung': Verkürzung von 'double' in 'float'
```

Compilerausgabe 4.3: Compiler-Ausgabe, wenn eine unspezifizierte Gleitpunktkonstante einer `float`-Zahl gleichgesetzt wird.

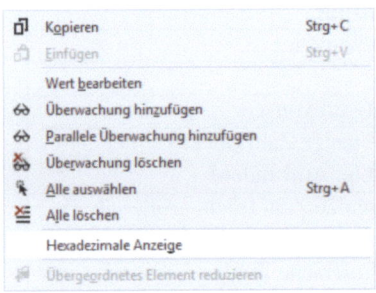

Abbildung 4.4: Aktivieren des Hex-Modes im Überwachungsfenster.

Hinweis: *Sie können die Zahl llWBV auch zu den "überwachten" Variablen hinzufügen. Dazu schauen Sie bitte auf Abbildung 2.3 auf Seite 27: in der neunten Zeile von oben finden Sie den Eintrag* `Überwachung hinzufügen`*. Sie gehen einfach auf die Variable llWBV, drücken die rechte Mouse-Taste und aktivieren Sie die Zeile "Überwachung hinzufügen". Dadurch setzen Sie die Variable llWBV in das Fenster "Überwachung 1" (siehe Abbildung 4.3). Folgende Bemerkungen zu der Abbildung 4.3:*
1. Der Typ __int64 entspricht dem Typ `long long`*.*
2. Sie können Ihre Variablen auch als Hex-Zahlen anschauen. Dazu drücken Sie im Überwachungsfenster die rechte Mouse-Taste. Sie erhalten ein Fenster wie es in der Abbildung 4.4 dargestellt ist und dort können Sie den Hex-Mode aktivieren. Entsprechend lässt er sich auch deaktivieren.

4.2 Variablen

Wir haben schon in den vergangenen Kapiteln mit Variablen gearbeitet. Jetzt wollen wir uns mit dieser Thematik genauer beschäftigen. Dazu gilt es zunächst zu definieren, was wir unter einer Variablen verstehen:
Eine Variable ist ein Name für einen gewissen Speicherbereich, dessen Größe über den Typ der Variable (s. Konsolen-Output 3.3 auf Seite 40) bestimmt wird. Die Regeln für die Namensvergabe sind ähnlich der Vergabe bei Konstanten:

1. Ein Variablenname kann beliebig lang sein.
2. Die Charakter des Namens sind Elemente folgender Intervalle: [A, Z], [a, z], [0,9] und {_}. Eine Variable darf allerdings nicht mit einer Ziffer beginnen.
3. Schlüsselwörter (siehe Tabelle 4.1 auf Seite 70) dürfen nicht für Variablennamen verwendet werden.
4. Variablennamen sind case sensitiv.

Allgemeine Regeln:
Eine Variable sollte nie mit einem _ beginnen, da dieser Charakter für vordefinierte Namen in C/C++ reserviert ist. Der Variablenname sollte kurz und "sprechend" sein, damit der Leser des Codes bereits aus dem Namen eine erste Vorstellung über die Verwendung der Variable entwickeln kann.

Typ.	Präfix	Beispiel
char	c	char cDot = '.';
unsigned char	uc	unsigned char ucNewLn = 0x0A;
int	i	int iNumber = -100000;
unsigned int	ui	unsigned int uiNumber = 4711;
short int	si	short int siNumber = -32000;
unsigned short int	usi	unsigned short int usiNumber = 55;
long int	li	long int liNumber = -65536;
unsigned long int	uli	unsigned long int uliNumber = 65536;
long long	ll	long long llNumber = -40000000;
unsigned long long	ull	unsigned long long llNumber = 40000000;
float	f	float fValue = 5.71f;
double	d	double dValue = -5.71235904;
long double	ld	long double ldValue = $5.45 \cdot E^{-3056}$;
char *	p2c	char * p2cName = "Max Mustermann";

Tabelle 4.4: Empfohlene Präfixe für Variablen.

Eine Variable sollte einen den Typ reflektierenden Präfix haben. Siehe dazu Tabelle 4.4. Beachten Sie, dass - wie in Tabelle 4.4 dargestellt - Pointer am besten durch den Präfix p2<TypPräfix>

eingeleitet werden können. Der Präfix zu einem Pointer to char ist in diesem Sinne p2c; der Präfix zu einem Pointer to double wäre dann ein p2d. Und für einen Pointer to Pointer to int wäre folgender Name brauchbar: p2p2iTest.

Wir wollen uns nun mit der Lebensdauer von Variablen beschäftigen. Schauen wir dazu in das Programm 4.4. Dazu seien folgende Bemerkungen gestattet:

```
// P003K4_Var
#include "stdafx.h"
#include <iostream>
using namespace std;
int main (void)
{
    int iX = 1;                                        //1
    cout << "iX vor Scope       : " << iX << endl;     //2
    { //----------------------------------------StartOfScope
        int i  = 0;                                    //3
        cout << "iX im Scope     : " << iX << endl;    //4
        cout << "i im Scope      : " << i  << endl;    //5
        i++;                                           //6
        iX++;                                          //7
        int iX = 25;                                   //8
        cout << "Neues iX im Scope : " << iX << endl;  //9
        iX++;                                          //10
    } //----------------------------------------EndOfScope
    //cout << "i nach Scope      : " << i  << endl;    //11
    cout << "iX nach Scope      : " << iX << endl;     //12
    return 0;
}
```

Programm 4.4: Verwendung von Variablen. Lebensdauer von Variablen.

//1 Wir deklarieren und definieren hier eine Integer-Variable. Ihr Name ist iX; das i steht für Integer und entspricht der Empfehlung der Präfixe für Variablen wie sie in Tabelle 4.4 dargestellt sind.

//2 Wie geben hier die Variable iX vor dem Scope aus.

//3 Anschließend starten wir den Scope und deklarieren und definieren gleich die Integer-Variable i mit Null.

//4 Nunmehr geben wir wieder die Variable iX aus. Es handelt sich um die gleiche Variable, wie vor dem Scope und sie muss auch den gleichen Wert haben.

//5 Hier geben wir die Variable i im Scope aus. Sie muss immer noch Null sein.

//6 Anschließend inkrementieren wir i

//7 und iX.

//8 Jetzt deklarieren und definieren wir iX "neu". Es handelt sich tatsächlich um eine neue Variable. Wie definieren iX mit 25.

//9 Anschließend geben wir iX aus. Und wir werden sehen, dass nunmehr die Zahl 25 ausgegeben wird; und nicht die Zahl 1.

//10 Und hier inkrementieren wir iX.

//11 Nun wollten wir i außerhalb des Scopes ausgeben. Wir erhalten bei diesem Code allerdings die Compiler-Meldung 4.4. Der Code ist also so nicht übersetzbar und deshalb haben wir in auskommentiert. Wir sehen also, dass eine Variable, die im Scope definiert und deklariert wurde, außerhalb des Scopes völlige unbekannt ist.

//12 Final geben wir iX nochmals aus. Was erwarten wir? Wir erwarten das iX, das außerhalb des Scopes deklariert und definiert wurde. Allerdings haben wir es im Scope noch einmal inkrementiert. Deshalb sehen wir nunmehr eine 2 und keine 1 auf der Konsole.

```
Fehler 1 error C2065: 'i': nichtdeklarierter Bezeichner
```

Compilerausgabe 4.4: Fehlerausgabe des Compilers bei Programm 4.4 (auskommentierte Zeile wurde mit übersetzt).

Das Programm P015 würde die Konsolen-Ausgabe 4.5 liefern.

```
P003K4_Var
iX vor Scope    : 1
iX im Scope     : 1
i im Scope      : 0
Neues iX im Scope : 25
iX nach Scope   : 2
```

Abbildung 4.5: P003K4_Var als Konsolenausgabe.

Hinweis: *Versuchen Sie einen Variablennamen immer kurz zu halten; auch wenn er Ihnen manchmal durch die Kürze "unklar" erscheint. Diese Unklarheit wird verschwinden. Dafür seien zwei Gründe genannt:*
1.: Sie können - und sollen - Ihre Variable in unmittelbarer Nähe ihrer Deklaration/Definition kommentieren. Besteht die Variable aus mehreren Worten zusammen, so ist es günstig, sie zusammenzusetzen; s.u.
2.: Wenn Sie gebräuchliche informationstechnische, mathematische oder physikalische Kürzel verwenden, so werden Sie einfacher den Sinn von Variablen erkennen. Und meist sind die Begriffe recht kurz gehalten.
Beispiele für Variablen:
```
float fMotorTemp; //Motortemperatur
int iBMPWidth; //Weite eines Bitmap
```

Existieren Variablen gleichen Namens innerhalb eines Programmes, so hat die globale Variable solang vor der Scope-lokalen Variable Vorrang, bis die Scope-lokale Variable deklariert ist.

4.3 Speicherklassen

Auch in C++ sind Speicherklassen bekannt; sie sind durchaus an die C-Speicherklassen angelehnt. Die Speicherklassen legen fest, wo Variablen bzw. Objekte gespeichert werden sollen und definieren somit in einem erheblichen Maße Eigenschaften und Zugriffsgeschwindigkeiten. Des Weiteren beeinflussen Speicherklassen die Lebensdauer von Variablen bzw. Objekten[4]. Für die Definition von Speicherklassen besitzt C++ fünf Schlüsselwörter:

auto
register
static
extern
mutable

---

auto-Variablen:
auto-Variablen sind nur innerhalb einer Funktion definiert; zum Beispiel der Funktion main. Beim Aufruf dieser Funktion wird auf dem Stack für diese Variable Speicherbereich reserviert. Nach dem Verlassen dieser Funktion wird dieser Speicher wieder freigegeben.

Hinweis: *Genau aus diesem Grunde sollte niemals die Adresse einer auto-Variable als return-Wert einer Funktion zurückgeliefert werden.*
Beachte:
`auto int iTest = 0;`
Dieses Konstrukt funktioniert nur mit dem gcc; VS 2012 bringt dann eine Fehlermeldung.
Das Schlüsselwort `auto` *besitzt bei C++ 11 (auch) den Sinn, eine Variable durch self-typing zu definieren; siehe dazu Programm 4.10 auf Seite 93.*

Jede nicht spezifizierte Variable ist eine auto-Variable. Man lässt in der Regel das Schlüsselwort auto weg.
Beispiel: `int iTest=0;`

---

register-Variablen:
register-Variablen zeichnen sich dadurch aus, dass sie - sofern möglich - direkt in einem Prozessor-Register der CPU, wobei CPU für Central Prozessor Unit steht, gesichert werden können. Dadurch wird eine recht schnelle Verarbeitung der Variablen möglich, weil der Zugriff direkt und nicht via RAM (Random-Access-Memory) erfolgt. Aus naheliegenden Gründen kann der Adressoperator & nicht auf eine register-Variable angewendet werden.
Beispiel: `register int i;`

---

static-Variablen:
Statische Variablen werden vom Compiler nicht auf dem Stack abgelegt, sondern im Datensegment. Statische Variablen bleiben während des gesamten Programmlaufs erhalten und können immer wieder abgefragt werden oder neu gesetzt werden.

---

[4]Wir wollen in diesem Kapitel nur noch den Begriff Variable benutzen; ein Objekt ist nichts anderes als die Variable einer Klasse

Hinweis: *Sollte eine statische Variable nur deklariert werden, so wird sie automatisch mit Null initialisiert!*

Beispiel: `static int i; // i ist automatisch mit 0 vorbelegt`

extern-Variablen:
Eine externe Variable kann nur in **einer einzigen** Datei deklariert werden. Eine externe Variable kann bei ihrer extern-Deklaration nicht initialisiert werden. Die manuelle Initialisierung ist nur bei ihrer Definition möglich (siehe Beispiel unten). Wie schon bei statischen Variablen gilt auch für externe Variablen: sollte eine externe Variable nicht manuell initialisiert worden sein, so wird sie mit Null vorbelegt.
Beispiel: `extern int i; int i=55;`

mutable-Variablen:
mutable heißt veränderlich. Eine Variable einer Klasse, die in einer konstanten Memberfunktion geändert werden soll, muss den Bezeichner mutable haben. Ansonsten können Sie diese Klasse nicht kompilieren. Wir werden bei konstanten Funktionen auf diese Eigenschaft nochmals kommen.
Sinn von mutable Variablen kann sein, dass Sie in konstanten Funktion einen Zähler mitlaufen lassen wollen, der Ihnen mitteilt wie oft die Memberfunktion aktiviert wurde.
Beispiel: `mutable float fTest;`

4.4 Strukturen

Wir kommen nun zu einem ganz wichtigen Begriff in der Softwareentwicklung - zum Begriff der Struktur. In C/C++ wird dieser Begriff mit dem Schlüsselwort (siehe dazu Tabelle 4.1 auf Seite 70)

```
struct
```

bezeichnet. Dieser Begriff ist deshalb so wichtig, weil Sie in Strukturen verschiedene Typen deklarieren können. Eine Struktur sollte als Sammlung aller Eigenschaften des Verfahrens verstanden werden, das Sie via Sourcecode beschreiben wollen. Allgemein könnte eine Struktur wie in der Syntax 4.1 dargestellt werden. In der Syntax-Darstellung 4.1 verstehen wir unter kTyp1, kTyp2, ..., kTypN die Komponententypen. Es ist zu beachten, dass Strukturen selbst wieder Komponententypen sein können; structs können also structs enthalten; es sollte sich allerdings nicht um den gleichen struct handeln.

```
struct name
{

   kTyp1 var1;
   kTyp2 var2;
   ...
   kTypN varN;

};

Beispiel:
struct tArticle
{

   int iNumb;
   float fPrice;

};
```

Syntax 4.1: Syntax einer Struktur.

Wenn Sie jetzt noch wissen, dass zu den Komponententypen auch Adressen bzw. Pointer gehören können und dass man diesen Adressen auch Funktionen zuweisen kann, so werden Sie verstehen, dass ein System mit Eigenschaften (Variablen) und Funktionen recht ordentlich beschrieben werden kann. Und diese grundsätzliche Beschreibungsidee mag ein Zugang zu C++ sein; siehe dazu das Beispiel am Anfang des Buches (Programm 2.1 auf Seite 29). Strukturen mit einem solchen Umfang, einer solchen Qualität - also mit Eigenschaften und Funktionen - werden dann auch nicht mehr Strukturen genannt, sondern, damit man sich auch begrifflich etwas abgrenzt, Klassen (class).

Dass eine Klasse über private (private), geschützte (protected) und öffentliche (public) Bereiche verfügt und in einer Struktur alle Members öffentlich sind, ist ein wesentliches Unterscheidungskriterium zwischen class und struct. Mit anderen Worten: man kann mit "klassischen" Sprachen wie C, Pascal, Modula etc. Programme nicht objektorientiert entwickeln. Um wichtige Eigenschaften der objektorientierten Programmierung (OOP) wie Kapselung nutzen zu können, dazu bedarf es eines Compilers, der diese Eigenschaften auch umsetzen kann. In C++ war dieser Zustand erst Ende der achtziger Jahre erreicht. Wir erwähnen dies aus folgenden Gründen:

1. Es wird nochmals verdeutlicht, dass der Begriff struct von fundamentalster Bedeutung ist.
2. Man sollte sich immer sehr gut überlegen, wie man ein System beschreibt, was zu einem struct gehört. Wenn man einen Motor beschreibt, so sind solche Eigenschaften wie Leistung (`float fPower`) oder Wirkungsgrad (`float fEfficiency`) und solche Funktionen wie Vorwärtsdrehen (`void rotateRight ()`) oder Rückwärtsdrehen (`void rotateLeft ()`) von Bedeutung. Dass die Halle, in der der Motor steht, N Fenster hat (`int iNumbOfWindows`), ist dabei sicherlich weniger wichtig.

4.4 Strukturen

Wir haben in dem Beispiel der Syntax 4.1 eine Struktur beschrieben (tArticle). Wenn wir von dieser Struktur eine Variable erzeugen wollen - und das wollen wir ganz bestimmt, denn wir wollen mit dieser Struktur möglichst viele Artikel beschreiben - so tun wir dies so, als wenn wir (beispielsweise) von einem integer-Typ eine Variable anlegen wollen:

```
struct tArticle artikel1;
```

Nochmals dazu der Vergleich, wie man eine Integer Variable deklariert:

```
int iNumber;
```

Sie sehen, dass da kein allzu großer Unterschied besteht. Wenn wir jetzt iNumber definieren wollen, so schreiben wir:

```
iNumber = 0;
```

In ähnlicher Weise lassen sich auch die Variablen von Strukturen definieren. Hier das Beispiel, das direkt nach der Deklaration die Strukturvariable artikel1 definiert:

```
struct tArticle artikel1 = {2, 3.59};
```

Wir würden diese Definition der Variable artikel1 so lesen, dass wir zwei Artikel mit einem Preis von 3.59 € haben. Natürlich können Sie auch direkt auf die Einzelkomponenten zugreifen; lesend und schreibend. Dies ist mit dem Punktoperator möglich:

```
struct tArticle artikel1;
artikel1.iNumb = 2;
artikel1.fPrice = 3.59f;
```

An geeigneter Stelle werden wir sehen, dass man auch mit dem Pfeiloperator auf Pointer von Strukturen zugreifen kann. Wenn Sie nach der Deklaration einer Strukturvariablen die Initialisierung nicht vornehmen, so erhalten Sie wie üblich unsere bekannte Compiler-warning (warning 4.5) in etwas modifizierter Form. Dazu ein kleines Beispiel (siehe Programm 4.5). Mit dem Programm 4.5 erhalten Sie die prophezeite Warnung (siehe Compiler-warning 4.5). Diese Warnung können Sie vermeiden, wenn Sie wie im Programm 4.6 die Initialisierung von person1 vornehmen. Der Compiler ist schon zufrieden, wenn Sie wenigstens eine Membervariable des structs definieren; in unserem Falle würde es sich um usAge handeln. Wir definieren das Alter auf 33. Wir kommen nun zur Programmerklärung des Programmes 4.5:

//1 Hier haben wir eine weitere Struktur deklariert. Der von uns frei gewählte Typname heißt tPerson. Dabei sollte der Präfix t an Typname erinnern. Die Struktur tPerson ist innerhalb der geschweiften Klammern definiert.

```
// P004K4_Struct
#include "stdafx.h"
int main (void) {
    struct tPerson {                                    //1
        unsigned short usAge;                           //2
        unsigned short usSize;                          //2
        float fWeight;                                  //4
        char cName[256];                                //5
    };
    tPerson person1;// = {33, 180, 81.5, "Anton Aue"};  //6
    //person1.usAge = 33;                               //7
}
```

Programm 4.5: Ein Beispielprogramm für die Nutzung von Strukturen.

```
warning C4101: 'person1': Unreferenzierte lokale Variable
```

Compilerausgabe 4.5: Compiler-warning für unreferenzierte lokale Variable im Programm 4.5.

//2 Mit einem unsigned short haben wir eine Komponente (usAge) deklariert; das Alter einer Person.

//3 Genauso haben wir die Größe der einer Person deklariert; usSize.

//4 Die float-Variable fWeight bezeichnet das Gewicht einer Person.

//5 Und in einem Array of char, das wir mit cName bezeichnet haben und das 256 Charakter aufnehmen kann, kann der Name einer Person gesichert werden.

//6 In dieser Zeile deklarieren wir eine Strukturvariable[5]. Sie heißt person1. Unter der Variable person1 verstehen wir eine ganz spezielle Person. Mit ganz speziellen Eigenschaften, nämlich mit einem Alter, einer Größe, einem Gewicht und einem Namen. Um die Compilerwarning 4.5 zu vermeiden, sollte die Person person1 definiert werden. Das haben wir innerhalb des Zeilenkommentars getan. Ohne diesen Kommentar, den wir absichtlich eingebaut haben, um das genannte warning zu erzeugen, wäre person1 vollständig beschrieben:
tPerson person1 = {33, 180, 81.5, "Anton Aue"};
Anton Aue ist 33 Jahre alt, ist 1 Meter Achtzig groß und wiegt 81.5 kg.

//7 Dieser Punkt zeigt uns zweierlei:
1. Sie können Members einer Struktur nach der Definition erneut ändern. In diesem Fall haben wir Antons Alter um ein Jahr verringert; von 33 Jahren auf 32.
2. Falls Sie auf die Definition, wie im Punkt //66 beschrieben, verzichten, so reicht die Definition der person1 wie hier aus, um das Compiler-warning 4.5 zu vermeiden. Es ist allerdings zu beachten, dass person1 damit noch NICHT vollständig definiert ist. Generell wäre eine vollständige Definition von person1 auch wie folgt möglich:
person1.usAge = 33;
person1.usSize = 180;
person1.fWeight = 81.5f;
person1.fWeight = "Anton Aue";

---

[5]In C müsste man die Strukturvariable wie folgt deklarieren:
  struct tPerson person1;

4.4 Strukturen

Sie können natürlich eine solche Strukturvariable wie person1 auch ausgeben. Dazu schauen wir uns das Programm 4.6 an. Dieses Programm führt zur Konsolenausgabe 4.6. Wir haben zwei

```cpp
// P004K4_Struct2
#include "stdafx.h"
#include <iostream>
using namespace std;
int main (void)
{
    struct tPerson
    {
        unsigned short usAge;
        unsigned short usSize;
        float fWeight;
        char cName[256];
    };
    tPerson person1 = {33, 180, 81.5, "Anton Aue"}; //1
    cout << "Alter   : " << person1.usAge
         << "\nGroesse: " << person1.usSize
         << "\nGewicht: " << person1.fWeight
         << "\nName   : " << person1.cName << endl; //2
    return 0;
}
```

Programm 4.6: Ausgabebeispiel von Komponenten von Strukturvariablen.

Abbildung 4.6: P004K4_Struct2 als Konsolenausgabe.

Punkte markiert für kurze Erklärungen:

//1 Im Punkt eins sehen wir nochmals die Initialisierung einer Strukturvariable (person1).
//2 Hier sehen wir, dass wir mit dem Punktoperator die Elemente der Strukturvariable ausgeben können.

Wir haben (zum Beispiel) im Programm 4.5 gesehen, wie man Strukturvariablen deklariert. Es existieren viele andere Möglichkeiten dies zu tun. Aber auch nach diesen Deklarationen müssen Sie die Strukturvariablen definieren. Falls Sie das nicht tun, so erhalten Sie das Compiler-Warning 4.5 auf Seite 84.

Wir wollen uns nun mit dem Speicherplatzbedarf einer Struktur beschäftigen. Sie werden sicher nicht ganz zu Unrecht vermuten, dass der gesamte Speicherplatz, den eine Struktur belegt, gleich der Summe der Sizes der Einzelkomponenten ist. Das ist auch fast richtig. Aber eben nur fast. Und dieses "fast" kann tödlich sein, wenn Sie nicht wissen, wie Sie damit umgehen können.
Die verschiedenen Sprachen haben ein sogenanntes Alignment. Darunter verstehen wir den Fakt, dass der Compiler die Komponenten einer Struktur - gleiches gilt übrigens auch für eine Variable

- auf bestimmte ganzzahlige Vielfache von Wortgrenzen legt. Leider ist diese Festlegung nicht universell; sie hängt von der Sprache ab und von dem Betriebssystem. Dazu ein Beispiel. Stellen Sie sich folgende Struktur vor:

```
struct tTest
{

    unsigned char ucByte;
    unsigned int usiNumb;

} test1, test2, test3;
```

Mit dieser Struktur wollen wir drei Strukturvariablen (test1, test2, test3) bilden und die Summe des Speicherplatzbedarfs der drei Variablen ermitteln. Wenn wir die Größen der Teilkomponenten ermitteln, so werden wir 1+4 zu addieren haben. Das vermittelt uns den Eindruck, dass wir es bei Variablen vom Typ tTest mit einer Größe von 5 Bytes zu tun haben.

```
// P005K4_StructSizes
#include "stdafx.h"
#include <iostream>
using namespace std;
int main (void)
{
    struct tTest                                            //1
    {
        unsigned char ucByte;                               //2
        unsigned int uiNumb;                                //3
    };

    tTest test1 = {1, 0x1001u};                             //4
    tTest test2 = {2, 0x1002u};
    tTest test3 = {3, 0x1003u};

    size_t uiSOTest1 = sizeof (test1);                      //5
    size_t uiSOTest2 = sizeof (test2);
    size_t uiSOTest3 = sizeof (test3);

    cout << "Eine Variable der Struktur tTest belegt "
         << uiSOTest1 << " Bytes.\n";
    cout << "Drei Variablen der Struktur tTest belegen "
         << uiSOTest1+uiSOTest1+uiSOTest1 << " Bytes.\n";   //6
    return 0;
}
```

Programm 4.7: Ermittlung der Größe einer Variable einer Struktur.

Dazu schauen wir uns das Programm 4.7 an. Sie sehen schon am Konsolen-output 4.7, dass die Variablen der Struktur tTest keine fünf Bytes Speicherplatz beanspruchen (wie wir es erwartet hätten), sondern acht Bytes. Das Default-Alignment bei C und auch bei C++ unter dem Visual Studio 2012 liegt bei acht; das eine unsigned char benötigt vier statt nur einem Byte

4.4 Strukturen

Abbildung 4.7: Konsolenausgabe des Programmes 4.7.

Speicherplatz. Was ist im Programm 4.7 codiert:

//1 Hier wird die Struktur tTest definiert. Sie besteht aus einem unsigned char (ucByte) und einem unsigned int (uiNumb). Bitte beachten Sie, dass in einigen Sprachen ein unsigned char als Typ byte (oder BYTE) definiert ist.
//2 Hier wird die Teilkomponente ucByte der Struktur tTest deklariert.
//3 Hier wird die Teilkomponente uiNumb der Struktur tTest deklariert.
//4 An dieser Stelle wird eine Variable des Typs tTest (test1) definiert. Und fortgesetzt definieren wir test2 und test3.
//5 Nun ermitteln wir die Größe aller Variablen. Das tun wir mit dem sizeof-Operator. Der sizeof-Operator liefert uns die Größe des Speicherplatzes zurück, den eine Variable benötigt.
//6 Final wird die Größe des Speicherbereichs aller Variablen ausgegeben.

Sie können sich vorstellen, dass ein File, das diese drei Variablen sichert, ebenfalls 24 Bytes groß ist.

Was aber, wenn Sie ein File erhalten, dass nur 18 Bytes groß ist? Und Sie wissen, dass diese drei Variablen so in dem File gesichert sind:
Nun - dann wurde das File mit einem anderem Alignment geschrieben. Für solche Probleme verwenden wir ganz konkret einen Präprozessor-Befehl, der hilfreich ist:
`#pragma pack(2)`[6]
 Wenn Sie diesen Befehl zwischen dem include und dem main im Programm 4.7 einfügen, so erhalten Sie ein 18 Bytes großes File und als Ausgabe auf der Konsole erhalten Sie die Konsolenausgabe 4.8.

Abbildung 4.8: Ausgabe des Programmes 4.7 mit pragma pack (2).

Ab C++ 11 können Sie - wie bereits erwähnt - die Schlüsselwörter

alignas

---
[6] Natürlich können statt 2 auch andere Alignments definieren!

und

```
alignof
```

nutzen. Bitte schauen Sie sich dazu nochmals die Tabelle 4.1 auf Seite 70 an. Wenn der Befehl implementiert wäre, so könnten Sie mit

```
alignas(2) tTest test1;
```

das gleiche Resultat wie mit dem Präprozessor-Befehl
`#pragma pack(2)`
erzielen.

Mit `alignof` kann man das Alignment eines Typs ermitteln. Dieser Befehl ist im VS 2012 und auch für den aktuellen gcc noch nicht implementiert. Zu dem gewünschten Resultat (Ermittlung des Alignments) kommen Sie beispielsweise durch folgenden Konstrukt:

```
size_t uiSize = alignof(char);
```

Hier bestimmen Sie das Alignment eines Charakters. Wir erwarten eins.
Sie können dieses Ergebnis auch durch den Präprozessorbefehl

```
#pragma pack(show)
```

erzielen. Sie können dann das Alignment in den Compiler-warnings ablesen. Schauen Sie sich dazu das warning 4.6 an. Hier sehen Sie das Default-Alignment des Compilers; es ist acht. Na-

```
warning C4810: Wert von pragma pack(show) == 8
```

Compilerausgabe 4.6: warning des Compilers bei #pragma pack (show).

türlich können Sie mit dem pragma-Befehl die verschiedenen Alignments erzeugen. Und wie bereits erwähnt: Sie werden es unter Umständen benötigen.

4.5 unions

Eine union ist wie eine Struktur aufgebaut. Sie besteht aus einer Reihe von Komponenten, die entsprechend zu benutzen sind. Aus diesem Grunde wird es sich hier auch um eine analoge Syntax handeln (siehe Syntax 4.2).

```
union name
{
    kTyp1 var1;
    kTyp2 var2;
    ...
    kTypN varN;
};

Beispiel:
union vUnion
{
    int iTest;
    float fTest;
};
```

Syntax 4.2: Syntax einer union.

Ein wesentlicher Unterschied zum struct besteht allerdings. Die Komponenten einer union können "mehrfach" genutzt werden. Dazu schauen wir uns das Programm 4.8 an.

//1 In //1 definieren wir die union
//2 Sie besteht aus einem `float` (fZahl)
//3 und einem `int` (iZahl)
//4 In //4 wird eine union-Variable deklariert. Sie wurde mit dem Namen myUnion versehen.
//5 Wir definieren hier die Komponente iZahl mit 1077936128. Diese Zahl entspricht dem Hex-Wert von: 0x40400000
//6 Anschließend geben wir iZahl
//7 und fZahl aus. In der Konsole 4.9 können Sie sehen, dass beide union-Variablen unterschiedliche Werte haben.
//8 Nun wenden wir auf iZahl den Compound assignment operator -= an; wir dekrementieren iZahl um 4194304 (Hex-Wert: 0x400000).
//9 Anschließend gegeben wir wieder iZahl aus und
//10 eine Zeile später die Zahl fZahl. Und Sie sehen zumindest (bei iZahl), dass
0x40400000 - 0x400000 = 0x40000000
ist. Warum fZahl sich von drei auf zwei verringert, dies werden wir noch sehen.

```
// P007K4_Unions
#include "stdafx.h"
#include <iostream>
using namespace std;

int main (void)
{
    union tUnion                                            //1
    {
        float fZahl;                                        //2
        int   iZahl;                                        //3
    };
    tUnion myUnion;                                         //4

    myUnion.iZahl = 1077936128;                             //5
    cout << "iZahl    : " << myUnion.iZahl << endl;//6
    cout << "fZahl    : " << myUnion.fZahl << endl;//7
    myUnion.iZahl -=4194304;                                //8
    cout << "iZahl    : " << myUnion.iZahl << endl;//9
    cout << "fZahl    : " << myUnion.fZahl << endl;//10
    return 0;
}
```

Programm 4.8: Beispielprogramm zu einer union.

Abbildung 4.9: Die Ausgabe des Programmes 4.8.

Wie erwähnt, scheint es so zu sein, dass beide union-Komponenten aus dem Beispielprogramm 4.8 auf dem gleichen Speicherplatz liegen. Diesen Umstand werden wir uns genauer anschauen: Wie wir bereits gelernt haben, können wir dies mit dem VS 2012 verifizieren. Dazu verweisen wir auf die Abbildung 4.10 und auf die Abbildung 4.11. Wie man die Variablen in der Schnell-

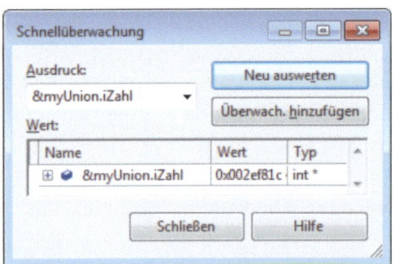

Abbildung 4.10: Die Adresse der union-Variable iZahl.

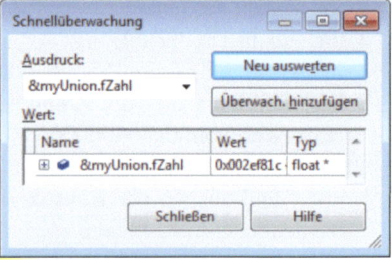

Abbildung 4.11: Die Adresse der union-Variable fZahl.

überwachung aktiviert, können Sie auf Seite 46 nachlesen. Sie sehen in diesen Abbildungen sehr deutlich, dass die Komponenten tatsächlich auf einer Adresse liegen; sie liegen in unserer De-

4.5 unions

bugsession auf:
0x002ef81c

Bitte beachten Sie, dass diese Adresse von Debugsession zu Debugsession differieren kann. Wir wollen hier nicht weiter auf die Darstellung von Gleitpunktzahlen eingehen. Dazu verweisen wir auf entsprechende C-Literatur [Dus11]. Aber Sie können sich die Ergebnisse des Programmes 4.8 mit dem IEEE 754 Converter von H. Schmidt ([Sch10]) klarmachen. Hier können Sie verifizieren, warum die float-Zahl fZahl von 3.0 auf 2.0 geändert wird, während die Änderung von iZahl viel größer ist. Sie sollten außerdem erkennen, dass man mit dieser union sehr einfach eine float-Zahl binär darstellen kann: Sie schreiben eine float-Zahl nach fZahl; damit ist gleichzeitig die Zahl iZahl definiert. Und dann werten Sie einfach die einzelnen Bits der iZahl aus. Genau auf dieser Erkenntnis basiert das Programm von H. Schmidt. Versuchen Sie es; mit ausreichender C-Erfahrung ist dies kein Problem[7].

Eine weitere Eigenschaft einer union soll nicht unerwähnt bleiben: der Speicherplatz einer union hat so viele Bytes, dass die größte Komponente in der union Platz findet. Dazu schauen wir uns das Programm 4.9 an.

//1 Hier ist die union souUnion definiert. sou soll für SizeOfUnion stehen.
//2 Sie besteht aus einem char (cTest),
//3 einem short (siTest),
//4 einem int (iTest) und
//5 einem long long (llTest).
//5 Hier wird die union-Variable vUnion deklariert.
//7 Nun "füllen" wir die union; beginnend mit dem Member der größten Speichertiefe (llTest) bis hin zur kleinsten (cTest). Wir definieren also vUnion.
//8 Hier teilen wir cout mit, dass wir die folgenden Zahlen in hexadezimaler Form ausgeben wollen. Das Default zu dieser Eigenschaft steht nämlich auf "dec". Schauen Sie sich dazu nochmals das Programm 3.5 auf Seite 52 an.
//9 Hier geben wir die Bestandteile der union aus. Selbstverständlich werden bei der gewählten "Füllstrategie" die kleineren Bestandteile der union sich in den größeren reflektieren. Und dies sehen wir auch im Output 4.12: die 7f in siTest "kommen" von cTest etc. Man sieht, dass in diesem Beispiel der letzte Zugriff "gewinnt". Und das ist das Setzen der char-Variable cTest.
//10 Nunmehr drehen wir die Definitionsreihenfolge: wir beginnen mit der Definition des Members der kleinsten Speichertiefe bis hin zum Member der größten
//11 Hier geben wir abermals vUnion aus. Sie sehen, dass keine der kleineren Member "zu sehen" ist; sie wurden allesamt von der Membervariable mit der größten Speichertiefe überschrieben. Sie erkennen, dass es immer ein gewisses Risiko birgt, sich der union zu bedienen. Die union ist ein leistungsfähiges Feature, aber hier muss man besonders genau wissen was man tut.
//12 Abschließend geben wir die Größe der union aus. Wir erkennen, dass die größte Komponente der union ihre Größe bestimmt.

---
[7]Nutzen Sie dazu Bitfelder, oder - noch einfacher - bitand; siehe dazu Tabelle 4.1. Zum Begriff Bitfelder verweisen wir auf entsprechende C-Literatur; siehe [Dus11]

```cpp
// P008K4_Unions2
#include "stdafx.h"
#include <iostream>
using namespace std;

int main (void)
{
    union souUnion                                                          //1
    {
        char cTest;                                                         //2
        short siTest;                                                       //3
        int iTest;                                                          //4
        long long llTest;                                                   //5
    } vUnion;                                                               //6

    vUnion.llTest = 0x4c4c4c4c4c4c4c4c;                                     //7
    vUnion.iTest  = 0x5d5d5d5d;
    vUnion.siTest = 0x6e6e;
    vUnion.cTest  = 0x7f;

    cout << "Variablen wurden von der groessten Size zur kleinsten hin definiert:\n";
    cout << hex;                                                            //8
    cout << "cTest: "   << (int)vUnion.cTest << "; siTest: " << vUnion.siTest
         << "; iTest: " << vUnion.iTest << "; llTest: " << vUnion.llTest
         << "\n";                                                           //9
    vUnion.cTest  = 0x7f;                                                   //10
    vUnion.siTest = 0x6e6e;
    vUnion.iTest  = 0x5d5d5d5d;
    vUnion.llTest = 0x4c4c4c4c4c4c4c4c;
    cout << "cTest: "   << (int)vUnion.cTest << "; siTest: " << vUnion.siTest
         << "; iTest: " << vUnion.iTest << "; llTest: " << vUnion.llTest
         << "\n";                                                           //11
    cout << "Variablen wurden von der kleinsten Size zur groessten hin definiert.\n\n";

    cout << "Der belegte Speicher von vUnion: " << sizeof (vUnion) << " Bytes."
         << endl;                                                           //12
    return 0;
}
```

Programm 4.9: Darstellung der sizes von unions.

Abbildung 4.12: Der Output des Programmes 4.9.

Hinweis: *Im Programm 4.9 wird auch eine Gefahr bei der Verwendung von union deutlich: wenn Sie nicht wissen, wer zuletzt zugegriffen hat, so können Sie auch nicht mit Sicherheit die richtigen Daten lesen. In gewisser Weise erinnert die union an das Modula 2/Pascal-Feature des "varianten RECORDs".*

Final seien noch zwei Anwendungen von union erwähnt:

1. Sie können speicherplatzsparend programmieren, weil Sie den Speicher gleich mehrfach verwenden können.
2. Sie können durch diese Mehrfachverwendung auch transparenter programmieren (Overlaytechnik).

4.6 Die auto Variable, decltype und das RTTI-System

Wir kommen nun nochmals zu dem neuen Sprachelement der auto-Variablen. Wir haben gelernt, dass die "klassische" Art der auto-Variable (der Speicherklasse auto) im VS 2012 nicht mehr unterstützt wird. Stattdessen kann man im VS 2012 den neuen Variablentyp

```
auto
```

nutzen.

Der Typ auto erlaubt, dass der Typ der Variable, die deklariert wird, automatisch von seiner Initialisierung abgeleitet wird. Dazu schauen wir uns ein kleines Programmbeispiel (s. Programm 4.10) an.

```cpp
// P009K4_Auto
#include "stdafx.h"
#include <iostream>
using namespace std;

int main(void)
{
    auto cTest = 'A';                                                    //1
    auto iTest = 3;
    auto fTest = 3.14f;
    auto dTest = 22./7.;
    cout << "Ausgabe von Inhalt und Speicherbededarf der auto-Variablen:\n";
    cout << "aTest: " << aTest << "\tSize: " << sizeof (aTest) << endl;  //2
    cout << "iTest: " << iTest << "\tSize: " << sizeof (iTest) << endl;
    cout << "fTest: " << fTest << "\tSize: " << sizeof (fTest) << endl;
    cout << "dTest: " << dTest << "\tSize: " << sizeof (dTest) << endl;

    return 0;
}
```

Programm 4.10: Zur Erklärung des Typs auto.

//1 Wir deklarieren und definieren hier vier auto-Variablen. Wir wissen wohl, dass es sich bei der Variable aTest um eine char-Variable handelt, bei der Variable aTest um eine integer-Variable, bei der Variable fTest um eine float-Variable und bei der Variable dTest um eine double-Variable. Ja, wir wissen es wohl - aber wir brauchen es nicht zu wissen, das - die Typenzuordnung - erledigt für uns der Compiler. Und warum sollte es der Compiler auch nicht können? Er weiß ja, dass 'A' eine char-Variable ist. Ein char ist per Definition von einfachen Hochkommas geframet.

Und der Compiler weiß auch, dass eine ganze Zahl ein integer-Variable ist, eine Gleitpunktzahl, die mit f spezifiziert wurde, kann nur ein float sein und unspezifizierte Gleitpunktzahlen können nur double sein.

//2 Um eine weitere Gewissheit zu haben, geben wir die Sizes der Typen aus. Und tatsächlich: in der Konsolenausgabe 4.13 sehen wir das Erwartete:
- Ein char hat eine Size von 1
- Ein int hat eine Size von 4
- Ein float hat eine Size von 4
- Ein double hat eine Size von 8

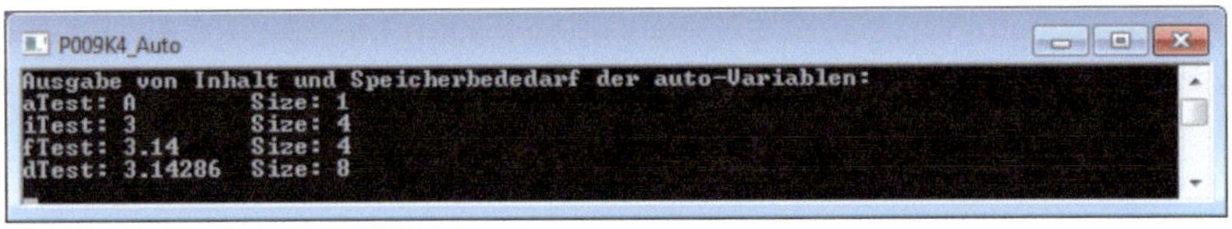

```
P009K4_Auto
Ausgabe von Inhalt und Speicherbededarf der auto-Variablen:
aTest: A        Size: 1
iTest: 3        Size: 4
fTest: 3.14     Size: 4
dTest: 3.14286  Size: 8
```

Abbildung 4.13: Der Output des Programmes 4.10.

C++ besitzt noch eine Variante, die Typen des Programmes 4.10 zu konkretisieren. Diese Variante ist an das RTTI gebunden. RTTI steht für

Run**T**ime **T**ype **I**nformation

RTTI ermöglicht es, zur Laufzeit den Typ einer Variablen zu ermitteln. Um dies zu verifizieren, werden wir am Programm 4.10 ein paar kleine Änderungen vornehmen. Vorab sei erwähnt, dass zur Nutzung des RTTI-Systems immer der Inklude

`#include <typeinfo>`

zu erfolgen hat.

//1 An dieser Stelle deklarieren und definieren wir abermals unsere vier Variablen: aTest, iTest, fTest und dTest.

//2 Nunmehr erfolgt über typeid die Definition des Pointers auf den Returnwert typeid der Variable cTest. Damit sind wir in der Lage, den Namen des Typs der Variable cTest zu ermitteln.

//3 Diese Ermittlung ist über eine Methode von typeid möglich. Sie wird hier mittels Pfeil-Operator - denn wir haben ja einen Pointer deklariert - ermöglicht:
p2TI->name()
Mit dem Pointer auf die type_info können wir jetzt alle weiteren Namen ermitteln. Das tun wir und wir erhalten wie erwartet:

4.6 Die auto Variable, decltype und das RTTI-System

```cpp
// P009K4_Auto2
#include "stdafx.h"
#include <iostream>
#include <typeinfo>
using namespace std;
int main(void)
{
    auto cTest = 'A';                                               //1
    auto iTest = 3;
    auto fTest = 3.14f;
    auto dTest = 22./7.;

    cout << "Ausgabe der Typ-Bezeichner der auto-Variablen:\n";
    const type_info *p2TI = &typeid (cTest);                        //2
    cout << "Der Typ von aTest ist: " << p2TI->name() << endl;      //3
    p2TI = &typeid (iTest);
    cout << "Der Typ von iTest ist: " << p2TI->name() << endl;
    p2TI = &typeid (fTest);
    cout << "Der Typ von fTest ist: " << p2TI->name() << endl;
    p2TI = &typeid (dTest);
    cout << "Der Typ von dTest ist: " << p2TI->name() << endl;
    return 0;
}
```

Programm 4.11: Zur Erklärung des Typs auto mit dem RTTI-System.

- Der Typ von aTest ist: char
- Der Typ von iTest ist: int
- Der Typ von fTest ist: float
- Der Typ von dTest ist: double

Schauen Sie sich dazu auch die Konsolenausgabe 4.14 an.

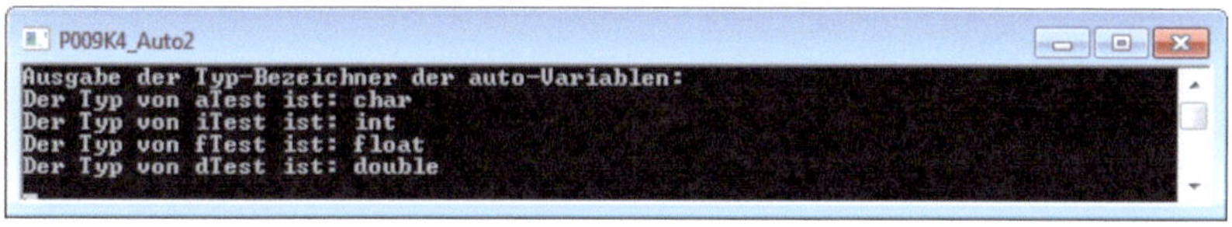

```
P009K4_Auto2
Ausgabe der Typ-Bezeichner der auto-Variablen:
Der Typ von aTest ist: char
Der Typ von iTest ist: int
Der Typ von fTest ist: float
Der Typ von dTest ist: double
```

Abbildung 4.14: Der Output des Programmes 4.11.

Neben dem Schlüsselwort auto besitzt C++11 auch noch das analoge Schlüsselwort

`decltype`

Wir können also decltype wie auto einsetzen. Das schauen wir uns im Programm 4.12 genauer an.

//1 Hier deklarieren wir eine auto-Variable. Wir sehen schon an der Ganzzahlkonstante, die der auto-Variable zugewiesen wird, dass es sich hierbei um eine int-Variable handeln muss.

//2 Wir können aus dieser auto-Variablen eine weitere auto-Variable via decltype erzeugen:
`decltype (iTest) iTest2=43;`
Sprich: Wir erzeugen eine Variable iTest2, die auf den gleichen Type wie iTest deklariert

```cpp
// P009K4_decltype
#include "stdafx.h"
#include <iostream>
#include <typeinfo>
using namespace std;
int main(void)
{
    auto iTest = 42;                                                    //1
    decltype (iTest) iTest2=43;                                         //2
    auto iTest3 = 44;

    cout << "Ausgabe der Variablen und deren Typ:\n";
    const type_info *p2TI = &typeid (iTest);                            //3
    cout << "iTest hat den Wert von : " << iTest << "; der Typ von iTest ist  : "
         << p2TI->name() << endl;
    p2TI = &typeid (iTest2);
    cout << "iTest2 hat den Wert von: " << iTest2 << "; der Typ von iTest2 ist : "
         << p2TI->name() << endl;
    p2TI = &typeid (iTest3);
    cout << "iTest3 hat den Wert von: " << iTest3 << "; der Typ von iTest3 ist : "
         << p2TI->name() << endl;
    return 0;
}
```

Programm 4.12: Zur Erklärung des Schlüsselwortes `decltype`.

wird und mit 43 definiert ist.

//3 Hier geben wir die Werte und Type über das RTTI-System aus; siehe dazu auch Abbildung 4.15.

Sollten Sie in der Nutzung des Schlüsselwortes decltype unsicher sein, so ziehen Sie bei Variablen-Deklarationen das Schlüsselwort auto vor.

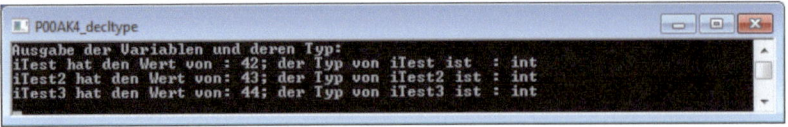

Abbildung 4.15: Der Output des Programmes 4.12.

Hinweis: *Das Schlüsselwort decltype findet besonders bei Templates Verwendung. Wir werden an gegebener Stelle darauf zurückkommen; siehe Kapitel Templates. Dort wird gezeigt, dass Sie Funktionen mit verschiedenen return-Werten definieren können; decltype wird Ihnen dabei als mächtiges Werkzeug zur Verfügung stehen.*

4.7 Referenzen in C++

In C++ kann man auf Variablen auch via Referenz zugreifen. Eine Referenz muss man sich als Aliasnamen einer bereits existierenden Variable vorstellen. Damit wird auch klar, dass eine Referenzvariable bei ihrer Deklaration auch definiert werden muss. Schauen Sie sich dazu die Syntax 4.3 an.

```
int iTest = 0;
int &iROiTest = iTest; //iROiTest: ReferenzOf iTest

Beispiel:
int iTest = 0;
int &iROiTest = iTest;
cout « ++iROiTest « endl; //Ausgabe: 1; cout « iTest « endl; //Ausgabe: 1;
```

Syntax 4.3: Syntax einer Referenz.

Wir wollen uns dazu ein kleines Programm anschauen. In diesem Programm wollen wir die Syntax 4.3 nachvollziehen. Dazu sollten Sie das Programm 4.13 verstehen.

```
// P00FK4_Referenz.cpp
#include "stdafx.h"
#include <iostream>
using namespace std;
int main (void)
{
    int iTest=0;
    int& iROiTest = iTest;
    cout << "Inhalt von iTest    : " << ++iTest    << endl;
    cout << "Inhalt von iROiTest : " << iROiTest << endl;
    cout << "Adresse von iTest    : " << hex << &iTest    << endl;
    cout << "Adresse von iROiTest: " << hex << &iROiTest << endl;
    return 0;
}
```

Programm 4.13: Referenzen von Variablen.

Abbildung 4.16: Der Output des Programmes 4.13.

In der Abbildung 4.16 können Sie die Ausgabe des Programmes sehen. Von großem Interesse sind auch die Abbildungen 4.17 und 4.18. Dort ist gezeigt, wie das VS 2012 die Variablen, der Adressen und deren Inhalte via Schnellüberwachung darstellt.

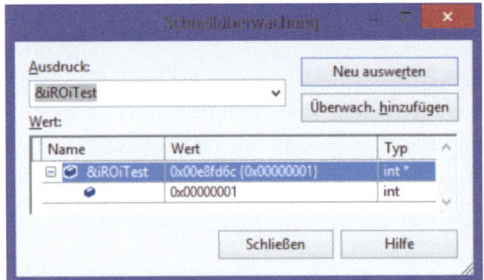 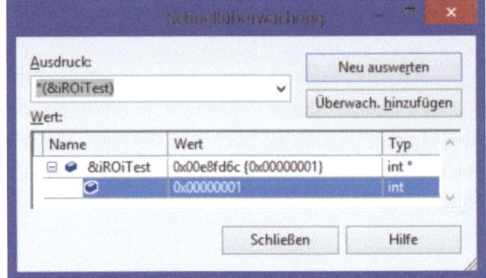

Abbildung 4.17: Hier sehen wir die Adresse der Variable iTest (&iTest=0x0E8FD6C).

Abbildung 4.18: Und hier sehen wir den Inhalt der Adresse 0x0E8FD6C (*(&iTest) = 1).

Bitte beachten Sie, dass Sie in C++ (im Unterschiede zu C) auch Funktionen Referenzen auf Variablen übergeben können. Das hat zwei entscheidende Vorteile:

1. Das Programm wird dadurch performanter, da nicht mehr das gesamte "Übergabedatenpaket" auf den Stack geschoben werden muss, sondern nur noch die Adresse.
   Aus diesen Performancegründen werden Parameter einer Funktion ab und zu als Referenzen übergeben, obwohl dies nicht nötig wäre. In diesen speziellen Fällen sollten die Übergabeparameter (zum Beispiel) als `const int& iVar1` übergeben werden. Das bedeutet, dass iVar1 in der Funktion nicht verändert wird und es ist somit völlig klar, dass diese Referenz lediglich aus Performancegründen eingeführt wurde.
2. Sie können in der Funktion die übergebene Variable ohne Pointerzugriffe handeln, was die Leseweise etwas vereinfacht.

Schauen Sie sich dazu das Programm 4.14 an.

```cpp
//Tauscht den Wert von iVar1 gegen den von iVar2 aus.
void exchange (int& iVar1, int& iVar2)
{
    int iTemp = iVar1;
    iVar1 = iVar2;
    iVar2 = iTemp;
}
```

Programm 4.14: Funktionsbeispiel Call by Referenz.

4.8 Genauigkeiten von Gleitpunktzahlen

Wir haben bisher Konstanten, Variablen, Strukturen und unions kennengelernt. Zum Abschluss dieses wichtigen Kapitels wollen wir uns klarmachen, wie Gleitpunktzahlen im RAM abgelegt werden. Eine `float`-Zahl besteht aus 1 Vorzeichenbit (Bit 31), 8 Bits für den Exponenten und 23 Bits für die Mantisse. Eine `double`-Zahl besteht auch aus einem Vorzeichenbit, besitzt allerdings 11 Bits für den Exponenten und 52 Bits für die Mantisse. Damit hätten wir für eine `float`-Zahl 32 definierte Bits (4 Bytes) und für eine `double`-Zahl 64 definierte Bits (8 Bytes). Eine `long double`-Zahl besteht aus 80 Bits; 1 Vorzeichenbit, 15 Bits für den Exponenten und 64 Bits für die Mantisse. Und genauso haben wir es im Programm 3.3 auf Seite 39 kennengelernt. Bitte beachten Sie beim `long-double`-Typ die Abbildung 3.7 auf Seite 45. Ohne Einschränkung der Allgemeinheit wollen wir uns hierbei darauf reduzieren, wie der `float`-Typ im RAM reflektiert wird. Eine `float`-Variable belegt gemäß Programm 3.3 auf Seite 39 vier Bytes. Diese vier Bytes sind gemäß IEEE 754 wie folgt aufgeteilt:

$$(-1)^S \cdot 2 \cdot 10^{(Exponent-127)} \cdot (1+Mantisse)$$

Dabei steht S für das Vorzeichenbit, der Exponent steht für eine zu definierende Bitfolge der vier Bytes des `float`-Typs und die Mantisse ebenfalls. Die Zuordnung dieser Bits zum Typ `float` ist in Abbildung 4.19 dargestellt.

Abbildung 4.19: Die Bitzuordnung einer Variable des Typs `float`.

Warum hat ein `float` eine Genauigkeit von sieben Stellen:
Sie können mit 23 Bits - die Mantisse belegt entsprechend der Abbildung 4.19 Bit 0 bis Bit 22 - den folgenden Zahlenbereich abdecken:

$$2^3 \cdot 2^{10} \cdot 2^{10}$$

Wenn man nun die folgenden Näherungen annimmt

1. $2^3 = 8 \approx 10^1$
2. $2^{10} = 1024 \approx 10^3$,

so gelangt man zu dem Schluss, dass die Mantisse einer `float`-Zahl eine Genauigkeit von ca. 7 Stellen hat:

$2^3 \cdot 2^{10} \cdot 2^{10} \approx 10^1 \cdot 10^3 \cdot 10^3$

Die Zahl der Genauigkeit ist logischerweise die Summe der Exponenten der Mantisse:
1+3+3 = 7

Vorzeichenbit und Exponent:
Das Vorzeichenbit ist einfach erklärt: Wenn S Null ist, so haben wir ein positives Vorzeichen. Ist S Eins, so haben wir ein negatives Vorzeichen;
$(-1)^0 = 1$;
$(-1)^1 = -1$;
Kommen wir nun zum Exponenten: Für den Exponenten einer `float`-Zahl stehen uns 8 Bits zur Verfügung. Damit könnten wir die Zahlen von -128 bis 127 abbilden. Nun ist es allerdings so, dass IEEE 754 dem Exponenten lediglich 7 Bits zur Verfügung stellt (ein Bit ist für den Spezialfall 0/0 - NaN - reserviert; dabei steht NaN für Not a Number). Da IEEE 754 die Basis zum Exponenten mit 2 vorschreibt und wir einen Zahlenbereich von nunmehr -126 bis 127 für den Exponenten haben, könnten wir auch die kleinste `float`-Zahl und die größte ermitteln. Uns fehlt nur noch eine Information: die Berechnung der Mantisse; wir ermitteln in welchem Bereich der reellen Zahlen `float`-Variablen definiert sind.

Wie wird die Mantisse berechnet:
Dazu muss man wissen, dass hinter den 23 Bits der Mantisse die Summe der Potenzen von 1/2 stehen: Die Mantisse (M) berechnet sich nach der Formel 4.1. Die größtmögliche `float`-Zahl

$$\texttt{M = 1 + } \sum_{k=1}^{23} (i(k)/2)^k; \; \texttt{i(k)} \in \{0,1\};$$

Formel 4.1: Formel für Mantisse M.

kann nur das Produkt aus größtmöglichem M und dem größtmöglichem Exponenten sein. M ist dann am größten, wenn alle i(k) der Formel 4.1 gleich 1 sind. Und wenn wir jetzt noch wissen, dass hinter der Formel 4.1 nichts anderes steckt als eine geometrische Reihe [Bro60], so können wir auch leicht die größte `float`-Zahl (fValueMax) ermitteln:
fValueMax = $M \cdot 2^{127}$;
Das maximale M (alle i(k) sind 1) 2) beträgt. Aus diesem Grunde haben wir ein
fValueMax = $2 \cdot 2^{127} = 2^{128}$;
jetzt fassen wir 2^{128} zusammen:
$$2^{128} = 2^8 \cdot \prod_{i=1}^{12} 2^{10};$$
Jetzt erinnern wir nochmals, dass wir 2^{10} mit $\approx 10^3$ und 2^8 mit ≈ 10 genähert haben. Damit können wir einen fValueMax von ca. 10^{38} annehmen, weil
$$2^8 \cdot \prod_{i=1}^{12} 2^{10} \approx 10^2 \cdot \prod_{i=1}^{12} 10^3 \approx 10^{38};$$
Entsprechend kann man sich die kleinste positive `float`-Zahl klarmachen. In diesem Fall ist i(k) der Formel 4.1 für alle k mit Null anzusetzen.

4.8 Genauigkeiten von Gleitpunktzahlen

Abschließend wollen wir in einem kleinen Programm anhand des eben Gelernten selbst `float`-Zahlen berechnen. Dazu schauen wir uns das Programm 4.15 an:

```cpp
// P00CK4_FloatGenau.cpp
#include "stdafx.h"
#include <iostream>
#include <iomanip>
using namespace std;
union uFloat                                                          //1
{
    float fValue;                                                     //2
    unsigned int ui4FValue;                                           //3
};
int main(void)
{
    uFloat fMyFloat;                                                  //4
    fMyFloat.fValue = -1.1f;                                          //5
    cout << hex << setiosflags (ios::uppercase|ios::showbase|ios::showpos);

    cout << "fMyFloat.fValue   : " << fMyFloat.fValue    << endl;//6
    cout << "fMyFloat.i4FValue: " << fMyFloat.ui4FValue << endl;//7

    cout << endl;
    fMyFloat.ui4FValue = 0x3FE00000;                                  //8
    cout << "fMyFloat.fValue   : " << fMyFloat.fValue    << endl;//9
    cout << "fMyFloat.i4FValue: " << fMyFloat.ui4FValue << endl;//10
    return 0;
}
```

Programm 4.15: Beispielprogramm für Bitfelder mit mehreren Bits pro Identifier.

Abbildung 4.20: Die Konsolenausgabe des Programmes 4.15.

//1 Wir definieren eine union. Das tun wir, weil wir sinnvollerweise den Speicherbereich der float-Variablen (fValue) nochmals "nutzen" wollen. An diesem kleinen Programmbeispiel können Sie sehr deutlich den Sinn einer union erkennen: fValue und i4FValue belegen den gleichen Speicher. Wir wollen diesen Speicher nur in verschiedener Art und Weise ausgeben; wir wollen uns den Aufbau einer Variable vom Typ float klarmachen. Und dazu benötigen wir ein "mapping" dieser float-Variable auf eine unsigned integer-Variable. In der union uFloat ist

//2 die float-Variable fValue deklariert **und** (auf dem gleichen Speicher liegend) die

//3 unsigned int-Variable ui4FValue.

//4 Hier deklarieren wir eine Variable der union uFloat und

//5 in diesem Punkt weisen wir der float-Variablen fMyFloat.fValue den Wert -1.1 zu. Damit ist das Bitmuster der Variable fMyFloat.ui4FValue ebenfalls sofort definiert.

In der nächsten Zeile definieren wir das Ausgabeformat: die Hexzahlen werden groß angezeigt (`uppercase`), es wird die Basis des Zahlensystems (`0X`) angegeben (`showbase`) und positive Zahlen haben ein Plus vor der Zahl (`showpos`).

//6 In diesem Punkt geben wir die `float`-Variable aus. Dabei nutzen wir eine entsprechende Umwandlungsvorgabe (+), eine Genauigkeit (.2) und ein Umwandlungszeichen (f). Die Umwandlungsvorgabe + bedeutet, dass das Vorzeichen der `float`-Variable auszugeben ist. In unserem Falle ist es ein negatives Vorzeichen.

//7 Hier nutzen wir die Eigenschaft der union direkt: Der Inhalt der Adresse der `float`-Variable fMyFloat.fValue wird hier als `unsigned int` fMyFloat.ui4FValue in hexadezimaler Form ausgegeben. Das X als Umwandlungszeichen lässt alle Hexziffern auch als Großbuchstaben (sofern es sich um Alphazeichen handelt) erscheinen. Damit sichern wir eine bessere Lesbarkeit. Wenn wir diese Hexzahl genauer betrachten, so sehen wir schon, dass das Bit 31 gesetzt ist (BF8CCCCD hat ein gesetztes Bit 31). Insofern ist es nicht verwunderlich, dass es sich bei der `float`-Variable tatsächlich um eine negative Zahl handelt.

//8 Jetzt ändern wir die `unsigned int`-Variable; von BF8CCCCD auf 3FE00000. Hier wird schnell klar, dass das Bit 31 nicht gesetzt ist. Wir werden dann eine positive Zahl ausgeben.

//9 Und das sehen wir an dieser Stelle auch: die `unsigned int`-Variable 3FE00000 entspricht der `float`-Variable +1.75

//10 Die `unsigned int`-Variable wird hier nur noch einmal zur Kontrolle ausgegeben.

Die `unsigned int`-Zahl 3FE00000 schauen wir uns jetzt nochmals genauer an und versuchen, daraus die `float`-Variable zu errechnen: Wenn wir uns die Bitstruktur aus der Abbildung

Bit31																															Bit0
31	30	29	28	27	26	25	24	23	22	21	20	19	18	17	16	15	14	13	12	11	10	9	8	7	6	5	4	3	2	1	0
0	0	1	1	1	1	1	1	1	1	1	0	0	0	0	0	0	0	0	0	0	0	0	0	0	0	0	0	0	0	0	0
3				F				E				0				0				0				0				0			

Abbildung 4.21: Das Bitmuster der `float`-Zahl 1.75 im RAM.

fig:IEEE754Ex anschauen, so können wir hieraus entsprechend der Definitionen sehr einfach die `float`-Zahl selbst berechnen:

1. Vorzeichen-Part(S): Das Bit 31 ist 0
   $\Rightarrow$ Es handelt sich um eine positive Zahl (+1).
2. Exponent-Part (ExpoPart): die Bits des Exponenten(Bit 23 bis Bit 30) ergeben die Zahl 127 (0x7F)
   $\Rightarrow 2^{127-127} = 2^0 = 1$
3. Mantisse-Part(MantiPart): Bit 22: $1 \cdot (1/2)$; Bit 21: $1 \cdot (1/4)$;
   $\Rightarrow 1 + 1 \cdot (1/2) + 1 \cdot (1/4) = 1.75;$
4. `float`-Zahl: $S \cdot ExpoPart \cdot MantiPart = +1 \cdot 1 \cdot 1.75 = 1.75;$

Wir haben in dem Bitmuster der Abbildung 4.21 tatsächlich die `float`-Zahl 1.75 gesichert. Wenn wir das Programm 4.15 bis zum return 0 laufen lassen, so können wir die `float`-Zahl im RAM anschauen (siehe dazu Tabelle tab:VSFeatures auf Seite 20). In der Abbildung 4.22 sehen

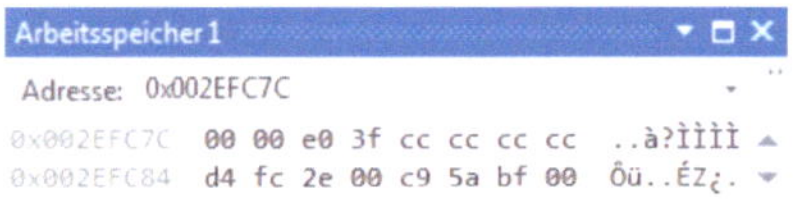

Abbildung 4.22: Die Ansicht der `float`-Zahl des Programmes 4.15 im RAM.

Sie, wie die Zahl 1.75 im RAM dargestellt wird. Hier sehen wir auch wieder, dass die `float`-Zahl in der Intelkonvention gesichert wird. Sie sehen die `float`-Zahl ab der Adresse 0x2EFC7C:

$$3F\ E0\ 00\ 00 \Rightarrow 00\ 00\ E0\ 3F$$

Hinweis: *In einer sehr schönen Art und Weise können Sie in dem Link von H. Schmidt[Sch10] float-Zahlen in Bitmuster und Bitmuster in float-Zahlen umwandeln.*

4.9 Aufzählungstypen und selbstdefinierte Typen

In diesem Kapitel haben uns langsam und ausführlich von Konstanten über die fünf Grunddatentypen (`bool`, `char`, `int`, `float`, `double`[8]) an den Begriff `struct` herangearbeitet. Wir wollen uns nun final noch mit dem Schlüsselwort `enum` und selbst definierten Daten beschäftigen. Zunächst schauen wir uns die Syntax eines Aufzählungstyps an (siehe Syntax 4.4).

```
enum enVar {enListe};

Beispiel:
enum BOOL {False, True}; //Deklaration eines BOOL-Typs
enum BOOL bVar = False; //Nutzung des BOOL-Typs
```

Syntax 4.4: Syntax eines enums.

Wir haben hier einen weiteren Booleschen Typ definiert. False entspricht 0 und True 1. Somit ist gleich eine wichtige Regel für enums festgelegt: Aufzählungen beginnen immer (falls nicht anders spezifiziert) bei 0. Sie können aber durchaus bei beliebigen anderen Ganzzahlwerten beginnen. Es ist auch möglich, innerhalb des enums enListe den Bestandteilen des enums neue Werte zuzuweisen. Dann wird ab dem neuen Wert weiter "gerechnet".

---

[8] Natürlich könnten wir den Typ `long double` mit zu den Grunddatentypen zählen. Aber so betrachtet, wäre eine Klassifizierung nach **bool**, **char**, **int**, **doubles** geeigneter. Wir hätten dann `long double`, `double` und `short double` - sprich `float`.

Schauen Sie sich dazu dieses Beispiel an:
enum enColors {Black = 1, Cyan, Magenta, Yellow, SpecCol1=0x100, SpecCol2};
int iTestCol = SpecCol2;
In diesem Beispiel hätte die Farbe Black den Wert 1, Cyan 2, Magenta 3, Yellow 4, SpecCol1 256 und SpecCol2 257.

Doch kommen wir zu einem anderen Beispiel: Stellen Sie sich vor, Sie müssen ein Programm schreiben, das uns mitteilt, ob ein spezielles Jahr ein Schaltjahr[9] ist und wie viele Tage die entsprechenden Monate haben. In einem solchen Falle wäre es nützlich, wenn wir die Monate nicht über Konstanten ansprechen müssten, sondern über einen Aufzählungstyp, der es uns erlaubt, direkt mit den Monatsnamen zu arbeiten. Damit würde das Programm lesbarer. Wir schauen uns dazu ein Beispielprogramm an (siehe Programm 4.16).

```
// P00DK4Enum
#include "stdafx.h"
#include <iostream>
using namespace std;

int main (void)
{
    enum enMonat {Januar=1, Februar, März, April, Mai, Juni, Juli, August,
            September, Oktober, November, Dezember};             // 1
    int iTageSJ[Dezember+1] = {   0, 31, 29, 31, 30, 31, 30, 31, 31, 30,
                                 31, 30, 31 };                    // 2
    int iTageNSJ[Dezember+1] = {  0, 31, 28, 31, 30, 31, 30, 31, 31, 30,
                                 31, 30, 31 };                    // 3
    int iJahr, i;                                                 // 4

    for (i=0; i<=Dezember; i++)
    {
        iTageSJ[0]+=iTageSJ[i];
        iTageNSJ[0]+=iTageNSJ[i];                                 // 5
    }

    iJahr = 0;                                                    // 6
    cout << "Geben Sie eine Jahreszahl ein:\n";
    while (iJahr != 2013)                                         // 7
    {
        cin >> iJahr;
        if (iJahr%4==0)
            cout << "Das Jahr " << iJahr << " ist ein Schaltjahr und hat "
                 << iTageSJ[0] << " Tage.\n";                     // 8
        else
            cout << "Das Jahr " << iJahr << " ist kein Schaltjahr und hat "
                 << iTageNSJ[0] << " Tage.\n";                    // 9
    }
    return 0;
}
```

Programm 4.16: Beispielprogramm zur Nutzung einer Aufzählung.

---

[9]Ein Jahr hat 365 Tage 5 Stunden und 48 Minuten und 47 Sekunden. Sie sehen, dass damit ca. alle vier Jahre die Anzahl der Tage im Jahr - wir gehen immer von einer Tageszahl von 365 Tagen aus - um einen Tag zu erhöhen ist. Dieses Kriterium sollte uns für die Beispielaufgabe reichen. Alle weiteren Randbedingungen zur Ermittlung von Schaltjahren (iJahr%100-Kriterium und iJahr%400-Kriterium) und ihre physikalischen Ursachen sollen hier nicht vertieft werden. Ein Schaltjahr ist alle 4 Jahre, jedoch alle 100 Jahre nicht, dann aber wieder alle 400 Jahre.

4.9 Aufzählungstypen und selbstdefinierte Typen

Wir wollen das Programm ganz kurz erläutern:

//1 Hier definieren wir den enum Typ enMonat. Er beginnt mit dem Januar und dieser Wert ist - vernünftigerweise - 1. Jeder Monat entspricht dabei seiner Monatszahl. Sie können aber im Sourcecode mit dem Monatsnamen arbeiten, was die Lesbarkeit der Software deutlich erhöht.

//2 Da die Aufgabe darin bestand, die Anzahl der Jahre für Schaltjahr (iTageSJ) und nicht-Schaltjahr (iTageNSJ) zu berechnen, definieren wir hier zwei int-Arrays. Ihre Elemente enthalten die Anzahl der Tage pro Monat. Wir wissen, dass im Schaltjahr der Monat Februar einen Tag mehr hat.
An dieser Stelle wird das Array of int für ein Schaltjahr definiert. Da alle Arrays in C bei 0 beginnen und wir mit dem Januar einen Monat mit der Monatsnummer 1 haben, wird das 0. Element (vorerst) mit 0 vorbelegt. Hier wollen wir die Anzahl der Tage im Jahr sichern.

//3 Und an dieser Stelle wird das Array of int für ein nicht-Schaltjahr definiert. Bei beiden Definitionen (iTageSJ und iTageNSJ) verwenden wir ein Element des enums enMonat und unterstreichen damit, dass es sich um Monatsdaten in den entsprechenden Arrays handelt.

//4 Hier deklarieren wir drei Variablen, die wir für das Programm benötigen:

| iJahr | int-Variable für das entsprechende Jahr |
| i | int-Variable für die for-Schleife zur Ermittlung der Anzahl der Tage im Jahr |

//5 Hier berechnen wir nun die Anzahl der Tage im Jahr; für Schaltjahr und für nicht-Schaltjahr. Die Anzahl der Tage wird in den 0. Elementen der int-Arrays gesichert; dieses ist mit Null vorinitialisiert. Bitte beachten Sie, dass wir den += Operator noch kennenlernen werden und ebenso die for-Schleife.

//6 Nun wird das Jahr definiert (iJahr=0;).

//7 Die while-Schleife soll mindestens einmal durchlaufen werden und sollte mit der Jahreszahl 2013 die letzte Information liefern.

//8 Wir wissen, dass iJahr für ein Schaltjahr steht, wenn es ganzzahlig durch 4 teilbar ist. Und hier ist das der Fall.

//9 Falls es nicht ganzzahlig durch 4 teilbar ist, so geben wir aus, dass es sich bei dem entsprechenden Jahr um kein Schaltjahr handelt.

In der Abbildung 4.23 sehen wir drei Eingaben:

Jahr	Schaltjahr	Anzahl Tage
1960	Ja	366
2012	Ja	366
2013	Nein	365

Bei dem Jahr 2013 brechen wir, wie dem Code am Kopf der while-Schleife zu entnehmen ist, ab. Manchmal ist es praktisch oder auch erforderlich, dass man neue Typen definiert. Man stelle sich vor, dass man Daten aus einem File lesen soll, das mit einem Programm generiert wurde, das in der Sprache Pascal oder Modula 2 geschrieben wurde. Und wir wissen, dass dieses File binäre Daten hat und dass dort der Datentyp

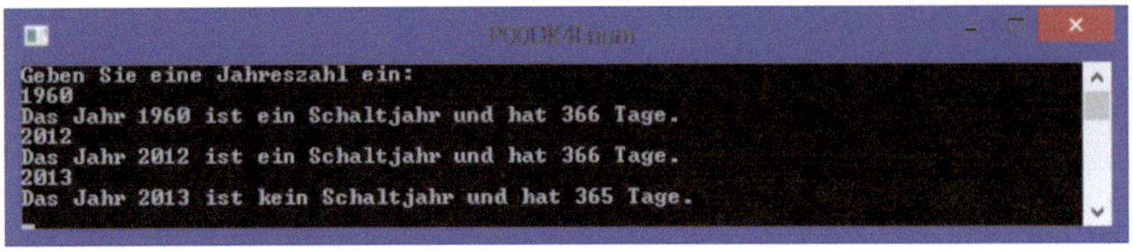

Abbildung 4.23: Die Ausgabe des Programmes 4.16.

CARDINAL[10]
auftaucht. Nun wissen wir, dass dieser Typ dem C-Typ
`unsigned short int`
entspricht. Sicherlich sehen Sie, dass es immer viel Schreibarbeit bedeutet, wenn man Variablen dieses Typs deklarieren will. Da bietet es sich doch an, dass man einen neuen Variablen Typ in C++ definieren sollte; nämlich den Typ CARDINAL.
Mehr noch: in Ihrer Software benötigen Sie vielleicht tatsächlich den C-Typ `unsigned short int`. Und zwar benötigen Sie diesen Typ in einem Kontext, der absolut nichts mit dem Einlesen des Files zu tun hat. In diesem Falle wäre es schön, das `unsigned short int` vom File-Einlesen von dem `unsigned short int`, der nichts mit dem File-Einlesen zu tun hat, zu unterscheiden. Für solche Zwecke stellt uns C ein Schlüsselwort bereit:
`typedef`.

Eine weitere Anwendung dieses Schlüsselwortes ist gegeben, wenn Sie Daten beispielsweise via RS232, USB oder Netzwerk übertragen. Letztlich werden die Daten in Portionen von (acht) Bits übertragen; in diesem Fall, wenn man acht Bits zusammenfasst, spricht man von einem Byte. Das Byte hat sich als Standard-Einheit für Datenspeicherkapazitäten herauskristallisiert.
Die Syntax des Schlüsselwortes typedef kann in der Syntax 4.5 eingesehen werden.

```
typedef <C-Typ> <Neuer Typ>;
Beispiel:
typedef unsigned char BYTE; //Definition des neuen Typs BYTE
BYTE btTest; //Deklaration einer Variable des Typs BYTE
```

Syntax 4.5: Syntax von typedef enums.

Zur Nutzung des Schlüsselwortes schauen wir uns das Programm 4.17 an. Wenn wir uns die Konsolenausgabe ansehen (siehe Abbildung 4.24), so erhalten wir die erwarteten Werte:
   sizeof CARDINAL   2
   sizeof BYTE   1
Wir wollen das Programm 4.17 noch ganz kurz erläutern:

//1 An dieser Stelle definieren wir den neuen Typ CARDINAL

---

[10] CARDINAL ist ein Ganzzahltyp in der Sprache Modula 2, der Werte zwischen 0 und 0xFFFF annehmen kann.

4.9 Aufzählungstypen und selbstdefinierte Typen

```cpp
// P00EK4_Typedef
#include "stdafx.h"
#include <iostream>
using namespace std;
typedef unsigned short int CARDINAL;                            //1
typedef unsigned char BYTE;                                     //2
int main (void)
{
    CARDINAL cardTest; BYTE btTest;
    cardTest = 0xFFFF; btTest   = 0xFF;                         //3
    cout    << hex;
    cout << "SizeOf CARDINAL: " << sizeof (CARDINAL)
         << "\tWert von cardTest: " << cardTest    << endl;     //4
    cout << "SizeOf BYTE    : " << sizeof (BYTE)
         << "\tWert von btTest   : " << (int)btTest << endl;
    return 0;
}
```

Programm 4.17: Beispielprogramm zur Nutzung des Schlüsselwortes typedef.

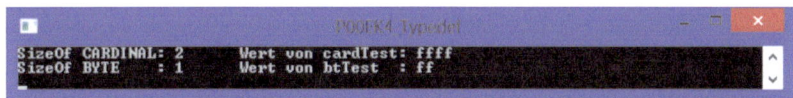

Abbildung 4.24: Die Ausgabe des Programmes 4.17.

//2 und hier den Typ BYTE[11]. In beiden Fällen handelt es sich um unsigned Typen, die so in C nicht definiert sind.

//3 Hier definieren wir Variablen der neuen Typen.

//4 Und final geben wir Größe und Inhalt der neuen Variablen auf der Konsole aus.

In der nächsten Zeile müssen wir den Typ BYTE auf eine Integer-Variable casten. Das tun wir mit (int)btTest. Würden wir diesen Cast nicht durchführen, so würde die Variable btText als unsigned char ausgegeben werden; natürlich, denn wir haben den Type BYTE als unsigned char definiert.

---

[11]Bitte beachten Sie, dass BYTE ein Typ ist, den Ihnen auch Windows zur Verfügung stellt: Sie brauchen lediglich Windows.h zu inkluden und "unseren" typedef ausklammern. BYTE ist in minwindef.h definiert.

4.10 Zusammenfassung

In diesem umfangreichen und sehr wichtigen Kapitel haben wir uns mit Konstanten, Variablen und Strukturen beschäftigt.

Konstanten

- Wir unterscheiden **Literale** (Wert; int i = **0xff**) und **symbolische Konstanten** (Namen; #define **Pi** 3.1415).
- Es existieren verschiedene Arten von Literalen (ganzzahlige Konstanten, Gleitpunktkonstanten).
- Jede Konstante repräsentiert ihren Wert (self-typing).
- math.h beinhaltet eine Sammlung mathematischer Funktionen wie sqrt, pow, log, floor, ...
- math.h muss bei Nutzung dieser Funktionen inkludiert werden. Ansonsten können Programmfehler auftreten; siehe hierzu Compiler-warning 4.2 auf Seite 73.
- Eine Konstante ist nicht mehr zu ändern. Beispiel:
  Pi++;
  Dieser Befehl würde einen Compilefehler verursachen.

Variablen

- Ein Variablenname kann beliebig lang sein.
- Die Charakter des Namens sind Elemente folgender Intervalle: [A, Z], [a, z], [0,9] und {_}.
- Eine Variable darf allerdings nicht mit einer Ziffer beginnen.
- Schlüsselwörter dürfen nicht für Variablennamen verwendet werden.
- Variablennamen sind case sensitiv.
- Ein Variablenname sollte nicht mit _ beginnen.
- Ein Variablenname sollte kurz und "sprechend" sein; d.h., aus dem Namen sollte der Sinn hervorgehen.
- Ein Variablenname sollte mit einem den Typ beschreibenden Präfix beginnen (siehe hierzu Tabelle 4.4 auf Seite 77).
- Man unterscheidet vier Arten von Variablen: auto, extern, static und register.
- Beachte: auto hat in C++11 eine neue Funktion.

Strukturen

- Der Begriff struct ist ein zentrales Schlüsselwort in der Sprache C/C++. In einer Struktur werden die grundlegenden Eigenschaften eines zu beschreibenden Systems definiert.
- In gewissem Sinne kann ein struct als Vorläufer des OOP-Begriffes class gesehen werden.

4.10 Zusammenfassung

- Eine Struktur kann aus Variablen und aus Sub-Strukturen bestehen.
- Strukturen können auf verschiedene Art und Weise deklariert werden.
- Eine notwendige Voraussetzung zur Vermeidung von Compiler-warning (siehe Compiler-warnings 4.5 auf Seite 84).
- Mittels sizeof-Operator kann der Speicherbedarf einer Struktur-Variablen ermittelt werden. Natürlich kann man damit auch den Speicherplatzbedarf einer beliebigen Variablen ermitteln.
- Das Default-Alignment einer Strukturvariablen liegt bei 8 Bytes. Mit der Präprozessordirektive
  `#pragma pack (N)`
  kann dieses Default-Alignment auf den Wert N gesetzt werden.
- Mittels
  `#pragma pack ()`
  stellt man das Default-Alignment wieder her. Falls das Default-Alignment einmal geändert werden sollte, so ist unbedingt darauf zu achten, diesen Default-Wert wieder zu aktivieren.
- Mit dem Befehl
  `#pragma pack (show)`
  kann man im VS 2012 das aktuelle Alignment im Ausgabefenster ausgeben (siehe Compiler-warning 4.6 auf Seite 88).
- Mit dem Schlüsselwort alignas können Sie - sofern es vom Compiler unterstützt wird - ähnliche Resultate erzielen wie mit pragma pack (N).

unions

- Eine union besteht wie ein struct aus mehreren Komponenten.
- In einer union liegen die Komponenten "übereinander", sie belegen den gleichen Speicher. In gewisser Weise ist eine union damit dem Prinzip des varianten Records der Sprachen Modula 2, Pascal und Delphi recht nahe.
- Die Größe einer union-Variable bestimmt sich aus der Größe der maximalen Teilkomponente.
- Die Verwendung des Schlüsselwortes union kann viel Speicherplatz sparen, die Programmierung vereinfachen, sollte aber mit großer Achtsamkeit verwendet werden.

Genauigkeiten von Gleitpunktzahlen

- Die Genauigkeiten von Gleitpunktzahlen sind in C/C++ durch die IEEE 754 definiert.
- Wir unterscheiden Gleitpunktzahlen mit einfacher Genauigkeit (32-Bit; `float`), doppelter Genauigkeit (64-Bit; `double`) und einer long double Genauigkeit (80 Bit; `long double`).
- Die Verwendung dieser Typen hängt einzig und allein von der geforderten Performance und der geforderten Genauigkeit ab.
- Gleitpunktzahlen sollten nie auf == abgefragt werden.

enums und typedef

- enums werden eingesetzt um die Lesbarkeit der Software zu erhöhen.
- enum-Werte können auf ihren `int`-Wert abgefragt werden; siehe for-Schleife im Programm 4.16.
- typedefs werden genutzt, um neue Typen, die so in C/C++ nicht existieren, zu definieren.

4.11 Übungen

1. Erläutern Sie den Unterschied zwischen Literalen und symbolischen Konstanten.
2. Was versteht man unter self-typing?
3. Warum sollten Variablen einen sinnvollen Präfix haben?
4. Warum sollte die Empfehlung, Variablen nicht mit einem underline (_) beginnen zu lassen, beachtet werden?
5. Nennen Sie die fünf Speicherklassen von Variablen und benennen Sie den Speicherort der Variablen.
6. Welche Bedeutung hat der Präprozessorbefehl `#pagma pack ()`?
7. Wiederholen Sie den Begriff Bitfeld aus Ihrer C-Vorlesung. Was verstehen wir darunter? Wo werden Bitfelder verwendet?
8. Erläutern Sie den Unterschied zwischen einer Struktur und einer union.
9. Schreiben Sie ein Programm, das die `float`-Zahl -1.75 in einer 0-1-Form auf der Konsole ausgibt. Sie sollten die Ausgabe der Abbildung 4.25 erhalten.
   Hinweis: Verwenden Sie dazu eine union mit `float` und `int`.

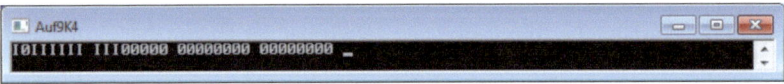

Abbildung 4.25: Konsolen-output von Auf9K4.

5 Verzweigungen und Schleifen

In diesem Kapitel werden wir uns mit grundlegenden Schlüsselwörtern der Sprache C/C++ beschäftigen, die zu Programmverzweigungen führen. Viele davon haben wir bereits in den vergangenen Kapiteln genutzt. Sie sind in der Tabelle 4.1 auf Seite 70 zusammengefasst.
Ganz konkret wird es in diesem Kapitel um die folgenden Anweisungen gehen:

- *Die if-Anweisung*
- *Der ternäre Operator*
- *Die switch-Anweisung*
- *Die for-Anweisung*
- *Die while-Anweisung (kopflastige while-Schleife)*
- *Die do-Anweisung (fußlastige while-Schleife)*
- *Die break-Anweisung*
- *Die continue-Anweisung*
- *Die goto-Anweisung*

Selbstverständlich gilt auch für dieses Kapitel: man kann sich all diese Schlüsselwörter mit der Hilfe F1 klarmachen.

5.1 Die if-Anweisung

Die if-Anweisung wird genutzt, um Programme zu verzweigen. Wie im normalen Sprachgebrauch steht man vor der Entscheidung, das Eine oder das Andere zu tun; je nachdem, ob (`if`) die eine oder eine andere Bedingung (`else`) vorliegt. In diesem Sinne kann man die englische Übersetzung von if und else nutzen:

```
if: wenn
else: sonst
```

Die Syntax der if-Abfrage ist in der Syntaxbeschreibung 5.1 festgehalten.
Zunächst schauen wir uns ein Beispiel im Programm 5.1 an. In diesem Programmbeispiel taucht die else-Anweisung nie oder immer - wie man das auch sehen mag - auf. Was bedeutet dies?

```
if ( Ausdruck )
{
    statement1;
}
else
{
    statement2;
}
Beispiel: siehe Programm 5.1
```

Syntax 5.1: Die if-Abfrage

Falls der Ausdruck > 0 ist, so wird das statement1 ausgeführt. Falls nicht, dann wird das statement2 ausgeführt.
Im Programm 5.1 würde die else-Anweisung in der Kommentarzeile //7 wie folgt ausschauen:

```
if (cChr == 'a')        //7
    cChr++;
else
    cChr=cChr;          //tue nichts
```

Die Zuweisung
`cChr=cChr; //tue nichts`
soll nur verdeutlichen, dass hier nichts getan wird.
In der Abbildung 5.1 kann man sich den Konsolen-output ansehen. Doch zunächst wollen wir uns die Programmbeschreibung (Programm 5.1) anschauen:

//1 iostream benötigen wir, um cin und cout nutzen zu können.
//2 ctype brauchen wir eigentlich nicht inkluden. Mit dem Inklude wollen wir nur zeigen, dass die Funktion tolower in ctype.h zu finden ist; siehe dazu Tabelle 5.1 auf Seite 114. Sie können ctype.h öffnen, indem Sie mit der Mouse auf ctype.h gehen, die rechte Teste drücken und den Befehl
Dokument "<ctype.h>" öffnen
aktivieren.
//3 An dieser Stelle deklarieren wir die char-Variable cChar und
//4 setzen diese Variable hier mit dem Wert, den wir von der Tastatur eingelesen haben.
//5 Bei derartigen Abfragen von Tasten wissen wir in der Regel nicht, ob der Benutzer Shift Lock (nur Großbuchstaben) gesetzt hatte oder nicht. Aus diesem Grunde wissen wir nicht, ob ein Großbuchstabe (sofern ein alpha-Zeichen gedrückt wurde) in cChr steht oder ein Kleinbuchstabe. Da es uns aber nur darauf ankommt zu wissen, dass **ein** Buchstabe gedrückt wurde, wandeln wir diesen in einen Kleinbuchstaben um. Wir tun dies, weil wir nur einen Tastenwert abfragen wollen.

5.1 Die if-Anweisung

```cpp
//  P001K5.cpp
#include "stdafx.h"
#include <iostream>                              // 1
using namespace std;
#include <ctype.h>                               // 2

int main (void)
{
    char cChr;                                   // 3
    cin >> cChr;                                 // 4
    cChr = tolower (cChr);                       // 5
    cout << "Zeichen vor if : " << cChr << endl; // 6
    if (cChr == 'a')                             // 7
        cChr++;
    cout << "Zeichen nach if: " << cChr << endl; // 8
    cout << "――――――――――――――――― \n";
    cin >> cChr;                                 // 9
    cChr = tolower (cChr);                       // 10
    cout << "Zeichen vor if : " << cChr << endl; // 11
    if (cChr == 'a')                             // 12
        cChr++;
    cout << "Zeichen nach if: " << cChr << endl; // 13
    return 0;
}
```

Programm 5.1: Programmbeispiel für die if-Anweisung.

//6 An dieser Stelle geben wir das Zeichen aus; wohl wissend, dass es auch ein Großbuchstabe hätte sein können, wird nur ein Kleinbuchstabe auf die Konsole geschrieben.

//7 Falls das gedrückte Zeichen ein 'a' war, so inkrementieren wir dieses Zeichen. Bei allen anderen Werten von cChr lassen wir das Zeichen unverändert.

//8 Anschließend geben wir dieses Zeichen wieder aus.

//9 Nachdem wir eine Trennlinie ausgegeben haben, was wir tun, damit die Konsole uns deutlich zwei Teile der Ausgabe voneinander trennt, lesen wir nochmals ein weiteres Zeichen ein.

//10 Wir wandeln es aus dem gleichen, oben bereits skizzierten Grunde in einen Kleinbuchstaben um,

//11 geben dieses Zeichen aus und

//12 fragen abermals, ob es sich um das Zeichen 'a' gehandelt hat. Falls ja, so wird cChr inkrementiert; falls nicht, so bleibt das Zeichen unverändert.

//13 Zuletzt wird das Zeichen nochmals auf die Konsole geschrieben.

Abbildung 5.1: Die Konsolenausgabe des Programmes P001K5.

Funktion	Bemerkungen
int isalnum(int c)	testet auf alphanumerisches Zeichen (a-z, A-Z, 0-9)
int isalpha(int c)	testet auf Buchstabe (a-z, A-Z)
int iscntrl(int c)	testet auf Steuerzeichen (\f, \n, \t ...)
int isdigit(int c)	testet auf Dezimalziffer (0-9)
int isgraph(int c)	testet auf druckbare Zeichen ohne Leerzeichen
int islower(int c)	testet auf Kleinbuchstaben (a-z)
int isprint(int c)	testet auf druckbare Zeichen mit Leerzeichen
int ispunct(int c)	testet auf druckbare Interpunktionszeichen
int isspace(int c)	testet auf Zwischenraumzeichen (Leerzeichen, \f, \n, \t ...)
int isupper(int c)	testet auf Großbuchstaben (A-Z)
int isxdigit(int c)	testet auf hexadezimale Ziffern (0-9, a-f, A-F)
int isblank(int c)	testet auf Leerzeichen (diese Funktion wurde mit C99 eingeführt)
int tolower(int c)	wandelt Groß- in Kleinbuchstaben um
int toupper(int c)	wandelt Klein- in Großbuchstaben um

Tabelle 5.1: Eine Auswahl der Funktionen von ctype.h.

Wenn wir uns die Abbildung 5.1 anschauen, so erkennen wir, dass wir zuerst einen Buchstaben 'A' (0x41) eingeben. Diesen Großbuchstaben (0x41) machen wir mit tolower zu einem Buchstaben 'a' (0x61). Durch das Inkrement wird cChr von 0x61 ('a') auf 0x62 ('b') gesetzt. Anschließend geben wir das Zeichen 'B' ein. Weil die Abfrage im Programm 5.1 in der Kommentarzeile //13 abermals ein kleines 'a' abfragt und wir ein großes 'B' eingegeben haben, was zu einem kleinen 'b' umgewandelt wurde, bleibt der Wert von cChr auf 0x62 stehen. Wenn man nun mehrere Entscheidungen zu treffen hat, so benötigt man nach der else Anweisung eine weitere if-Anweisung. Wir haben dies im Programm 5.2 skizziert: falls cChr != 'a' (Ungleichheitsoperator) ist, so fragen wir, ob cChr == 'b' (Gleichheitsoperator) ist. Falls diese Abfrage wahr ist, so wird 'b' wieder zu 'a' (cChr--). Falls nicht, so setzen wir 'b' auf 'c'. Diesen recht komplizierten Sach-

```
    if (cChr == 'a')                    //7
        cChr++;
    else
    {
        if (cChr == 'b')
            cChr--;
        else
            cChr = 'c';
    }
```

Programm 5.2: Beispiel für eine else-if-Anweisung mit else-if.

verhalt können wir durch das Schlüsselwort else if vereinfachen. Dazu ändern wir das Programm wie im Programm 5.3 einsehbar. Der Inhalt ist völlig identisch zu Programm 5.2. Nur ist das Programm 5.3 "lesbarer". Dies liegt nicht zuletzt daran, dass wir die Anzahl der Zahlen von neun auf sechs reduziert haben.

5.2 Der ternäre Operator

```
if (cChr == 'a')                              //7
    cChr++;
else if (cChr == 'b')
    cChr--;
else
    cChr = 'c';
```

Programm 5.3: Beispiel für eine else-if-Anweisung mit else-if.

Die Zeilenreduktion mag wie Erbsenzählerei erscheinen. Wir sollten jedoch beachten, dass es immer wichtig ist, den Quellcode kurz und übersichtlich zu schreiben.

Hinweis: *Wir sollten immer darauf achten, dass der Code kurz, einfach und übersichtlich ist. Lang, kompliziert und unübersichtlich wird er in der Regel "von allein". Und damit ist der Code schlecht wartbar.*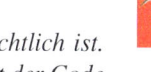

5.2 Der ternäre Operator

Aus gegebenem Anlass ist es jetzt günstig, den ternären Operator (Bedingungsoperator) zu erwähnen. Wir haben eben die if-Anweisung kennengelernt und festgestellt, dass es sinnvoll ist, den Code kurz zu halten. Nun kann man if-Anweisungen noch kürzer schreiben. Dies ist mit dem ternären Operator möglich.

```
Bedingung ? Ausdruck1 : Ausdruck2
Beispiel: siehe Programm 5.5
```

Syntax 5.2: Der ternäre Operator.

In der Syntax 5.2 stehen Bedingungen für den Operator1, Ausdruck1 für den Operator2 und Ausdruck2 für den Operator3. Wir haben also drei Operatoren; daher der Begriff ternärer Operator, was soviel heißt, dass der Operator aus drei Grundeinheiten besteht[Wik11a].

```
Var = Bedingung ? Ausdruck1 : Ausdruck2;
```

Formel 5.1: Der ternäre Operator als "Formel". Var muss ein skalarer Datentyp (z.B.: `int`, `double`, `char`, `BOOL`, ...) sein.

Was steht hinter dieser Syntax? Dazu schauen wir uns die Formel 5.1 an. Hier sehen wir, dass die Variable `Var` auf `Ausdruck1` gesetzt wird, falls `Bedingung` true (wahr) ist. Ansonsten wird `Var` auf `Ausdruck2` gesetzt. Dahinter steht also nichts anderes als ein "if - else". Das können wir uns mit dem Codebeispiel 5.4 klarmachen. Nach der Deklaration von cVar haben wir als Bedingung

```
char cVar;                  // Var (Deklaration)
if (cChr == 'a')            // Bedingung
    cChr++;                 // Ausdruck1
else
    cChr = 'c';             // Ausdruck2
cVar = cChr;                // Var (Definition)
```

Programm 5.4: Der "ternäre Operator" als if - else -Anweisung.

if (cChr == 'a') definiert. Die zwei Ausdrücke sind mit cChr++ bzw. cChr = 'c' definiert. Wir sehen, dass wir hierfür sechs Zeilen brauchen, was wir mit dem ternären Operator in einer Zeile realisieren können. Noch deutlicher sehen wir den Zusammenhang zwischen if-else und dem ternären Operator am Programmbeispiel 5.5.

```cpp
// P003K5_TOif.cpp
#include "stdafx.h"
#include <iostream>
using namespace std;
int main (void)
{
    char cVar;                                              // Deklaration von cVar
    cin >> cVar;
    char cChr = tolower (cVar);                             // Deklaration und Definition von cChr
    cout << "Zeichen vor TO :  " << cChr << endl;           // Augabe von cChr
    cVar = (cChr == 'a')?'b':'c';
    cout << "Zeichen vor TO :  " << cVar << endl;           // Augabe von cVar
    cout << "——————————— \n";
    cChr = 'a';                                             // Rücksetzen von cChr auf 'a'
    cout << "Zeichen vor TO :  " << cChr << endl;           // Augabe von cChr
    if (cChr=='a')
        cChr='b';
    else
        cChr='c';
    cVar = cChr;
    cout << "Zeichen vor TO :  " << cVar << endl;           // Augabe von cVar
    return 0 ;
}
```

Programm 5.5: Der "ternäre Operator" und if - else -Anweisung.

Hier erhalten wir die Ausgabe 5.2. Man sieht, dass zwischen den zwei ersten Ausgaben nur eine Zeile steht: der ternäre Operator. Beim if-Konstrukt benötigen wir hingegen fünf Zeilen.

```
P003K5_TOif
a
Zeichen vor TO :  a
Zeichen vor TO :  b

Zeichen vor TO :  a
Zeichen vor TO :  b
```

Abbildung 5.2: Die Konsolenausgabe des Programmes P003K6_TOif.

5.2 Der ternäre Operator

Doch schauen wir uns dazu das Programm 5.6 an.

```cpp
// P002K5_TO.cpp
#include "stdafx.h"
#include <iostream>                                      //1
using namespace std;                                     //2
int main (void)
{
    char cChr;                                           //3
    cin >> cChr;                                         //4
    cChr = tolower (cChr);                               //5
    cout << "Zeichen vor TO : " << cChr << endl;         //6
    (cChr == 'a')?cChr++:cChr--;                         //7
    cout << "Zeichen nach TO: " << cChr << endl;         //8
    cout << "———————————— \n";
    cin >> cChr;                                         //9
    cChr = tolower (cChr);                               //10
    cout << "Zeichen vor TO : " << cChr << endl;         //11
    (cChr == 'a')?cChr++:cChr--;                         //12
    cout << "Zeichen vor TO : " << cChr << endl;         //13
    return 0 ;
}
```

Programm 5.6: Programmbeispiel für den ternären Operator.

Dieses Programm erzeugt die Konsolenausgabe 5.3.

Abbildung 5.3: Die Konsolenausgabe des Programmes P002K6_TO.

Dazu die folgenden Erläuterungen (Programm 5.6):

//1 bis **//5**: siehe Programm 5.1. Da sich die Programme 5.1 und 5.6 ähneln, werden wir hier auch identische bzw. ähnliche Kommentare lesen.
//6 Hier wird cChr vor Anwendung des ternären Operator (TO) auf die Konsole geschrieben.
//7 Und hier haben wir den ternären Operator. Exakt wie in der Syntax 5.2 erläutert, wird hier nichts anderes getan wie im Programm 5.4 bereits besprochen. Im konkreten Beispiel lautet es: falls cChr das Zeichen 'a' ist, so wird es nach 'b' durch cChr++ "umgewandelt". Falls nicht (und das ist der Code nach dem Doppelpunkt), so wird cChr dekrementiert.
//8 Anschließend geben wir dieses Zeichen cChr wieder aus.
//9 Nachdem wir eine Trennlinie ausgegeben haben, was wir tun, damit die Konsole uns deutlich zwei Teile der Ausgabe voneinander trennt, fragen wir nochmals die Tastatur ab und lesen ein weiteres Zeichen ein.
//10 Wir wandeln es aus dem gleichen, oben bereits skizzierten Grunde in einen Kleinbuchstaben um und
//11 geben dieses neue Zeichen vor Anwendung des ternären Operators (TO) aus.

//12 Hier haben wir den zweiten ternären Operator und können auf die Kommentare bei Punkt
//7 verweisen.
//13 Final wird das Zeichen wieder ausgegeben.

Wir haben dieses kleine Kapitel damit begonnen, dass es günstig ist, den Code kurz zu halten. Der Code wird dadurch in der Regel kürzer und lesbarer; von Ausnahmen abgesehen, die sicherlich Geschmackssache sind und die wir noch kennenlernen werden. Wie können wir das Programm 5.6 noch kürzer schreiben? Dazu schauen wir uns das Programm 5.7 an.

```cpp
// P002K5_TO2.cpp
#include "stdafx.h"
#include <iostream>
using namespace std;
int main (void)
{
    char cChr; cin >> cChr; cChr = tolower (cChr);
    cout << "Zeichen vor TO :   " << cChr << endl;
    (cChr == 'a')?cChr++:cChr--;
    cout << "Zeichen nach TO:  " << cChr << endl;
    cout << "————————————————"      << endl;
    cin >> cChr;
    cChr = tolower (cChr);
    cout << "Zeichen vor TO :   " << cChr << endl;
    (cChr == 'a')?cChr++:cChr--;
    cout << "Zeichen nach TO:  " << cChr << endl;
    return 0 ;
}
```

Programm 5.7: Programmbeispiel für den ternären Operator.

Wir haben hier die Kommentare weggelassen. Aber wir erkennen sofort, dass wir hier weniger Zeilen haben als im Programm 5.6. Wenn wir die gleichen Parameter übergeben, so erhalten wir auch die gleiche Ausgabe wie beim Programm 5.6. Der einzige Unterschied, den wir feststellen ist, dass der Konsolentitel hier tatsächlich P002K5_TO2 ist (siehe dazu Abbildung 5.4). Wenn

Abbildung 5.4: Die Konsolenausgabe des Programmes P002K5_TO2.

man jetzt noch weiter kürzen will, wird es kritisch: wir wissen noch nichts über die Priorität der Abarbeitung von Operatoren. Deshalb wollen wir uns an dieser Stelle mit der Optimierung zufrieden geben.

Hinweis: *Der ternäre Operator ist ein leistungsfähiges Feature der Sprache C. Er sollte mit Bedacht eingesetzt werden. Wenn man in seinem Umgang ungeübt ist, so sollte die längere Schreibweise (if-else) den Vorrang haben; Sicherheit muss immer vor "Schönheit" gehen!*

5.2 Der ternäre Operator

Nun wollen wir uns den ternären Operator an einem Beispiel mit BOOL bzw. bool anschauen. Wie eben erwähnt, wird man mit dem VS 2012 compiler-warnings erhalten, wenn man BOOL und bool-Typen gleichsetzt, vergleicht etc. Das C++ Programm 5.8 würde die compiler-warning 5.1 ausgeben.

```cpp
//P014K3_TOcpp
#include "stdafx.h"
#include <Windows.h>
int main(int argc, char* argv[])
{
    BOOL bBool = TRUE;
    bool bbool = bBool;
    return 0;
}
```

Programm 5.8: C++ Programmbeispiel für compiler-warning durch Gleichsetzung von Variablen des Typs BOOL und bool.

```
warning C4800: 'BOOL': Variable wird auf booleschen Wert ('True' oder 'False')
gesetzt (Auswirkungen auf Leistungsverhalten möglich)
```

Compilerausgabe 5.1: Compiler-Ausgabe bei C++ Programm 5.8.

Wie wir bereits gelernt haben (s. Seite 33), sollte aber ein Programm immer warning-frei übersetzbar sein! Wir wollen nun ein Programmbeispiel erstellen, wo wir zeigen, wie der ternäre Operator genutzt werden kann, um in einer Zeile derartige warnings zu umgehen.

Dazu schauen wir uns das Programm 5.9 an.

//1 Hier übergeben wir der shell beim Terminieren des Programmes 5.9 ein Wert vom Typ bool.

//2 An dieser Stelle wird die Boolesche Variable (vom Windows-Typ BOOL) auf -5 gesetzt. Wir wissen natürlich, dass dies nicht korrekt ist; es sind nur die Werte TRUE oder FALSE möglich, aber der Compiler "verkraftet" diese seltsame Definition und geht bei falscher, aber nicht unüblicher Abfrage (if (bBOOL)) von einem Wert TRUE aus.
Korrekt wäre die Abfrage:
BOOL bBOOL = -5; //2
int i=0;
if (bBOOL == TRUE)
   i++;
In diesem Falle würde i 0 bleiben, da TRUE (siehe minwindef.h) auf 1 steht.
Wenn wir wissen, dass der Typ BOOL nichts anderes ist als ein Integer, so können wir uns auch vorstellen, dass der Compiler hier diese Toleranz zulässt; siehe dazu <WinDef.h>.

//3 Wir ermitteln nun die sizes der zwei Booleschen Typen und

```cpp
//P013K5_TeOp.cpp
#include "stdafx.h"
#include <Windows.h>
#include <iostream>
using namespace std;

bool main(int argc, char *argv[])                                  //1
{
    BOOL bBOOL = -5;                                               //2
    bool bbool;
    int iSOB = sizeof(BOOL);                                       //3
    int iSOb = sizeof(bool);
    cout << "Size des Types BOOL: " << iSOB << endl;               //4
    cout << "Size des Types bool: " << iSOb << endl;
    bbool = !(bBOOL?true:false);                                   //5
    cout << "bBOOL ist " << (bBOOL?"TRUE":"FALSE") << endl;        //6
    cout << "bbool ist " << (bbool?"true":"false") << endl;        //7

    bBOOL = TRUE;                                                  //8
    bbool = bBOOL?true:false;                                      //9
    return bbool;
}
```

Programm 5.9: C Programmbeispiel zur Nutzung des ternären Operators.

//4 geben sie hier aus. In der Abbildung 5.5 sehen wir, dass der Typ BOOL 4 Bytes belegt und der Typ bool hingegen nur 1 Byte.

//5 Jetzt definieren wir die Variable bbool. Zur Vermeidung eines Warnings [1] nutzen wir dazu den ternären Operator **und** invertieren dabei gleich das Ergebnis des ternären Operators durch den !-Operator (NOT-Operator)[2].

//6 Hier geben wird den Wert von bBOOL aus (TRUE)

//7 und hier den von bbool, der natürlich false ist.

//8 Finale definieren wir bBOOL korrekt - auf TRUE.

//9 Und in dieser Zeile mappen wir das Ergebnis von bBOOL auf bbool. Dieses Mapping realisieren wir mit dem ternären Operator. bbool wird dann zurückgegeben. Würden wir bBOOL zurückgeben, so erhielten wir das Compiler-warning 5.1.

Abbildung 5.5: Die Konsolenausgabe des Programmes 5.9.

---

[1] Dieses Warning hätte man nur mit dem VS 2012, wenn man C++ Programme schreibt.
[2] Wir werden diese Operatoren im nächsten Kapitel kennenlernen.

5.3 Die switch-Anweisung

Wenn man viele Alternativen einer Anweisung zu berücksichtigen hat, so ist man bei dem if-else-Konstrukt auf
```
else if
```
angewiesen. Dazu haben wir uns das Programm 5.3 geschrieben. Eine andere Möglichkeit, die durchaus übersichtlicher sein kann, besteht in der Nutzung der switch-Anweisung. Die Syntax der switch-Anweisung ist in der Syntax-Darstellung 5.3 zusammengefasst.

```
switch(expression)
{
    case constant1:
    statements
    break;
    .
    .
    .
    case constantN:
    statements
    break;
    default:
    statements
    break;


}
Beispiel: siehe Programm 5.10.
```

Syntax 5.3: Die Syntax der switch-Anweisung.

Wir wollen uns diese Syntax durch ein Beispielprogramm verdeutlichen (s. Programm 5.10). Das Programm 5.10 enthält eine for-Anweisung. Diese ist nur eingefügt, damit wir die switch-Anweisung auf alle Fälle hin testen können. Eine genauere Erläuterung der for-Anweisung erfolgt im nächsten Kapitel. Doch kommen wir zum Programm:

//1 iostream ist zu inkludieren wegen cin und cout.
//2 Wir deklarieren zwei Variablen: cChr und iIdx. cChr dient der Eingabe via getchar. iIdx dient als Zähler in der for-Schleife.
//3 Hier wird die for-Schleife definiert. Aber wir wollen uns eine genauere Beschreibung für das nächste Kapitel aufheben. Nur soviel: Die for-Schleife wird maximal 4x durchlaufen.
//4 Jetzt wird das erste Mal ein Zeichen eingelesen.
//5 Dieses Zeichen geht als Ausdruck in die switch-Anweisung.
//6 Hier werden die Fälle des Ausdruckes (cChr) geprüft. Zuerst schauen wir, ob cChr == 'a' ist.

```cpp
// P004K5_switch.cpp
#include "stdafx.h"
#include <iostream>                                              // 1
using namespace std;

int main (void)
{
    char cChr;                                                   // 2
    int iIdx;

    for (iIdx = 0; iIdx <4; iIdx++)                              // 3
    {
        cin >> cChr;                                             // 4
        switch (cChr)                                            // 5
        {
            case 'a':                                            // 6
            case 0x41:                                           // 7
                cout << "Es wurde " << cChr << " eingegeben.\n"; // 8
                break;                                           // 9
            case 'b':
                cout << "Es wurde " << cChr << " eingegeben.\n";
                break;
            default:                                             // 10
                cout << "Es wurde " << cChr << " eingegeben.\n";
                break;                                           // 11
        }
    }
    return 0 ;
}
```

Programm 5.10: Programmbeispiel für eine switch-Anweisung.

//7 Das Programm soll sich bei dem konstanten Ausdruck 0x41 genauso verhalten, wie bei 'a'. Wir wissen, dass 0x41 dem Buchstaben 'A' entspricht.

//8 Für cChr == 'a' und cChr == 0x41 geben wir hier das Zeichen cChr aus. Wir können also nur ein 'a' oder ein 'A' auf der Konsole erwarten.

//9 Alle weiteren Ausgaben werden hier durch das Schlüsselwort break in diesem Falle abgebrochen. Es ist generell darauf zu achten, dass alle cases mit break beendet werden. Alles andere wäre sinnfremd und müsste im Quellcode erläutert werden. In unserem Falle ('a' und 0x41) haben wir uns den Kommentar im Quellcode gespart.

//10 Dieser Fall (case 'b':) entspricht der klassischen Nutzung der switch-Anweisung: für den Fall, dass cChr == 'b' ist, geben wir aus, dass ein 'b' eingegeben wurde.

//11 **Jede** switch-Anweisung sollte einen default-Zweig haben. Gerade in unserem Beispiel wird deutlich, dass niemand sicherstellen kann, dass ein User des Programmes 5.10 nur die Tasten 'a', 'A' oder 'b' betätigt. Falls man eine Software hat, die nur bestimmte Tasten nutzen soll, so sollte immer sichergestellt werden, dass auch die "unbrauchbaren" Tasten wenigstens mit protokolliert werden. Dies tun wir nicht, um den User zu "kontrollieren", sondern eher, um sicherzustellen, dass sich unser Programm auch für die unbrauchbaren Tasten "vernünftig" verhält.

//12 Und natürlich ist auch der default-Zweig mit einem break abzuschließen.

//13 Zum Schluss lesen wir aus dem Tastaturpuffer das line feed.

Nach vier Durchläufen terminiert die for-Schleife. Um alle Möglichkeiten zu testen, übergeben wir der switch-Anweisung die Tasten 'a', 'A', 'b' und eine beliebige Taste (zum Beispiel 'B'). In der Abbildung 5.6 sehen wir für dieses Szenario die Konsolenausgaben. Die Reihenfolge der Buchstaben ist eher zufällig; natürlich kann man auch zuerst die Taste 'B' eingeben. Und natürlich könnte man die Fälle 'a', 'A' und 'b' zusammenfassen, da sie letztlich bis auf das Zeichen den gleichen output haben. Aber man kann sich sicher vorstellen, dass in dem Fall von 'b' eine ganz andere Funktion steht.

Abbildung 5.6: Die switch-Anweisung.

Die Zusammenfassung der Fälle würde dann wie im Programm 5.11 aussehen und man würde keine andere Ausgabe als die Abbildung 5.6 erhalten.

```
case 'a':
case 0x41:
case 'b':
    cout << "Es wurde " << cChr << " eingegeben.\n";
    break;
```

Programm 5.11: Programmbeispiel für eine switch-Anweisung (alle Tasten in einem Zweig).

5.4 Die for-Anweisung

In vielen Fällen ist es in der Softwareentwicklung nötig, die gleichen oder ähnliche Abläufe bis zu einer bestimmten Grenze hin zu wiederholen. Man stelle sich vor, man solle die Zahl e (die Basis logarithmus naturalis[3]) berechnen. Wir wissen, dass e sich wie folgt berechnet[Bro60]: Und diese Berechnung lässt sich beispielsweise mit einer for-Schleife realisieren. Man kann sich

$$e = \sum_{k=0}^{\infty} (1/k!) = 1/0! + 1/1! + 1/2! + 1/3! + 1/4!...; \quad 0!=1$$

Formel 5.2: Formel für die Eulersche Zahl e.

---
[3]Häufig bezeichnet man die Basis des logarithmus naturalis als Eulersche Zahl. e ist nach dem Schweizer Mathematiker Leonard Euler (*15.04.1707 Basel; † 18.09.1783 Sankt Petersburg) benannt.

sicherlich vorstellen, dass immer wieder die gleiche Rechnung (invertierte Fakultät - 1/k!) durchgeführt werden muss. Doch bevor wir dies tun, müssen wir uns mit der Syntax der for-Schleife beschäftigen. Die for-Schleife wird mit einer Zählvariable initialisiert, sie enthält eine Abbruchbedingung und eine Schrittweite.

```
for (Initialisierung; Abbruchbedingung; Schrittweite)
Anweisung; Beispiel:
int i;
for (i=0; i<3; i++)
    cout « i « "\n";
```

Syntax 5.4: Die for-Schleife.

Dieses kleine Programm wollen wir uns genauer anschauen (siehe dazu Programm 5.12). Dieses Programm liefert den output 5.7.

```
// P005K5_for.cpp
#include "stdafx.h"
#include <iostream>            //1
using namespace std;
int main (void)
{
    int i;                     //2
    for (i=0; i<3; i++)        //3
        cout << i << "\n";     //4
    return 0;
}
```

Programm 5.12: Die for-Schleife des Syntaxbeispieles.

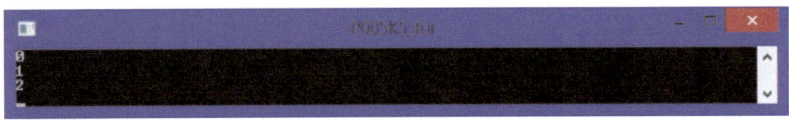

Abbildung 5.7: Die Konsolenausgabe der for-Schleife.

Doch kommen wir zur Erläuterung und machen uns so die Funktionsweise der for-Schleife klarer:

//1 iostream ist wegen cout zu inkludieren.
//2 Wir deklarieren die Zählvariablen i.
//3 In der for-Schleife wird i mit 0 definiert (initialisiert). Nach dem Semikolon sehen wir die Abbruchbedingung: Falls i>=3 ist, so terminiert die Schleife. Und final sehen wir die Schrittweite: Nach jedem Schleifendurchlauf wird i um eins inkrementiert.

//4 Hier geben wir den aktuellen Wert von i aus. Wenn man dieses Programm step by step debugged und das Konsolenfenster so günstig wie in Abbildung 5.8 legt, so kann man den Zuwachs von i sehr gut beobachten. i ist in diesem Falle gerade 1 aber das cout erfolgte noch nicht.

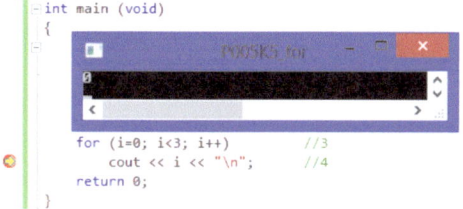

Abbildung 5.8: Die Konsolenausgabe der for-Schleife; Debugsession.

Wir haben hier die Abbildung 5.8 hinzugefügt, um den Leser zu ermutigen, sich bestimmte Abläufe des Programmes via Debugger klarzumachen. Sicher: zuerst muss das Programm im Kopf klar sein. Trotzdem ist es häufig sehr angenehm, den Programmablauf durch den Debugger verfolgen zu können.

Aber nun wollen wir zu unserem Problem zurückkommen - wir wollen die Eulersche Zahl berechnen. Dazu dient die Formel 5.2. Wir ziehen natürlich diese Formel der Limes-Formel[4] vor, weil die Formel 5.2 geeigneter für eine for-Schleife ist. Wenn wir solche Berechnungen anstellen, so müssen wir uns klarmachen, dass man e als irrationale Zahl nicht beliebig genau ermitteln muss. Für uns soll es ausreichend sein, wenn der letzte Summand der Formel 5.2 kleiner als 10^{-10} ist. Und natürlich sind wir uns darüber im Klaren, dass diese Annahme rein willkürlich (aber nicht "unvernünftig") ist.

Wie kommen wir auf 10^{-10}? Wir wollen die Zahl e als `float`-Zahl auf der Konsole abbilden. Und wir wissen (siehe dazu Kapitel 4.8 auf Seite 99, "Genauigkeiten von Gleitpunktzahlen"), dass eine `float`-Zahl lediglich bis auf ca. sieben digits genau ist. Und insofern sind die 10^{-10} ausreichend. Wir setzen einfach voraus, dass die Summanden, die kleiner als 10^{-10} sind, keine signifikanten Änderungen innerhalb der `float`-Genauigkeiten mehr bewirken. Zunächst wollen wir uns das Programm 5.13 anschauen. Hier ist die Berechnung der Eulerschen Zahl realisiert. Vorab seien die Variablen erläutert:

- dEZ: double; Eulersche Zahl
- dNenn: double; Nenner gemäß Formel 5.2 (k!)
- dZaehl; double; Zähler (bleibt immer 1.0) gemäß Formel 5.2
- dEpsilon; double; Abbruchsummand

Kommen wir zur Erläuterung des Programmes 5.13 und machen uns so die Funktionsweise der for-Schleife klarer:

---

[4] $e = \lim_{n \to \infty} \left(1 + \dfrac{1}{n}\right)^n$; $n \in \mathbb{N}$

```cpp
// P006K5_EZ.cpp
#include "stdafx.h"
#include <iostream>                              //1
using namespace std;
int main (void)
{
    int i;                                       //2
    double dEZ=1;                                //3
    double dNenn=1.0;                            //4
    double dZaehl=1.0;                           //5
    double dEpsilon=1.0E-6;                      //6
    for (i=1; dEpsilon<dZaehl/dNenn; i++)        //7
    {
        dNenn=dNenn*i;                           //8
        dEZ=dEZ+(dZaehl/dNenn);                  //9
    }
    cout << "Die Eulersche Zahl ist: "
         << dEZ << "\n";                         //10
    return 0;
}
```

Programm 5.13: Die Berechnung der Eulerschen Zahl.

//1 iostream ist wegen cout zu inkludieren.

//2 Wir deklarieren die Zählvariablen i.

//3 Hier definieren wir letztlich 0!, was laut Definition in der Formel 5.2 gleich eins ist. Aus diesem Grunde wird dEZ mit eins vorinitialisiert.

//4 Der Nenner wird ebenfalls mit eins vorinitialisiert. Final entspricht diese Vorinitialisierung dem Wert 1!.

//5 Der Zähler wird auch mit eins vorinitialisiert. Man hätte den Zähler als Konstante (double) definieren können, denn er wird immer auf dem Wert eins bleiben.

//6 Wir definieren dEpsilon[5] auf 10^{-10}.

//7 Hier wird das Abbruchkriterium definiert: Wir lassen die for-Schleife so lange laufen, bis der letzte Summand größer als 10^{-10} ist (dEpsilon<dZaehl/dNenn).
Wenn wir die Schleife starten, so ist dZaehl/dNenn (1/1) auf alle Fälle $>10^{-10}$ (dEpsilon).

//8 An dieser Stelle wird die Fakultät des Nenners berechnet; laut Formel 5.2 k!. Es wird immer wieder ein neuer Nenner ermittelt.

//9 Anschließend wird dieser neu berechnete Nenner der Berechnung der Eulerschen Zahl gemäß Formel 5.2 wieder zugeführt.

//10 Wenn das Abbruchkriterium der for-Schleife erreicht ist, so wird dEZ ausgegeben.

In der Abbildung 5.9 kann man unseren ermittelten Wert der Eulerschen Zahl sehen. Die for-

Abbildung 5.9: Die Konsolenausgabe der Eulerschen Zahl.

---

[5]In der Mathematik dient ε (Epsilon) häufig als Wert einer beliebig kleinen Zahl, die größer 0 ist. Aus diesem Grunde heißt unsere Variable auch dEpsilon

5.4 Die for-Anweisung

Schleife hat auch kleine Fallgruben:

1. Wenn wir nach einer for-Schleife ein Semikolon setzen, so wird dies als **eine** Anweisung interpretiert.
2. Eine for-Schleife ohne Abbruch läuft endlos.

Beispiele zu diesen Fallgruben finden wir im Programm 5.14.

```cpp
// P007K5_forFall.cpp
#include "stdafx.h"
#include <iostream>              //1
using namespace std;
#include <Windows.h>             //2
int main (void)
{
    int i=0;                     //3
    for (i=0; i<5; i++);         //4
        cout << i << "\n";       //5

    for (;;)                     //6
    {
        cout << "\r         ";   //7
        Sleep (250);             //8
        cout << "\rendless";     //9
        Sleep (250);
    }
    return 0;                    //10
}
```

Programm 5.14: Die Fallgruben mit for-Schleifen.

Folgende Erläuterungen zum Programm 5.14:

//1 iostream ist wegen cout zu inkludieren.
//2 Der Inklude von Windows wird für Sleep benötigt.
//3 Hier definieren wir i mit 0.
//4 Nun folgt die for-Schleife. Da sie mit einem Semikolon abschließt, haben wir es hier mit einer Anweisung zu tun: i wird solange inkrementiert bis i=5 gilt.
//5 Am Ende der Anweisung geben wir mit einem cout den Wert i aus und setzen den Textcursor auf eine neue Zeile. Dieser Wert wird - obwohl er scheinbar in der for-Schleife ausgegeben wird - nur einmal ausgegeben und dies außerhalb der for-Schleife; mit dem letzten i-Wert. Und dieser Wert beträgt 5.
//6 Anschließend haben wir, weil der Abbruch fehlt, eine Endlosschleife programmiert.
//7 In dieser Endlosschleife lassen wir den Text endlos mit 0.25 Hz blinken. Zunächst löschen wir einen Teil der Zeile und beginnen diese Löschaktion mit einem Wagenrücklauf bzw. einem carriage return(cr), das durch \n definiert ist.
//8 Danach geben wir dem Betrachter 250 ms Zeit, sich davon "zu überzeugen", dass die Zeile gelöscht ist. Dies tun wir mit dem Windows-API Sleep. Damit stellen wir sicher, dass sich der aktuelle Thread n ms schlafen legt.
//9 Anschließend geben wir das Wort endless aus; wieder durch cr von Zeilenanfang an.

//10 Diesen Text lassen wir ebenfalls 250 ms stehen.
//11 Final erfolgt ein return 0. Dieser Befehl wird nie durchlaufen.

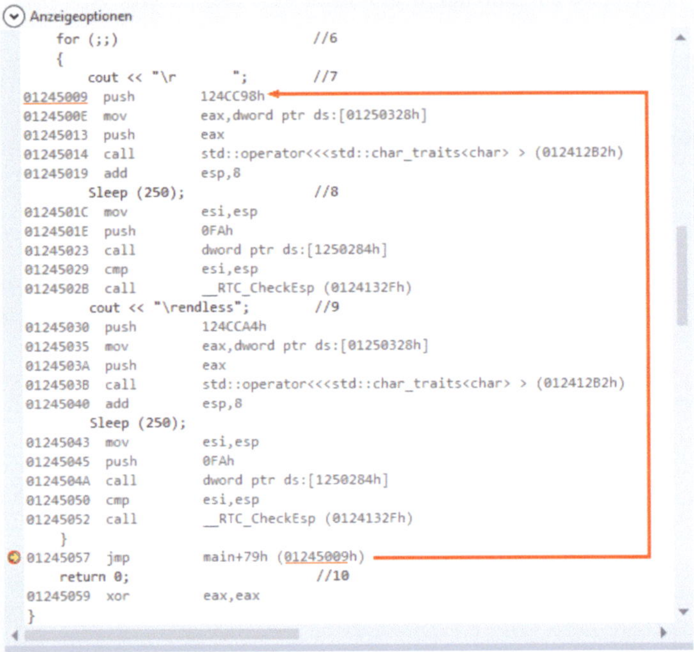

```
⌄ Anzeigeoptionen
        for (;;)                          //6
        {
            cout << "\r        ";         //7
01245009    push        124CC98h
0124500E    mov         eax,dword ptr ds:[01250328h]
01245013    push        eax
01245014    call        std::operator<<<std::char_traits<char> > (012412B2h)
01245019    add         esp,8
            Sleep (250);                  //8
0124501C    mov         esi,esp
0124501E    push        0FAh
01245023    call        dword ptr ds:[1250284h]
01245029    cmp         esi,esp
0124502B    call        __RTC_CheckEsp (0124132Fh)
            cout << "\rendless";          //9
01245030    push        124CCA4h
01245035    mov         eax,dword ptr ds:[01250328h]
0124503A    push        eax
0124503B    call        std::operator<<<std::char_traits<char> > (012412B2h)
01245040    add         esp,8
            Sleep (250);
01245043    mov         esi,esp
01245045    push        0FAh
0124504A    call        dword ptr ds:[1250284h]
01245050    cmp         esi,esp
01245052    call        __RTC_CheckEsp (0124132Fh)
        }
🔴 01245057 jmp          main+79h (01245009h)
        return 0;                         //10
01245059    xor         eax,eax
    }
```

Abbildung 5.10: Mit "Gehe zu Disassembly" können wir den Maschinencode der Endlosschleife sehen.

Wir sehen in der Abbildung 5.10, dass am Ende der for-Schleife ein jump-Befehl (jmp) zurück zum Anfang der for-Schleife führt. Den Assemblercode des Programmes erhält man, indem man, wie in Abbildung 5.10 dargestellt, im Debugmode - dabei muss das Programm in einem breakpoint stehen - die rechte Mouse-Taste drückt und dann "Gehe zu Disassembly" anwählt. Dazu kann man sich auch die Abbildung 2.3 auf Seite 27 ansehen. In ähnlicher Weise kommt man zum Source-Code zurück: Sie drücken im Zustand der Abbildung 5.10 die rechte Mouse-Taste und wählen "Gehe zu Quellcode".

5.4 Die for-Anweisung

Wenn man das Programm 5.14 laufenlässt, so sieht man wechselweise die Abbildung 5.11 und Abbildung 5.12. Am Ende dieses Kapitels wollen wir ein kleines HEX-ASCII-Listing schreiben.

Abbildung 5.11: Die Abbildung 1 des Programmes P007K5_forFall.

Abbildung 5.12: Die Abbildung 2 des Programmes P007K5_forFall.

Wir beginnen mit dem HEX-Code 0x10. Die Zeichen kleiner als 0x10 sind Steuerzeichen und würden uns hier in diesem Kontext das Leben unnötig schwer machen.

Wie soll dieses Programm "spielen"? Wir wollen die Zeichen zeilenweise und spaltenweise darstellen. In der ersten Zeile stehen die Zeichen von 0x10 bis 0x1F einschließlich ihres ASCII-Zeichens. In der zweiten Zeile stehen die Zeichen von 0x20 bis 0x2F; auch einschließlich ihres ASCII-Zeichens. Das Ganze setzen wir so bis zur letzten Zeile fort (0xF0 bis 0xFF). Ganz offensichtlich können wir uns zwei Variablen definieren:

- int iZeile
- int iSpalte

Innerhalb einer Zeile bleibt der High-Teil eines Bytes (linke Tetrade) konstant. Beispiel(für 1. Zeile):
0x10, 0x11, 0x12, ... 0x1F
Die linke Tetrade ist hier immer 1. Innerhalb einer Spalte bleibt die rechte Tetrade eines Bytes (der Low-Teil des Bytes konstant. Beispiel (für 3. Spalte):
0x13,
0x23,
0x33,
...
0xF3
Jetzt ist es "günstig" zu wissen, dass die Konsole im Default-Fall eine Auflösung von 80x25 Zeichen hat. Wie wir gleich sehen werden, benötigt ein Zeichen 5 Byte. Dazu das Beispiel des Zeichens 'A':
41 A|
Dabei soll die 41 für 0x41 stehen und 'A' für den Charakter. Am Ende dieser Ausgabe steht ein Pipe-Zeichen(|). Kommen wir zurück zu den 5 Bytes für ein Zeichen. Wir wissen weiterhin, dass wir 16 Zeichen in eine Zeile zu schreiben haben. Damit sind wir schon bei 16*5 = 80 Zeichen in einer Zeile der Konsole. Mehr geht nicht! Ohne ein cr (carriage return) ausgeben zu müssen, "landen" wir auf der nächsten Zeile. In der Abbildung 5.13 sehen wir recht schön die Konsole des Programmes 5.15.

```cpp
// P008K5_HAL.cpp
#include "stdafx.h"
#include <iostream>                                    //1
using namespace std;
int main (void)
{
    int iZeile;                                        //2
    int iSpalte;                                       //3
    for (iZeile = 1; iZeile<0x10; iZeile++)            //4
    {
        for (iSpalte=0; iSpalte<0x10; iSpalte++)       //5
        {
            cout << hex << iZeile*0x10+iSpalte << " "  //6
                 << (char)(iZeile*0x10+iSpalte)<< "|"; //7
        }
    }
    return 0;                                          //8
}
```

Programm 5.15: Hex-ASCII-Listing.

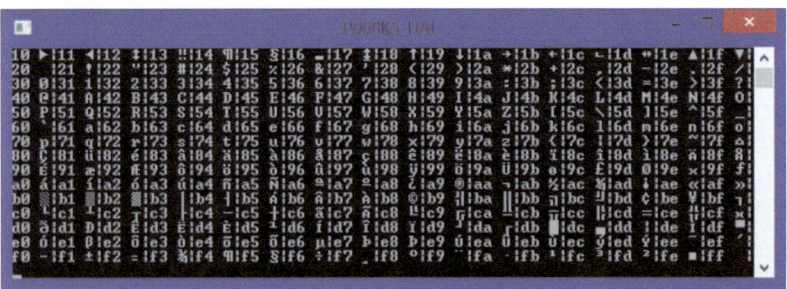

Abbildung 5.13: Das Hex-ASCII-Listing auf der Konsole.

Folgende Kommentare:

//1 iostream ist wegen cout zu inkludieren.
//2 Anschließend deklarieren wir zwei Variablen: iZeile und
//3 iSpalte. Sie sollen Zeile und Spalte der Ausgabe sichern.
//4 Hier ist die äußere for-Schleife definiert. Diese for-Schleife handelt die Zeilenausgabe. Wir beginnen mit der Zeile 1 (und nicht 0!). Wir tun dies, weil wir in der Zeile 0 kritische Steuerzeichen wissen:

- 0x09: Tabulator (Cursor würde 8 Zeichen nach rechts springen)
- 0x0A: line feed (Cursor würde in die nächste Zeile springen)
- 0x0D: carriage return (Cursor würde an den Zeilenanfang gehen)
- ...

Diese Steuerzeichen würden unsere Konsolenausgabe unangenehm beeinflussen. Weiterhin wissen wir, dass wir nach der Zeichennummer 15 abbrechen; d.h., diese for-Schleife bricht ab, wenn iZeile >= 0x10 (Abbruchkriterium) ist. Falls wir nicht abbrechen, so wird in der for-Schleife nach dem nächsten Durchlaufen iZeile um eins inkremen-

tiert. All diese Informationen stehen in dem Befehl:
for (iZeile = 1; iZeile<0x10; iZeile++)

//5 An dieser Stelle wird die innere for-Schleife definiert. Hier werden die einzelnen Spalten in den Zeilen festgelegt. Wir wissen, dass wir mit der Ausgabe ab Spalte 0 beginnen. Wir wissen weiterhin, dass wir nicht mehr als 16 Spalten in einer Zeile abbilden können, weil wir pro ASCII-Zeichen 5 Charakter benötigen und (wie bereits erwähnt) die Konsole nicht mehr als 80 (16*5) Bytes in einer Zeile fassen kann. Nach einem Durchlauf der inneren for-Schleife wird iSpalte um eins inkrementiert. All diese Informationen stehen in der Befehlszeile:
for (iSpalte=0; iSpalte<0x10; iSpalte++)

//6 In dieser Code-Zeile wird die Ausgabe definiert. Die Werte werden mit cout an die Konsole gesendet. Sie werden als hexadezimale Zahl und als Charakter ausgegeben. Beide Ausgaben sind durch ein Space-Zeichen(0x20) getrennt. Die Ausgabe wird durch ein Pipe-Zeichen(0x7C) beendet. Dieses Pipe-Zeichen fügen wir ein, weil wir damit das nächste Zeichen besser vom vorhergehenden trennen können. Die Ausgabe wird durch den Code an den Kommentarstellen //6 und //7 realisiert. Das auszugebende Zeichen berechnen wir aus Zeile (iZeile) und Spalte (iSpalte) wie folgt:
(iZeile*0x10) + iSpalte.
Wenn man sich die Abbildung der Ausgabe 5.13 ansieht, so wird klar, woher diese Formel kommt. An dieser Kommentarstelle (//6) geben wir das hexadezimale Zeichen aus und

//7 an diesem Kommentar den Charakter des entsprechenden hexadezimalen Zeichens. Dazu ist allerdings der cast auf einen char nötig. Wenn wir die Spalte 15 ausgegeben haben, dann wird die nächste Zeile begonnen. Und das geht so weiter bis die 15. Zeile ausgegeben wurde.

//8 Nach der letzen Zeile wird das Programm mit return 0 verlassen.

Wie bereits erwähnt, haben wir beim Programm 5.15 die Zeichen zwischen 0x00 und 0x0F ausgelassen. Würden wir sie dazunehmen, so hätten wir die in Abbildung 5.14 dargestellte Ausgabe. Diese Ausgabe erzielen wir, wenn wir einfach die Zeile beim Kommentar //4 wie im Programm 5.16 darstellen. Wir sehen zwei Probleme:

1. Die Steuerzeichen 0x09, 0x0A, 0x0D, ... zerstören wie bereits erwähnt die Ausgabeordnung.
2. Die Zeichen zwischen 0x00 und 0x0F belegen in der Hex-Ausgabe nur ein Byte statt zwei, was auch zu einer Ausgabeunordnung führt.

```
for (iZeile = 0; iZeile <0x10; iZeile ++)         //4
```

Programm 5.16: Änderung des Programmes 5.15. Wir beginnen bei Zeile 0.

Trotz all dieser Probleme sind diese Zeichen sehr bedeutend und verdienen eine besondere Erwähnung (wie auch die Zeichen zwischen 0x10 und 0x1F). Besonders für die Kommunikation zwischen Rechnern sind solche Zeichen wie 0x06 (ACK; acknowledge), 0x04(EOT; end of

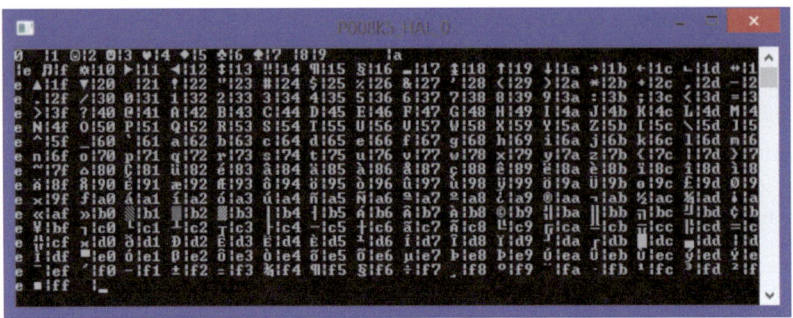

Abbildung 5.14: Die Ausgabe der Programmes 5.15 wenn man bei iZeile=0 beginnt.

transmission), 0x05 (ENQ; enquiry), 0x15 (NAK; negative acknowledge), ... von Bedeutung. Alle anderen Zeichen haben wir in Tabelle 5.2 zusammengefasst. Die Bedeutung ist in dem Feld Bemerkungen kurz zusammengefasst. Man erkennt, dass sinnige Abkürzungen gewählt wurden. Und diese Abkürzungen findet man auch wieder: so liefert die ESC-Taste bei Druck das Zeichen 0x1B. Das BS-Zeichen aktivieren wir, indem wir die Taste "Rücktaste" drücken[6]. Natürlich wird man auch noch andere Tasten finden.

In der Softwareentwicklung ist es selbstverständlich, dass man die Steuerzeichen so verwendet, wie es ihrer sinngemäßen Bedeutung entspricht. Man wird also beispielsweise ein NAK senden, wenn man in einer seriellen Kommunikation ein Zeichen nicht empfangen konnte. Und natürlich sendet man ein ACK, wenn man das entsprechende Zeichen erhalten hat. Und üblicher Weise wird man einen zu sendenden Block mit einer Anfrage, ob man überhaupt senden darf beginnen; das ist das enquiry bzw. das ENQ-Zeichen. Und die Gegenseite sollte darauf vernünftiger Weise mit einem ACK antworten.

Zum Schluss unseres kleinen HEX-ASCII-Listings sei noch eine Bemerkung gestattet. Sie sollten "ein Gefühl" einwickeln, an welcher Stelle welche ASCII-Zeichen liegen:
0x00-0x0F: Steuerzeichen
0x30-0x39: Ziffern; 0-9
0x41-0x5B: Großbuchstaben; A-Z
0x61-0x7B: Kleinbuchstaben; a-z

Das wird Ihnen das Debuggen erleichtern und es wird Ihnen sehr dienlich sein, wenn Sie einmal Kommunikationsprotokolle - welcher Art auch immer - in Software gießen sollten. Wenn Sie die obigen Bereiche anschauen, so werden Sie erkennen, dass Großbuchstaben von Kleinbuchstaben 0x20 Zeichen voneinander "entfernt" sind.

---

[6] Bei den ersten Tastaturen hieß diese Taste CE. CE stand für clear entry - ein weitaus sprechenderer Name.

5.5 Die while-Anweisung (kopflastige while-Schleife)

```
for (int iZeile = 0; iZeile <0x10; iZeile++)
```

Programm 5.17: Beispiel Var-Deklaration im for-Schleifenkopf.

Hinweis:

1. Seit C99 ist auch die Variablendeklaration im for-Schleifenkopf möglich (s. dazu Programm 5.17).

2. for-Schleifen können durch break verlassen werden. Mit dem Schlüsselwort continue wird der Zählvorgang unterbrochen. Die Nutzung beider Schlüsselwörter werden wir in den folgenden Kapiteln noch genauer kennenlernen.

hex	dec	Abbk.	Bemerkung	hex	dec	Abbk.	Bemerkung
0x00	0	NULL	NULL-Zeichen	0x10	16	DLE	data link escape
0x01	1	SOH	start of heading	0x11	17	DC1	device control 1
0x02	2	STX	start of text	0x12	18	DC2	device control 2
0x03	3	ETX	end of text	0x13	19	DC3	device control 3
0x04	4	EOT	end of transmission	0x14	20	DC4	device control 4
0x05	5	ENQ	enquiry	0x15	21	NAK	negative acknowledge
0x06	6	ACK	acknowledge	0x16	22	SYN	synchronous idle
0x07	7	BEL	bell	0x17	23	ETB	end of transmission block
0x08	8	BS	backspace	0x18	24	CAN	cancel
0x09	9	HT	horizontal tab	0x19	25	EM	end of medium
0x0A	10	NL	line feed (LF)	0x1A	26	SUB	substitute
0x0B	11	VT	vertical tab	0x1B	27	ESC	escape
0x0C	12	NP	new page (FF)	0x1C	28	FS	file separator
0x0D	13	CR	carriage return	0x1D	29	GS	group separator
0x0E	14	SO	shift out	0x1E	30	RS	record separator
0x0F	15	SI	shift in	0x1F	31	US	unit separator

Tabelle 5.2: Tabelle von Steuerzeichen[dec11].

5.5 Die while-Anweisung (kopflastige while-Schleife)

Neben der bereits erwähnten for-Schleife ist es auch möglich, eine while-Schleife zu konstruieren. Die while-Schleifen gehören zu den meistverbreitetsten Schleifenkonstrukten in der Softwareentwicklung [Erl05]. Die allgemeine Form einer while-Schleife ist in der Syntax 5.5 definiert. In dieser Syntaxbeschreibung ist eine Endlosschleife mit while als Beispiel enthalten.

Diese Schleife hat keine Abbruchbedingung, da der Fall while (1) immer erfüllt ist! Bei dieser Schleife wird **vor** dem ersten Durchlauf abgefragt, ob die Bedingung gültig ist. Sollte dies nicht der Fall sein, so tritt das Programm gar nicht erst in die while-Schleife ein. Da eine derartige Schleife am "Kopf" der Schleife ihre Abbruchbedingung enthält, nennt man sie auch kopflastige while-Schleife. Nach der Bedingung folgen die Anweisungen. Die Anweisungen stehen zwischen den geschweiften Klammern ({ }).

```
while ( Bedingung )
{
    Anweisungen;
}
Beispiel: endless-while:
while (1)
{
    //do anything
}
```

Syntax 5.5: Die while-Schleife.

Schauen wir uns aber ein Beispiel an; siehe dazu Programm 5.18. In diesem Beispiel wollen wir die Fakultät einer ganzen Zahl berechnen. Die Formel dazu ist in der Formel 5.3 definiert. Wir

$$n! = \prod_{i=1}^{n} i = 1 \cdot 2 \cdot 3 \cdot \cdots \cdot n; \; n \in \mathbb{N}$$

Formel 5.3: Formel für die Fakultät einer Zahl n.

haben die Fakultät bereits einmal genutzt. Damals ging es um die Berechnung der Eulerschen Zahl; siehe dazu Formel 5.2 auf Seite 123. Das Programm 5.18 führt zu einer Ausgabe, die in

```
Berechnung der Fakultät von Zahlen. Bitte Zahl eingeben:
10
Berechnung Fakultät von 10
10! = 3628800
```

Abbildung 5.15: Die Ausgabe des Programmes 5.18 (Fakultät von iFak).

der Abbildung 5.15 dargestellt ist. Wir kommen zu den Programmerläuterungen:

//1 iostream ist wegen cout zu inkludieren.
//2 Anschließend deklarieren wir drei Variablen: iZahl, iOrgZahl und iFak. Dabei wird in iZahl die Zahl gespeichert, deren Fakultät zu ermitteln ist. Da iZahl gleichzeitig in der while-Schleife geändert wird, sichern wir iZahl nochmals nach iOrgZahl damit wir iZahl (also

5.5 Die while-Anweisung (kopflastige while-Schleife)

```cpp
// P009K5_While.cpp
#include "stdafx.h"
#include <iostream>                                    //1
using namespace std;
int main (void)
{
    int iZahl, iOrgZahl, iFak;                        //2
    cout << "Berechnung der Fakult\x84t von Zahlen. "; //3
    cout << "Bitte Zahl eingeben:\n";                  //4

    cin >> iZahl;                                      //5
    iOrgZahl = iZahl;                                  //6
    if ((iOrgZahl < 14) && (iOrgZahl >=0))             //7
    {
        cout<<"Berechnung Fakult\x84t von "<<iZahl<<endl;  //8
        iFak=1;
        while (iZahl)                                  //9
        {
            iFak = iFak*iZahl;                         //10
            iZahl--;                                   //11
        }
        cout << iOrgZahl << "! = " << iFak << endl;    //12
    }
    else
        cout<<"Falsche Eingabe. iZahl: "<< iZahl << endl; //13
    return 0;
}
```

Programm 5.18: Hex-ASCII-Listing.

iOrgZahl) am Ende der while-Schleife nochmals ausgeben können. In iFak sichern wir die Fakultät.

//3 Hier wird in der Form einer Art Headline beschrieben, was das Programm erledigt.

//4 Anschließend wird der Benutzer der Software des Programmes 5.18 aufgefordert, die Zahl, deren Fakultät zu berechnen ist, einzugeben.

//5 Hier erfolgt die Eingabe und

//6 hier sichern wir die Zahl iZahl nach iOrgZahl.

//7 siehe //13.

//8 Nun geben wir nochmals die Zahl aus, deren Fakultät wir berechnen wollen.

//9 Anschließend beginnen wir mit Berechnung der Fakultät von iZahl. Sollte iZahl == 0 sein, so wird die while-Schliefe gar nicht durchlaufen, da der Wert 0 "false" entspricht und der Ausdruck
while (iZahl)
letztlich identisch ist mit:
while (iZahl>0)
Für den Fall iZahl == 0 kann man sich die Abbildung 5.16 anschauen.

//10 Da iFak auf 1 steht, beginnen wir mit dem höchsten Wert von iZahl; also genau umgekehrt, wie in der Formel 5.3.

//11 Nach dem Produkt dekrementieren wir iZahl und zwar so lange, bis das Abbruchkriterium von iZahl (== 0) erreicht ist. Natürlich könnten wir auch //10 und //11 zusammenfassen:
iFak = iZahl--* Fak;
Da wir hier die geschweiften Klammern ({}) weglassen können, würde unser Programm

gleich drei Zeilen kürzer werden. Bei dieser Aktion fehlt uns derzeit noch das Wissen über die Prioritäten von Operatoren, die wir in den folgenden Kapiteln erst kennenlernen. Aber es geht auch noch kürzer. Mit dem zusammengesetzten Operator *=. Schauen Sie sich dazu Programm 5.19 an.

//12 Final geben wir das Resultat aus: 10! = 3628800.
//13 Sollte iZahl größer als 13 sein, so würde die Fakultät größer als INT_MAX sein; siehe dazu limits.h.
13! = 0x7328CC00
Bei 13! liegen wir knapp unter INT_MAX (0x7FFFFFFF).

```
iFak *= iZahl--;                    //10
//iZahl--;                          //11
```

Programm 5.19: Programm 5.18 mit dem *= Operator und anschließendem dekrementieren.

Abbildung 5.16: Die Ausgabe der Programmes 5.18 für 0!.

Abbildung 5.17: Die Ausgabe des Programmes 5.18 für fehlerhafte Eingaben.

Wir wollen jetzt einen Zufallsgenerator programmieren. Dazu stellen wir uns vor, dass wir ein Würfelspiel entwerfen. Wir wollen das Würfelspiel starten und bei Tastendruck soll ein zufälliger Würfel "gefallen sein". Bei der Realisierung gehen wir davon aus, dass der Prozessor in einer while-Schleife läuft. Das Durchlaufen der Schleife ist so schnell, dass niemand ganz deterministisch Würfelzahlen erzeugen kann. Um dies zu realisieren setzen wir voraus, dass die menschliche Reaktionszeit viel träger ist als die CPU-Geschwindigkeit. Diese Annahme scheint gerechtfertigt. Wenn man aufgefordert ist, eine bestimmte Aktion zu tun, vergehen nach dieser Aufforderung in der Regel ca. 100 ms. Das ist ein Erfahrungswert. Wenn man nun weiß, dass ein PC die wenigen Maschinenbefehle innerhalb einer while-Schleife in einer Zeit absolviert, die sehr klein gegen 100 ms ist, so wird klar, dass man eine zufällige Zahl erzielt, weil man zu einer "zufälligen" Zeit die while-Schleife unterbricht. Zur Verdeutlichung dieses Sachverhaltes sind in Tabelle 5.3 entsprechende Zeiten dokumentiert.
Anmerkungen:

1. 1 ps entspricht 1 PicoSekunde = 10^{-12} s;
2. 1 ms entspricht 1 MilliSekunde = 10^{-3} s;

5.5 Die while-Anweisung (kopflastige while-Schleife)

Zeit	Bedeutung	Bemerkung
333 ps	Taktzeit eines Maschinenbefehls (3 GHz-Prozessor)	Ein Assembler-Befehl besteht aus wenigen Maschinentakten
100 ms	Menschliche Reaktionszeit	Dauer eines Wimpernschlages
1 s	Menschlicher Ruheherzschlag	Das Herz schlägt ca. 60 mal pro Minute
1,26 s	Zeitdauer bis das Mondlicht auf die Erde trifft	Wenn wir auf den Mond blicken, so sehen wir das, was vor 1.26 s geschah.

Tabelle 5.3: Tabelle der Zeitdauer bestimmter Vorgänge.

```cpp
// P00AK5_WhileRand.cpp
#include "stdafx.h"
#include <conio.h>                              //1
#include <iostream>                             //2
using namespace std;
int main (void)
{
    unsigned short int iRand;                   //3
    iRand = 1;                                  //4

    while (!_kbhit())                           //5
    {
        iRand++;                                //6
        if (iRand==7)                           //7
            iRand=1;                            //8
        cout<<"\r"<<iRand;                      //9
    }
    cout<<"\nEs wurde eine "<<iRand<<" gew\x81rfelt.\n";//10
    return 0;
}
```

Programm 5.20: Zufallswürfel via _kbhit().

Nun schauen wir uns das kleine Programm 5.20 an. Hier ist diese eben besprochene while-Schleife realisiert. In schneller Folge wird die Zahl iRand von 1 bis 7 erhöht und im Falle von 7 wieder auf 1 gesetzt. So erhalten wir lediglich Zahlen von 1 bis 6; wie bei einem Würfel. Wir können durchaus die Zahlen innerhalb der while-Schleife ausgeben. Das menschliche Auge wird (bei einem vernünftig performanten Rechner) die ausgegeben Zahlen kaum erkennen.

Diese schnelle Ausgabe vermittelt dem Betrachter nur das Gefühl, das hier etwas geschieht, gezählt wird. Bei einem Tastendruck wird die while-Schleife unterbrochen und wir erhalten unsere Zufallszahl. Zum Programm 5.20 die folgenden Erläuterungen:

//1 Wir inkludieren conio.h, um _kbhit() nutzen zu können. _kbhit() fragt nur die Tastatur ab. Das System läuft weiter. Sollte eine Taste im Tastaturpuffer sein, so kann die Taste beispielsweise mit getchar ausgelesen werden. _kbhit() liefert 0 (false) zurück, wenn Taste gedrückt wurde; andernfalls liefert diese Funktion einen Wert ungleich 0 (true) zurück.

//2 iostream ist wegen cout zu inkludieren.

//3 Hier deklarieren wir unsere "Würfelzahl" iRand als `unsigned short int`
//4 und definieren sie anschließend zu 1.
//5 Danach beginnt die while-Schleife. Als Bedingung wird sofort die Funktion _kbhit() benutzt: sollte die Bedingung "false" sein (es wurde keine Taste gedrückt; lies: !_kbhit() wie "NOT_keyboard-hit"), so wird die Schleife durchlaufen. Im "true-Fall" wurde eine Taste gedrückt und die Schleife wird verlassen.
//6 Hier inkrementieren wir die Zufallszahl iRand.
//7 Sollte diese Zahl == 7 sein,
//8 so wird sie wieder auf 1 gesetzt, weil ein Würfel nur die Zahlen 1, 2, 3, 4, 5, 6 hat.
//9 Anschließend geben wir die Zufallszahl aus. Die Ausgabe soll dem Bediener nur suggerieren, dass hier was "läuft". Im "Normalfall" (bei einem ausreichend performanten System) sollten die Zahlen 1 bis 6 so schnell dargestellt werden, dass man keine genaue Zahl sehen kann. Wir benutzen zur Ausgabe cout. Mit dem "Wagenrücklauf" ("\r")sichern wir, dass das Zeichen immer an der gleichen Stelle - am Anfang der Zeile - ausgegeben wird.
//10 Falls nun eine Taste gedrückt wurde, so wird die aktuelle Zahl iRand ausgegeben. Es sei an dieser Stelle nochmals darauf hingewiesen, dass das Zeichen "ü" mit \x81 auf der Konsole aktiviert werden kann.

In der Abbildung 5.18 haben wir die Konsolenausgabe des Programmes 5.20 dargestellt. Es wurde gerade eine 4 gewürfelt. Selbstverständlich werden wir so in der Regel keine Zufallszahl

Abbildung 5.18: Die Ausgabe der Programmes 5.20.

generieren. Dazu bedienen wir uns der stdlib. Dort stehen zwei Funktionen zur Verfügung, die das Generieren von Zufallszahlen erlauben:
srand
rand
Wir wollen nun einen "Würfel" programmieren, der diese beiden Funktionen nutzt. Dazu müssen wir wissen, dass srand einen "Keim" für eine Zufallszahl legt. Das ist die aktuelle Uhrzeit. Dies ist insofern zufällig, insofern ein Programm zu einer zufälligen Zeit gestartet wird. Wir übergeben srand also die aktuelle Uhrzeit. rand berechnet daraus weitere Zufallszahlen.

Würden wir diese Keimzelle nicht legen, so würden wir nach jedem Neustart die gleichen Zufallszahlen erhalten. Damit hätten wir defacto keinen Würfel; das Verhalten wäre deterministisch. Das kann man leicht überprüfen. Man muss nur im Programm 5.21 die Zeile, in der srand seinen "Keim" (die aktuelle Uhrzeit) erhält, auskommentieren:
//srand((unsigned)time(NULL)); //9
Wenn wir dieses Programm 2x starten, so erhalten wir immer die gleichen Würfelwerte. Doch schauen wir uns das Programm 5.21 an. Dieses Programm gibt alle 100 ms auf die Konsole eine Zahl zwischen 1 und 6 aus. Das erzielen wir, indem wir die Zufallszahl bitwise mit 7 verunden und falls iRand 7 oder 0 ist, wird die Ausgabe aussetzen.

5.5 Die while-Anweisung (kopflastige while-Schleife)

```cpp
// P00BK5_WhileRand2.cpp
#include "stdafx.h"
#include <conio.h>                    // 1
#include <stdlib.h>                   // 2
#include <iostream>                   // 3
using namespace std;
#include <time.h>                     // 4
#include <Windows.h>                  // 5
int main (void)
{
    int iRand;                        // 6
    time_t t;                         // 7
    t = time(NULL);                   // 8
    srand( (unsigned)t );             // 9
    while(! _kbhit() )                // 10
    {
        iRand = rand();               // 11
        iRand &=0x7;                  // 12
        if ( (iRand==7) || (iRand==0) ) // 13
            continue;                 // 14
        cout << iRand << "   ";       // 15
        Sleep (100);                  // 16
    }
    return 0;                         // 17
}
```

Programm 5.21: Zufallsgenerator via srand/rand.

An dieser Stelle verweisen wir bei der Nutzung der Operatoren
&=
==
auf das Kapitel Operatoren. Außerdem haben wir im Programm 5.21 ein noch nicht erklärtes Schlüsselwort verwendet:
continue
Dieses Schlüsselwort werden wir in der Programmbeschreibung erläutern und später nochmals genauer beleuchten. Doch kommen wir zum Programm 5.21

//1 Wir inkludieren conio.h, um _kbhit() nutzen zu können.
//2 Wir inkludieren stdlib.h, um srand und rand nutzen zu können.
//3 iostream ist wegen cout zu inkludieren.
//4 time.h, um time_t und time nutzen zu können.
//5 Window.h wird wegen des Windows-API Sleep inkludiert.
//6 Hier wird die Zufallszahl iRand deklariert.
//7 t entspricht der aktuellen Startzeit des Programmes. Dabei ist time_t ein 64-Bit-Integerwert (long long), der letztlich in crtdefs.h definiert ist. Beispielsweise entspricht t=1300852147 folgender Zeit: 23.03.2011; 04:49:07. Die Umwandlung erfolgt in C mit localtime und asctime_s.
//8 Und hier ermitteln wir uns die aktuelle Startzeit.
//9 An dieser Stelle übergeben wir die "zufällige" Startzeit als unsigned der Funktion srand als "Init-Wert" der Zufallsfunktion rand. Wenn wir srand nicht aktivieren würden, so hätten wir immer die gleichen "Zufallszahlen"; also keine!

//10 Hier starten wir den "Würfel". Er läuft solange, bis eine Taste gedrückt wurde und gibt alle 100 ms eine zufällige Zahl zwischen 1 und 6 aus.

//11 An dieser Stelle ermitteln wir die Zufallszahl.

//12 Mit dem &=-Operator sichern wir, dass die Zahl iRand maximal 7 werden kann. Wir müssen an dieser Stelle auf das Kapitel der Operatoren verweisen. Nur soviel: der &-Operator wird bei &7 alle Bits von iRand, die größer als 3 sind, auf 0 setzen; siehe dazu Tabelle 5.4. In dieser Tabelle ist die Zahl 7 dargestellt. Man sieht, dass dabei nur die Bits 0 bis 2 gesetzt sind. Anschließend wird durch die Zuweisung iRand auf den Wert (maximal 7; je nach iRand) gesetzt. Würden wir diese Gleichung ausschreiben, so würde folgender Code stehen:
iRand = iRand & 0x7;

//13 Anschließend fragen wir ab, ob iRand == 7 oder == 0 ist. Sollte dies der Fall sein, so ermitteln wir eine neue Zufallszahl.

//14 Dies tun wir mit dem Schlüsselwort
`continue`
Dieses Schlüsselwort setzt also die Schleife einmal aus. Und wir beginnen die Schleife erneut. Es erfolgt keine Ausgabe.

//15 Falls wir eine Zahl zwischen 1 und 6 haben, so geben wir diese Zahl aus. Pro Würfelzahl belegen wir 4 Byte auf der Konsole; 1 Byte für die Ziffer und 3 Bytes Space (SP bzw. 0x20). Damit ist klar, dass wir nur 20 Würfelversuche auf einer Konsolenzeile sehen können:
$20 \cdot 4 = 80$; Die Konsole hat 80 Spalten.

//16 Nun warten wir 100 ms. Das tun wir nur, damit wir "in Ruhe" dem Verlauf der gewürfelten Zahlen folgen können.

//17 Abschließend verlassen wir das Programm mit 0.

Bit	7	6	5	4	3	2	1	0
Wert	0	0	0	0	0	1	1	1

Tabelle 5.4: Die Zahl 7 im binary-Format.

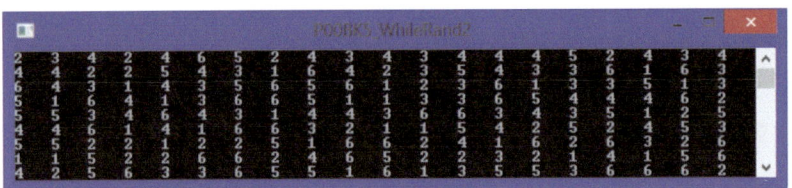

Abbildung 5.19: Die Ausgabe des Programmes 5.21.

Wir können das Resultat in der Abbildung 5.19 sehen. In der Abbildung sind 323 Würfelversuche abgebildet. Wir erwarten, dass jeder Würfelversuch nahezu die gleiche Wahrscheinlichkeit besitzt ($\frac{1}{6}$). Dem ist natürlich bei dieser Stichprobe nicht ganz so. Wenn wir die Abbildung 5.19 auswerten, so ergibt sich die Abbildung 5.20. Die etwas kräftigere horizontale Linie entspricht der erwarteten Wahrscheinlichkeit von $\frac{1}{6}$.

5.5 Die while-Anweisung (kopflastige while-Schleife)

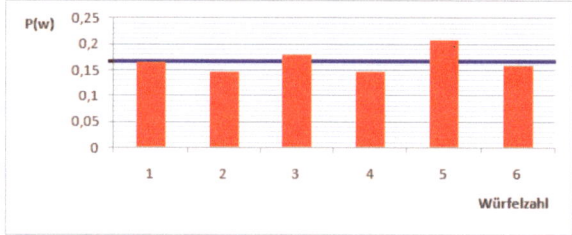

Abbildung 5.20: Die Wahrscheinlichkeit P(w) als Funktion der Würfelzahl bei 323 Versuchen.

Zum Abschluss dieses Kapitel wollen wir noch eine kurze Bemerkung zu den Inkludes von C-Header-Files wie stdio.c, time.h etc. machen. Mit C++ sind die C-Libraries "angepasst" worden. Wir inkludieren stattdessen cstdio, ctime etc. Jedes Element der Library ist im Namensraum std definiert. Im Wesentlichen wurden in diesen Libraries folgendes angepasst:

- `wchar_t`, `char16_t`, `char32_t` und `bool` sind fundamentale Typen in C++ und brauchen keine Inkludes, um sie (wie in C99) nutzen zu können.
- Einige Funktionen haben eine geänderte Schnittstelle. Dies war nötig, um die Funktionen sicherer zu machen; Beispiel: strstr[7]; siehe dazu cstring
- Einige Funktionen haben "Erweiterungen" erfahren. Durch neue Typen wie `long long` oder `long double` wurden Funktionen wie abs oder div überladen und bedienen dadurch auch die neuen Typen; s. cmath. Beispiel: `long long int abs (long long int n);`

Ein Teil dieser neuen (ab C++11) wirksamen Funktionen ist in Tabelle 5.5 zusammengefasst. Wir werden zukünftig immer mehr die C++ Library-Headerfiles verwenden.

C-Header	C++-Header	Beschreibung	Beispiel
stdlib.h	cstdlib	C Standard General Utility Library	rand; malloc
time.h	ctime	C time Library	time_t; localtime
assert.h	cassert	C Diagnose Library	assert
ctype.h	cctype	Character handling Funktionen	s. Tab. 5.1; S. 114
errno.h	cerrno	Fehlerhandling und Codes	errno
float.h	cfloat	Grenzen von Floatingpoint-Operationen	FLT_MAX
limits.h	climits	Grenzen fundamentaler Typen	INT_MAX
locale.h	clocale	Lokalisierungs-Library	struct lconv
math.h	cmath	Mathematische Funktionen	s. Tab. 4.3; S. 75
string.h	cstring	Stringfunktionen	strcat; strcpy

Tabelle 5.5: Die neuen C++11-Headerfiles.

---

[7] strstr sucht einen Teilstring (str2) in einem String (str1).
`const char * cRes = strstr (const char *str1, const char *str2)`

5.6 Die do-while-Anweisung

Bisher haben wir die kopflastige while-Schleife durchlaufen. Die kopflastige while-Schleife wird nur dann mindestens einmal durchlaufen, wenn die Bedingung wahr ist (siehe dazu Syntax 5.6). Bei der fußlastigen while-Schleife (und diese besprechen wir jetzt) verhält es sich anders: die fußlastige while wird immer mindestens 1x durchlaufen. Das liegt daran, dass die Bedingung am Ende der while-Schleife abgefragt wird. Und damit haben wir auch schon einen Schleifendurchlauf hinter uns.

```
do
{
    Anweisungen;
} while (Bedingung)
Beispiel: endless-do-while:
do
{
    //do anything
} while (1);
```

Syntax 5.6: Die Syntax der do-while-Schleife. Auch hier haben wir eine Endlosschleife.

Zur Verdeutlichung der do-while-Schleife wollen wir den Euklid'schen[8] Algorithmus betrachten. Der Euklid'sche Algorithmus ist eine Methode zur Bestimmung des größten gemeinsamen Teilers aufeinanderfolgender Divisionen[Dre75]. Wir wollen den größten gemeinsamen Teiler zweier natürlicher Zahlen x und y mit

$$ggT(x, y); x, y \in \mathbb{N}$$

abkürzen. Dabei sei x der Divisor und y der Dividend. Wir machen uns zunächst den Algorithmus klar. Dazu schauen wir auf die Abbildung 5.21. Wenn wir die Abbildung 5.21 in tabellarische Form fassen, so können wir jeden Schritt nachvollziehen. Dies ist in der Tabelle 5.6 erfolgt. Zu diesem Beispiel wollen wir jetzt eine Software mit einer "fußlastigen" while-Schleife entwickeln. Dazu schauen wir uns das Programm 5.22 an. Wir haben dieses Programm 5.22 so wie die Tabelle 5.6 aufgebaut. Dies kann man an der Konsolenausgabe 5.22 erkennen.

---

[8]Euklid von Alexandria; Griechischer Mathematiker, ca. 360 v. Chr. bis ca. 280 v. Chr.

5.6 Die do-while-Anweisung

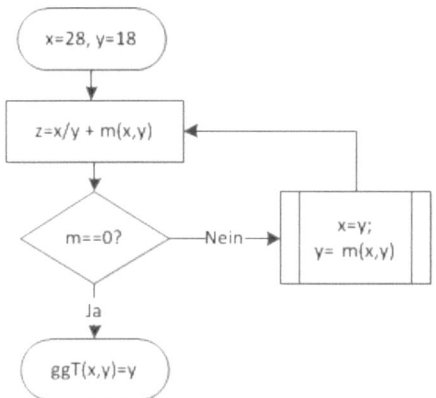

Abbildung 5.21: Der Euklid'sche Algorithmus (Beispiel: $\frac{28}{18}$).

Nr.	x	y	z=y/x	m=y % x	Aktionen
1	28	18	1	10	x=y; y=m(x,y)
2	18	10	1	8	x=y; y=m(x,y)
3	10	8	1	2	x=y; y=m(x,y)
4	8	2	4	0	ggT=y
					ggT= 2; Fertig!

Tabelle 5.6: Die Ermittlung des ggT(28,18).

//1 iostream ist wegen cout zu inkludieren.
//2 An dieser Stelle deklarieren wir die folgenden Variablen: iX (Dividend; wird auf 28 gesetzt), iY (Divisor; wird auf 18 gesetzt), iZ (ganzzahliger Quotient; Resultat aus iX/iY), iM (Rest der ganzzahligen Division), iNr (Anzahl der Schleifendurchläufe wird in dieser Variable gesichert), iggT (hier wird der ggT gesichert).
//3 Jetzt werden die Variablen definiert: iX = 28; iY=18; iNr=1;
//4 An dieser Stelle beginnt die fußlastige while-Schleife.
//5 Die erste Operation, die durchgeführt wird, ist die Ganzzahldivision (iZ=iX/iY).
//6 Anschließend wird der Rest der Division ermittelt. Dazu benutzen wir den Modulo-Operator(%). Informieren Sie sich zum Modulo-Operator in der entsprechenden C-Literatur [Dus11].
//7 Hier wird alles ausgegeben: iNr, iX, iY, iZ und iM. Durch \t versuchen wir, die tabellarische Struktur der Tabelle 5.6 einzuhalten.
//8 Die Punkte //8 und //10 bilden den eigentlichen Euklid'schen Algorithmus. Hier machen wir den Divisor (iY) zum Dividenden (iX).
//9 An dieser Stelle sichern wir lediglich den ggT. Das tun wir, weil iY wieder überschrieben wird und wir nicht wissen, ob wir am Ende der Schleife sind.
//10 Hier kommt der zweite Teil des Euklid'schen Algorithmus: Der Rest wird neuer Divisor.
//11 Anschließend wird die neue Zeilennummer (iNr) berechnet (iNr++).
//12 Falls der Rest der Division 0 ist, so verlassen wir die Schleife. Falls nicht, so gelangen wir

```cpp
//P00CK5_ggT.cpp
#include "stdafx.h"
#include <iostream>                              //1
using namespace std;
int main (void)
{
    int iX, iY, iZ, iM, iNr, iggT;               //2
    iX = 28; iY=18; iNr=1;                       //3
    do                                            //4
    {
        iZ = iX/iY;                              //5
        iM = iX % iY;
        cout << "iNr="   << iNr << ";\tiX="      << iX
             << ";\tiY=" << iY  << ";\tiZ=iX/iY="<< iX/iY
             << ";\tiM=" << iM  << endl;         //6
        iX   = iY;                               //7
        iggT = iY;                               //8
        iY   = iM;                               //9
        iNr++;                                   //10
    } while (iM);                                //11
    cout << "\t\t\t\t\tggT= " << iggT
         << "; Fertig!\n";                       //12
    return 0;                                    //13
}
```

Programm 5.22: Das Programm, um den ggT von 28 und 18 zu ermitteln.

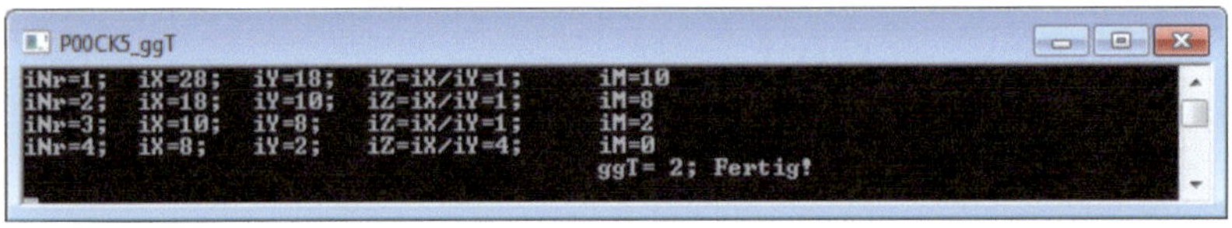

Abbildung 5.22: Die Konsolenausgabe des Programmes 5.22.

mit den neuen Werten zum Punkt //5 und beginnen erneut.

//13 Wir haben die Schleife verlassen und geben die Variable ggT (größter gemeinsamer Teiler) aus. Die vielen Tabulatoren sind dem Bemühen, die Wiedererkennbarkeit der Tabelle tab:ggT zu erzielen, geschuldet.

//14 Final terminieren wir das Programm 5.22 mit 0.

Wir haben die do-while-Schleife am Beispiel der ggT (größter gemeinsamer Teiler) skizziert. Nun sollten wir uns einfach klarmachen, dass das kleinste gemeinsame Vielfache (kgV) zweier Zahlen das Produkt dieser Zahlen dividiert durch den ggT ist. In unserem konkreten Falle wäre das kgV von 28 und 18 die Zahl 252:

$$(28 \cdot 18)/ggT = 252; mit\, ggT = 2;$$

Erst bei der Zahl 252 haben die Zahlen 28 und 18 ein kleinstes gemeinsames Vielfaches.

5.7 Die break-Anweisung

Wir hatten bereits das Problem andiskutiert, dass es manchmal von Vorteil sein kann, eine for- oder while-Schleife **vor** Ablauf der Abbruchbedingung zu terminieren. Dafür kennt C

```
break
```

Dieses Schlüsselwort break findet Anwendung in folgenden Konstrukten:

- for-Schleife
- while-Schleife (kopflastig)
- while-Schleife (fußlastig)
- switch-Anweisung

Zur Demonstration werden wir Datum und Uhrzeit auf die Konsole schreiben und dieses Programm solange laufen lassen, bis wir eine Taste drücken. Natürlich könnten wir das so organisieren, wie es im Programm 5.21 skizziert ist. Aber dieses Mal wollen wie eine Endlosschleife programmieren und mitten in der Schleife durch ein Tastenevent die Schleife verlassen. In der Regel finden break-Anweisungen auch so ihre Anwendungen; vor allem bei der Programmierung von Threads, bei Kommunikationssoftware oder auch in der hardwarenahen Softwareentwicklung. Wir wollen neben der Vorstellung der Funktionsweise von break auch noch das Library-File time.h kennenlernen. Das tun wir, weil Zeitangaben für die Softwareentwicklung von enormer Bedeutung sind. Häufig benötigen wir

- Startzeiten von Programmen.
- Laufdauer eines Programmes.
- Zeitpunkte bestimmter Ereignisse innerhalb des Programmes.
- Zeitpunkte, um bestimmte Ereignisse in einem Programm zu starten.

An dieser Stelle müssen wir erwähnen, dass (wie in vielen anderen Lib-Funktionen ebenfalls) seit Visual Studio 2012 und auch schon in den Vorgängerversionen einige Schnittstellen geändert wurden. Das hatte in der Regel den Sinn, die Funktionen sicherer zu machen.

In ähnlicher Weise gibt es auch für time.h Modifikationen. In Tabelle 5.7 sind einige nützliche Funktionen erwähnt. Falls man (beispielsweise für Performancetests) höher auflösende Zeitfunktionen benötigt, so muss man auf Windows-APIs zurückgreifen. Windows stellt zwei Funktionen zur Verfügung:

```cpp
// P00DK5_Break.cpp
#include "stdafx.h"
#include <conio.h>
#include <iostream>
using namespace std;
#include <ctime>
#include <cmath>

#define MAX_BUFF 1024                                    //1
int main (void)
{
    time_t tCurrTime, tStartTime, tEndTime;              //2
    char strDateTime[MAX_BUFF];                          //3
    struct tm tLocalTime;                                //4
    errno_t uiError;                                     //5
    double dTime;                                        //6

    tStartTime = time (NULL);                            //7
    while (1)                                            //8
    {
        tCurrTime = time(NULL);                          //9
        uiError = localtime_s (&tLocalTime, &tCurrTime); //10
        strftime (strDateTime, MAX_BUFF,
                  "%d.%m.%Y; %H:%M:%S", &tLocalTime);    //11
        cout << "\rAktuelle Zeit: " << strDateTime;      //12
        if (_kbhit())                                    //13
            break;                                       //14
    }
    tEndTime = time (NULL);                              //15
    dTime = difftime (tStartTime, tEndTime);             //16
    cout << "\nDas Programm lief " << (int)fabs(dTime)
         << " Sekunde(n).\n";                            //17
    return 0;
}
```

Programm 5.23: Beispielprogramm zur Nutzung von break.

1. QueryPerformanceFrequency: liefert die Frequenz des "high-resolution performance counter" zurück (falls einer existiert).
   Aufruf:
   BOOL bOk = QueryPerformanceFrequency (&ticksPerSecond); //LARGE_INTEGER ticksPerSecond;
2. QueryPerformanceCounter: liefert den aktuellen Wert des "high-resolution performance counter" zurück. Aufruf:
   BOOL bOk = QueryPerformanceCounter (&ticks); //LARGE_INTEGER ticks;

Wenn wir auf die Konsolenausgabe des Programmes 5.23, so sehen wir, dass eine Uhrzeit ausgegeben wird; jede Sekunde wird sie aktualisiert. Am Ende des Programmes, das durch Druck einer Taste aktiviert wird, sehen wir, wie lange das Programm lief (siehe Abbildung 5.23). Bevor wir nochmals auf Zeitausgaben eingehen, wollen wir uns das Programm 5.23 genauer ansehen:

//1 Mit #define definieren wir eine Ganzzahlkonstante, die für die maximale Größe des Buffers steht, in dem wir den Zeitstring sichern wollen.

//2 Hier deklarieren wir die Variablen zur Zeiterfassung. der Typ time_t ist dabei eine 64-

5.7 Die break-Anweisung

VS 2010	alt	Beschreibung
time_t time(time_t * _Time)	identisch	Ermittlung der Zeit
errno_t asctime_s (char * strTime, size_t uiSize, const tm* ptr2Time)	char *asctime (const tm* ptr2Time)	Liefert Kalenderzeit; Bsp.: ("Fri Mar 25 10:59:10 2011\n")
double difftime (time_t t_1, time_t t_2)	identisch	Ermittlung die Differenz von t_1 und t_2
size_t strftime (char * strTime, size_t uiSize, const char* strFormat const tm* ptr2Time)	identisch	Formatierte Zeitausgabe
errno_t ctime_s (char * strTime, size_t uiSize, const time_t* ptr2Time)	char * ctime (const time_t* ptr2Time)	Liefert Kalenderzeit;
clock_t clock ()	identisch	Liefert die seit Programmstart verbrauchte CPU-Zeit in "UhrTicks". Eine Division durch CLOCKS_PER_SEC liefert diese Zeit in Sekunden.

Tabelle 5.7: Beispiele einiger Zeitfunktionen.

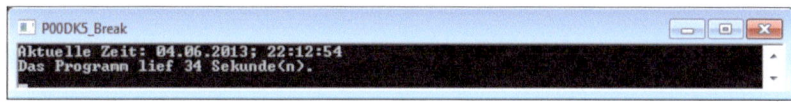

Abbildung 5.23: Die Konsolenausgabe des Programmes 5.23.

Bit-Ganzzahlvariable. Mit tCurrTime erfassen wir die aktuelle Zeit (Datum+Uhrzeit). Mit tStartTime halten wir die Startzeit des Programmes fest und mit tEndTime halten wir fest, wann das Programm beendet wurde.

//3 strDateTime wird deklariert als Array von 1024 Charakter, um die erfasste Zeit zu sichern.

//4 In der Struktur tLocalTime vom Typ tm sichern wir die Variablen vom Typ time_t (tCurrTime, tStartTime, tEndTime). Wir benötigen diesen Typ, um die lokale Zeit ausgeben zu können. In Bild 5.24 sieht man den Aufbau der Struktur tm.

//5 uiError ist vom Typ errno_t (int) und ist nötig für die Schnittstelle localtime_s. Falls diese Funktion 0 zurückliefert, so ist alles in Ordnung. Falls nicht, so lag ein Fehler vor. Wir werden darauf im Kapitel Fehlerbehandlung noch zurückkommen.

//6 In der Variable dTime sichern wir die Zeit, die das Programm 5.23 gelaufen ist. Entsprechend des Bildes 5.23 lief unser Programm 34 Sekunden.

//7 Hier sichern wir die aktuelle Startzeit, time returned die Zeit, die seit dem 01.01.1970 vergangen ist (in Sekunden!). Falls -1 zurückgeliefert wurde, so liegt ein Fehler vor. Wenn wir NULL übergeben (time (NULL)), so wird die aktuelle Zeit in Sekunden geliefert.

//8 Mit while(1) beginnen wir eine Endlosschleife. Der Fall 1 ist immer TRUE! Es existiert hier keine Abbruchbedingung.

//9 Jetzt wird innerhalb der Schleife die aktuelle Zeit (tCurrTime) gesichert.

//10 Und diese Zeit (tCurrTime) wird in eine lokale Zeit (tLocalTime) umgewandelt,

//11 die dann via strftime in das Array of char (strDateTime) entsprechend der Formatvorgaben - in Mitteleuropa sind dd.mm.yyyy hh:mm:ss als Ausgabeformat üblich; in anderen Ländern gibt es durchaus andere Formate - umgewandelt wird. Auf die Formatvorgaben werden wir noch genauer eingehen.

//12 Anschließend wird diese Zeit ausgegeben.

//13 An dieser Stelle prüfen wir, ob die Endlosschleife durch ein "externes" Ereignis (_kbhit()) unterbrochen werden kann. Falls ja, so wird mit dem Befehl
break
diese Schleife unterbrochen. Falls nein, so wird weiter die Zeit erfasst und ausgegeben.

//14 Eine Taste wurde gedrückt. Die Endlosschleife wird verlassen!

//15 Jetzt erfassen wir noch die Zeit, bei der das Programm bzw. die Endlosschleife terminiert

//16 und berechnen die Zeitdifferenz zur Startzeit. Wenn man sicher ist, dass man nur "positive" Zeiten erfassen will, so ist fabs sinnvoll (siehe hierzu Tabelle 4.3 auf Seite 75).

//17 Final geben wir die Laufzeit aus, die wie bereits erwähnt in unserem Falle 34 s betrug; s. Abbildung 5.23

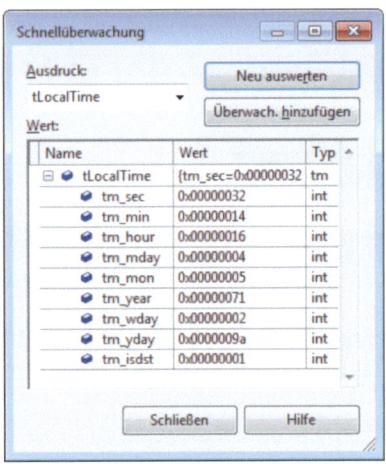

Abbildung 5.24: Die Struktur tm in der Schnellüberwachung.

Wie im Programm 5.23 zu sehen, so existieren verschiedene Arten, Uhrzeit und Datum auszugeben. Diese werden über die Formatstrings bei der Schnittstelle strftime realisiert. Da diese Formatstrings in irgendeiner Art und Weise wieder auftauchen (beispielsweise in der MFC bei CTime(CTime::Format), sollte man sich alle nochmals genau anschauen. Ein Teil davon ist in der Tabelle 5.8 ausgelistet.

5.7 Die break-Anweisung

Format-Zeichen	Bedeutung
%a %A	kurzer(%a) bzw. ausgeschriebener(%A) Wochentag
%b %B	kurzer(%b) bzw. ausgeschriebener(%B) Monat
%b %B	kurzer(%b) bzw. ausgeschriebener(%B) Monat
%c	"geeignete" Zeit und Datumsdarstellung
%x	"geeignete" Datumsdarstellung
%X	"geeignete" Zeitdarstellung
%d	Monatstag als Zahl
%I %H	Stundenangabe (%I: 1-12) / (%H: 0-23)
%j	Tag des Jahres
%p	AM PM; ante meridiem(vor Mittag) post meridiem(nach Mittag) Angaben
%S	Sekunden-Angaben
%U	Wochennummer (0-53); Der 1. Sonntag ist der 1. Tag der 1. Woche
%w	Wochentag;0: Sonntag
%m	Monatstagangabe (1-12)
%M	Minutenangabe (0-59)
%Y %y	Jahreszahl mit Jahrhundert / Jahreszahl ohne Jahrhundert

Tabelle 5.8: Formatierungszeichen für Datum und Zeit.

Wir üben diese Formatierungen im Programm 5.24, das wir an dieser Stelle erläutern wollen:

//1 time.h wird benötigt, um Zeitfunktionen wie time, strftime, localtime_s etc. nutzen zu können.
//2 Die Deklaration der Variablen beginnt mit tCurrTime vom Typ time_t.
//3 Anschließend reservieren wir ein ausreichend großes Array, um die Zeiten als String sichern zu können.
//4 Die Variable tLocalTime vom Typ tm wird deklariert, damit wir tCurrTime in die lokale Zeit umwandeln können.
//5 Zuletzt deklarieren wir uiError vom Typ errno_t; s. Programm 5.23.
//6 Jetzt holen wir uns die aktuelle Zeit
//7 und wandeln sie hier in die lokale Zeit um.
//8 Hier wird die umgewandelte Zeit (tLocalTime) in das Array of char strDateTime geschrieben. Dabei legen wir die Formatierung so, dass die Zeit so dargestellt ist, wie es in unseren Breitengraden üblich ist:
  dd.mm.yyyy; HH:MM:SS (d: Tag; m: Monat; y: Jahr; H: Stunde; M: Minute; S: Sekunde[9])
//9 Und nun geben wir die Zeit aus: 17:59:51
//10 Anschließend ändern wir einen Formatparameter: %Y ⇒ %y. Dadurch wird die Zeit ohne Jahrhundert angegeben.
//11 Mit dem Formatparameter %j geben wir den Tag des Jahres aus (am 05.06.2013 haben wir den 156. Tag des Jahres 2013)

---
[9]Bitte diese Darstellung nicht mit den Formatierungszeichen gleichsetzen.

```cpp
// P00EK5_TF.cpp
#include "stdafx.h"
#include <iostream>
using namespace std;
#include <ctime>                                          //1
#define MAX_BUFF 1024
int main (void)
{
    time_t tCurrTime;                                     //2
    char strDateTime[MAX_BUFF];                           //3
    struct tm tLocalTime;                                 //4
    errno_t uiError;                                      //5

    tCurrTime = time (NULL);                              //6
    uiError = localtime_s (&tLocalTime, &tCurrTime);      //7
    strftime (strDateTime, MAX_BUFF,
              "%d.%m.%Y;\t%H:%M:%S", &tLocalTime);        //8
    cout << "Aktuelle Zeit: " << strDateTime << endl;     //9
    strftime (strDateTime, MAX_BUFF,
              "%d.%m.%y;\t%H:%M:%S", &tLocalTime);        //10
    cout << "                   " << strDateTime << endl;
    strftime (strDateTime, MAX_BUFF,
              "%d.%m.%y;\t%H:%M:%S\t%j", &tLocalTime);    //11
    cout << "                   " << strDateTime << endl;
    strftime (strDateTime, MAX_BUFF,
              "%d.%b %y;\t%H:%M:%S", &tLocalTime);        //12
    cout << "                   " << strDateTime << endl;
    strftime (strDateTime, MAX_BUFF,
              "%d.%B %y;\t%H:%M:%S", &tLocalTime);        //13
    cout << "                   " << strDateTime << endl;
    strftime (strDateTime, MAX_BUFF,
              "%d.%m.%y;\t%H:%M:%S\t%w", &tLocalTime);    //14
    cout << "                   " << strDateTime << endl;
    strftime (strDateTime, MAX_BUFF,
              "%d.%m.%y;\t%H:%M:%S\t%W", &tLocalTime);    //15
    cout << "                   " << strDateTime << endl;
    strftime (strDateTime, MAX_BUFF,
              "%d.%m.%y;\t%H:%M:%S\t%Z", &tLocalTime);    //16
    cout << "                   " << strDateTime << endl;
    strftime (strDateTime, MAX_BUFF,
              "%c", &tLocalTime);                         //17
    cout << "                   " << strDateTime << endl;
    strftime (strDateTime, MAX_BUFF,
              "%x", &tLocalTime);                         //18
    cout << "                   " << strDateTime << endl;
    strftime (strDateTime, MAX_BUFF,
              "%X", &tLocalTime);                         //19
    cout << "                   " << strDateTime << endl;
    return 0;
}
```

Programm 5.24: Beispiele für die Nutzung von Formatierungszeichen zu Datum und Zeit.

//12 Anschließend geben wir mit %b den Monat in gekürzter Form aus (natürlich entspricht diese Ausgabe keinem Standard).
//13 und gleich danach mit %B den Monat in ungekürzter Form.
//14 Mit %w können wir den Wochentag ausgeben (0: Sonntag; 1: Montag, etc.) und
//15 mit %W die Kalenderwoche.

5.7 Die break-Anweisung

//16 Mit dem Formatierungszeichen %Z können wir die Zeitzone ermitteln[10]. Wir sehen, dass wir uns in der Mitteleuropäischen Zeitzone MEZ (Sommerzeit) befinden. Früher nannte man diese Zeitzone auch Görlitzer Zeit, weil hier der 15. Längengrad (Meridian)) durch die Stadt geht. Heute spricht man eher von MEZ oder CET(Central European Time)[Wik11b].

//17 Mit %c kann man die Zeit (und zwar Datum **und** Zeit) in einer "geeigneten" Form ausgeben.

//18 Die Formatierungszeichen %x und %X erlauben eine "geeignete" Datumsausgabe (%x)

//19 oder eine "geeignete" Zeitausgabe (%X).

Mit dem Programm 5.24 erzielen wir die Ausgabe 5.25

Abbildung 5.25: Die Ausgaben zum Programm 5.24.

Als abschließendes Beispiel zu den Zeiten und Zeitformaten wollen wir die fußlastige while-Schleife nochmals üben. Wir wissen, dass es in der Welt verschiedene Zeitzonen gibt; wie bereits erwähnt, verfügt allein Europa über vier. Alle 15 Längengrade haben wir eine Zeitverschiebung von einer Stunde ($24 \cdot 15 = 360$). Und damit sind wir entlang eines Breitengrades um den Erdball gekommen ($24h = 360°$).

Das Programm 5.25 zeigt für verschiedene Zeitzonen verschiedene Formate und als lokale Besonderheit wird aus localeconv via ptr2LConv die aktuelle Währung mit ausgegeben. Wir schauen uns das Programm genauer an:

//1 locale.h wird benötigt, um lokale Besonderheiten wie ptr2LConv zu ermitteln.

//2 iSelect soll lediglich als "Auswahlzähler" der entsprechenden "locals" dienen.

- $iSelect == 0 \Rightarrow DefaultC - Format$
- $iSelect == 1 \Rightarrow German - local$
- $iSelect == 2 \Rightarrow English(US) - local$
- $iSelect == 2 \Rightarrow Japanese - local$

//3 Hier deklarieren wir die Variable ptr2LConv vom Typ lconv. lonconv ist in locale.h definiert und enthält wichtige lokale Besonderheiten.

//4 Jetzt holen wir uns wieder die aktuelle Zeit. Diese Schnittstelle haben wir schon mehrfach genutzt.

---

[10] Allein in Europa verfügen wir über 4 Zeitzonen: (Westeuropäisch Zeit (UTC); Mitteleuropäische Zeit (UTC+1); Osteuropäische Zeit (UTC+2) und die Moskauer Zeit (UTC+3). UTC steht für Coordinated Universal Time (Weltzeit)

```cpp
// P00FK5_Time.cpp
#include "stdafx.h"
#include <iostream>
using namespace std;
#include <ctime>
#include <clocale>                                          //1
#define MAX_BUFF 1024
int main (void)
{
    time_t tLocalTime;
    struct tm tTimeInf;
    char strDateTime [MAX_BUFF];
    int iSelect;                                            //2
    errno_t uiError;

    struct lconv * ptr2LConv;                               //3
    char *strLoc;

    tLocalTime = time ( NULL );                             //4
    uiError = localtime_s (&tTimeInf, &tLocalTime);         //5
    iSelect=0;                                              //6
    strLoc = setlocale(LC_ALL,NULL);                        //7
    do
    {
        cout << "Locale is: " << strLoc << endl;            //8
        strftime (strDateTime, MAX_BUFF, "%c",
                  &tTimeInf);                               //9
        cout << "Date is: " << strDateTime << endl;         //10
        ptr2LConv = localeconv ();                          //11

        cout << "Currency symbol is: "
             << ptr2LConv->int_curr_symbol
             << endl << "-" << endl;                        //12

        if (iSelect==0)                                     //13
            strLoc = setlocale (LC_ALL,"German");           //14
        else if (iSelect == 1)
            strLoc = setlocale (LC_ALL,"English");          //15
        else if (iSelect==2)
            strLoc = setlocale (LC_ALL,"Japanese");         //16
    } while (iSelect++<3);                                  //17
    return 0;
}
```

Programm 5.25: Zeitformate für verschiedene Zeitzonen.

//5 Und in gewohnter Weise wandeln wir die Zeit tLocalTime nach tTimeInf um, weil tTimeInf für die Schnittstelle strftime benötigt wird.

//6 Anschließend setzen wir iSelect auf 0 (Default C-Format),

//7 holen uns auch gleich das "local" nach strLoc

//8 und geben strLoc aus.

//9 Dann formatieren wir den Zeitstring in die "geeignete", "übliche" Form (siehe Tabelle 5.8)

//10 und geben diesen String aus.

//11 Anschließend füllen wir den Pointer ptr2LConv über die Schnittstelle localeconv. Diese Funktion gibt detaillierte Informationen der lokalen Einstellungen zurück.

//12 Als Beispiel holen wir uns die Währungseinheit und geben sie sofort aus.

//13 Wenn iSelect==0 ist, so haben wir eben das Default-Format (C) ausgegeben.

//14 Jetzt setzen wir das local auf German. Anschließend kommen wir zum "Fuß" der while-Schleife. Dort inkrementieren wir iSelect und fragen ab, ob die while-Schleife zu verlassen ist (while (iSelect++<3); //17).
//15 Durch die entsprechende Addition von iSelect wird beim zweiten Schleifendurchlauf (iSelect=1) das local von English
//16 und beim dritten Schleifendurchlauf (iSelect=2) das local von Japanese gesetzt.
//17 Beim vierten Schleifendurchlauf terminiert die Schleife. Es wird auch kein local mehr gesetzt.

Als Ausgabe des Programmes 5.25 erhalten wir die Abbildung 5.26. Wir sehen, dass bei der

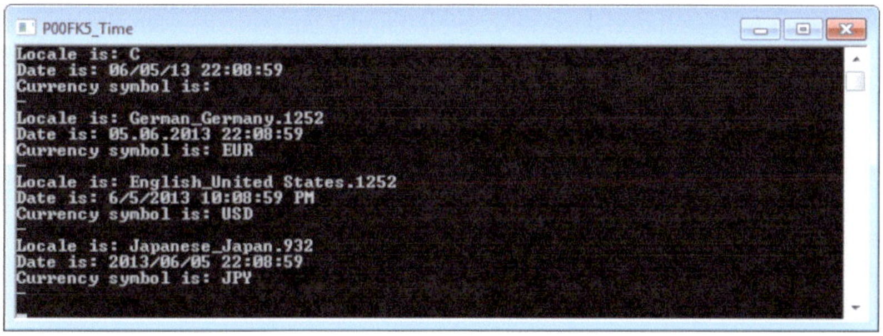

Abbildung 5.26: Die Ausgaben zum Programm 5.25.

local-Ausgabe auch eine Zahl steht. Diese Zahl steht für die CodePage des entsprechendes "locales". Für Japan sehen wir die Page 932. Das ist der shift_jis-Zeichensatz, er beinhaltet alle japanischen Zeichen. Außerdem ist in der Abbildung 5.26 neben den Sprachen auch noch das Land abgebildet. In diesem Sinne sind auch die lokalen Besonderheiten der Schweiz via setlocal ermittelbar:
```
setlocale("German_Switzerland.1252");
Locale is: German_Switzerland.1252
Date is: 05.06.2013 22:24:48
Currency symbol is: CHF
```

5.8 Die continue-Anweisung

Mittels break können Schleifen unterbrochen werden. Zum Aussetzen von Schleifen kennt C das Schlüsselwort

```
continue
```

Wir haben bereits dieses Schlüsselwort kennengelernt; siehe dazu Programm 5.21. In diesem Programm haben wir gewürfelt und haben über ein bitweises **und** 7 nur Zahlen zwischen 0 und 7 zugelassen. Dabei mussten wir beachten, dass die Zahlen 0 und 7 ausscheiden: ein Würfel hat nun mal nur die Zahlen 1, 2, ... 5, 6. Wenn der Zufallsgenerator eine 0 oder eine 7 ausgab, so musste er nochmals gestartet werden. Wir können nicht einfach von der 7 eine 1 abziehen oder zu der 0 eine 1 addieren; das wäre deterministisch. Aus diesem Grunde haben wir durch den continue-Befehl den Zufallsgenerator nochmals gestartet.

Nun wollen wir uns noch ein Beispiel anschauen. Hier sind continue und break in einer fußlastigen while-Schleife vereint. Es soll eine Zahl, die größer gleich 10 und kleiner gleich 20 ist, eingegeben werden. Sollte die Eingabe scheitern, so hat der Bediener drei Möglichkeiten, diese zu wiederholen.

```cpp
// P011K5_continue.cpp
#include "stdafx.h"
#include <iostream>
using namespace std;
#define MAX_TRY    3                                       // 1
int main (void)
{
    int iNumb, iTry;                                       // 2
    cout << "Zahl zwischen 10 und 20 eingeben!\n";         // 3
    iTry = 0;                                              // 4
    do
    {
        cin >> iNumb;                                      // 5
        if ( (iNumb<10)||(iNumb>20) )                      // 6
        {
            cout << "\rFalsche Eingabe: " << iNumb << endl;// 7
            continue;                                      // 8
        }
        else
        {
            break;                                         // 9
        }
    } while (iTry++<MAX_TRY-1);                            // 10
    if (iTry >MAX_TRY-1)                                   // 11
        cout<<iTry<<" Fehlversuche. Abbruch der Eingabe!"; // 12
    else
        cout << "Korrekte Eingabe: " << iNumb;             // 13
    return 0;
}
```

Programm 5.26: Beispielprogramm für continue und break.

5.8 Die continue-Anweisung

//1 Mit der Präprozessor-Anweisung #define MAX_TRY 3 definieren wir die maximale Anzahl der Versuche, die Zahl, die zwischen 10 und 20 liegen soll, einzugeben.

//2 Hier erfolgt die Variablendeklaration; iNumb ist die Zahl, die zwischen 10 und 20 liegen soll und iTry steht für die Zahl der Versuche, die wir maximal für diese Eingabe zur Verfügung haben.

//3 An dieser Stelle wird der Benutzer aufgefordert, die Zahl iNumb einzugeben.

//4 Anschließend wird iTry mit 0 vorbelegt.

//5 Sofort nach dem Beginn der while-Schleife, die mit dem Schlüsselwort do eingeleitet wird, erfolgt mit cin die Definition der Zahl iNumb.

//6 Nach der Definition wird geprüft, ob $iNumb \in [10, 20]$.

//7 Ist dies nicht der Fall, also falls iNum<10 ODER (||) iNumb>20 ist, so geben wir die Fehleingabe auf der Konsole aus und setzen die Schleife aus. Das continue bewirkt, dass wir sofort zu
while (iTry++<MAX_TRY-1); //10
springen. Würde nach dem break ein
cout « "Dieser Text wird nie ausgegeben.";
stehen, so würde dieser Text auch tatsächlich nie ausgegeben werden. Das liegt an der Kombination von continue und break.

//8 Dieses continue bewirkt das eben beschriebene Aussetzen der Schleife.

//9 Falls die Zahl $iNumb \in [10, 20]$ ist, so wird die Schleife unterbrochen.

//10 An dieser Stelle überprüfen wir innerhalb der Schleife die Zahl der Fehlversuche. Sollte diese Zahl überschritten werden, so wird die Schleife terminieren.

//11 Falls die Schleife terminiert, so prüfen wir, ob die Zahl der Fehlversuche kleiner als die kritische Menge ist (3).

//12 Falls nein, so geben wir die Anzahl der Fehlversuche aus.

//13 Falls ja, so geben wir iNumb aus.

In der Abbildung 5.27 sehen wir zuerst die Softwareausgabe ohne Fehlversuche und in der Abbildung 5.28 die Softwareausgabe mit maximaler Ausgabe der Fehlversuche.

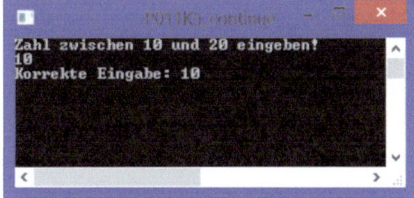

Abbildung 5.27: Die Ausgabe des Programmes 5.26 (OK-Fall).

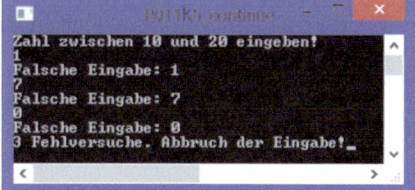

Abbildung 5.28: Die Ausgabe des Programmes 5.26 (Fehler-Fall).

5.9 Die goto-Anweisung

Die goto-Anweisung spaltet die Software-Gemeinde in zwei Lager. Die einen vertreten die Ansicht - vielleicht auch durch die negative Vorbelastung der Programmiersprache Basic -, dass goto-Befehle die Programme unübersichtlich werden lassen. Andere glauben, in diesem Befehl ein Allheilmittel zu sehen, tief verschachtelte Probleme durch einen "Fluchtsprung" lösen zu können. Und möglicherweise existiert noch eine dritte Gruppe: viele wissen um diesen Befehl (in C) nicht. Hier mag die Ursache wohl in dem schlechten Ruf des Befehls liegen, der eine sinnvolle Anwendung verhindert. Fakt ist jedoch, dass ein geschickt eingesetzter goto-Befehl zu einer wesentlichen Entspannung im Quellcode führen kann. Auch wenn viele Entwickler und einige Autoren diesen Befehl verteufeln, hat er sich auch noch in C++ gehalten. Selbst in Java tritt der goto-Befehl noch in versteckter Form auf: ein break mit einem label ist letztlich ein verkappter goto-Befehl[Krü09].

Die Syntax der goto-Anweisung ist in Syntax 5.7 beschrieben.

```
goto label;
...
label:
Anweisung;

Beispiel:
siehe Programm 5.27
```

Syntax 5.7: Die Syntax der goto-Anweisung.

Natürlich ist die Nutzung dieses Befehls immer kritisch, da zu viele goto-Befehle ein Programm erfahrungsgemäß unwartbar machen. Einer sparsamen und sinnvollen Nutzung dieses Befehls sollte allerdings nichts entgegenstehen.

An einem einfachen Beispiel wollen wir einen sinnvollen goto-Befehl verdeutlichen. Wir stellen uns vor, dass wir aus dem Zeichensatz des Programmes 5.15 alle ab 0x10 bis zu einem Zeichen hin ausgeben wollen. Dazu können wir uns durchaus des Programmes 5.15 von Seite 130 bedienen[11]. Wir modifizieren das Programm so, dass wir uns einfach ein Suchzeichen
cChr
definieren. Bis dahin wollen wir alle Zeichen ausgeben.

In dem Programm 5.27 haben wir mit Kommentar den Code eingefügt, der nötig wäre, wenn wir ohne den goto-Befehl arbeiten würden. Wir sehen, dass das Programm sechs Zeilen mehr Code enthält. Gleichzeitig ist es auch etwas unperfomanter. Zunächst wollen wir uns das Programm genauer anschauen:

---

[11]Wenn wir Funktionen kennengelernt hätten, so wäre es angebracht, diesen Vorgang via Funktion zu realisieren. Aber das wird noch erläutert.

5.9 Die goto-Anweisung

```cpp
// P012K5_goto.cpp
#include "stdafx.h"
#include <iostream>
using namespace std;
int main (void)
{
    int iZeile;
    int iSpalte;
    char cChr;                                      //1
    //int iFound;
    cChr   = '~';                                   //2
    cout << "Alle Zeichen werden von 0x10 bis "
         << cChr << " hin ausgegeben\n\n";          //3
    //iFound = 0;                                   //4
    for (iZeile = 1; iZeile <0x10; iZeile ++)
    {
        for (iSpalte =0; iSpalte <0x10; iSpalte ++)
        {
            cout << hex <<   iZeile *0x10+iSpalte
                 << " " << (char) (iZeile *0x10+iSpalte)
                 << "|";
            if (cChr == iZeile *0x10+iSpalte )      //5
            {
                //iFound = 1;                       //6
                //break;                            //7
                goto labelCharFound;                //8
            }
        }
        //if (iFound==1)                            //9
        //   break;                                 //10
    }
labelCharFound:                                     //11
    cout << "\n\nLetzes Zeichen (char "
         << "/ hexCode): " << cChr << " / "
         << hex << (int) cChr;                      //12
    return 0;
}
```

Programm 5.27: Beispielprogramm für den goto-Befehl.

//1 An dieser Stelle deklarieren wir das Zeichen, bis zu dem der Zeichensatz ausgegeben werden soll. Ein Zeile tiefer haben wir als Kommentar die Deklaration von iFound eingefügt. Wenn man diesen Kommentar (und natürlich auch die folgenden) zum Code dazufügt, so ist der Code auch kompilierbar und lauffähig.

//2 Anschließend wird cChr definiert (mit ' '). Natürlich würde es an dieser Stelle auch erlaubt sein, Deklaration und Definition zusammenzufassen.

//3 Anschließend geben wir aus, was dieses Programm erledigt. Es sei bemerkt, dass wir hier cout über mehrere Zeilen benutzen. Damit wird der Quellcode übersichtlicher. Es sollte generell beachtet werden, nicht zu viele Zeichen pro Zeile zu schreiben. Sourcecode sollte immer vollständig einsehbar sein, ohne eine horizontalen Scrollbar benutzen zu müssen.

//4 An dieser Stelle würden wir - falls der Code vorhanden wäre - iFound mit 0 definieren.

//5 Nun fragen wir ab, ob wir cChr gefunden haben.

//6 Falls dies der Fall ist, so könnten wir die innere Schleife auch mit break verlassen. Vorher müssten wir natürlich iFound mit 1 definieren; wir haben ja cChr gefunden und

//7 könnten die innere for-Schleife mit break verlassen.

//8 Aber wir nutzen iFound nicht. Wir verlassen beide Schleifen mit dem Befehl goto
//9 Falls wir aber den iFound-Mechanismus nutzen würden, so müssten wir auch hier iFound abfragen
//10 und ggf. die äußere Schleife durch einen break terminieren.
//11 Hier ist das Sprunglabel definiert. Wir arbeiten mit goto und springen auf den nächsten Befehl nach dem label.
//12 Und auch hier geben wir das letzte Zeichen über einen mehrzeiligen Befehl cout-Befehl aus. Das Zeichen cChr wird als char und als Hex-Zeichen dargestellt.

In der Abbildung 5.29 sehen wir den Konsolen-output des Programmes 5.27. In der letzten Zeile sieht man, dass das Abbruch-Zeichen (cChr) in Hex-Form ausgegeben wird.

Abbildung 5.29: Die Ausgaben zum Beispiel-Programm 5.27 zum goto-Befehl.

Hinweis: *Wir müssen mit dem goto-Befehl die folgende Einschränkung beachten: das Sprungziel darf sich nur innerhalb der gleichen Funktion befinden. Sprünge von einer Funktion in eine andere sind mit goto nicht möglich.*

5.10 Die Berechnung der Zahl π

Am Ende des Kapitels Verzweigungen und Schleifen wollen wir uns mit einem praktischen Anwendungsbeispiel befassen:

Stellen Sie sich vor: Es ist ungefähr das Jahr 217 v. Chr. Sie leben in Syrakus. Gestern wurde der Goldschmied, der den Herrscher Hieron II um sein Gold betrog, hingerichtet. Sie waren es, der nachweisen konnte, dass die von Herion II in Auftrag gegebene Krone weniger Gold enthielt als er angab. Der Goldschmied hatte das Gold, das er sich "unter den Nagel" riss, durch Silber ersetzt. Da Herion II - wie alle Herrscher - misstrauisch war, erhielten Sie den Auftrag, den Goldgehalt der Krone nachzuweisen, ohne das fertige Produkt zu zerstören. In der randvoll gefüllten Badewanne kam Ihnen die Idee: Sie erkannten, dass das überlaufende Wasser exakt dem Volumen Ihres Körpers entsprach. Und da Sie die Krone und den Goldbarren hatten (Herion II hatte noch einmal einen Goldbarren, der exakt dem entsprach, den er dem Goldschmied gab),

5.10 Die Berechnung der Zahl π

konnten Sie das spezifische Gewicht der beiden Körper vergleichen. Und so wurde Ihnen in der Badewanne klar, dass man damit definitiv nachweisen konnte, ob die angefertigte Krone auch wirklich das gesamte Gold enthielt, was der Goldschmied vorgab, verarbeitet zu haben. Es war nicht so. Und das Schicksal des Goldschmiedes war damit besiegelt.
Berauscht von dieser Erkenntnis sprangen Sie aus der Wanne und liefen, nackt wie Sie waren, durch die Straßen von Syrakus und riefen "Heureka". Sie sind Archimedes!

Dieser Vorfall wurde aber von den Bürgern der Stadt bald vergessen. Erstens galten Sie als etwas kauzig und zweitens hatte man durch den 2. Punischen Krieg andere Probleme. Sie konstruierten Wurfmaschinen, die gegen die Belagerer eingesetzt wurden und beschäftigten sich mit der Berechnung des Umfangs eines Kreises.
Vielleicht war es so gewesen. Vielleicht auch nicht. Wer weiß das schon.

Aber bleiben wir bei diesem Geschichtsmodell. Wie würden Sie das Problem lösen, den Umfang des Kreises zu ermitteln? Sie verfügen über kein Tafelwerk, keinen PC, keinen Rechenstab (wer weiß heute überhaupt noch, was ein Rechenstab ist?) und Sie haben auch keinen Taschenrechner. Ihnen stehen nur ein kleiner Holzstab und der Sand der Strandes von Syrakus zur Verfügung, in den Sie verzweifelt Kreise zeichnen. Zunächst versuchen wir, den Kreis durch Quadrate zu approximieren. Generell wird man immer versuchen, Probleme so zu lösen, dass man sich auf bekannte und gelöste Probleme besinnt. Sicherlich wusste man, wie man den Umfang eines Rechtecks bzw. Quadrates berechnet.

$$u = 2 \cdot \pi \cdot r$$

Formel 5.4: Die Formel für den Kreisumfang.

In der Abbildung 5.30 sehen wir zwei Quadrate und einen Kreis. Das äußere Quadrat $\overline{EFGH}$ umschließt den Kreis und hat einen Umfang wie der in der Formel 5.5 dargestellt ist und wie man es auch durch die Abbildung 5.30 leicht nachvollziehen kann. Sicherlich ist dieser Umfang zu groß. Wir würden hier einen Wert von π von vier feststellen; wohl wissend, dass sich der Kreisumfang aus der Formel 5.4 berechnet.

$$u = 4 \cdot 2 \cdot r = 2 \cdot b$$

Formel 5.5: Ermittlung von π via Quadrate; äußeres Quadrat $\overline{EFGH}$.

Das ist natürlich ein unbefriedigendes Ergebnis. Der Umfang wäre viel zu groß; wir würden ein viel zu großes π ansetzen.

Aus diesem Grunde nutzen wir das innere Quadrat $\overline{ABCD}$. Wenn wir die Abbildung 5.30 anschauen, so würden wir einen Umfang gemäß der Formel 5.6 ermitteln. Hier wissen wir natürlich, dass dieser Umfang viel zu klein ist; wir würden ein π von ca. 2,828 erhalten.

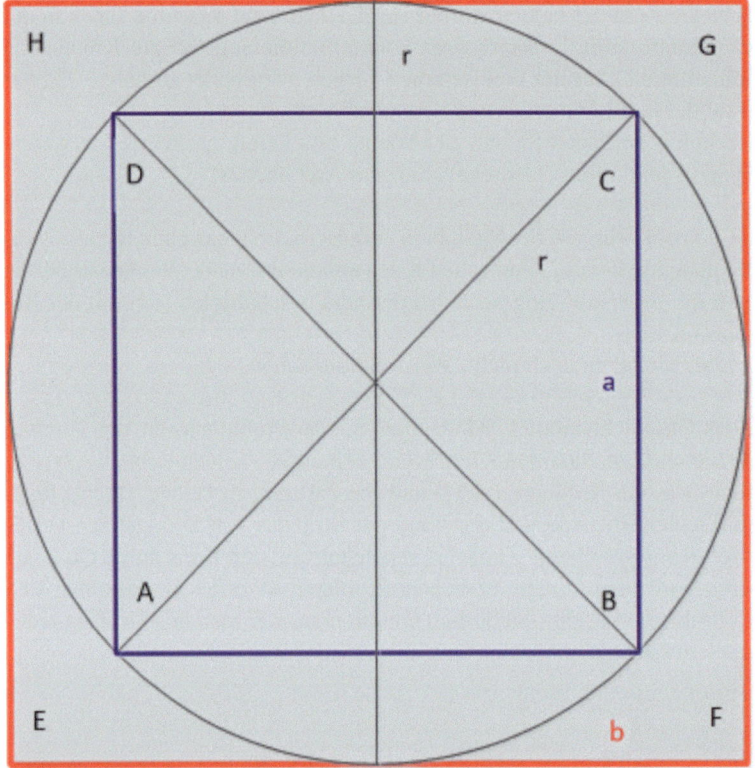

Abbildung 5.30: Die Ermittlung von π durch Quadrate.

$$u = 4 \cdot \sqrt[2]{2} \cdot r = 4 \cdot a$$

Formel 5.6: Ermittlung von π via Quadrate; inneres Quadrat $\overline{ABCD}$.

Aber dazwischen müsste der korrekte Wert der Zahl π liegen (2,828 < π < 4).

Wenn wir den Mittelwert der beiden Grenzen nehmen, so erhalten wir das Resultat der Formel Das ist schon mal ein Ergebnis, dass nur noch knapp 9 Prozent vom "realen" π abweicht. Für

$$u = (4 \cdot \sqrt[2]{2} \cdot r + 4 \cdot 2 \cdot r)/2 = 2 \cdot 3.414 \cdot r$$

Formel 5.7: Mittelwert der Umfänge der Quadrate $\overline{ABCD}$ und $\overline{EFGH}$ aus den Formel 5.6 und 5.5.

so geringen Aufwand ist das erst mal ein Ergebnis mit dem man "rechnen" kann. Und sicherlich könnte man diesen Weg weiter beschreiten und durchaus bessere Resultate erzielen. Man könnte das innere Quadrat $\overline{ABCD}$ um 45 Grad drehen und dann den Umfang des Achteckes berechnen; und so weiter.

5.10 Die Berechnung der Zahl π

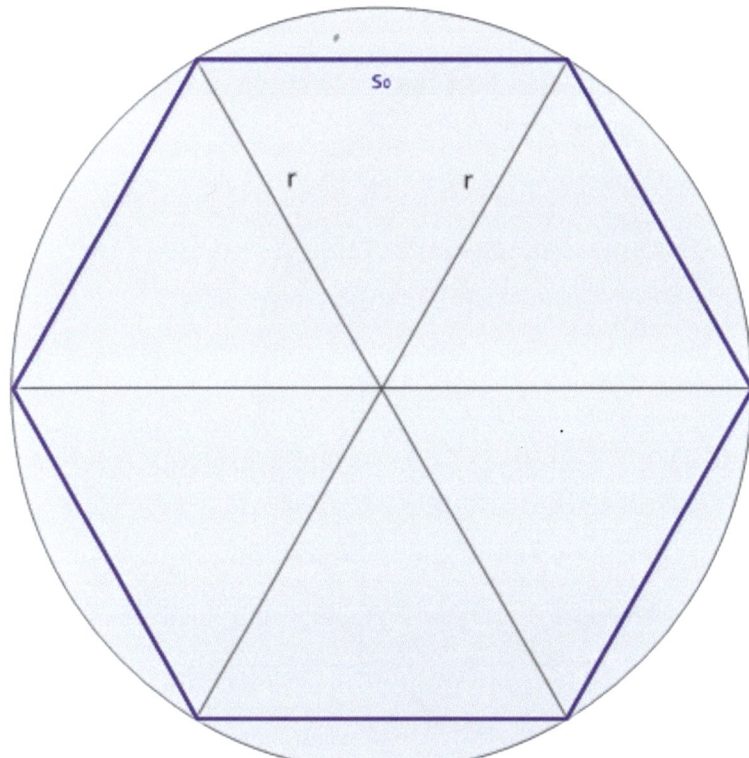

Abbildung 5.31: Die Ermittlung von π durch ein Sechseck.

Archimedes verfolgte jedoch einen anderen Weg. Er suchte nach einer Fläche, die per se - und das in der ersten Näherung - schon mal eine bessere Approximation des Kreises darstellte als das Quadrat. Und er entschied sich für das Sechseck. Schauen Sie sich die Abbildung 5.31 an. Da kann man erkennen, dass die sechs Seiten "näher" an dem Kreis liegen. Außerdem sind es sechs Seiten und nicht nur vier wie beim Quadrat. Diese sechs Seiten des Sechsecks sollten schon mal eine bessere Näherung sein als die vier des Quadrates $\overline{ABCD}$. In der Formel 5.8 sehen Sie auch warum: Jede der sechs Seiten entspricht dem Radius des Kreises. Die sechs Seiten kommen von den Seiten der sechs gleichseitigen Dreiecke, die im Kreis liegen. Wenn Ihnen das klar ist, dann

$$u = 6 \cdot s_0 = 2 \cdot 3 \cdot r; \quad r = s_0$$

Formel 5.8: Die Näherung des Umfanges des Kreises durch ein Sechseck.

erkennen Sie, dass hier (siehe Formel 5.8) $\overline{\pi}$ 3 ist. Das innere Quadrat $\overline{ABCD}$ hatte uns ein π von 2,828 geliefert. So gesehen, sind wir schon mal ein Stück genauer. Aber natürlich ist uns das nicht ausreichend. Wir wollten exakter werden.

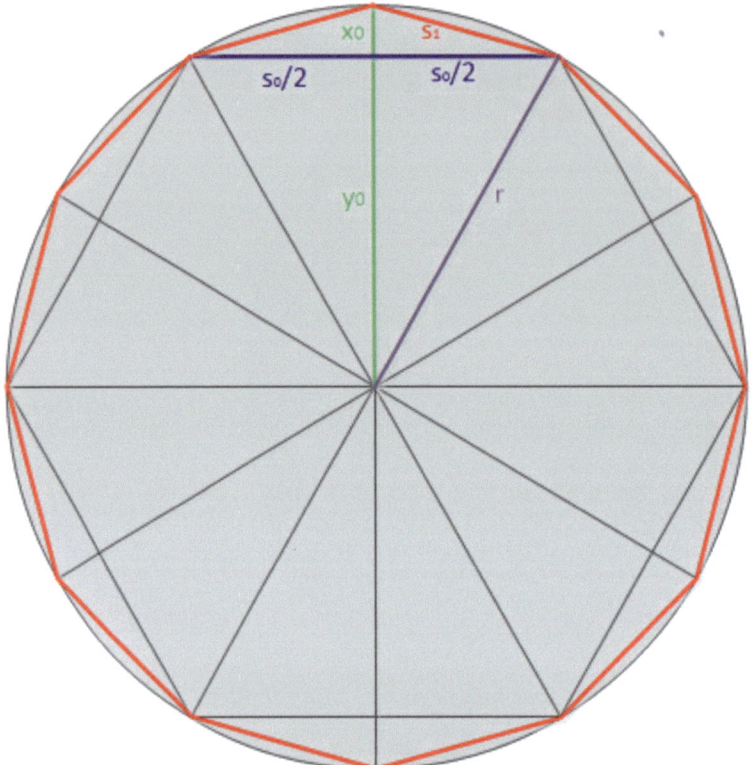

Abbildung 5.32: Die Ermittlung von π durch ein Zwölfeck.

Aus diesem Grunde versuchen wir nun, π mittels eines Zwölfeckes zu berechnen. Das Zwölfeck wird einfach aus dem Sechseck gebildet; Sie brauchen nur den Winkel der sechs im Sechseck befindlichen Dreiecke zu halbieren (siehe Abbildung 5.31). Da beim gleichseitigen Dreiecke jeder Innenwinkel exakt 60° beträgt, müssen wir also auf 30° gehen; dann erhalten wir ein Zwölfeck. Der Übersicht halber wird in der Abbildung 5.32 nur ein (wichtiger) Teil des Zwölfeckes genau gezeichnet. Aus dieser Abbildung gewinnen wir drei Gleichungen; siehe Formeln 5.9. Die Gleichung <u>2.:</u> und <u>3.:</u> der Formel 5.9 entsprechen dem Satz von Pythagoras und die Gleichung <u>1.:</u> ist einfache Addition der Strecken y_0 und x_0, die, wie man sieht, dem Radius r des Kreises entsprechen. Wir suchen nun eine Funktion, die uns s_1 als Funktion von s_0 beschreibt ($s_1 = f(s_0)$).

<u>1.:</u> $y_0 + x_0 = r$
<u>2.:</u> $y_0^2 + \frac{s_0}{2}^2 = r^2$
<u>3.:</u> $x_0^2 + \frac{s_0}{2}^2 = s_1^2$

Formel 5.9: Die Gleichungen zur Berechnung der Strecke s_1.

Da wir s_0 bereits kennen ($s_0 = r$), sollte das mit Hilfe der Formeln 5.9 kein Problem sein.

5.10 Die Berechnung der Zahl π

Aber wir wollen den Weg trotzdem kurz skizzieren[12]:

1. Gleichung <u>1.:</u> von 5.9 nach x umstellen: $x_0 = r - y_0$
2. Diese Gleichung quadrieren wir: $x_0^2 = r^2 - 2 \cdot y_0 \cdot r + y_0^2$
3. Nun setzen wir das eben gewonnene x_0^2 in die Gleichung <u>3.:</u> der Formeln 5.9:
4. $r^2 - 2 \cdot y_0 \cdot r + y_0^2 + \frac{s_0}{2}^2 = s_1^2$
5. Wir haben jetzt nur noch eine Gleichung, wo y_0 noch zu eliminieren ist. Dazu benutzen wir die Gleichung <u>2.:</u> aus den Formeln 5.9:
6. $y_0 = \sqrt[2]{r^2 - (\frac{s_0}{2})^2}$ und setzen dieses y_0 in 4. dieser kleinen "Ableitungs-Aufzählung":
7. $r^2 - 2 \cdot \sqrt[2]{r^2 - (\frac{s_0}{2})^2} \cdot r + r^2 - (\frac{s_0}{2})^2 + (\frac{s_0}{2})^2 = s_1^2$
8. Sie sehen sofort, dass man diesen Ausdruck ein wenig vereinfachen kann. Und außerdem sehen Sie, dass wir nunmehr eine Gleichung haben, in der nur noch s_1, r und s_0 vorkommen.
9. Wir führen diese Vereinfachung durch und setzen ohne Beschränkung der Allgemeinheit (o.B.d.A.) r auf 1; π kann nicht vom Radius abhängen. Wir erhalten:
10. $s_1^2 = 1 - 2 \cdot \sqrt[2]{1 - (\frac{s_0}{2})^2} + 1$

Im Punkt 10. der kleinen "Ableitungs-Aufzählung" haben wir schon mal eine sehr schöne Gleichung; letztlich handelt es sich - wenn Sie die Wurzel ziehen - um:
$s_1 = f(s_0)$
Und das war ja unser erklärtes Ziel.

Eine Anmerkung sei noch erlaubt:
Der aufmerksame Leser wird sich erinnern, dass wir o.B.d.A. den Radius r auf 1 gesetzt haben. Und natürlich könnten wir dann auch s_0 auf 1 setzen. Das wäre durchaus korrekt. Aber eigentlich wollen wir das gar nicht. Wir wollen tatsächlich mittels s_0 die neue Sekante s_1 berechnen. In den Formeln 5.10 haben wir diese Abhängigkeit dargestellt.

<u>1.:</u> $s_1 = \sqrt[2]{2} \cdot \sqrt[2]{1 - \sqrt[2]{1 - (\frac{s_0}{2})^2}}$

<u>2.:</u> $s_1 = \sqrt[2]{2 - \sqrt[2]{4 - (s_0^2)}}$

Formel 5.10: Die Formeln zur Ermittlung der Strecke s_1 als Funktion von s_0: $s_1 = f(s_0)$.

Beide Gleichungen in den Formeln 5.10 sind völlig identisch. Und nun wollen wir auch mal schauen, welchen Wert wir für s_1 erhalten:
Wenn wir für s_0 den Wert 1 einsetzen, so ergibt sich ein Wert für s_1 von:
$s_1 = \sqrt[2]{2 - \sqrt[2]{4 - (1^2)}} = \sqrt[2]{2 - \sqrt[2]{3}} = 0.51764$

---
[12]Zugegeben: Sie bekommen hier alles sehr detailliert "vorgekaut". Andererseits: Hier brauchen Sie es nur "zu schlucken" und außerdem kann man sich sehr schnell verrechnen. Wichtig bleiben die Gleichungen der Formel 5.9, die Sie aus der Abbildung 5.32 gewinnen können.

Wenn wir jetzt noch erinnern, dass die Strecke s_1 mal 12 als Näherung für den Kreisumfang gilt (schauen Sie sich dazu nochmals die Abbildung 5.32) und der Kreisumfang sich aus der Formel 5.4 berechnet, so erhalten wir für den Wert π die Zahl 3.106. Das ist schon genauer als alles, was wir bisher berechnet haben.

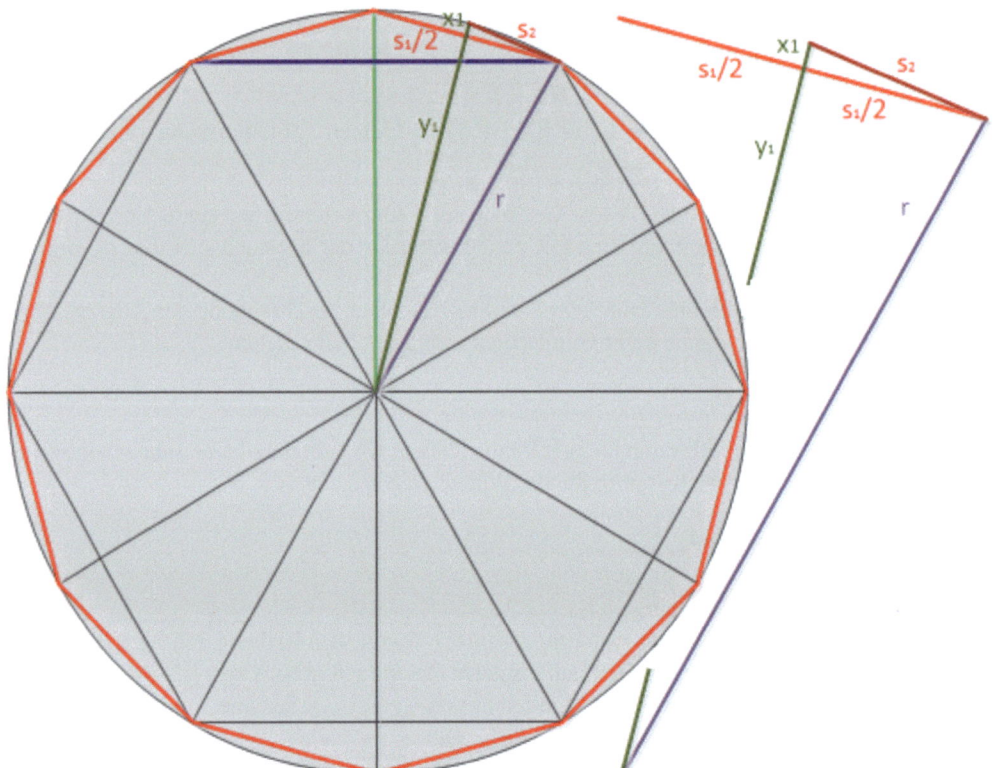

Abbildung 5.33: Die Ermittlung von π durch ein Vierundzwanzigeck.

Damit nicht genug:

- Wir wollen es noch genauer haben
- Wir suchen eine allgemeine Formel, eine allgemeine Bildungsvorschrift

Die nächstgenauere Fläche, die wir betrachten können ist eine Vierundzwanzigeck. Schauen Sie sich dazu die Abbildung 5.33 an[13]. Wir mussten hier schon mal auf einige Bezeichnungen aus der Abbildung 5.32 verzichten; es wäre zu unübersichtlich geworden. Damit man die zwei entscheidenden rechtwinkligen Dreiecke besser sehen kann, wurden sie in vergrößerter Form rechts neben dem Vierundzwanzigeck nochmals gezeichnet; es handelt sich um die Dreiecke, die durch

---

[13] Rechts neben dem Vierundzwanzigeck sind die zwei entscheidenden Dreiecke nochmals vergrößert gezeichnet.

5.10 Die Berechnung der Zahl π

die Strecken $\overline{s_2 :: x_1 :: \frac{s_1}{2}}$ und $\overline{y_1 :: \frac{s_1}{2} :: r}$ begrenzt werden. Außerdem wurde aus gleichen Gründen auf die Bezeichnung der zweiten Hälfte der Strecke s_2 im linken Bild der Abbildung 5.33 verzichtet. Trotzdem: Man kann schon sehen, worauf es hinausläuft. Wir erkennen in der Tat die selben Gleichungen wie in den Formeln 5.9. Schauen Sie sich dazu die Formeln 5.11 an. Und

<u>1.:</u> $y_1 + x_1 = r$
<u>2.:</u> $y_1^2 + \frac{s_1}{2}^2 = r^2$
<u>3.:</u> $x_1^2 + \frac{s_1}{2}^2 = s_2^2$

Formel 5.11: Die Gleichungen zur Berechnung der Strecke s_2.

wir werden natürlich auf dieselben Gleichungen kommen wie in den Formeln 5.10; nur dass wir hier nicht mehr s_1 als Funktion von s_0 ermitteln, sondern (und nun schauen wir nochmals auf die Abbildung 5.33) hier ermitteln wir s_2 als Funktion von s_1. Schauen Sie sich dazu die Formel 5.12 an.

$$s_2 = \sqrt[2]{2 - \sqrt[2]{4 - (s_1^2)}}$$

Formel 5.12: Die Formeln zur Ermittlung der Strecke s_2 als Funktion von s_1: $s_2 = f(s_1)$.

Und das ganze Verfahren können wir uns beliebig fortgesetzt denken. Das wird Archimedes erkannt haben. Er beauftragte seinen "Rechenknecht", jeden Tag ein neues s_n zu berechnen. Die allgemeine Bildungsvorschrift dazu kann man in der Formel 5.13 sehen. Wir haben in dieser For-

$$s_n = \sqrt[2]{2 - \sqrt[2]{4 - (s_{n-1}^2)}}; n > 0; n \in N$$

Formel 5.13: Die allgemeine Bildungsvorschrift zu Ermittlung der Strecken s_n als Funktion von s_{n-1}.

mel nur noch eine Gleichung zur Ermittlung von s_n angegeben; natürlich hätten wir - wie schon bei den vorhergehenden Formeln wie zum Beispiel 5.10 - auch die zweite Gleichung angeben können. Aber das tut der ganzen Sache keinen Abbruch. Wichtig ist, dass Sie das Verfahren erkennen, wie man immer wieder auf ein neues s_n kommt: ganz einfach aus dem s_{n-1}.

Jetzt ist die Zeit gekommen, wo wir ein paar Berechnungen durchführen. Wir hatten schon für ein Zwölfeck die Strecke s_1 ermittelt:
$s_1 = 0.51764$; siehe Formel 5.10
Daraus folgte ein π von:
π = 3.106

Nun wollen wir weitere s_n für die verschiedenen Vielecke berechnen. Das können Sie durchaus mit dem Taschenrechner machen. Sie sollten nur beachten, dass Sie nie exakt die gleichen Resultate wie mit Ihrem PC erhalten. Die Ursache müssen Sie in den Gleitpunktzahlen sehen. Sie können die Resultate in der Tabelle 5.9 sehen. Und wenn Sie die Tabelle 5.9 sehen, dann

Ecken(n)	$s_n = f(n)$	$\pi = f(n)$
6	1	3
12	0.5176380902	3.105828541
24	0.2610523844	3.132628613
48	0.1308062585	3.139350203
96	0.06543816564	3.141031951
192	0.03272346325	3.141452472
384	0.01636227921	3.141557608
768	0.008181208052	3.141583892

Tabelle 5.9: Anzahl der Ecken (n) von Vielecken mit s_n und den entsprechenden π-Werten.

wissen Sie: bei n=6 (Sechseck) haben wir begonnen. Das waren sechs gleichseitige Dreiecke. Und s_0 hatten wir o.B.d.A. auf 1 gesetzt; s_0 war r. Außerdem wird π immer genauer. Vergleichen Sie die Werte mit Ihrem Tafelwerk. Und schauen Sie sich die Abbildung 5.34 an. Wir wollen

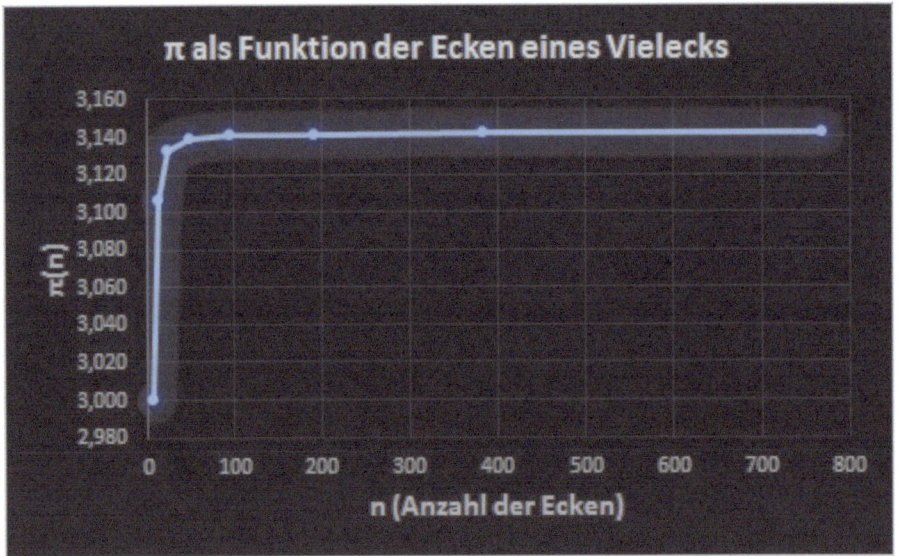

Abbildung 5.34: π als Funktion der Anzahl der Ecken eines Vielecks.

uns nun das Programm anschauen, mit dem wir die oben angeführten Werte über eine Iteration berechnet haben. Denn natürlich haben wir den Taschenrechner nicht benutzt.

Auch dieses Programm wollen wir uns klarmachen.

5.10 Die Berechnung der Zahl π

```cpp
// PiAlgoCPP.cpp  (P013K5_BerechPi)
#include "stdafx.h"
#include <cmath>
#include <iostream>
#include <iomanip>
using namespace std;

double getSiPlus1_ShortFormula (double dSi)             //1
{
  double dSiPlus1 =.0;
  dSiPlus1 = sqrt(2.-sqrt(4.-dSi*dSi));
  return dSiPlus1;
}

int main(int argc, char** argv)
{
  double dBckPi = 3.0;                                  //2
  double dPi    = 3.0;                                  //3
  int    iEdges = 12;                                   //4
  double dSi    = 1.0;                                  //5
  do
  {
    std::cout.width(13);                                //6
    dBckPi = dPi;
    cout << iEdges << "-Eck: ";                         //7
    dSi = getSiPlus1_ShortFormula(dSi);                 //8
    dPi = (double)iEdges*dSi/2.;                        //9
    cout << setprecision(10) << dSi << "\t\t" << dPi << endl;  //10
    iEdges = 2 * iEdges;                                //11
  } while (dPi-dBckPi > 1.0E-7);                        //12
  return 0;
}
```

Programm 5.28: Die Berechnung der Zahl π gemäß der Formel 5.13.

//1 Die Funktion getSiPlus1_ShortFormula ist die Iteration und bildet die Grundlage, π zu berechnen. In der Gleichung dSiPlus1 = sqrt(2.-sqrt(4.-dSi*dSi)) sehen wir den iterativen Ansatz der Formel 5.13; deshalb wurden die Variablen auch dSi und dSiPlus1 genannt.

//2 Hier definieren wir die Variable dBckPi. Sie dient als "Abbruchvariable" der Iteration. Man muss sich klarmachen, dass man aufgrund der Eigenschaften der Gleitpunktzahlen sinnvollerweise nur bis zu einer gewissen Genauigkeit rechnen kann.

//3 Die Variable dPi ist die eigentlich zu berechnende Zielvariable.

//4 iEdges steht für die Anzahl der Ecken des Vielecks, das als Basis des Berechnungs-Modells dient.

//5 Und dSi ist die Länge einer Seite des Vielecks; beim Sechseck ist diese Länge - wie auch der Radius des Kreises - gleich eins.

//6 Zur Vermeidung von Formatierungsproblemen bei der Ausgabe setzen wir width auf 13.

//7 Zuerst geben wir die Ecken des Vielecks aus. Wir beginnen mit einem Zwölfeck.

//8 Anschließend ermitteln wir "unser" s_n; zuerst das s_1. s_0 ist ja bekannt (es ist 1) und so kann man nach der Formel 5.13 s_1 berechnen.

//9 Nun wird dPi aus dem Umfang des Vielecks gewonnen. Basis dafür ist die Kreisformel des Umfangs; siehe Formel 5.4.

//10 Anschließend geben wir dSi und dPi aus. Sie können diese Ausgaben schon in der Tabelle 5.9 nachlesen.

//11 Danach verdoppeln wir die Anzahl der Ecken
//12 und fragen ab, ob wir unser Abbruchkriterium schon erreicht haben. Ist dies der Fall, so wird die while-Schleife terminiert. Anderenfalls gehen wir mit den neuen Parametern wieder in die nächste Iteration.

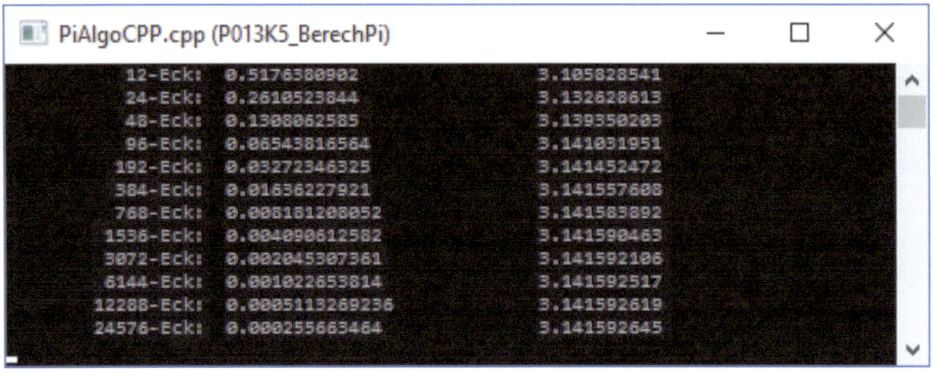

```
PiAlgoCPP.cpp (P013K5_BerechPi)                          —    □    ×
    12-Eck:   0.5176380902              3.105828541
    24-Eck:   0.2610523844              3.132628613
    48-Eck:   0.1308062585              3.139350203
    96-Eck:   0.06543816564             3.141031951
   192-Eck:   0.03272346325             3.141452472
   384-Eck:   0.01636227921             3.141557608
   768-Eck:   0.008181208052            3.141583892
  1536-Eck:   0.004090612582            3.141590463
  3072-Eck:   0.002045307361            3.141592106
  6144-Eck:   0.001022653814            3.141592517
 12288-Eck:   0.0005113269236           3.141592619
 24576-Eck:   0.000255663464            3.141592645
```

Abbildung 5.35: Die Konsolenausgabe des Programmes 5.28.

In der Abbildung können Sie die Konsolenausgabe des Programmes 5.28 sehen. Vielleicht ist es interessant, die Zahl π mit einer recht hohen Genauigkeit zu sehen:

3.1415926535 8979323846 2643383279 5028841971 6939937510 5820974944 5923078164 0628620899

Da liegen wir doch noch ein "Stückchen" weg. Zumal: die Basis dieser Ausgabe [Pi17] zeigt die Ziffern von π über 500 Seiten.

5.11 Zusammenfassung

Im diesem recht umfangreichen Kapitel haben wir die grundlegenden Sprachelemente von C kennengelernt:

1. Die if-Anweisung
2. Der ternäre Operator
3. Die switch-Anweisung
4. Die for-Anweisung
5. Die while-Anweisung (kopflastige while-Schleife)
6. Die do-Anweisung(fußlastige while-Schleife)
7. Die break-Anweisung

5.11 Zusammenfassung

8. Die continue-Anweisung
9. Die goto-Anweisung

- *Zu*1. : Die if-Anweisung wird nur ausgeführt, wenn entsprechende Bedingung wahr. Andernfalls wird das Programm hinter der if-Anweisung fortgesetzt. Falls diese Bedingung nicht wahr ist und eine else-Anweisung ergänzt ist, so wird die Software im else-Zweig fortgesetzt. Eine if-Anweisung kann durch ein else if ergänzt werden. Damit ist man in der Lage, mehrere Bedingungen zu kontrollieren; analog wie bei einer switch-Anweisung.
- *Zu*2. : In dem ternären Operator steckt letztlich eine if-else-Anweisung. Wir können mit dem ternären Operator (Dreifach-Operator) in einer einzigen Zeile das ausgeben, was sich sonst über vier erstrecken würde. Insofern ist er ein syntaktisches Mittel, kurze prägnante Codes zu schreiben. Man erkennt den ternären Operator an der Kombination von ?:.
- *Zu*3. : Eine switch-Anweisung erlaubt den Vergleich ganzzahliger Werte mit Konstanten. Die Konstanten werden mit dem Schlüsselwort case eingeleitet. Die case-Zweige sind immer mit einem break zu terminieren. Ansonsten, falls also das break fehlt, wird der nachfolgende case-Zweig mit verarbeitet. switch-Zweige finden häufig dort Einsatz, wo eine gleichwertige if-Anweisung mehr als drei if-Fälle vorweist. In diesem Falle ist die switch-Anweisung übersichtlicher. Eine switch-Anweisung sollte immer einen default-Zweig haben. Der Nachteil der switch-Anweisung besteht darin, dass die case-Zweige Konstanten abfragen müssen. Häufig sind allerdings über mehrere Bedingungen hinweg Variablen zu prüfen. Dafür ist dann die if-Anweisung und `else if`-Anweisung geeignet.
- *Zu*4. : In der for-Schleife wird eine Schleife mehrfach durchlaufen. Die for-Schleife selbst bestimmt die Anzahl der Schleifendurchläufe. Dafür wird eine Variable definiert.
- *Zu*5. : Die while-Schleife wertet einen logischen Ausdruck aus. Ein Schleifendurchlauf, der zu Beginn der Schleife getestet wird, wird nur durchlaufen, wenn dieser logische Ausdruck wahr (true) ist. Nach jedem weiteren Schleifendurchlauf wird immer wieder der Ausdruck auf den Prüfstand gestellt. Sollte der logische Ausdruck falsch (false) sein, so terminiert die kopflastige while-Schleife. Man nennt diese while-Schleife kopflastig, weil die Überprüfung, ob die Schleife durchlaufen wird, zu Beginn der Schleife - am Schleifenkopf also - erfolgt.
- *Zu*6. : Findet hingegen die Überprüfung des logischen Ausdruckes am Ende der Schleife - am Schleifenfuß also - statt, so nennt man diese Schleife fußlastig. Das ist die do-while Schleife. Diese Schleife wird also mindestens einmal durchlaufen.
- *Zu*7. : Schleifen können beliebig verschachtelt sein. Um eine Schleife abzubrechen, ohne den logischen Ausdruck (while-Schleifen) oder die Zählvariable zu testen, kann man die break-Anweisung verwenden. Natürlich ist dieser Abbruch manchmal auch als Folge eines Tests von Zählvariablen oder logischen Ausdrücken sinnig. Das "break" springt "hinter" den abgebrochenen Schleifenkörper.
- *Zu*8. : Wenn man die Schleifenzählung einmal aussetzen will, so kann man dazu die continue-Anweisung nutzen. Die continue-Anweisung ist letztlich auch ein Sprung. Sie sollte "vorsichtig" eingesetzt werden; ggf. ist bei Einsatz dieser Anweisung ein Kommentar sinnvoll. Das "continue" springt zur nächsten Schleifenprüfung und überspringt damit den Rest des Schleifenkörpers.

- *Zu9.* : Wenn man mehrfach verschachtelte Schleifen abbrechen will, so kann man dies übersichtlich und performant mit der goto-Anweisung realisieren. Es ist zu empfehlen, dass man den goto-Befehl sparsam einsetzt, weil sonst das Programm schnell unübersichtlich werden kann. Außerdem gilt die allgemeine Empfehlung, dass nur "nach vorn" gesprungen werden sollte.
- In diesem Kapitel wurden einige Funktionen aus <time.h> besprochen (clock, strftime, time, localtime, asctime, etc.).
- Des Weiteren wurden Tipps zur Messung der Performance mittels QueryPerformanceFrequency und QueryPerformanceCounter gegeben. Dieses API kann man nur unter Windows anwenden.

Final wollen wir in dieser Zusammenfassung noch darauf hingewiesen werden, dass am Ende von Anweisungen wie for, if und while ein Semikolon zu Problemen führen kann. Dazu schauen wir uns das Programm 5.29 an. Was geschieht hier? Was geht hier alles schief?

```cpp
// P015K5_Semi.cpp
#include "stdafx.h"
#include <iostream>
using namespace std;
int main (void)
{
    int iCount;                                    //1
    for (iCount=0; iCount<3; iCount++);            //2
        cout << "iCount: " << iCount << endl;
    if (iCount>4);                                 //3
        cout << "iCount: " << iCount << endl;
    while (iCount>0);                              //4
    {
        iCount--;
        cout << "iCount: " << iCount << endl;
    }
    return 0;
}
```

Programm 5.29: Semikolon am Ende von Schleifenausdrücken oder einer if-Anweisung kann zu Problemen führen.

//1 Wir deklarieren eine Zählvariable vom Typ int (iCount).

//2 Anschließend wollen wir diese Zählvariable in einer for-Schleife bis zwei hoch zählen und ausgeben. Allerdings haben wir hier einen Fehler gemacht: wir haben die for-Schleife mit einem Semikolon abgeschlossen. Damit wird die for-Schleife als ein Befehl interpretiert. In diesem Befehl wird von 0 bis 3 hochgezählt. Es wird festgestellt, dass 3 nicht mehr kleiner als 3 ist und das Hochzählen wird abgebrochen. Anschließend wird iCount ausgegeben.

//3 iCount ist jetzt 3. 3 ist nicht größer als 4; das heißt, dass hier die Ausgabe von iCount nicht erfolgen sollte. Trotzdem sehen wir in Abbildung 5.36 diese, weil der if-Befehl als **eine** Anweisung interpretiert wird. Und wenn eine Anweisung abgearbeitet ist, so wird die nächste abgearbeitet.

//4 An dieser Stelle wollen wir iCount wieder herunter zählen. iCount hat immer noch den

Wert 3. Damit ist die Bedingung 3>0 true und die Anweisung
```
while (iCount>0);
```
stellt eine Art Endlosanweisung dar. Der Schleifenkörper wird nie durchlaufen.

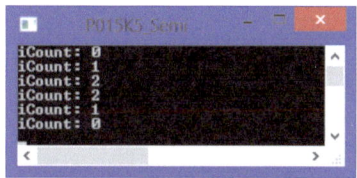

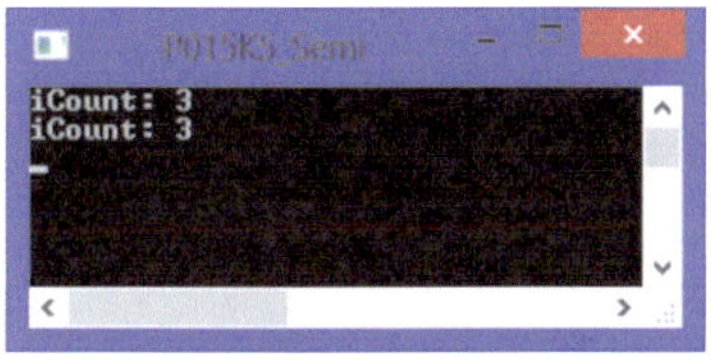

Abbildung 5.36: Die Ausgabe des Programmes 5.29. Hinter //2, //3 und //4 ist ein Semikolon.

Abbildung 5.37: Die Ausgabe des Programmes 5.29. Hinter //2, //3 und //4 ist kein Semikolon.

Wir sehen in der Abbildung 5.36 (hier sind die Semikolons vorhanden) zwei cout-Ausgaben. Die erste kommt nach der for-Schleife. Die zweite kommt nach der if-Anweisung. Die while-Schleife gibt nichts aus. Hier steckt der Prozessor in einer Endlosanweisung. Wenn man den Disassembly-Mode (s. Tabelle 1.4 auf Seite 20) anwählt, so kann man diese Endlosanweisung sehr schön sehen; s. Abbildung 5.38.

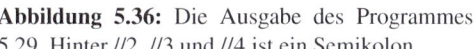

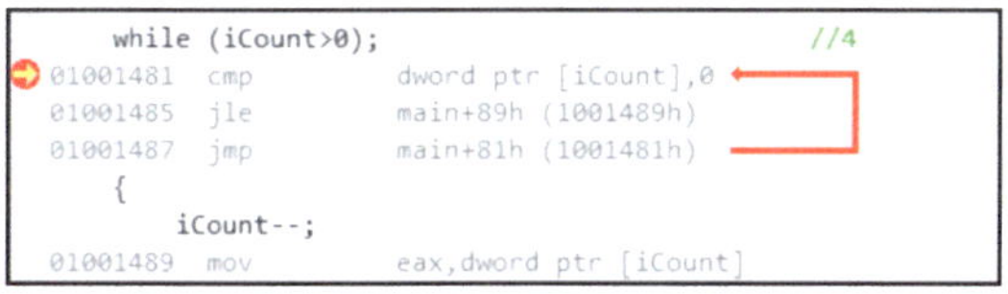

Abbildung 5.38: Der Disassembly-Mode des Programmes 5.29 (mit Semikolons).

In der Abbildung 5.37 (hier fehlen die Semikolons) sehen wir das Hochzählen in der for-Schleife (von 0 bis 2). Die if-Anweisung führt nicht zur einer Ausgabe. Final sehen wir das Herunterzählen in der while-Schleife (von 2 bis 0).

5.12 Übungen

1. Schreiben Sie ein Programm, dass zwei Integer-Variablen einliest und das Maximum dieser Zahlen ausgibt. Benutzen Sie dazu die if-Anweisung
2. Lösen Sie die Aufgabe 1 mit dem ternären Operator.
3. Schreiben Sie ein Programm, das die Zahlen 1, 2 oder 3 einliest. Halten Sie Datum und Uhrzeit des Einlesens auf der Konsole fest und kontrollieren Sie, ob die Zahl in dem geforderten Intervall lag. Benutzen Sie dazu die switch-Anweisung.
4. Schreiben Sie ein Programm, das n aufeinanderfolgende Zahlen addiert; $n \in [1, 10000]$. Benutzen Sie dazu die for-Schleife. Überlegen Sie, wie Sie diese for-Schleife ersetzen können. Hinweis: Nutzen Sie den "kleinen Gauß". Messen Sie die Performance unter Benutzung der QueryPerformanceCounter und QueryPerformanceFrequency; siehe Seite 145.

5. Berechnen Sie die Zahl π mit Hilfe der Leibniz-Reihe[14]:
   Verwenden Sie dazu eine while-Schleife.

$$\pi = 4 \cdot \sum_{k=0}^{\infty} \frac{(-1)^k}{2k+1} = 4 \cdot (1 - \frac{1}{3} + \frac{1}{5} - \frac{1}{7} + \frac{1}{9} - ...)$$

Formel 5.14: Leibniz-Reihe; Ermittlung von π.

6. Erklären Sie, wie es bei der Darstellung des Hex-ASCII-Listing zur Abbildung 5.14 kommt, wenn man die Zeichen 0x00 bis 0x0f in das Programm 5.15 hinzunimmt. Im Programm 5.15 lässt man also iZeile wie folgt laufen:
   $for(iZeile = 0; iZeile < 0x10; iZeile++)//4$
7. Was gibt das Programm 5.30 aus? Hinweis: schauen Sie sich die Definition von Primzahlen an.

```cpp
// Auf7K5.cpp
#include "stdafx.h"
#include <iostream>
using namespace std;
#define iMAX 1000
int main(void)
{
    for (int iDividend=2; iDividend < iMAX; iDividend++)
    {
        int iDivisor;
        for (iDivisor = 2; iDivisor < iDividend; iDivisor++)
        {
            if ((iDividend%iDivisor==0))
                break;
        }
        if (iDivisor==iDividend)
        {
            cout.width(4);
            cout << iDividend;
        }
    }
    return 0;
}
```

Programm 5.30: Programm der Aufgabe Auf7K5.

---

[14]Gottfried Wilhelm Leibniz (* 1. Juli 1646 in Leipzig † 14.November 1716 in Hannover) war ein deutscher Philosoph, Mathematiker und Physiker.

6 Klassen und Objekte

In diesem Kapitel werden wir das zentrale Schlüsselwort der OOP kennenlernen: class. Wir werden sehen wie dieser Begriff aus dem Begriff struct erwuchs und werden erkennen, dass ein Objekt nichts anderes ist als eine Variable, eine Instanz einer Klasse. Somit wird klar werden, dass OO-Programmierung eine sinnvolle Erweiterung der modularen Programmierung ist; mehr noch: wir werden erkennen, dass - in gewissen Maßen - die OOP auch schon mit modularen Sprachen möglich und teilweise auch sinnvoll gewesen wäre.

6.1 Von der Struktur zur Klasse

Wir haben im Kapitel "Geschichte und Eigenschaften" das Programm 2.1 auf Seite 29 kennengelernt. Und dort wurde bereits erläutert, wie man mit einem durchdachten Ansatz für zu lösende Probleme - und der Kenntnis des Funktionspointers - wichtige Eigenschaften in eine Struktur "gießen" kann. Zugegeben: das Handling mit Funktionspointern ist etwas "sperrig". Aber so waren eben die "alten" Sprachen mit ihrem "alten" Compiler gebaut. Ihren Schöpfern ging es mehr darum überhaupt Lösungen zu schaffen. Da waren die "brauchbaren" Lösungen weniger gefragt. Und manchmal waren einige dieser Schöpfer auch von ganz anderen Intentionen gepeitscht[Sto11]. In wieweit man derartige Intentionen ernst nehmen kann, das sei dahin gestellt. Fakt bleibt aber, dass die C-Sprachfamilie in ihren jungen Jahren nicht die "Geschmeidigkeit" besaß wie viele ihrer Konkurrenzprodukte; dabei sei besonders an die Wirth´schen Sprachen (Pascal, Modula, Oberon) erinnert. Nun aber haben wir mit C++ die Möglichkeit, derartige Programme wie das Programm 2.1 einfacher zu schreiben. Wir dürfen jedoch nicht vergessen: die Grundidee dazu - zu einer objektorientierten Sprache - wurde erstmals mit einer modularen Sprache in Code gegossen; zum Beispiel so wie im Programm 2.1. Doch schauen wir uns das Programm 6.1 an.

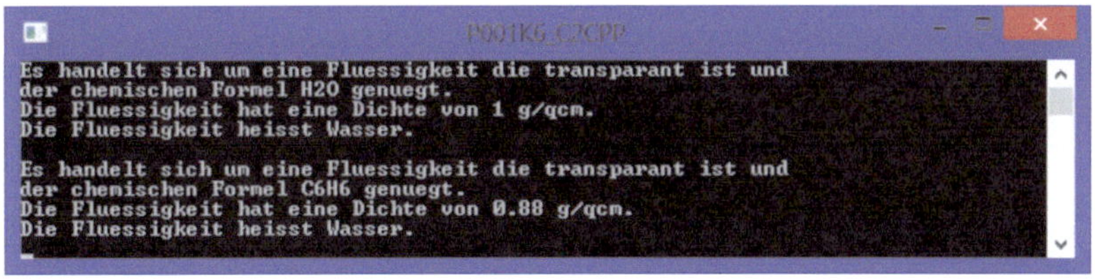

Abbildung 6.1: Die Konsolenausgabe des Programmes 6.1.

```cpp
// P001K6_C2CPP.cpp
#include "stdafx.h"
#include <iostream>
using namespace std;
//#include <cmath>                                                          //1
#define iStrLen_ 32
struct tLiquid {
    char cFarbe[iStrLen_];
    char cFormel[iStrLen_];
    double dMasse;
    double dVolumen;
    double retDichte(double, double);                                       //2
};
/*============================================================================*/
/* Desc.: Ermittelt aus Masse und Volumen die Dichte eines Koerpers.          */
/* In   : dMasse (double): Masse                                              */
/*        dVolumen (double): Volumen                                          */
/* Out  : Dichete (double); Falls dVolumen <= 0 wird 0 zurueck gegeben.       */
/*============================================================================*/
/*----------------------------------------------------------------------------*/
double tLiquid::retDichte (double dMasse, double dVolumen)                  //3
/*----------------------------------------------------------------------------*/
{
    if (dVolumen <= 0)
        return .0;
    return fabs(dMasse/dVolumen);
}
int main (void) {
    struct tLiquid liquid1;
    struct tLiquid liquid2;

    liquid1.dMasse   = 1;
    liquid1.dVolumen = 1;
    strcpy_s (liquid1.cFarbe, iStrLen_, "transparant");
    strcpy_s (liquid1.cFormel, iStrLen_, "H2O");
    cout << "Es handelt sich um eine Fluessigkeit die " << liquid1.cFarbe
         << " ist und\n"
         << "der chemischen Formel " << liquid1.cFormel << " genuegt.\n";
    cout << "Die Fluessigkeit hat eine Dichte von "
         << liquid1.retDichte(liquid1.dMasse, liquid1.dVolumen) << " g/qcm.\n";
    cout << "Die Fluessigkeit heisst Wasser.\n\n";

    liquid2.dMasse   = .88;
    liquid2.dVolumen = 1.0;
    strcpy_s (liquid2.cFarbe, iStrLen_, "transparant");
    strcpy_s (liquid2.cFormel, iStrLen_, "C6H6");
    cout << "Es handelt sich um eine Fluessigkeit die " << liquid2.cFarbe
         << " ist und\n"
         << "der chemischen Formel " << liquid2.cFormel << " genuegt.\n";
    cout << "Die Fluessigkeit hat eine Dichte von "
         << liquid2.retDichte(liquid2.dMasse, liquid2.dVolumen) << " g/qcm.\n";
    cout << "Die Fluessigkeit heisst Wasser.\n";
    return 0;
}
```

Programm 6.1: Programm 2.1 in C++.

//1 Wir haben hier cmath ausgeklammert. "Normalerweise" würden wir den Inklude von cmath benötigen. Aber wenn Sie sich die Inkludes vom iostream ausgehend anschauen, so werden Sie entdecken, dass cmath über iostream schon inkludiert ist. Und Sie wissen aus Ihrer C-Vorlesung: befindet sich in der inkludierten Datei ein weiterer Inklude, so wird auch dieser

6.1 Von der Struktur zur Klasse

Code in Ihren Quelltext eingefügt. Schauen wir uns die Inkludereihenfolge an (dazu gehen Sie mit der rechten Mouse-Taste auf #include <iostream> und anschließend aktivieren Sie "Dokument <iostream> öffnen"; siehe Tabelle 1.2 auf Seite 8):

$$\text{iostream} \Leftarrow \text{istream} \Leftarrow \text{ostream} \Leftarrow \text{ios} \Leftarrow \text{xlocnum} \Leftarrow \text{cmath}$$

In cmath haben wir dann die Funktion fabs.

//2 An dieser Stelle deklarieren wir die Funktion retDichte. Zunächst stellen wir fest, dass die Funktionsdeklaration nicht so sperrig ausschaut, wie die eines Funktionspointers. Außerdem fällt uns auf, dass wir in der Deklaration keine Variablen angeben müssen; es reicht der Typ. Bei der Definition einer Funktion müssen natürlich die Variablen angegeben werden. Sie werden ja im Funktionskörper benötigt.

//3 In dieser Stelle wird die Funktion definiert. Sie sehen, dass die Übergabe-Variablen (dMasse, dVolumen) angegeben sind.

Nun muss der Compiler aber noch wissen wo die Definition der im struct deklarierten Funktion steht. Würde er sie nicht finden, so hätten wir einen Link-Fehler. Dazu haben sich die Compiler-Hersteller den Operator :: einfallen lassen: Der Name des struct gefolgt von dem Scope Resolution Operator (so nennt man ::) ist eine klare Order:
Die Funktion double tLiquid::retDichte ist im struct tLiquid deklariert. Oder besser umgekehrt: die Definition der im struct tLiquid deklarierten Funktion ist im Source-Code durch das Konstrukt
double tLiquid::retDichte (double dMasse, double dVolumen)
mit folgendem Funktionskörper definiert.

Wir haben gesehen, dass man mit dem Syntax-Mittel von C++ das Programm etwas einfacher gestalten kann. Sie können die Funktion retDichte direkt aus der Instanz heraus aktivieren:

1. Sie kreieren eine Instanz des struct tLiquid:
   tLiquid liquid1;
2. Sie definieren Masse und Volumen dieser Instanz liquid1:
   liquid1.dMasse = 1; liquid1.dVolumen = 1;
3. Sie ermitteln die Dichte dieser Instanz liquid1:
   liquid1.retDichte(liquid1.dMasse, liquid1.dVolumen);

Was ist noch störend? Was müsste besser gemacht werden?

1. Es wäre schön, wenn mit der Definition der Instanz tLiquid1 schon Masse und Volumen der Instanz definiert wären. Im Programm 6.1 ist das nicht der Fall und ist auch nicht ohne Weiteres zu realisieren. Trotzdem ist unser Wusch völlig legitim: Wenn Sie ein Objekt bzw. eine Instanz kreieren, so sollten durchaus die wichtigsten Eigenschaften dieser Instanz definiert sein.

2. Außerdem sollten Masse und Volumen einer definierten Instanz nicht (ohne Grund) geändert werden dürfen. Warum wäre das schön? Stellen Sie sich vor, Sie definieren Masse und Volumen und zwanzig Code-Zeilen später werden diese Eigenschaften überschrieben. Und

so etwas ist durchaus denkbar; durch einen anderen Entwickler beispielsweise, denn Sie sind nicht der einzige Softwareentwickler auf der Welt ;-). Und wenn Sie in einer Gruppe arbeiten, so wird Ihr Code unter Umständen von vielen Entwicklern geändert.

Hinter diesen zwei "Verbesserungen" verbergen sich zwei weitere Schlüsselwörter, die diese Verbesserungen garantieren:
zu 1.: Der **Konstruktor** : Konstruktoren dienen dazu, die wichtigen Membervariablen eines structs zu definieren.
zu 2.: Die Member-Eigenschaft **private**: diese Eigenschaft verhindert, dass alle Membervariablen und Memberfunktionen, die nach dem Schlüsselwort private in einem struct deklariert werden, nicht mehr "von außen" manipuliert werden können. Sie haben ja gesehen: mit
`liquid1.dMasse = 1;`
wird die Membervariable dMasse "von außen" manipuliert. Das wollen wir verhindern. Nochmals: wir wollen das verhindern, damit wir garantieren können, dass dMasse einen ganz speziellen Wert hat; nämlich den, den **wir(!)** wollen.

Natürlich wurden diese Schlüsselwörter "beauftragt". Der Schöpfer dieser Schlüsselwörter hat dem Compilerhersteller gesagt, dass diese Schlüsselwörter sinnvoll sind. Vielleicht so: "Erstelle einen Compiler, der es ermöglicht innerhalb eines structs Membervariablen oder Memberfunktionen vor Zugriffen von außen sicher zu machen". Und der Hersteller des Compilers hat seinen Softwareentwicklern diesen Auftrag gegeben. Für C wurde dieser Auftrag Ende der achtziger Jahre erteilt.

Aber kommen wir zu den Schlüsselwörtern zurück. Am besten verstehen wir das eben Beschriebene durch ein kleines Programm. Dazu schauen wir uns das Programm 6.2 an. Wir wollen das

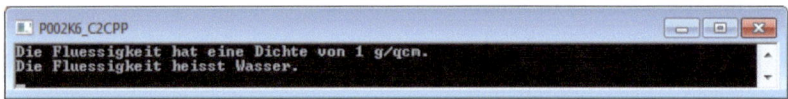

Abbildung 6.2: Die Konsolenausgabe des Programmes 6.2.

Programm 6.2 etwas erläutern:

//1 An dieser Stelle deklarieren wir den Konstruktor. Ein Konstruktor besitzt keinen return-Wert. Er hat immer den Namen der Struktur structs selbst; in unserem Fall: tLiquid.
Wir müssen an dieser Stelle gleich erwähnen: hier ist ein überladener Konstruktor deklariert. Der Default-Konstruktor würde wie folgt lauten:
`tLiquid::tLiquid (void);`
Eine solche Deklaration wäre natürlich auch möglich. Hier könnten Sie Masse und Volumen im Konstruktor definieren: als Default-Werte. Schauen Sie sich dazu den Konstruktor im Programm 6.3 an. Der Nachteil besteht darin, dass Sie mit der Konstruktion des Objektes liquid1 immer nur eine Flüssigkeit mit der Masse 1 und dem Volumen 1 definieren könnten. Wir bräuchten dann, um Masse und Volumen ändern zu können, entsprechende Methoden; z.B.: setMasse und setVolumen. Masse und Volumen, da sie private Member

6.1 Von der Struktur zur Klasse

```cpp
// P002K6_C2CPP.cpp
#include "stdafx.h"
#include <iostream>
using namespace std;

struct tLiquid
{
        tLiquid (double, double);                                    //1
        double retDichte(void);                                       //2
    private:                                                          //3
        double dMasse_;                                               //4
        double dVolumen_;                                             //5
};
/*===========================================================*/
/* Desc.: Konstruktor; er initialisiert die private Members dMasse_ und */
/*        dVolumen_                                                  */
/* In    : dMasse: double; dVolumen: double                          */
/* Out   : -                                                         */
/*===========================================================*/
/*-----------------------------------------------------------*/
tLiquid::tLiquid (double dMasse, double dVolumen)                    //6
/*-----------------------------------------------------------*/
{
    dMasse_   = dMasse;
    dVolumen_ = dVolumen;
}
/*===========================================================*/
/* Desc.: Ermittelt aus Masse und Volumen die Dichte eines Koerpers. */
/* In    : -                                                         */
/* Out   : Dichete (double); Falls dVolumen <= 0 wird 0 zurueck gegeben. */
/*===========================================================*/
/*-----------------------------------------------------------*/
double tLiquid::retDichte (void)                                     //7
/*-----------------------------------------------------------*/
{
    double dDichte = 0.0;
    if (dVolumen_ <= 0)
        return dDichte;
    dDichte = fabs(dMasse_/dVolumen_);
    return dDichte;
}

int main (void)
{
    tLiquid liquid1 (1.0, 1.0);                                      //8

    cout << "Die Fluessigkeit hat eine Dichte von "
         << liquid1.retDichte() << " g/qcm.\n";                      //9
    cout << "Die Fluessigkeit heisst Wasser.\n";
    return 0;
}
```

Programm 6.2: Programm 6.2. Einführung von Konstruktor und private.

der Struktur sind, können nicht mehr geändert werden! Schauen Sie sich dazu die Compilerfehlermeldung im Programm 6.3 an.

//2 Hier deklarieren wir die Methode retDichte. Entsprechend der konstruierten Variable, die für Masse und Volumen den Wert 1 erhält, erhalten wir hier eine Dichte von 1 ($\frac{g}{cm^3}$).

//3 Mit dem Schlüsselwort private wird der private Teil der Struktur eingeleitet. Alle Member, die nach diesem Schlüsselwort private stehen, sind außerhalb der Struktur nicht mehr änderbar. Bitte beachten Sie nochmals den Compilerfehler, der im Programm 6.3 als Kommentar enthalten ist; siehe dazu auch die Fehlermeldung 6.1.

Sie werden sich sicher fragen, ob es, wenn es einen privaten Teil einer Struktur gibt, nicht auch einen öffentlichen Teil gibt. Die Antwort darauf ist: **Ja!** Alle nicht speziell ausgewiesenen Teile einer Struktur sind öffentlich. Das bedeutet, dass alle oberhalb des Schlüsselwortes private deklarierten Member öffentlich sind. Das entsprechende Schlüsselwort dazu heißt:

public

Und wir sehen es ja auch: Sie können den Konstruktor nutzen und die Methode retDichte. Also nochmals: fehlt dieses Schlüsselwort public, so sind alle Member public. In C existieren diese Schlüsselwörter (public, private) nicht; also sind in C alle Member einer Struktur public.

//4 Wir deklarieren nun die nicht öffentlichen Mitglieder der Struktur; die privaten also. Zuerst die Masse.

//5 Und dann das Volumen.

//6 An dieser Stelle beginnen wir mit der Deklaration des überladenen Konstruktors tLiquid. Masse und Volumen werden übergeben und den privaten Variablen dMasse_ und dVolumen_ gleichgesetzt. Damit ist das "object" - so nennen wir die Variable der Struktur - definiert. Bitte beachten Sie:

Member, die in der Struktur global sind (dMasse_ und dVolumen_ sind es, denn sie können im Konstruktor und in retDichte benutzt werden), sollten sich von funktionslokalen Variablen unterscheiden. Struktur-globale Variablen werden wir mit dem Suffix _ enden lassen. Wenn Sie sich daran halten und die Tabelle 4.4 auf Seite 77 beachten (dort werden Präfixe für Variablen empfohlen), so werden Ihnen diese Syntax-Tipps das Lesen Ihrer Programme wesentlich erleichtern..

Für den Konstruktor gilt was für jede Memberfunktion gilt: der Compiler muss wissen zu welcher Struktur die Funktion gehört. Das geht nur mit dem Bezeichner der Struktur: tLiquid. Schauen Sie sich dazu folgende Tabelle an:

Bezeichner der Struktur	Funktionsname
tLiquid	tLiquid (Konstruktor)
tLiquid	retDichte

Bezeichner der Struktur und Funktionsname werden immer mit dem Scope Resolution Operator :: (tLiquid::tLiquid) getrennt.

//7 Hier definieren wir die Funktion retDichte. Sie sehen, dass wir hier eine lokale Variable eingeführt haben:

double dDichte = 0.0;

Hier fehlt das _-Zeichen. Es handelt sich um eine funktionslokale Variable.

//8 Nun kreieren wir das Objekt. Mit 1.0 und 1.0 übergeben wir Masse und Volumen.

//9 Und final ermitteln wir die Dichte und geben sie auf der Konsole über die Funktion aus tLiquid.retDichte() aus.

Bitte beachten Sie den Unterschied in der Definition der Strukturvariable liquid1, der zwischen den Programmen 6.2 und 6.3 besteht:

6.1 Von der Struktur zur Klasse

```cpp
// P002K6_C2CPPa.cpp
#include "stdafx.h"
#include <iostream>
using namespace std;
struct tLiquid {
        tLiquid (void);
        double retDichte(void);
    private:
        double dMasse_;
        double dVolumen_;
};
/*============================================================*/
/* Desc.: Konstruktor; er initialisiert die private Members dMasse_ und    */
/*        dVolumen_; Dies ist der Default-Konstruktor                       */
/* In   : dMasse: double; dVolumen: double                                  */
/* Out  : -                                                                 */
/*============================================================*/
/*--------------------------------------------------------------*/
tLiquid::tLiquid (void)
/*--------------------------------------------------------------*/
{
    dMasse_   = 1;
    dVolumen_ = 1;
}
/*============================================================*/
/* Desc.: Ermittelt aus Masse und Volumen die Dichte eines Koerpers.        */
/* In   : -                                                                 */
/* Out  : Dichte (double); Falls dVolumen <= 0 wird 0 zurueck gegeben.      */
/*============================================================*/
/*--------------------------------------------------------------*/
double tLiquid::retDichte (void)
/*--------------------------------------------------------------*/
{
    if (dVolumen_ <= 0)
        return .0;
    return fabs(dMasse_/dVolumen_);
}
int main (void) {
    struct tLiquid liquid1;
    //liquid1.dMasse_ = 5.0;
    //Compilerfehler: Auf "Member "tLiquid::dMasse_" (deklariert in Zeile 17)"
    //kann nicht zugegriffen werden.
    cout << "Die Fluessigkeit hat eine Dichte von "
         << liquid1.retDichte() << " g/qcm.\n";
    cout << "Die Fluessigkeit heisst Wasser.\n";
    return 0;
}
```

Programm 6.3: Beispiel eines Default-Konstruktors.

In C++ können Sie bei der Definition einer Strukturvariablen auf das Schlüsselwort `struct` verzichten:
`tLiquid liquid1;` siehe dazu Programm 6.2. Falls Sie es - wie im Programm 6.3 geschehen - noch benutzen, so schadet es nicht. Es hat sich allerdings eingebürgert, darauf zu verzichten.

```
IntelliSense: Auf "Member "tLiquid::dMasse_"(deklariert in Zeile 17)"kann nicht
zugegriffen werden.
```

Compilerausgabe 6.1: Compiler-Fehler, der auftritt, wenn Sie auf private Daten zugreifen wollen.

6.2 Die Klasse und das public-Attribut

Wir haben eine Struktur kennengelernt, der wir - im Gegensatz zu C - ein Attribut verleihen konnten, das private heißt. Dadurch schützen wir die Membervariablen und Memberfunktionen vor dem Zugriff außerhalb der Struktur. Probieren Sie es! Kompilieren Sie das Programm 6.3 mit der Zeile
liquid1.dMasse_ = 5.0;
und Sie werden die Fehlermeldung 6.1 erhalten.

Wir haben ebenfalls erwähnt, dass ein Attribut existiert, das bestimmte Bereiche einer Struktur wieder "öffentlich" macht. Das ist das Attribut public! Wenn wir nun schon so viele neue Eigenschaften der Struktur kennengelernt haben, die sich signifikant von denen in C unterscheiden, so wollen wir nicht mehr von struct sprechen, sondern wir geben der Struktur einen neuen Namen; sie soll Klasse heißen:

class

Nun erweitern wir unser Programm 6.3 um set-Methoden für Masse und Volumen und können so unseren Default-Konstruktor beibehalten, ohne die Funktionalität der Klasse einzuschränken. Außerdem werden wir in dem neuen Programm (Programm 6.4) das Schlüsselwort public einsetzen.

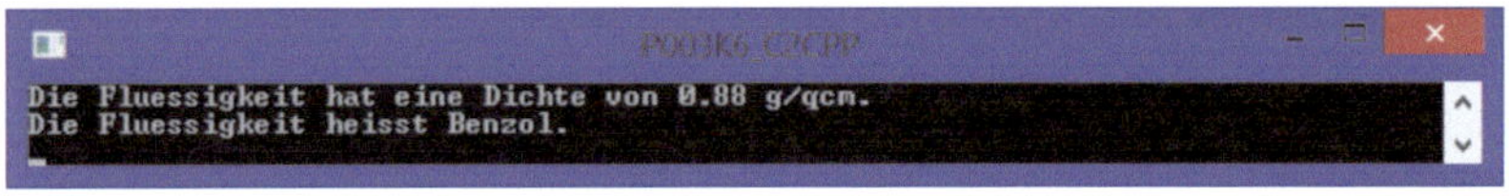

Abbildung 6.3: Die Konsolenausgabe des Programmes 6.4.

Zu dem Programm möchten wir folgende Erläuterungen abgeben:

//1 An dieser Stelle sehen Sie das Schlüsselwort public. Wie Sie wissen, könnten wir dieses Schlüsselwort bei einem struct auch weglassen. Bei einer Klasse ist dies unmöglich. Warum ist das so? Die Antwort ist ganz einfach:
In einem struct sind alle Member ohne weitere Attribut-Angabe public; default-settings. In einer class sind alle Member ohne weitere Attribut-Angabe private. Versuchen Sie dieses public wegzulassen und Sie erhalten die Compilerfehlermeldung 6.2. Sie können also nicht einmal eine Instanz der Klasse anlegen, weil der Konstruktor private ist.

//2 Mit setMasse (double dMasse) deklarieren wir eine public-Methode, die es uns erlaubt, die Masse zu ändern.

//3 Mit setVolumen (double dVolumen) deklarieren wir eine public-Methode, die es uns erlaubt, das Volumen zu ändern.

//4 Nun definieren wir die Methode setMasse und

6.2 Die Klasse und das public-Attribut

```cpp
//P003K6_C2CPP.cpp
#include "stdafx.h"
#include <iostream>
using namespace std;
class tLiquid {
    public:                                                              //1
        tLiquid (void); double retDichte(void);
        void setMasse (double dMasse);                                   //2
        void setVolumen (double dVolumen);                               //3
    private:
        double dMasse_; double dVolumen_;
};
/*==========================================================*/
/* Desc.: Konstruktor; er initialisiert die private Members dMasse_ und */
/*        dVolumen_                                                     */
/* In   : dMasse: double; dVolumen: double                              */
/* Out  : -                                                             */
/*==========================================================*/
/*----------------------------------------------------------*/
tLiquid::tLiquid (void)
/*----------------------------------------------------------*/
{   dMasse_   = 1.0;
    dVolumen_ = 1.0; }
/*==========================================================*/
/* Desc.: Ermittelt aus Masse und Volumen die Dichte eines Koerpers.    */
/* In   : -                                                             */
/* Out  : Dichte (double); Falls dVolumen <= 0 wird 0 zurueck gegeben.  */
/*==========================================================*/
/*----------------------------------------------------------*/
double tLiquid::retDichte (void)
/*----------------------------------------------------------*/
{   if (dVolumen_ <= 0)
        return .0;
    return fabs(dMasse_/dVolumen_); }
/*==========================================================*/
/* Desc.: Setzt die Masse                                               */
/* In   : dMasse (double)                                               */
/* Out  : -                                                             */
/*==========================================================*/
/*----------------------------------------------------------*/
void tLiquid::setMasse (double dMasse)                                   //4
/*----------------------------------------------------------*/
{   dMasse_ = dMasse; }
/*==========================================================*/
/* Desc.: Setzt das Volumen                                             */
/* In   : dVolumen (double)                                             */
/* Out  : -                                                             */
/*==========================================================*/
/*----------------------------------------------------------*/
void tLiquid::setVolumen (double dVolumen)                               //5
/*----------------------------------------------------------*/
{   dVolumen_ = dVolumen; }
int main (void) {
    tLiquid liquid1;
    liquid1.setMasse (.88);                                              //6
    cout << "Die Fluessigkeit hat eine Dichte von "
         << liquid1.retDichte() << " g/qcm.\n";
    cout << "Die Fluessigkeit heisst Benzol.\n";
    return 0;
}
```

Programm 6.4: Beispiel eines Default-Konstruktors.

//5 an dieser Stelle definieren wir die Methode setVolumen.
//6 Final übergeben wir unserer Instanz bzw. unserem Objekt liquid1 eine neue Masse (0.88). Da wir das Volumen nicht ändern wollen, bleibt das Volumen - wie im Default-Constructor definiert - auf 1 stehen.

```
error C2248: "tLiquid::tLiquid": Kein Zugriff auf private Member, dessen Deklaration in
der tLiquid-Klasse erfolgte.
```

Compilerausgabe 6.2: Auch hier: Fehler bei Zugriff auf private Daten. Vgl.: Compilerfehler 6.1

```
//==========================================
class tLiquid
{
    //public:
        tLiquid (void);
        double retDichte(void);
        void setMasse (double dMasse);
        void setVolumen (double dVolumen);
    private:
        double dMasse_;
        double dVolumen_;
};
/*==========================================
```

Abbildung 6.4: Alle Member sind private; Sie können kein Objekt anlegen.

```
//==========================================
class tLiquid
{
    public:
        tLiquid (void);
        double retDichte(void);
        void setMasse (double dMasse);
    private:
        void setVolumen (double dVolumen);
        double dMasse_;
        double dVolumen_;
};
/*==========================================
```

Abbildung 6.5: setVolumen ist private; Methode nur in Klasse nutzbar.

```
//==========================================
class tLiquid
{
    public:
        tLiquid (void);
        double retDichte(void);
        void setMasse (double dMasse);
        void setVolumen (double dVolumen);
    //private:
        double dMasse_;
        double dVolumen_;
};
/*==========================================
```

Abbildung 6.6: Alle Member sind public.

Abschließend wollen wir in der Abbildungen 6.4, 6.5 und 6.6 nochmals verdeutlichen, wie die Schlüsselwörter public und private auf die Bereiche einer Klasse wirken.

In den bisherigen Programmen ist Ihnen immer wieder das Schlüsselwort
`namespace`
begegnet; so auch im Programm 6.4. Dieses Schlüsselwort erlaubt Ihnen (mit der using-Klausel) direkt auf Variablen und Objekte zugreifen zu können, ohne die Member mit einem Präfix-Scope des Namensraumes versehen zu müssen. Mit
`std::cout` statt
`cout` können Sie auf
`using namespace std`
verzichten. Sie können natürlich auch selbst Namensräume definieren; siehe dazu Syntax 6.1. Ohne die using Klausel in der Syntax 6.1 würde im Beispiel folgendes stehen müssen (wir haben

6.2 Die Klasse und das public-Attribut

```
namespace myNSpace
{
    kTyp1 var1;
    ...
    kTyp2 method1 (params) ...
}
Beispiel:
int main (void)
{
    using namespace myNSpace;
    var1 = Value;
    return 0;
}
```

Syntax 6.1: Syntax von namespace.

hier einen speziellen Typ und eine spezielle Methode definiert):

```
#include "stdafx.h"
#include <iostream>
using namespace std;
namespace myNSpace {
    int iTest; int checkTest(int iCheck) {return iCheck>0? 0:1;}
}
int main (void) {
    myNSpace::iTest = 0;
    cout << myNSpace::checkTest(myNSpace::iTest) << endl;
    return 0;
}
```

Als Ausgabe würden wir hier eine 1 erhalten.

6.3 Die Operatoren new und delete

In C++ sind einige Operatoren im Vergleich zu C hinzugekommen. Dabei seien die cast-Operatoren genannt (const_cast, dynamic_cast, static_cast, reinterpret_cast), die wir noch kennenlernen werden, die typeid (siehe dazu Programm 4.11 auf Seite 95), der throw-Operator, der für das Exception-Handling dient und natürlich die zwei unären[Dus11] Operatoren new und delete.

new und delete dienen der Speicherverwaltung. Die C-Pendants von new und delete sind in Tabelle 6.1 festgehalten. Durch die Tabelle 6.1 wird Ihnen klar, dass new Speicher reserviert und

C++	C
new	malloc
delete	free

Tabelle 6.1: Pendants von new und delete in C

delete diesen wieder frei gibt. Vorab sei erwähnt, dass mit der Speicherverwaltung die meisten Fehler gemacht werden. Dieser Tatsache ist der Fakt geschuldet, dass es in Java kein delete mehr gibt. Hier wird der Speicher über einen so genannten Garbage-Collector verwaltet. Dieser Collector gibt den Speicher wieder frei, wenn er nicht mehr benötigt wird. In C++ müssen Sie das allerdings selbst erledigen.

```
p2Type* new type [std::size_t size];
p2Type* new type (int iInitVal);
Beispiel:
int *iTest = new int; //Allozieren eines int-Pointers
int *iTest = new int [2]; //Allozieren eines int-Pointers, der 2 int sichern kann
int *iTest = new int(0xAA); //Allozieren eines int-Pointers, der mit 0xAA
initialisiert wird.
char *cTest = new char[128]; //Allozieren eines Array von 128 Charakter.
Syntaxbeschreibung:
    • Return: p2Type: Pointer auf type (int, char, float, ...)
    • type : Typ, der alloziert wird.
    • std::size_t size: Größe des allozierten Bereiches des entsprechenden Typs.
    • int iInitVal: Init-Wert.
```

Syntax 6.2: Syntax von new.

In der Syntaxbeschreibung 6.2 sehen Sie, wie Sie den new-Operator anwenden können.

Wenn Sie einen Speicherbereich alloziert haben, so müssen Sie diesen auch wieder freigeben. Tun Sie das nicht, so entstehen memory-Leaks. Diese Leaks haben eine teuflische Wirkung: Ihr Programm wird den Speicher, der belegt wurde, nicht mehr freigeben. Das bedeutet, dass Ihr System den Speicher - solange das noch gut geht - aus dem Swap-Bereich holt; aus Bereichen der Festplatte also. Sie werden das merken. Ihr System wird immer langsamer. Ständig wird auf die Harddisk zugegriffen. Und irgendwann verabschiedet sich Ihr Programm vollständig.

Wenn Sie Ihre Software wieder neu aktivieren, so wird sie auch wieder flott laufen und alles ist in Ordnung; bis das ganze Theater von vorn beginnt. Häufig treten solche Probleme bei Programmen auf, die eine Woche oder länger laufen, ohne dass sie neue gestartet werden; der PC wird also nicht abgeschaltet. Zur Ermittlung von derartigen Leaks können Sie professionelle Software käuflich erwerben. Mittlerweile existieren aber auch auf dem freien Markt akzeptable Programme. Wie dem auch sei: der Speicher, der mit new allokiert wurde, wird mit delete wieder freigegeben.

```
delete p2Type;
delete [] p2Array
Beispiel:
int *iTest = new int; //Allozieren eines int-Pointers
delete iTest; //Freigabe des Speichers

int *iTest = new int [2]; //Allozieren eines int-Pointers, der 2 int sichern kann
delete [] iTest; //Freigabe des Arrays von zwei int-Typen.

char *cTest = new char[128]; //Allozieren eines Array von 128 Charakter.
delete [] cTest; //Freigabe des Arrays von 128 Charakter.
Syntaxbeschreibung:
    • delete p2Type: Gibt einen mit new allozierten Speicher frei
    • delete [] p2Array: Gibt ein ganzen Array wieder frei
```

Syntax 6.3: Syntax von delete.

Nun wollen wir ein Programm entwickeln, das einen "ordentlichen' Betrag an Speicher alloziert und anschließend wieder freigibt. Wir wollen die Speicherauslastung mit dem Taskmanager überwachen. Dazu schauen wir uns das Programm 6.5 an.

Mit dem Programm erhalten wir die Konsolenausgabe 6.7. Zusätzlich ist noch die RAM-Auslastung des Windows 8-PCs zu sehen. Die können Sie über den Taskmanager selbst einsehen. Drücken Sie einfach <Strg><Alt><Entf> gleichzeitig und Ihnen wird angeboten den Taskmanager zu öffnen. Gehen Sie dann auf den Reiter und Sie haben einen Einblick in die RAM-Auslastung Ihres PCs. In der Abbildung 6.8 sehen Sie den Arbeitsspeicher während des Laufes des Programmes 6.5. Sie erkennen, dass der Speicher sich nach dem Terminieren wieder auf ca. 2,3 GByte einpegelt. Außerdem sehen Sie deutlich die vier Peaks, die Sie auch in der Konsolenausgabe 6.7 erkennen können.

Bevor wir uns nochmals mit den Ausgaben beschäftigen, wollen wir uns zunächst das Programm 6.5 klarmachen.

//1 Mit dem Schlüsselwort define definieren wir hier eine Konstante. 20000 mal soll der

```cpp
// P004K6_new_delete.cpp
#include "stdafx.h"
#include <iostream>
using namespace std;

#define iMAX      20000                                                    // 1
#define iMAXCHR 50000                                                      // 2
const int iMByte_ = 1024*1024;                                             // 3

struct tRamTest                                                            // 4
{
    char *cTest;                                                           // 5
};
int main (void)
{
    int iEnd=0;                                                            // 6
    tRamTest iTest[iMAX];                                                  // 7
    do
    {
        int iIdx=0;                                                        // 8
        MEMORYSTATUSEX mState;                                             // 9
        memset (&mState, 0, sizeof (MEMORYSTATUSEX));                      // 10
        mState.dwLength = sizeof (mState);                                 // 11
        GlobalMemoryStatusEx (&mState);                                    // 12
        cout << "Used RAM before new: "                                    // 13
             << (mState.ullTotalPhys-mState.ullAvailPhys)/iMByte_ << " MegaByte; "
             << "Total RAM : " << (mState.ullTotalPhys)/iMByte_ << " MegaByte\n\n"; // 14

        while (iIdx < iMAX)                                                // 15
        {
            iTest[iIdx].cTest = new char[iMAXCHR];                         // 16
            iIdx++;                                                        // 17
        }
        GlobalMemoryStatusEx (&mState);
        cout << "Used RAM after new : "                                    // 18
             << (mState.ullTotalPhys-mState.ullAvailPhys)/iMByte_ << " MegaByte; "
             << "Total RAM : " << (mState.ullTotalPhys)/iMByte_ << " MegaByte\n\n"; // 19

        iIdx=0;
        while (iIdx< iMAX)
        {
            delete [] iTest[iIdx].cTest;                                   // 20
            iTest[iIdx].cTest = NULL;                                      // 21
            iIdx++;
        }
        GlobalMemoryStatusEx (&mState);
        cout << "Used RAM after del : "                                    // 22
             << (mState.ullTotalPhys-mState.ullAvailPhys)/iMByte_ << " MegaByte; "
             << "Total RAM : " << (mState.ullTotalPhys)/iMByte_ << " MegaByte\n\n"; // 23

        cin >> iEnd;                                                       // 24
    }
    while (1==iEnd);                                                       // 25
    return 0;
}
```

Programm 6.5: Testbeispiel für new und delete.

Speicher von 50000 `char` alloziert werden. Damit hätten wir immerhin 1 GByte (20000 · 50000) alloziert. Zu `define`: dieses Schlüsselwort aktiviert den Präprozessor via SearchAndReplace, den "Text", der hinter diesem Schlüsselwort steht, durch "Text" hinter

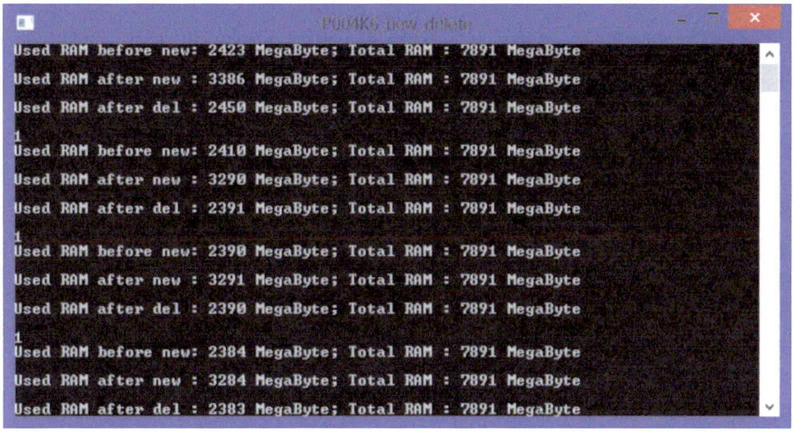

6.3 Die Operatoren new und delete   187

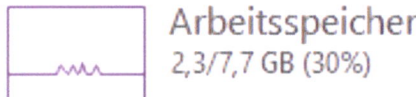

```
Used RAM before new: 2423 MegaByte; Total RAM : 7891 MegaByte
Used RAM after new : 3386 MegaByte; Total RAM : 7891 MegaByte
Used RAM after del : 2450 MegaByte; Total RAM : 7891 MegaByte
1
Used RAM before new: 2410 MegaByte; Total RAM : 7891 MegaByte
Used RAM after new : 3290 MegaByte; Total RAM : 7891 MegaByte
Used RAM after del : 2391 MegaByte; Total RAM : 7891 MegaByte
1
Used RAM before new: 2390 MegaByte; Total RAM : 7891 MegaByte
Used RAM after new : 3291 MegaByte; Total RAM : 7891 MegaByte
Used RAM after del : 2390 MegaByte; Total RAM : 7891 MegaByte
1
Used RAM before new: 2384 MegaByte; Total RAM : 7891 MegaByte
Used RAM after new : 3284 MegaByte; Total RAM : 7891 MegaByte
Used RAM after del : 2383 MegaByte; Total RAM : 7891 MegaByte
```

Abbildung 6.7: Die Konsolenausgabe des Programmes 6.5.

Arbeitsspeicher
2,3/7,7 GB (30%)

Abbildung 6.8: Anzeige des Rams im Taskmanager während des Programmlaufs des Programmes 6.5.

dem zu ersetzenden String auszutauschen; in unseren Falle wird im Source-Code der Text iMAX durch 20000 ersetzt.

//2 Hier wird mit 50000 die Anzahl der Charakter definiert, die alloziert werden sollen.

//3 Eine andere Art, solche Konstanten zu definieren, ist, mit vordefinierten Variablen zu definieren; hier geschehen durch
   const int iMByte_ = 1024·1024;
   Bitte beachten Sie das Schlüsselwort const: Die Variable iMByte_ ist damit nicht mehr änderbar. Und das ist ja auch das Ziel bei einer Konstanten.

//4 An dieser Stelle definieren wir die Struktur tRamTest.

//5 Sie besteht aus einer Adresse: aus dem char-Pointer cTest. Noch ist die Adresse undefiniert.

//6 Mit dem Integer iEnd definieren wir ein Abbruchkriterium für die do-while-Schleife. Wir wollen den RAM-Test mehrfach durchlaufen lassen. Der Abbruch erfolgt auf 1; siehe dazu
   //25.

//7 Nun deklarieren wir das Array iTest von iMAX Strukturen tRamTest. Wir haben es iTest genannt, weil wir dort letztlich die Adressen von cTest sichern und hinter Adressen final Integer-Werte stehen. Anschließend wird mit do die do-while-Schleife eingeleitet.

//8 Mit der Variable iIdx indizieren wir das Array iTest.

//9 Hier wird die Variable mState deklariert. Sie ist vom Type MEMORYSTATUSEX. Hinter MEMORYSTATUSEX steht eine Struktur, in der die Daten des Arbeitsspeichers gesichert werden; beispielsweise der gesamte Speicher (ullTotalPhys) oder der verfügbare Speicher

(ullAvailPhys).
//10 Wie immer: jede deklarierte Variable wird sofort definiert: wir setzen alle Einträge auf 0.
//11 MEMORYSTATUSEX besitzt den Eintrag dwLength. Hinter dwLength verbirgt sich die size der Struktur MEMORYSTATUSEX. Die Variable muss vor dem Call der Funktion GlobalMemoryStatusEx gesetzt sein; es ist nicht klar warum dies der Fall ist. Schließlich kann das Setzen des Eintrags von dwLength auch in der Funktion selbst erledigt werden.
//12 Dann wird die Funktion GlobalMemoryStatusEx aktiviert. Sie liefert den return-Wert BOOL. Auf die Auswertung dieses Wertes wurde hier verzichtet. Sie sollten aber bei WINAPI-Funktionen diesen return-Wert abfragen. Über GetLastError erhalten Sie dann - falls GlobalMemoryStatusEx mit FALSE returned - weitere Informationen zu dem aufgetretenen Fehler.
//13 Wir gehen - wie eben bemerkt - davon aus, dass die Funktion GlobalMemoryStatusEx mit TRUE returned und werten gleich mState aus und geben den genutzten RAM aus. Der genutzte RAM ermittelt sich aus der Differenz des gesamten RAMs minus dem verfügbaren freien RAM:
mState.ullTotalPhys-mState.ullAvailPhys;
//14 Anschließend wird der gesamte RAM ausgegeben.
//15 Hier beginnen wir iMAX mal cTest zu allozieren.
//16 Wir allozieren jedes Mal 50000 Bytes (iMAXCHR). Das tun wir mit new. Auch hier gehen wir recht sträflich mit dem Code um: jeder allozierte RAM sollte auf Gültigkeit abgefragt werden. Nur eine Adresse ungleich NULL zeigt uns, ob das new funktioniert hat.
//17 Anschließend indizieren wir den mit iIdx++ den nächsten Eintrag.
//18 Danach aktivieren wir abermals GlobalMemoryStatusEx und geben zunächst den belegten RAM wieder aus
//19 und anschließend den gesamten RAM. Und wir erwarten, dass der belegte RAM um 1 GByte größer ist als vor dem Aufruf. Und der gesamte RAM sollte konstant geblieben sein. Wenn Sie die Abbildung 6.7 anschauen, so werden Sie sehen, dass in der Zeile "Used RAM after new" eine ca. 1000 MByte größere Zahl steht, als in der Zeile "Used RAM before new".
//20 Anschließend beginnen wir mit der Freigabe des belegten Speichers. iIdx wird wieder auf 0 gesetzt und solange iIdx < iMax gilt, solange wird der Speicher mit
delete[] iTest[iIdx].cTest;
wieder freigegeben.
//21 Anschließend setzen wir ihn wieder auf NULL. Leider wird dies nicht in delete selbst erledigt. NULL verdeutlicht uns, dass dieser Speicher auf alle Fälle nicht mehr nutzbar ist.
//22 Nach dem Verlassen der while-Schleife geben wir wieder den Speicher aus. Sie erkennen, dass in der Zeile "Used RAM after del" in etwa die gleiche Zahl steht wie in der Zeile "Used RAM after new".
//23 Und natürlich ist der gesamte Speicher **exakt(!!!)** konstant geblieben.
//24 Hier fragen wir die Tastatur ab und schauen, ob ein Integer ungleich 1 angegeben wurde.
//25 Wurde iEnd auf 1 gesetzt, so wird ein neuer Vorgang "new-delete" ausgelöst. Andernfalls terminiert das Programm.

Hinweis: *Bitte beachten Sie, dass wir zwar exakt 1 GByte allozieren, aber wir sehen nicht exakt diesen Zuwachs. Gleichzeitig sehen Sie auch nicht, dass nach dem delete der alte Wert wieder genau erreicht wird. Das hat eine ganz natürliche Ursache:*
Unter einem multitasking Betriebssystem existieren viele Programme parallel, die ständig Speicher anfordern und wieder freigeben. Sie können also gar keine exakten Werte erreichen. Lediglich die Größe ullTotalPhys ist exakt. Niemand wird Speicher aus einen PC entnehmen, wenn Ihr Programm läuft ;-)
Dennoch ist es sinnvoll diese Größe zu ermitteln - schließlich kann ja eine RAM-Bank ausfallen!

Probieren Sie einmal aus, den Speicher über 2 GBytes zu belasten. Ihr Programm wird (bei einem 32-Bit-System) abstürzen. Dort können die Programme nur 2 GBytes anfordern.

Wenn Sie allerdings VS 2012 unter Windows 8 haben, so können Sie Ihr System "überreden", diese Grenze zu sprengen. Gehen Sie dazu auf die Projekteigenschaften (auf dem Projektmappenexplorer einfach die rechte Mouse-Taste drücken und den Eintrag "Eigenschaften" anwählen) und aktivieren Sie das x64-System über den Konfigurationsmanager; siehe dazu Abbildung 6.9.

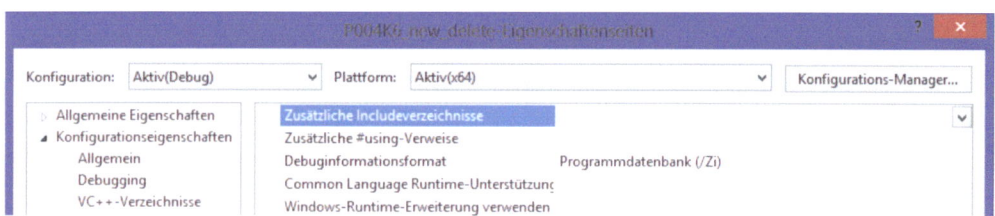

Abbildung 6.9: Die Aktivierung des x64-Systems.

Wenn Sie dann noch die Programmzeilen des Programmes 6.5 wie folgt ändern, so erhalten Sie eine RAM-Auslastung, die Sie in Abbildung 6.11 sehen können.
Änderung:

- Alt: `#define iMAX 20000`
  `#define iMAXCHR 50000`
  Hier allozieren wir 1 GByte.
- Neu: `#define iMAX 40000`
  `#define iMAXCHR 150000`
  Hier allozieren wir 6 GBytes.

Da bewegen Sie sich schon an der Grenze des Systems... Das können Sie auch an der Konsolenausgabe 6.10 erkennen. Sie sehen, dass 7 GBytes belegt werden; 6 GBytes (150000 · 40000) allein kommen von unserem Ramtest. Mehr geht derzeit kaum.

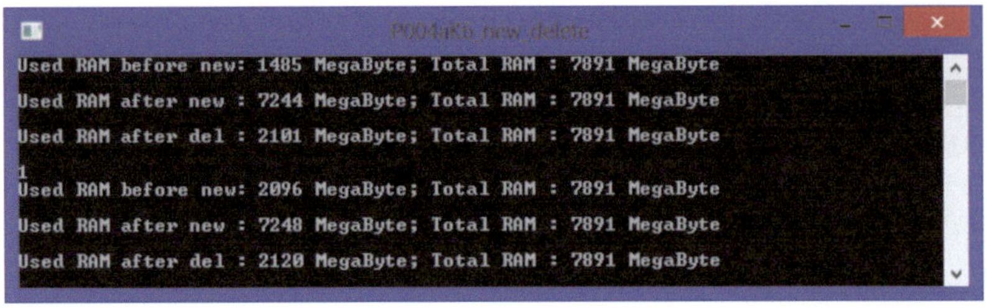

Abbildung 6.10: Die Konsolenausgabe des Programmes 6.5 mit dem x64-System.

Und wenn Sie mal beobachten, wie lange nun die do-while-Schleifen benötigen, so erkennen Sie unschwer, dass auch das Reservieren von Speicher Zeit benötigt[1]. Ausreichend Zeit. Und es wird Ihnen klar werden, dass die Zugriffszeiten eine wichtige Eigenschaft des RAM-Bausteines sind - also: nicht an der falschen Stelle sparen.

Abbildung 6.11: Bei der RAM-Auslastung stoßen wir schon fast an unsere Systemgrenzen.

Abbildung 6.12: Zeitmessung bei Programm 6.5 via Taskmanager.
CPU: Intel(R) Core(TM) i3-232M CPU 2.20 GHz.

Jetzt haben wir new und delete kennengelernt und auch etwas die Angst vor zu großem Speicher beseitigt. Gleichzeitig wissen wir wohl, dass bei C++ die Memory-Verwaltung "sehr sensibel" ist. Im Folgekapitel werden wir sehen, wo eine Anwendung von dem eben gelernten ist. Wir beschäftigen uns mit dem Konstruktor und dem Destruktor.

---

[1] Wenn Sie sich die Abbildung 6.12 anschauen: die Zeit zwischen dem ersten new und dem letzten delete liegt bei ca. 20 s!

6.4 delete oder delete[]

Wir haben schon mehrfach erwähnt: wenn Sie ein Array allozieren, so müssen Sie es mit delete[] freigeben. Tun Sie dies nicht dann ... dann passiert häufig auch nichts. Trotzdem: Im C++-Standard steht geschrieben, dass man sich an dieses Gesetz zu halten hat.

Wir geben nun ein Beispiel an, welches Ihnen zeigen soll, dass man sich besser wirklich an dieses "Gesetz" zu halten hat. Dazu schauen wir uns das Programm 6.6 an.

```cpp
// P006K6_DelDel.cpp
#include "stdafx.h"
#include <iostream>
using namespace std;
class delTest                                        // 1
{
public:
    delTest ();
    ~delTest ();
};

delTest::delTest ()                                  // 2
{
    cout << "Konstruktor delTest durchlaufen\n";
}
delTest::~delTest ()                                 // 3
{
    cout << "Destruktor delTest durchlaufen\n";
}

int main (void)
{
    delTest *delTestArr = new delTest [3];           // 4
    delete [] delTestArr;                            // 5

    int * iTest = new int[2];                        // 6
    delete [] iTest;                                 // 7

    int * iTest2 = new int;                          // 8
    delete iTest2;                                   // 9
    return 0;
}
```

Programm 6.6: Verwendung von delete oder delete[].

Abbildung 6.13: Konsolenausgabe des Programmes 6.6

//1 Wir deklarieren eine Klasse delTest. Sie soll nichts weiter tun als das Durchlaufen des Konstruktors und des Destruktors auf die Konsole zu schreiben.
//2 Hier ist der Konstruktor definiert; mit einer Ausgabe.
//3 Und hier der Destruktor. Ebenfalls mit einer Ausgabe.
//4 An dieser Stelle legen wir drei Objekte von delTest in einem Array an. Sie sehen diese drei Objekte deutlich in der Abbildung 6.13; alle drei Konstruktoren werden aufgerufen.
//5 Anschließend vernichten wir diese drei Objekte. Auch das können Sie wieder eindeutig in der Abbildung 6.13 erkennen.
//6 Nun probieren wir das mit einem int-Array. Wir generieren zwei Bereiche für Integer-Variablen
//7 und geben sie hier wieder frei.
//8 Zuletzt reservieren wir nur für einen int einen Speicherbereich. Sie wissen noch, dass es vier Bytes sind, die da reserviert werden. Und wenn Sie es vergessen haben sollten, so vergewissern Sie sich nochmals mit dem sizeof-Operator.
//9 Und an dieser Stelle geben wir diesen Speicher wieder frei.

Sie sehen, dass bei //4 und //6 Arrays reserviert werden. Allerdings können wir dies in der Ausgabe 6.13 nur bei //4 deutlich sehen. Wir erinnern: wenn wir Arrays mit new reservieren, so sollte das delete mit [] erfolgen. Das tun wir auch; bei //5 und bei //7. Bei //9 brauchen wir es nicht - es wird nur ein int reserviert. Wenn wir bei //5 die Klammern [] weglassen, so stürzt unser

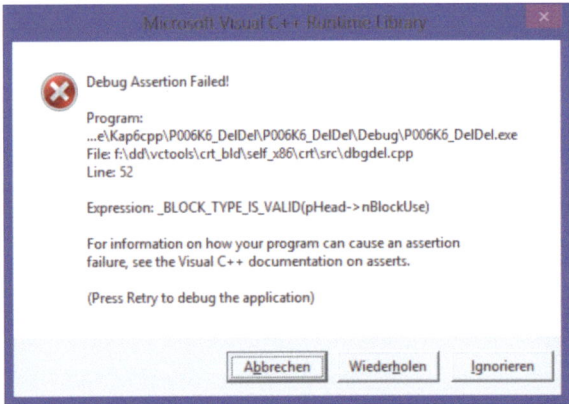

Abbildung 6.14: Lassen Sie im Programm 6.6 bei //5 die Klammern weg, so erhalten Sie diese Meldung.

Programm ab. Versuchen Sie es. Sie sollten die Fehlermeldung 6.14 sehen. Wenn Sie hingegen bei //7 die Klammern weglassen, so geschieht überhaupt nichts. Trotz alledem sollten wir uns an den Standard halten:
Speicher in Arrays werden via delete [] freigegeben.

6.5 Der Konstruktor und der Destruktor

Wir wissen bereits, dass jede Klasse einen Konstruktor hat, und im Programm 6.2 auf Seite 177 haben wir auch gesehen, dass wir überladene Konstruktoren definieren können. Jetzt stellen Sie sich vor, dass Sie im Konstruktor Speicher reservieren. Wo soll dieser wieder freigegeben werden? Mit dieser Frage sollte uns klar werden, dass es eine Art Gegenstück zum Konstruktor geben muss. Sie werden sich vielleicht fragen, warum wir im Konstruktor Speicher reservieren sollten. Nun, stellen Sie sich vor, dass wir eine Klasse generieren sollten, die Strings handeln kann. Oder vielleicht sollten wir den Job einfacher definieren:

Wir sollen Werkzeuge zum Stringhandling zur Verfügung stellen. Und da ist es sicherlich hilfreich, in der Klasse eine private Membervariable zu haben, die die Zeichenkette in einem char-Pointer sichert. Am besten übergeben wir den String gleich dem Konstruktor und sichern ihn im Konstruktor in unserer privaten Member-Variablen. Da wir aber nicht wissen, wie viele Zeichen übergeben werden, müssen wir dynamisch Speicher anfordern. Und schon benötigen wir den new-Operator.

Wenn wir Speicher anfordern, so sollte er wieder freigegeben werden. Wir fordern den Speicher im Konstruktor an. Also wäre es sinnvoll, den Speicher auch im "Gegenstück" des Konstruktor - wir werden dieses "Gegenstück" Destruktor nennen - wieder freizugeben. Ansonsten würden wir mit jedem Erzeugen eines Objektes ein memory-Leak generieren, weil das "delete" fehlt. Konstruktoren und Destruktoren unterliegen gewissen Regeln:

- Ein Konstruktor besitzt den Namen der Klasse.
- Ein Destruktor besitzt ebenfalls den Namen der Klasse; er hat vor diesem Namen allerdings noch das Tilde-Zeichen (~).
- Destruktoren können keine Parameter übernehmen.
- Konstruktoren und Destruktoren haben keinen return-Wert; auch nicht void.
- Eine Klasse darf beliebig viele Konstruktoren haben.
- Eine Klasse darf nur einen Destruktor haben.

Nun schauen wir uns vieles von dem eben erläuterten im Programm an. Betrachten Sie dazu das Programm 6.7.

//1 An dieser Stelle wird die Klasse xString deklariert. Gewöhnen Sie sich einfach - nur um unsinnige Compile-Fehler zu vermeiden - die folgende Vorgehensweise an. Schreiben Sie in folgender Reihenfolge:

1. Klassenbezeichner: `class`
2. Klassenname: `xString`
3. {
4. }
5. ;

```cpp
// P005K6_KonstDest.cpp
#include "stdafx.h"
#include <iostream>
using namespace std;
class xString                                          // 1
{
public:
    xString (char *str);                               // 2
    ~xString ();                                       // 3
    void print (void);                                 // 4
    inline int getLength (void)                        // 5
    {
        return strlen (strString_);                    // 6
    }
private:
    char *strString_;                                  // 7
};

xString::xString (char *str)                           // 8
{
    int iStrLen = strlen (str);                        // 9
    strString_ = new char [iStrLen+sizeof(char)];      // 10
    strcpy_s (strString_, iStrLen+sizeof(char), str);  // 11
    cout << "Konstruktor durchlaufen\n";               // 12
}
xString::~xString ()                                   // 13
{
    delete [] strString_;                              // 14
    strString_ = NULL;                                 // 15
    cout << "Destruktor durchlaufen\n";                // 16
}
void xString::print (void)
{
    cout << strString_;                                // 17
}
int main (void)
{
    xString myStr ("Hallo Hans");                      // 18
    myStr.print(); cout << endl;
    cout << "myStr ist " << myStr.getLength()
         << " Zeichen lang\n";                         // 19
    {                                                  // 20
        xString myStr ("Hallo Peter");
        myStr.print(); cout << endl;
        cout << "myStr ist " << myStr.getLength()
             << " Zeichen lang\n";                     // 21
    }
    return 0;
}
```

Programm 6.7: Die Klasse xString mit inline-Funktion und new und delete im Konstruktor und Destruktor.

So ersparen Sie sich am Anfang unnötige Fehlersuche.

//2 Hier deklarieren wir einen überladenen Konstruktor. Ihm wird der String übergeben, der "Inhalt" der Klasse/des Objektes sein soll.

//3 Anschließend deklarieren wir den Destruktor.

//4 Nach der Destruktor-Deklaration kommen zwei Memberfunktionen. Zuerst die Funktion print(void). Sie gibt die String des Objektes auf der Konsole aus.

//5 Danach wird eine inline-Funktion deklariert. Hier wird die Länge des Strings berechnet.

6.5 Der Konstruktor und der Destruktor

Warum wird diese Funktion inline deklariert? Der Vorteil von inline besteht darin, dass der Code direkt - wie bei einem Makro - an die Stelle kopiert wird, wo er aufgerufen wird. Das spart Ihnen umständliches und zeitaufwendiges Stackhandling; der Code wird schneller[2]. Aber auch ohne das Schlüsselwort inline werden alle Funktionen, die in der Klassendeklaration definiert sind, als inline betrachtet.

//6 In der inline-Funktion getLength wird via strlen die Stringlänge berechnet. In diesem Kontext sei schon mal die Klasse CString der MFC erwähnt. MFC steht für Microsoft Foundation Classes und stellt eine wichtige Sammlung von Klassenbibliotheken für die Programmierung grafischer Benutzeroberflächen unter Windows dar. Weitere wichtige Klassen sind CTime, CRect, CToolTipCtrl, CFile, etc.

//7 Hier deklarieren wir die private Member-Variable der Klasse xString: `char *strString_;`

//8 Der Definitionsteil der Klasse xString wird mit dem Konstruktor eingeleitet.

//9 Wir bestimmen zunächst die Stringlänge. Das tun wir um zu wissen, wie viel Speicher wir reservieren müssen.

//10 Anschließend reservieren wir den Speicher. Wir reservieren ein Byte (sizeof (char)) mehr; das benötigen wir für die 0, die am Ende des Strings steht. Tun Sie das nicht, so werden Sie den Debug-Fehler erhalten, der in der Abbildung 6.16 zu sehen ist.

//11 Normalerweise müssten wir vor dem Sichern des Strings str in die private Member-Variable srString_ abfragen, ob die Adresse von srString_ auch gültig ist. Wir tun es - sträflicherweise - nicht und kopieren gleich den String str nach srString_.

//12 Anschließend geben wir auf der Konsole aus, dass der Konstruktor durchlaufen wurde.

//13 Hier wird der Destruktor definiert. Sie sehen, dass der Destruktor den Klassennamen hat, aber im Unterschied zum Konstruktor mit dem Tilde-Zeichen (~) eingeleitet wird.

//14 Nun geben wir den Speicher wieder frei. Sie sehen, dass wir ein delete mit [] machen. Das ist nötig, weil wir ein Array alloziert haben.

//15 Und anschließend setzen wir ihn auf NULL. Manchmal ist das günstig. Sie sehen gleich, dass der Speicher ungültig ist. Leider liefert delete kein NULL zurück, sondern - in der Regel - den alten Adresswert.

//16 Auch hier geben wir auf der Konsole aus, dass der Destruktor durchlaufen wurde.

//17 In der Methode print geben wir einfach den String aus.

//18 Nun definieren wir unser erstes Objekt; myStr. Wir übergeben den String "Hallo Hans" und geben den String sofort wieder auf der Konsole aus.

//19 Dann ermitteln wir die Stringlänge des Objektes und schreiben sie ebenfalls auf die Konsole.

//20 Hier leiten wir lediglich einen neuen Scope ein. Darin können wir nochmals ein weiteres Objekt myStr kreieren. Wie wir schon in C gelernt haben: Variablen - bei uns Objekte - leben nur innerhalb eines Scopes. In diesem Scope definieren wir das Objekt mit "Hallo Peter".

//21 Und auch hier geben wir den String wieder aus und ermitteln auch die Länge des Strings, die auch auf der Konsole ausgegeben wird.

Was sehen wir nun auf der Konsole? Schauen Sie sich dazu die Abbildung 6.15 und Tabelle 6.2 auf der Seite 196 an. Sie sehen sehr schön die Lebensdauer eines Objektes und dass der

---

[2]Achtung: das Schlüsselwort inline ist für den Compiler keine Pflicht, sondern nur eine Empfehlung.

Abbildung 6.15: Die Konsolenausgabe des Programmes 6.7.

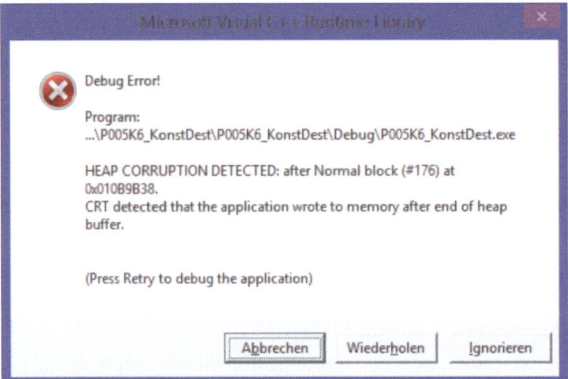

Abbildung 6.16: Fehler, wenn im Programm 6.7 ein Byte zu wenig alloziert wird.

Destruktor beim Vernichten eines Objektes wieder durchlaufen wird. Es sollte Ihnen auch klar sein, dass für ein sauberes Kreieren und ein sauberes Vernichten von Objekten ein vollständiger Durchlauf des Konstruktors und des Destruktors von unabdingbarer Wichtigkeit ist.

Text	Bedeutung
"Konstruktor durchlaufen"	Konstruktor von Hans
"Hallo Hans"	Textausgabe des Objektes für Hans
"myStr ist 10 Zeichen lang"	Ausgabe der Stringlänge von "Hallo Hans"
"Konstruktor durchlaufen"	Konstruktor von Peter
"Hallo Peter"	Textausgabe des Objektes für Peter
"myStr ist 11 Zeichen lang"	Ausgabe der Stringlänge von "Hallo Peter"
"Destruktor durchlaufen"	Destruktor von Peter
"Destruktor durchlaufen"	Destruktor von Hans

Tabelle 6.2: Erläuterungen der Konsolenausgabe des Programmes 6.7.

6.6 Statische Variablen und Funktionen

Die OOP zielt darauf hinab, Daten zu kapseln. Motto: was in einer Klasse/einem Objekt geschieht, sollte auch nur da deklariert sein. Nun ist es aber mitunter sinnvoll, dass ein beliebiges Objekt etwas über andere Objekte "sagen" kann. Dazu überlegen wir uns ein Beispiel: es existiert durchaus die praktische Forderung, dass man - nach einem gewissen Ablauf eines Programmes - wissen will, ob noch Objekte im RAM sind. Der Grund liegt auf der Hand: man möchte potentielle Memory-Leaks erfassen.

Dazu sehen wir uns das Beispiel cStatic an. Hier wird über eine statische Variable ein Objekt-Zähler deklariert, der - aufgrund der Natur des Schlüsselwortes `static` - weiß, wie viele Objekte noch existieren. Wir schauen uns das Programm 6.8 genauer an.

//1 Mit strAnzVorhObj haben wir eine Präprozessor-Variable definiert, die es uns erlaubt, mit

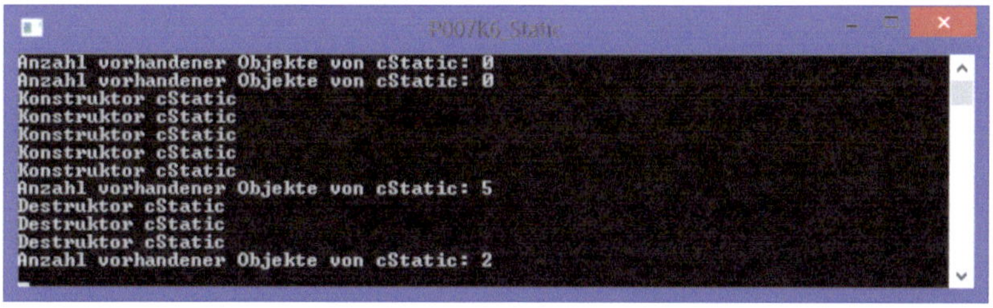

Abbildung 6.17: Die Konsolenausgabe des Programmes 6.8.

einer Änderung den Text im gesamten Programm zu ändern. So etwas ist immer sinnvoll. Texte sollten nie hart kodiert sein. Das erlaubt uns das Texthandling sinnvoll zu gestalten: Sie können dann sehr einfach andere Sprachen zuschalten. In der GUI-Programmierung mit dem VS 2012 werden Sie Sprachen DLLs generieren, die es Ihnen erlauben, online die gewünschte Sprache einzublenden.

//2 An dieser Stelle deklarieren wir die Klasse cStatic.

//3 Anschließend deklarieren wir im public Bereich die Methode getCounter. Es ist eine statische Methode. Jede Methode, die statische Variablen handelt ist auch eine statische Methode. Um statische Methoden zu nutzen zu können, ist keine Instanz eines Objektes vonnöten.

//4 An dieser Stelle deklarieren wir die statische Membervariable iObjCount_. Sie ist private, aber Sie werden gleich sehen, dass diese Membervariable einen public-Touch hat.

//5 Nun müssen wir nochmals iObjCount_ deklarieren. Bitte beachten Sie:
  1. Sie brauchen, falls die statischen Variablen mit 0 definiert werden soll, nicht zu definieren - sie werden automatisch mit 0 definiert.
  2. Wenn Sie diese Deklaration außerhalb der Klasse nicht vornehmen, so erhalten Sie den Link-Fehler 6.3. Sie müssen also diese Zeile im Code haben.

//6 In der Definition des Konstruktors gehen wir aus, dass der Konstruktor durchlaufen wurde und wir inkrementieren den Objekt-Zähler. Jetzt einsteht nämlich das Objekt.

```cpp
// P007K6_Static.cpp
#include "stdafx.h"
#include <iostream>
using namespace std;
#define strAnzVorhObj    "Anzahl vorhandener Objekte von cStatic: "   // 1
class cStatic                                                          // 2
{
    public:
        cStatic (void);
        ~cStatic ();
        static int getCounter(void);                                   // 3
    private:
        static int iObjCount_;                                         // 4
};
int cStatic::iObjCount_;                                               // 5

cStatic::cStatic (void) {
    cout << "Konstruktor cStatic\n";
    iObjCount_++;                                                      // 6
}
cStatic::~cStatic (void) {
    cout << "Destruktor cStatic\n";
    iObjCount_--;                                                      // 7
}
int cStatic::getCounter(void) {
    return iObjCount_;
}
const int iKonst_ = 5;                                                 // 8
int main (void) {
    cout << strAnzVorhObj << cStatic::getCounter() << endl;            // 9
    cStatic *staticTest[iKonst_];                                      // 10
    cout << strAnzVorhObj << cStatic::getCounter() << endl;            // 11
    for (int i=0; i<iKonst_; i++) {
        staticTest[i] = new cStatic;                                   // 12
    }
    cout << strAnzVorhObj << staticTest[0]->getCounter() << endl;      // 13
    for (int i=0; i<iKonst_-2; i++)                                    // 14
    {
        delete staticTest[i];                                          // 15
    }
    cout << strAnzVorhObj << cStatic::getCounter() << endl;            // 16
    return 0;
}
```

Programm 6.8: Die Klasse cStatic, die den Objekt-Zähler hält.

//7 Und im Destruktor führen wir die gleichen Schritte aus. Nur dass der Objektzähler dekrementiert wird. An dieser Stelle wird das Objekt vernichtet.

//8 Wir wollen in diesem Testprogramm maximal 5 Objekte generieren.

//9 Da die Methode getCounter eine statische Funktion ist, können wir sie nutzen, wenn noch kein Objekt existiert. Wir geben die Anzahl der derzeit existierenden Objekte aus. Wenn Sie die Abbildung 6.17 anschauen, so erkennen Sie, dass noch "kein Objekt>" angelegt wurde. Und so ist es ja auch; siehe erste Zeile der Konsole.

//10 Anschließend deklarieren wir ein Array von Objekten der Klasse cStatic.

//11 Das jetzt noch kein Objekt vorhanden ist, das wollen wir uns auch beweisen; wir geben die Anzahl der vorhandenen Objekte auf der Konsole aus. Auch hier sehen wir in der Abbildung 6.17, dass 0 Objekte angelegt wurden; siehe 2. Zeile der Konsolenausgabe.

6.6 Statische Variablen und Funktionen

//12 Nun generieren wir in einer for-Schleife 5 Objekte.

//14 Und anschließend geben wir die Anzahl der Objekte aus. Jetzt, da Objekte existieren, können Sie sich eine beliebige Instanz aussuchen, die Ihnen die Zahl der existierenden Objekte mitteilt. Wir haben die Instanz staticTest[0] zur Ermittlung gewählt. Und in der Abbildung 6.17 sehen wir auch dass 5 Objekte angelegt wurden. Und wenn Sie die Konstruktorausgaben "Anzahl vorhandener Objekte von cStatic: " zählen, so zählen Sie natürlich auch 5.

//15 Anschließend vernichten wir mit delete wieder drei Objekte. Und Sie sehen auch in unserer Konsolenausgabe, dass der Destruktor 3x durchlaufen wurde.

//16 Final geben wir nochmals die Anzahl der existierenden Objekte mit dem Befehl cStatic::getCounter() aus. Hier rufen wir die statische Funktion wieder auf, ohne eines der noch vorhandenen Objekte zu nutzen. Wir hätten aber ebenso das Objekt staticTest[3] oder staticTest[4] zur Ausgabe nutzen können (staticTest[3]->getCounter()). Sie sehen in der Abbildung 6.17, dass noch 2 Objekte im RAM sind.

```
Fehler 2 error LNK1120: 1 nicht aufgelöste Externe
```

Compilerausgabe 6.3: Falls Sie //5 im Programm 6.8 ausklammern, so erhalten Sie diesen Link-Fehler

Zum Schluss dieses kleinen Kapitels wollen wir das Schlüsselwort this kennenlernen. Dieses Schlüsselwort gibt die Adresse einer Instanz bekannt. Bitte beachten Sie, dass this ein konstanter Zeiger ist. Wir schauen uns dazu ein kleines Programm an; siehe Programm 6.9.

//1 Wir deklarieren den Konstruktor der Klasse cThis. Es handelt sich um einen überladenen Konstruktor - er bekommt eine Integer-Variable übergeben. Beachten Sie, dass bei der Deklaration von Funktionen, die Parameter übergeben bekommen, es nicht zwingend notwendig ist, die Variable zu benennen. Das können - und dann müssen Sie es auch - bei der Definition der Funktion tun; bei der Deklaration ist der Typ der Variable ausreichend:
cThis (int);

//2 Hier deklarieren wir die Funktion
int getItsAdr(void);.
Sie gibt ein Integer zurück. Wir nehmen voraus, dass es sich dabei um die Adresse des Objektes handelt.

//3 Jetzt deklarieren wir eine Funktion, die die private Variable iMyTest_ zurückgibt. Wir nennen diese Funktion getiTestByFct, weil hier die Variable direkt zurückgegeben wird.

//4 An dieser Stelle geben wir auch iMyTest_ zurück; allerdings via this. Deshalb heißt die hier deklarierte Funktion getiTestByThis.

//5 Hier deklarieren wir die private Variable iMyTest_. Was sollten Sie hier beachten?:

1. Es handelt sich um eine "klassen-globale" Variable. Das bedeutet, auf diese Variable können Sie in jeder Methode der Klasse cThis zugreifen. Wir verdeutlichen dies mit dem Unterstrich als Suffix und können sie damit sofort von methodenlokalen Variablen unterscheiden.
2. Es macht immer Sinn, derartige Variablen bei der Deklaration zu kommentieren.

//6 Nun wird der Konstruktor definiert.

```cpp
// P008K6_this.cpp
#include "stdafx.h"
#include <iostream>
using namespace std;
class cThis
{
    public:
        cThis (int);                                                      //1
        ~cThis (void);
        int getItsAdr(void);                                              //2
        int getiTestByFct(void);                                          //3
        int getiTestByThis(void);                                         //4
    private:
        int iMyTest_; //Test-Variable, zur Verdeutlichung von this         5
};
cThis::cThis (int iTest)                                                  //6
{
    cout << "Konstruktor cThis\n";
    iMyTest_ = iTest;                                                     //7
}
cThis::~cThis (void)
{
    cout << "Destruktor cThis\n";                                         //8
}
int cThis::getItsAdr(void)
{
    return (int)this;                                                     //9
}
int cThis::getiTestByFct(void)
{
    return iMyTest_;                                                      //10
}
int cThis::getiTestByThis(void)
{
    return (*this).iMyTest_;                                              //11
}
int main (void)
{
    cThis myThis1(1);                                                     //12
    cThis myThis2(10);                                                    //13
    cout<<endl;
    cout<<"Adresse von myThis1 via AdrOp : "<< hex<<(int)&myThis1            <<endl; //14
    cout<<"Adresse von myThis1 via this  : "<< hex<<myThis1.getItsAdr()      <<endl; //15
    cout<<"iMyTest_ durch getiTestByFct  : "<< hex<<myThis1.getiTestByFct()  <<endl; //16
    cout<<"iMyTest_ durch getiTestByThis : "<< hex<<myThis1.getiTestByThis()<<endl; //17
    cout<<endl;
    cout<<"Adresse von myThis2 via AdrOp : "<< hex<<(int)&myThis2            <<endl;
    cout<<"Adresse von myThis2 via this  : "<< hex<<myThis2.getItsAdr()      <<endl;
    cout<<"iMyTest_ durch getiTestByFct  : "<< hex<<myThis2.getiTestByFct()  <<endl;
    cout<<"iMyTest_ durch getiTestByThis : "<< hex<<myThis2.getiTestByThis()<<endl;
    cout<<endl;
    return 0;
}
```

Programm 6.9: cThis verdeutlicht die Funktion des this-Pointers.

//7 Sie sehen hier, dass sich die methoden-lokale Variable iTest deutlich von der klassenglobalen Variable iMyTest_ unterscheidet; wir legen hier Wert auf den Unterstrich _.
Unabhängig davon: eine wesentliche Aufgabe des Konstruktors besteht darin, alle Membervariablen zu definieren. Und wenn Sie nicht wissen, wie sie die Variable definieren sollen, so definieren sie diese trotzdem! Ist es eine falsche Definition, so wird Ihr Programm

immer falsch laufen. Diesen Fehler, da er immer wieder austritt, werden Sie finden. Und ist die Variable korrekt definiert, so wird Ihr Programm immer korrekt laufen - alles gut. Hingegen: ist die Variable nicht definiert, so wird ihre Software mal so, mal so reagieren und es wird Ihnen sehr schwer fallen, den Grund herauszufinden.

//8 Wie im Konstruktor geschehen, so wird auch der Destruktor - zur Verdeutlichung des Durchlaufes - mit einer Konsolenausgabe versehen.

//9 An dieser Stelle definieren wir die Methode getItsAdr(void). Diese Methode gibt die Adresse des Objektes zurück. Schauen Sie sich dazu die Konsolenausgabe 6.18 an.

//10 Anschließend wird die Methode getiTestByFct(void) definiert. Diese Methode gibt die Variable iMyTest_ zurück.

//11 Diese Variable kann auch durch den this-Pointer zurückgegeben werden. Das geschieht mit der hier definierten Methode getiTestByThis.

//12 Nun definieren wir zwei Objekte; zuerst myThis1. Dieses Objekt wird mit 1 instanziiert.

//13 Danach wird das Objekt myThis2 mit 10 definiert.

//14 Nun beginnen wir mit der Konsolenausgabe. Zuerst ermitteln wir mit dem Adressoperator (&) die Adresse des Objektes myThis1 geben diese aus. Beachten Sie, dass wir die Integer-Variable in hexadezimaler Form ausgeben. Dies geschieht mit dem Schlüsselwort hex. Sie könnten diese Zahl auch im Oktalsystem oder im Dezimalsystem ausgeben.

//15 Hier wird ebenfalls die Adresse des Objektes ausgegeben; und zwar durch den this-Pointer. Sie sehen in der Konsolenausgabe, dass es sich um die gleiche Adresse handelt wie eine Zeile darüber. Bitte beachten Sie, dass es sich bei jedem Programmstart immer wieder um andere Adressen handeln kann. Sie werden also in der Regel nicht die gleichen Adressen ermitteln.

//16 Hier geben wir den Wert der privaten Membervariablen aus iMyTest_.

//17 Diese Ausgabe erzielen Sie auch, wenn Sie sich der Methode getiTestByThis bedienen. Darin liegt auch ein Sinn des this-Pointers: Sie können mit der Adresse eines Objektes "rechnen", wenn das Objekt noch nicht existiert. Und das ist der Fall bei der Definition einer Klasse. Zu diesem Zeitpunkt steht Ihnen der Adressoperator zwar zur Verfügung, aber Sie können diesen nicht verwenden, um Adressen für noch nicht existente Objekte zu bearbeiten.

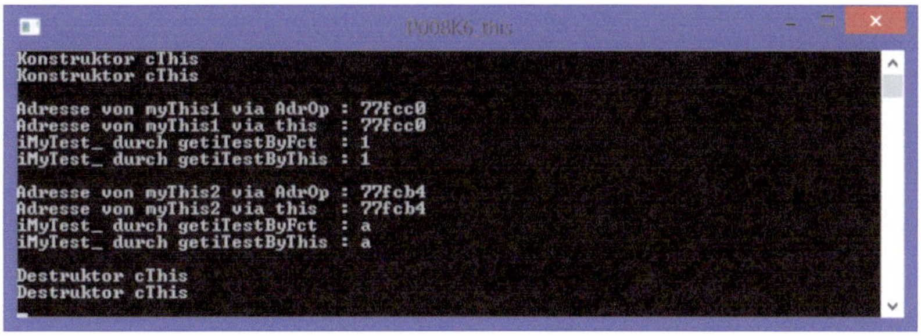

Abbildung 6.18: Die Konsolenausgabe des Programmes 6.9.

6.7 friend - Funktionen und Klassen

Wir haben - abgesehen von dem Schlüsselwort `static` - bisher sehr darauf geachtet, dass wir Daten (und Funktionen) kapseln. Der Sinn dieser Kapselung besteht darin, dass ohne Kapselung viele Fehler gemacht werden können. Für diese Kapselung ist eigens das Schlüsselwort `private` definiert worden.

Ab und zu ist es allerdings von Nutzen, wenn wir diese Kapselung etwas "aufweichen". Schon das Schlüsselwort static macht es möglich, dass zwei verschiedenen Objekte voneinander "wissen" können: eine statische Variable erfüllt diese Eigenschaft. Wir könnten - beispielsweise - über eine statische Variable erzwingen, dass nur eine Instanz (ein Objekt) einer Klasse generiert wird. Sie dürften jetzt schon in der Lage sein, eine solche Klasse zu generieren. Diese Klasse würde man eine "Singleton"-Klasse nennen. Kommen wir aber zu dem neuen Schlüsselwort. Kommen wir zu `friend`. Manchmal ist es von Nutzen, wenn Klassen mit klassenfremden globalen Funktionen oder anderen Klassen direkt zusammenarbeiten. Wir schauen uns dazu ein kleines Beispiel an; siehe dazu Programm 6.10.

```cpp
// P009K7_FriendFunct.cpp
#include "stdafx.h"
#include <iostream>
using namespace std;
class cFriendFunct {
    friend int addToPriv (cFriendFunct&, int);          // 1
    public:
        cFriendFunct (int);
        ~cFriendFunct (void);
        int getPriv (void) {return iMyTest_;};          // 2
    private:
        int iMyTest_;                                   // 3
};
cFriendFunct::cFriendFunct (int iTest) {
    cout << "Konstruktor cFriendFunct\n";
    iMyTest_ = iTest;                                   // 4
}
cFriendFunct::~cFriendFunct (void) {
    cout << "Destruktor cFriendFunct\n";
}
int addToPriv (cFriendFunct& friendVar, int iAdd) {
    friendVar.iMyTest_+=iAdd;                           // 5
    return friendVar.iMyTest_;                          // 6
}
int main (void) {
    cFriendFunct myFriend(1);                           // 7
    cout << "Ausgabe der privaten Var vor addToPriv : " <<
        myFriend.getPriv () << endl;                    // 8
    cout << "Ausgabe der privaten Var via friendFkt.: " <<
        addToPriv (myFriend, 5) << endl;                // 9
    cout << "Ausgabe der privaten Var nach addToPriv: " <<
        myFriend.getPriv () << endl;                    // 10
    return 0;                                           // 11
}
```

Programm 6.10: Beispiel einer friend Funktion; global.

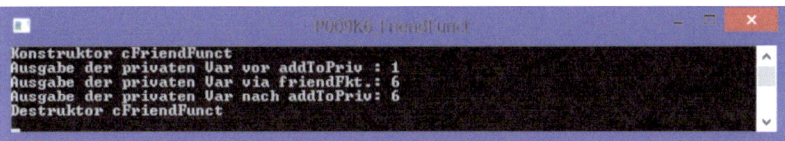

Abbildung 6.19: Die Konsolenausgabe des Programmes 6.10.

//1 Wir deklarieren hier eine globale friend-Funktion. Eine friend Funktion sollte immer zu Beginn einer Klassendeklaration deklariert werden. Da eine friend Funktion auf alle Member der Klasse zugreifen kann, macht das auch Sinn. Selbst wenn Sie die friend Funktion in dem Bereich deklarieren, wo die privaten Member der Klasse deklariert sind, hat das keinerlei Auswirkungen: eine friend Funktion kann immer auf alle Member zugreifen.
Beachten Sie: wir übergeben der Funktion zwei Parameter. Eine Referenz auf die Klasse selbst - schließlich wollen Sie ja auf Member der Klasse zugreifen - und eine Integer Variable. Wir wollen erläutern, warum wir eine Referenz übergeben: natürlich können Sie auf die Referenz verzichten. Sie sollten sich aber darüber klar werden, dass bei einer Referenz lediglich vier Bytes übergeben. Wenn Sie die Klasse übergeben, so können es durchaus mehr sein[3]. Und dieses mehr kann auf die Dauer eine Performance-Bremse werden. Schließlich müssen alle Daten auf den Stack kopiert werden.

//2 Als inline Funktion deklarieren und definieren wir hier eine Funktion, die die private Variable iMyTest_ zurückgibt.

//3 Und hier ist die private Variable iMyTest_ deklariert. Wir nutzen sie lediglich, um zu verstehen, wie die friend Funktion wirkt.

//4 Diese private Variable iMyTest_ muss natürlich definiert werden. Wir tun das im Konstruktor.

//5 Mit dem "+="-Operator addieren wir zur privaten Variable iMyTest_ den Wert, der in iAdd steht.

//6 Und diesen Wert geben wir als return Wert aus der Funktion zurück.

//7 Im main kreieren wir die Instanz myFriend. Dabei wird iMyTest_ mit 1 definiert, da der überladene Konstruktor eine 1 übergeben bekommt.

//8 Anschließend schauen wir einfach nach, ob iMyTest_ tatsächlich mit 1 definiert worden ist. Über getPriv ist das möglich. Und wenn Sie die Ausgabe 6.19 anschauen, so sehen Sie nach der Ausgabe des Konstruktors, dass vor dem Aufruf der friend Funktion tatsächlich eine 1 auf die Konsole geschrieben wurde.

//9 Nun aktivieren wir die friend Funktion addToPriv. Es wird die private Variable iMyTest_ um 5 inkrementiert und wieder ausgegeben.

//10 Dass tatsächlich die private Variable iMyTest_ inkrementiert wurde, davon überzeugen wir uns nochmals, indem wir diese abermals ausgeben. Und Sie sehen, dass tatsächlich eine 6 (1+5) ausgegeben wird.

//11 Wenn Sie an dieser Stelle einen breakpoint setzen, so können Sie auch sehen, dass die Instanz myFriend vernichtet wird. Der Destruktor wird durchlaufen.

---

[3]In unserem Beispiel ist das nicht der Fall, weil sizeof (cFriendFunct) gerade mal vier ist.

Es ist auch möglich, dass Sie sich vorbehalten wollen, in allen Funktionen einer Klasse auf die privaten Daten einer anderen zugreifen zu wollen. Dann ist es naheliegend, die gesamte Klasse als friend zu deklarieren. Dazu schauen wir uns das Programmbeispiel 6.11 an.

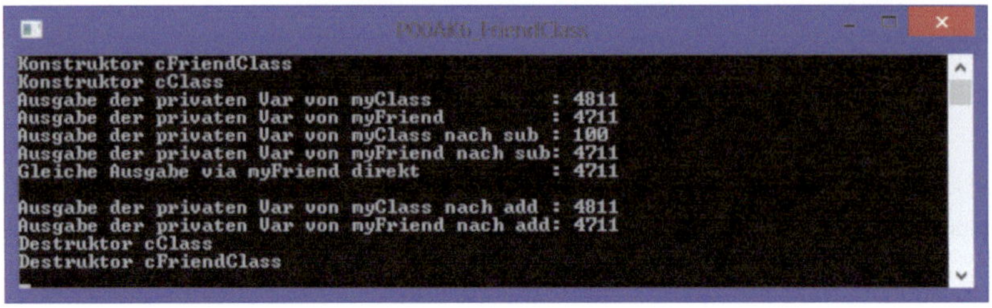

Abbildung 6.20: Die Konsolenausgabe des Programmes 6.11.

//1 Was für friend-Funktionen gilt, das gilt auch für friend-Klassen: deklarieren Sie die friend-Klasse gleich zu Beginn der Klassendeklaration:
friend class cClass;
Diese Deklaration sagt: alle Funktionen der Klasse cClass können Variablen der Klasse cFriendClass nutzen.

//2 Hier haben wir einen überladenen Konstruktor, der eine schöne Eigenschaft hat: übergeben wir dem Konstruktor nichts, so wird die private Variable iMyTest_ der Klasse cFriendClass mit 4711 vorinitialisiert; ansonsten erhält die Variable den Wert, der dem Konstruktor übergeben wird.
Wir haben in der Klasse noch die Funktion getXFriendTest definiert. Sie soll uns im main zeigen, dass man (natürlich) auch direkt die Variable ausgeben kann.

//3 Und hier ist die private Membervariable iMyTest_ deklariert.

//4 Der Konstruktor der Klasse cClass besitzt nicht die Eigenschaft wie der Konstruktor der Klasse cFriendClass. Bei der Instanziierung eines Objektes muss in jedem Falle iTest angegeben werden. Anderenfalls würden Sie eine Compilerfehlermeldung wie in 6.4 erhalten.

//5 Hier deklarieren und definieren wir die Funktion add. Dabei greift die Klasse cClass auf die privaten Daten der Klasse cFriendClass zu. Dies ist durch das Schlüsselwort friend möglich geworden. Beachten Sie, dass cClass nur lesend auf iMyTest_ von cFriendClass zugreift. Deshalb nutzen wir auch als den const-Ref-Pointer (const cFriendClass&). Würden wir hier cVar.iMyTest_ ändern, so erhielten wir eine Fehlerausgabe des Compilers; siehe Meldung refcomp.CompC3490Err.
Mit dieser Parameterübergabe haben wir zwei Vorteile:

1. Wir übergeben dem Stack lediglich eine Adresse und gewinnen dadurch an Performance des Programmes, weil sonst alle Parameter auf den Stack kopiert werden müssten.
2. Wir verhindern ein versehentliches Ändern der privaten Member der Klasse cFriendClass und wirken so dem Aufweichen der Kapselung entgegen, die mit der Nutzung der Schlüsselwortes friend zwangsläufig verbunden ist.

6.7 friend - Funktionen und Klassen

```cpp
// P00AK6_FriendClass.cpp
#include "stdafx.h"
#include <iostream>
using namespace std;
class cFriendClass {
    friend class cClass;                                              //1
    public:
        cFriendClass (int iTest=4711);                                //2
        ~cFriendClass (void);
        int getXFriendTest (void) {return iMyTest_;}
    private:
        int iMyTest_;                                                 //3
};
class cClass {
    public:
        cClass (int iTest);                                           //4
        ~cClass (void);
        void add (const cFriendClass& cVar) {iMyTest_+=cVar.iMyTest_;} //5
        void sub (const cFriendClass& cVar) {iMyTest_-=cVar.iMyTest_;} //6
        int getMyTest (void) {return iMyTest_;}                       //7
        int getFriendTest (const cFriendClass& cVar) {return cVar.iMyTest_;} //8
    private:
        int iMyTest_;                                                 //9
};
cFriendClass::cFriendClass (int iTest) {                              //10
    cout << "Konstruktor cFriendClass\n";
    iMyTest_ = iTest;
}
cFriendClass::~cFriendClass (void) {
    cout << "Destruktor cFriendClass\n";
}
cClass::cClass (int iTest) {
    cout << "Konstruktor cClass\n";
    iMyTest_ = iTest;
}
cClass::~cClass (void) {
    cout << "Destruktor cClass\n";
}
int main (void) {
    cFriendClass myFriend;                                            //11
    cClass myClass (4811);                                            //12
    cout << "Ausgabe der privaten Var von myClass         : " <<
            myClass.getMyTest() << endl;                              //13
    cout << "Ausgabe der privaten Var von myFriend        : " <<
            myClass.getFriendTest(myFriend) << endl;
    myClass.sub (myFriend);                                           //14
    cout << "Ausgabe der privaten Var von myClass nach sub : " <<
            myClass.getMyTest() << endl;
    cout << "Ausgabe der privaten Var von myFriend nach sub: " <<
            myClass.getFriendTest(myFriend) << endl;
    cout << "Gleiche Ausgabe via myFriend direkt          : " <<
            myFriend.getXFriendTest () << endl <<endl;
    myClass.add (myFriend);                                           //15
    cout << "Ausgabe der privaten Var von myClass nach add : " <<
            myClass.getMyTest() << endl;
    cout << "Ausgabe der privaten Var von myFriend nach add: " <<
            myClass.getFriendTest(myFriend) << endl;
    return 0;
}                                                                     //16
```

Programm 6.11: Beispiel einer friend Klasse.

//6 Für die sub-Methode gilt das eben beschriebene gleichfalls. Beachten Sie, dass wir hier den -= Operator nutzen.

//7 An dieser Stelle deklarieren und definieren wir die Funktion, die die private Variable der Klasse cClass zurückgibt.

//8 Und hier tun wir das Gleiche; nur wird hier die Klasse cClass mit der Methode getFriendTest die private Variable der Klasse cFriendClass zurückgeben. Dies ist nur durch das Schlüsselwort friend möglich.

//9 An dieser Stelle deklarieren wir die private Variable iMyTest_ der Klasse cClass.

//10 Hier sehen wir die Definition des Konstruktors cFriendClass.

//11 Und im main definieren wir gleich ein Objekt der Klasse cFriendClass. Da wir dem Konstruktor nichts übergeben, ist iTest automatisch mit 4711 vorbelegt.

//12 Bei der Definition des Objektes der Klasse cClass müssen wir dem Konstruktor einen Integer übergeben. Andernfalls erhielten wir die Fehlermeldung 6.4.

//13 Nun beginnen wir mit den Ausgaben. Zuerst geben wir die private Membervariable der Klasse cClass mit dem Objekt der Klasse cClass aus. Anschließend geben wir mit dem gleichen Objekt die private Membervariable der Klasse cFriendClass

//14 Mit der Funktion sub verringern wir die private Variable der Klasse cClass (iMyTest_) um den Betrag der Variable der Klasse cFriendClass; diese Variable haben wir ganz bewusst ebenfalls iMyTest_ genannt. Ihnen soll verdeutlicht werden, dass es sich hierbei um eine ganz andere Variable handelt - Namen spielen keinen Rolle!
Anschließend erfolgen drei Ausgaben:

1. Die Ausgabe der privaten Variable der Klasse cClass; diese Variable hat den Werte 100, weil $4811 - 4711 = 100$ ist.
2. Die Ausgabe der privaten Variable der Klasse cFriendClass über ein Objekt der Klasse cClass. Diese Variable kann sich nicht geändert haben.
3. Die Ausgabe der privaten Variable der Klasse cFriendClass über ein Objekt der Klasse cFriendClass.

Schauen Sie sich dazu die Abbildung 6.20 an.

//15 Final stellen wir mit der Methode add die alten Zustände wieder her. Wir können dies an der Abbildung 6.20 auch verifizieren. Der alte Wert der privaten Membervariable der Klasse cClass wird wiederhergestellt.

//16 Und wie immer: wenn Sie an dieser Stelle einen breakpoint setzen, so sehen Sie welche Destruktoren durchlaufen werden.

```
Fehler 1 error C2512: 'cClass': Kein geeigneter Standardkonstruktor verfügbar
```

Compilerausgabe 6.4: Fehlermeldung wenn Sie die Klasse cClass wie folgt instanziieren wollen: `cClass myClass;`

```
Fehler 1 error C3490: "iMyTest_" kann nicht geändert werden, da über ein konstantes
Objekt darauf zugegriffen wird.
```

Compilerausgabe 6.5: Fehlermeldung wenn Sie Member eines konstanten Objektes ändern wollen. Beispiel: `iMyTest_+=cVar.iMyTest_++;`

6.7 friend - Funktionen und Klassen

Wir haben in diesem Kapitel das Schlüsselwort friend kennengelernt. Dabei konnten wir uns mit friend-Funktionen beschäftigen und friend-Klassen. Bei den friend-Funktionen haben wir eine globale friend-Funktion als Beispiel des Programmes 6.10 auf Seite 202 kennengelernt. In unserem Beispiel hieß die Funktion addToPriv. Sie können aber solche Funktionen ganz lokal einer Klasse zuordnen. Damit verringern Sie auch etwas die Gefahr, die von dem Schlüsselwort friend ausgeht, weil die kritische Funktion an eine definierte Klasse gebunden ist. Schauen Sie sich dazu das geänderte Programm 6.12.

```cpp
// P009K6_FriendFunctLocal.cpp
#include "stdafx.h"
#include <iostream>
using namespace std;
class cFriendFunct;
class cAdd {                                                    // !!!!!!
    public:
        int addToPriv (cFriendFunct&, int);
};
class cFriendFunct {
    friend int cAdd::addToPriv (cFriendFunct&, int);            // 1
    public:
        cFriendFunct (int);
        ~cFriendFunct (void);
        int getPriv (void) {return iMyTest_;};                  // 2
    private:
        int iMyTest_;                                           // 3
};
cFriendFunct::cFriendFunct (int iTest) {
    cout << "Konstruktor cFriendFunct\n";
    iMyTest_ = iTest;                                           // 4
}
cFriendFunct::~cFriendFunct (void) {
    cout << "Destruktor cFriendFunct\n";
}
int cAdd::addToPriv (cFriendFunct& friendVar, int iAdd) {
    friendVar.iMyTest_+=iAdd;                                   // 5
    return friendVar.iMyTest_;                                  // 6
}
int main (void) {
    cFriendFunct myFriend(1);                                   // 7
    cAdd add;                                                   // !!!!!!
    cout << "Ausgabe der privaten Var vor addToPriv : " <<
            myFriend.getPriv () << endl;                        // 8
    cout << "Ausgabe der privaten Var via friendFkt.: " <<
            add.addToPriv (myFriend, 5) << endl;                // 9
    cout << "Ausgabe der privaten Var nach addToPriv: " <<
            myFriend.getPriv () << endl;                        // 10
    return 0;
}                                                               // 11
```

Programm 6.12: Beispiel einer friend Funktion; lokal.

Wir wollen das Programm 6.12 hier nicht noch einmal erläutern. Sie sehen (siehe //!!!!!!), dass Sie die Funktion addToPriv nur über die Klasse cAdd aktivieren können. Es ist damit klar: addToPriv ist eine lokale friend-Funktion und an die Klasse cAdd gebunden.

Zum Abschluss dieses Kapitel möchten wir folgende Hinweise geben:

Hinweis: *Versuchen Sie friend-Funktionen zu vermeiden. Sie stellen eine Aufweichung der Datenkapselung dar. Die Verwendung des Schlüsselwortes friend ist nur innerhalb einer Klassendeklaration erlaubt. Versuchen Sie friend-Funktionen immer am Anfang einer Klasse zu deklarieren.*
Beachten Sie, dass bei allen Gefahren, die von friend-Funktionen ausgehen, friend-Funktionen manchmal das einzige Mittel darstellen, Lösungen für bestimmte Probleme zu schaffen. An dieser Stelle möchten wir schon mal auf das Überladen von Operatoren hinweisen.

6.8 Die Singleton-Klasse

Manchmal ist es von Nutzen, dass ein Objekt - und nur eines (!) - benötigt wird. Und dieses Objekt wird an verschiedenen Stellen benötigt. Aber keine Stelle weiß, ob das Objekt schon existiert. Der Sinn dieses Objektes kann darin bestehen, dass es Daten von verschiedenen "kurzlebigen" Objekten sammelt, verwaltet und mit anderen Objekten kommuniziert.
Und natürlich sollte dieses Objekt auch wieder zerstört werden können; spätestens beim Verlassen des Programmes.

All diese Aufgaben sind mit einem Singleton-Objekt realisierbar. Dazu schauen wir uns ein mögliches Implementationsbeispiel an.

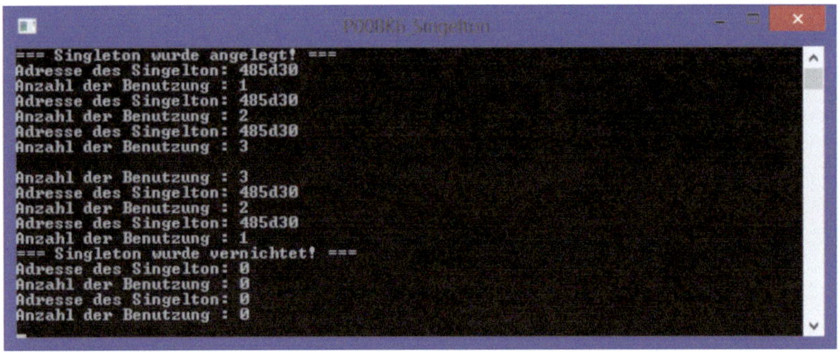

Abbildung 6.21: Das Beispiel Singleton; siehe Programm 6.13.

//1 Wir deklarieren hier eine Klasse, die über drei public Methoden verfügt, die statisch sind. Sie sind statisch, weil sie statische Variablen nutzen. Die erste dieser Methoden heißt createSingleton. In dieser Methode wird das Singleton-Objekt erzeugt. Diese Methode gibt uns einen Pointer auf das Singleton-Objekt zurück. Und insofern hätte man sie auch getIntance() oder getSingletonObj () nennen können, denn ein Objekt kreiert diese Methode

6.8 Die Singleton-Klasse

```cpp
// P00BK6_Singleton.cpp
#include "stdafx.h"
#include <iostream>
using namespace std;
class cSingleton {
    public:
        static cSingleton *createSingleton (void);            // 1
        static cSingleton *destroySingleton (void);           // 2
        static int getHowOftenUsed (void);                    // 3
    private:
        cSingleton (void);                                    // 4
        ~cSingleton (void);                                   // 5
        static int iNumbOfSingleton_;                         // 6
        static cSingleton * mySingleObj_;                     // 7
};
cSingleton *cSingleton::mySingleObj_;                         // 8
int cSingleton::iNumbOfSingleton_;                            // 9
cSingleton *cSingleton::createSingleton (void) {              // 10
    if (NULL == mySingleObj_) {                               // 11
        mySingleObj_ = new cSingleton;
    }
    iNumbOfSingleton_++;                                      // 12
    return mySingleObj_;
}
cSingleton *cSingleton::destroySingleton (void) {             // 13
    if (mySingleObj_)                                         // 14
        iNumbOfSingleton_--;                                  // 15
    if ( 0 == iNumbOfSingleton_ )                             // 16
    {
        if (mySingleObj_) delete mySingleObj_;                // 17
        mySingleObj_ = NULL;                                  // 18
    }
    return mySingleObj_;                                      // 19
}
cSingleton::cSingleton (void) {
    cout << "=== Singleton wurde angelegt! ===\n";
}
cSingleton::~cSingleton (void) {
    cout << "=== Singleton wurde vernichtet! ===\n";
}
int cSingleton::getHowOftenUsed (void) {
    return iNumbOfSingleton_;
}
int main (void)
{
    cSingleton* mySingle = NULL;
    for (int i=0; i<3; i++) {
        mySingle = cSingleton::createSingleton ();
        cout << "Adresse des Singleton: " << hex << (int)mySingle << endl;
        cout << "Anzahl der Benutzung : " << mySingle->getHowOftenUsed() << endl;
    }
    cout << "\nAnzahl der Benutzung : " << mySingle->getHowOftenUsed() << endl;
    for (int i=0; i<4; i++) {                                 // 20
        mySingle = cSingleton::destroySingleton ();
        cout << "Adresse des Singleton: " << hex << (int)mySingle << endl;
        cout << "Anzahl der Benutzung : " << cSingleton::getHowOftenUsed() << endl; // 21
    }
    return 0;
}
```

Programm 6.13: Beispiel-Code einer Singleton-Klasse.

tatsächlich nur ein Mal.

//2 Natürlich muss es zu dieser Methode auch ein "Destroy" geben. Schließlich müssen die entsprechenden Speicherbereiche auch wieder freigegeben werden; der des Objektes selbst und - falls das Objekt im Konstruktor Speicher reservieren sollte - der direkt reservierte Speicher des Objektes. In unserem Beispiel ist das allerdings nicht der Fall.

Auch diese Methode gibt uns einen Pointer auf das Singleton-Objekt zurück. Wir nutzen ihn, um in der Konsole zu kontrollieren, ob das Objekt noch existiert. Ein Pointer ungleich Null ist ein untrügliches Zeichen der Existenz des Singleton-Objektes.

//3 Die dritte Methode getHowOftenUsed gibt eine Zahl zurück, die uns sagt, wie oft das Objekt schon genutzt wird.

//4 Im privaten Bereich der Klasse deklarieren wir den Konstruktor

//5 und den Destruktor. Wobei: der Destruktor könnte auch im public Bereich stehen, weil nur ein Objekt vernichtet werden kann, was auch kreiert wurde.

//6 Nun folgen zwei private Variablen, die statisch sind. Zuerst deklarieren wir die Variable iNumbOfSingleton_. Die teilt uns - wie noch sehen werden - mit, wie oft das Objekt schon genutzt wird.

//7 Dann haben wir die Variable des Singleton-Objektes selbst: mySingleObj_. Diese Variable ist auch statisch.

//8 Beide statische Variablen müssen nochmals definiert werden. Das tun wir hier. Zuerst wird `cSingleton *cSingleton::mySingleObj_` definiert. Sie erinnern: jede statische Variable wird, sofern sie nicht anders definiert wird, automatisch mit Null vorbelegt. Und insofern ist das hier eine Definition. Bitte beachten Sie: wenn diese Definition fehlen würde, so würden Sie den Linkfehler 6.3 erhalten; siehe Seite 199.

//9 Und hier definieren wir, wie oft das Objekt schon genutzt wird; an dieser Stelle noch nicht: iNumbOfSingleton_ ist ebenfalls Null.

//10 Nun beginnen wir mit der Definition der Methoden. Zuerst mit der Methode createSingleton.

//11 Nur wenn die Variable mySingleObj_ Null ist, so wird über den new-Operator ein Objekt angelegt.

//12 Es wird die Variable iNumbOfSingleton_ inkrementiert und der Pointer auf das Objekt zurückgegeben.

//13 Anschließend definieren wir die Methode destroySingleton.

//14 Hier wird zuerst geschaut, ob ein Objekt existiert.

//15 Ist dies der Fall, so wird iNumbOfSingleton_ dekrementiert.

//16 Und wenn die letzte "Instanz" weg ist,

//17 so wird auch das Objekt mit delete vernichtet.

//18 Und das Singleton-Objekt wird mit Null wieder vorbelegt.

//19 Wir geben den Pointer hier zurück, damit wir sehen, ob das Objekt noch Gültigkeit hat.

//20 Wir definieren drei Stellen, wo wir die Instanz anfordern. Das tun wir in der for-Schleife. Und an dieser Stelle wollen wir 4x diese Instanz vernichten. Das ganze Programm ist aber so angelegt, dass es automatisch nur eine vernichtet - die Singleton-Instanz.

//21 Über die statische Methode cSingleton::getHowOftenUsed() geben wir aus, wie oft die Instanz noch genutzt wird. Das ist auch ohne Objekt möglich.

6.8 Die Singleton-Klasse

Wenn Sie sich die Konsolenausgabe 6.21 anschauen, so sollte Ihnen das eben erklärte noch deutlicher werden. Sie sehen, dass mit jedem createSingleton die gleiche Adresse (d.h. also die gleiche Instanz) zurückgegeben wird. Ein identisches Verhalten beobachten wir bei jedem destroySingleton; jedenfalls so lange, so lange noch das eine Objekt - das Singleton also - existiert.

Bitte beachten Sie den folgenden Hinweis:

Hinweis: *Um ganz sicher zu gehen, dass nur ein Objekt erzeugt werden kann, so müssen auch der Copy Konstruktor*
cSingleton (const cSingleton&);
und der Zuweisungsoperator
cSingleton& operator = (const cSingleton&);
im private Bereich der Klasse cSingleton deklariert werden. Wir werden zu gegebener Zeit auf diese Funktionen eingehen.
*Eines sollte Ihnen aber schon jetzt klar sein: wie bei einer "normalen" Variable können Sie auch Objekte anderen zuweisen oder in andere kopieren. Mit den oben skizzierten Deklarationen verhindern wir dies. Und das war ja auch unsere Ziel: von der Klasse cSingleton soll nur **EIN** Objekt existieren!*

Nehmen Sie es einfach als einen Fakt hin:
Eine Klasse besteht immer aus

1. Konstruktor
2. Destruktor
3. Copy-Konstruktor
4. Zuweisungsoperator

All diese Memberfunktionen können - und teilweise müssen sie auch - überladen werden. Wir werden den Copy-Konstruktor und den Zuweisungsoperator noch genauer kennenlernen. Bitte beachten Sie, dass die Aufgabe 2 zwingend einen Zuweisungsoperator erfordert.

6.9 Zusammenfassung

- Wir haben in diesem Kapitel gesehen, wie man von dem Schlüsselwort `struct` in C zu dem Schlüsselwort `class` in C++ erweitert hat. Wir konnten Gemeinsamkeiten und Unterschiede feststellen. Die wichtigste Gemeinsamkeit besteht darin, dass Sie sowohl mit `struct` als auch mit `class` Variablen generieren können. In C++ nennen wir diese Variablen, die aus einer Klasse erzeugt werden, Objekte oder Instanzen.
- Der wichtigste Unterschied besteht darin, dass in C alle Strukturen Zugriff auf alle Member zulassen. In C++ ist das nicht der Fall; Strukturen und Klassen lassen im Default-Fall keinen Zugriff auf ihre Member zu. Zur Differenzierung der Zugriffe existieren die Schlüsselwörter `private` und `public`.
- Mit `new` werden in C++ Speicherbereiche alloziert und mit `delete` wieder freigegeben. Wenn Sie Arrays allozieren, so sollten Sie zu deren Freigabe `delete[]` verwenden.
- Zur Kontrolle des Speichers haben wir das Windows API GlobalMemoryStatusEx kennengelernt. Außerdem haben wir die VS 2012 - Einstellung zur Aktivierung des x64-Systems kennengelernt. Damit können Sie Speicher von mehr als zwei GBytes allozieren.
- Wir haben gesehen, dass zur Generierung von Objekten ein Konstruktor nötig ist. Wenn Objekte zerstört werden, so wird der Destruktor durchlaufen. Die Lebensdauer eines Objektes ist durch den Scope definiert, in dem das Objekt generiert wird.
- Wir haben gesehen, dass statische Variablen mit Null vorinitialisiert werden. Funktionen, die statische Variablen handeln, sind ebenfalls statisch. Statische Funktionen können ohne Generierung eines Objektes aktiviert werden. Dazu müssen Sie die Funktion mit dem Klassenbezeichner aufrufen.
Eine statische Variable, die innerhalb einer Klasse deklariert wurde, muss außerhalb der Klasse definiert werden. Dabei muss die Variable mit dem Klassenbezeichner angesprochen werden. Beispiel:
`int cStatic::iObjCount_ ;`
- Wir haben das Schlüsselwort `friend` kennengelernt. Dieses Schlüsselwort wirkt auf Funktionen und Klassen. Bei friend-Funktionen unterscheiden wir lokale und globale friend-Funktionen. Die lokalen friend-Funktionen sind nur über Objekte einer Klasse aktivierbar; die globalen friend-Funktionen sind ohne Objekte aktivierbar. Die Syntaxunterschiede sind entsprechend.
- Bei friend Klassen können alle Methoden die Variablen der befreundeten Klasse nutzen.
- Wir haben verstanden, dass bei Parameterübergabe durch eine Referenz lediglich der Speicherbereich von vier Bytes übergeben werden. Das kann bei "großen" Parametern viel zur Erhöhung der Performance des Programmes beitragen.
Sollte die übergebene Referenz nicht geändert werden, so sollte man in diesem Falle auch eine konstante Referenz übergeben.
- Zum Abschluss dieses Kapitels haben wir eine Singleton-Klasse kennengelernt. Die Klasse kann nur ein Objekt erzeugen.

6.10 Übungen

1. Schreiben Sie eine Klasse, die als private Member zwei Integer hat; iTest1_ und iTest2_. Diese Member sind über den Konstruktor zu initialisieren. Legen Sie zwei verschiedene Instanzen an und weisen Sie die eine Instanz der anderen zu. Geben Sie die privaten Member auf dem Monitor aus. Sie sollten eine ähnliche Ausgabe wir in Abbildung 6.22 erzielen.

Abbildung 6.22: Ein Beispiel der Ausgabe für die Aufgabe 1

.

2. Schreiben Sie eine Klasse, die als private Member einen Integer und ein Array of char hat. Diese Member sind über den Konstruktor zu initialisieren. Legen Sie zwei verschiedene Instanzen an und weisen Sie die eine Instanz der anderen zu. Geben Sie die Instanzen bei jeder Änderung auf dem Monitor aus. Interpretieren Sie die Ergebnisse und vergleichen Sie das Ergebnis mit Aufgabe 1.
   Bitte beachten Sie:
   a) Sie müssen dieses Programm unbedingt beenden, damit Sie einen Effekt sehen!
   b) Sie werden bei dieser Aufgabe erkennen, dass Sie an dieser Stelle nicht umhinkommen, einen überladenen Zuweisungsoperator zu schreiben. Da wir diese Memberfunktion noch nicht ausführlich behandelt haben, können Sie den Zuweisungsoperator, der hier ganz konkret sinnvoll ist, der Lösung entnehmen.

   Versuchen Sie die Notwendigkeit des Zuweisungsoperators zu verstehen. Es ist nicht schwierig.
3. Erläutern Sie den Unterschied zwischen lokalen und globalen friend-Funktionen. Nennen Sie Beispiele, wo es sinnvoll ist, lokale bzw. globale friend-Funktionen anzuwenden.
4. Schreiben Sie eine Klasse, die als private Member einen String hat. Nun soll eine globale friend-Funktion einen String zu dem String des privaten Members dazu "addieren". Nennen Sie diese globale friend-Funktion addString; letzten Endes machen wir das ja: wir addieren einen String zu einem bereits vorhandenen dazu. Sie sollten eine Ausgabe wie in Abbildung 6.23 erhalten.

Abbildung 6.23: Ein Beispiel der Ausgabe für Programm Auf4K6; siehe Lösungen.

Sie sehen, dass aus:
Hallo
Hallo Peter!
wird. Oder anders formuliert:
"Hallo " + "Peter!" = "Hallo Peter!"
An dieser Stelle greifen wir etwas voraus: es wäre doch "schön", wenn man statt addString im Programm Auf4K6 (siehe Lösungen) tatsächlich ein "+" schreiben könnte. Dieses "+" widerspricht nicht dem Sinn von addString, ist kürzer und auch sehr gut "lesbar". Und vor allem: es wird weltweit gleich verstanden; Sie haben damit ein Stück Source-Code, das bei allen Entwicklern (von Feuerland bis Hokkaido) die gleichen Assoziationen weckt, ohne dass sie die Beschreibung der Funktion addString lesen müssen.

Sie werden in den folgenden Kapiteln sehen, dass C++ dafür Methoden anbietet. Ja: Sie können Operatoren (ganz speziell natürlich auch das Pluszeichen) überladen.

7 Exceptionhandling in C++

In allen bisher besprochenen Kapiteln sind wir davon ausgegangen, dass immer alles so funktioniert, wie wir es erhoffen. Nun ist die gelebte Realität bei weitem nicht so. Ein einfaches new kann einmal nicht funktionieren; der Speicher ist einfach defekt und es kann deshalb kein Speicher reserviert werden. Was tun? Wie geht man damit um? Die allgemein angetroffene These ist dann meist, dass man da auch nichts tun kann. Sicherlich, Sie können nicht verhindern, dass es zu so einem Ausfall kommt, aber Sie können Vorkehrungen treffen, dass bei einem solchen Ausfall das Programm nicht gleich terminiert. Und Sie sollten sich "workarounds" "stricken", die sicherstellen, dass Sie einen solchen Ausfall leicht im Nachhinein detektieren können.
Oder stellen Sie sich einfach vor, Sie haben einen Softwarefehler gemacht - niemand ist vollkommen. Wie können Sie diesen feststellen? Oder ein Nutzer Ihrer Software bedient diese so, wie er es nicht tun sollte; das Programm stürzt ab. Wie detektieren Sie eine derartige "Fehlbedienung"?[1]
In diesem Kapitel wollen wir solche Fehlersituationen behandeln und Lösungen kennenlernen, wie man in bestimmten Situationen reagieren sollte.

7.1 Fehler ausgeben in C

Sie sehen schon der längeren Einleitung an, dass es sich hierbei um ein sehr wichtiges Kapitel handelt. Da Fehler immer wieder auftreten und Ihre Software (fehlerarm) laufen soll, sollten Sie Sorge dafür tragen, dass die Anzahl der Bugs nicht so groß sind, dass die Nutzer Ihrer Software, es vorziehen die Programme von einem anderen Entwickler erstellen zu lassen. Und genau solche Gründe verleihen diesem Kapitel eine besondere Bedeutung!

Viele Funktionen, die wir kennen, liefern bei ihrem Aufruf Fehler-Codes zurück. Dazu schauen wir uns die Tabelle 7.1 an.

Sie können die `int`-Variable errno_t durch zwei Funktionen in Texte umwandeln:
perror
strerror_s

---
[1] Bitte machen Sie sich gleich zu eigen: es gibt keine Fehlbedienung. Es gibt nur Lücken in der Software, die den Nutzer der Software nicht zielstrebig so führt, dass er das Programm vernünftig bedienen kann.

Funktion	Return-Wert
fopen_s	errno_t (int)
printf	int (Bei Fehler EOF)
asctime_s	errno_t
ctime_s	errno_t

Tabelle 7.1: Beispiel-Funktionen, die Fehler-Codes zurückliefern.

Dazu schauen wir uns die Syntax dieser Befehle an; siehe Syntax 7.1 und Syntax 7.2.

```
void perror (const char *cString);
Beispiel:
perror (NULL);
Syntaxbeschreibung:
    • cString (const char *): Eigener Fehlertext
    • Falls cString NULL ist, so wird nur der Systemfehlertext ausgegeben.
```

Syntax 7.1: Syntax von perror. Es wird eine Fehlermeldung nach stderr ausgegeben.

```
errno_t iErr= strerror_s (char *cError, size_t uiNumb, int iError);
Beispiel:
strerror_s (cError, 256, iError);;
Syntaxbeschreibung:
    • cError (char *): Buffer für die Systemfehlermeldung.
    • uiNumb (size_t): Size des Buffer.
    • iError (int): Fehlernummer.
    • 0 Wenn erfolgreich; sonst Fehlercode.
```

Syntax 7.2: Syntax von strerror_s. Systemfehlermeldung wird nach cError geschrieben.

Zu diesen beiden Syntaxbeschreibungen haben wir folgendes Beispielprogramm entwickelt; siehe Programm 7.1. Wir wollen uns das Programm genauer ansehen:

//1 Mit iMAX_ERRSTR definieren wir die maximale Stringlänge für die Fehlertexte.
//2 Hier werden eine Reihe Variablen deklariert. Sie haben folgende Bedeutung:

- iError: Fehler-Code für verschiedene Funktionen.
- p2File: File-Pointer für nicht vorhandenes Testfile ("NoFileFound.TXT"). FILE sollten Sie aus Ihrer C-Vorlesung kennen.
- cError: Buffer für Fehlertexte.
- iErrIdx: Fehlerindex für for-Schleife.

7.1 Fehler ausgeben in C

```cpp
// P001K7_PrtErr.cpp
#include "stdafx.h"
#include <iostream>
using namespace std;
#include <Windows.h>
#define iMAX_ERRSTR 1024                                                    //1
int main (void) {
    errno_t iError; FILE * p2File; char cError[iMAX_ERRSTR]; int iErrIdx;   //2
    iError = fopen_s (&p2File, "NoFileFound.TXT", "r");                     //3
    if (iError)                                                             //4
    {
        perror (NULL);                                                      //5
        perror ("NoFileFound.TXT nicht gefunden!");                         //6
        strerror_s (cError, iMAX_ERRSTR, iError);                           //7
        cout << "strerror_s-Error: " << cError << endl;
        int iWinErr = GetLastError ();
        strerror_s (cError, iMAX_ERRSTR, iWinErr);
        cout << "Windows-Error   : " << cError << "\n\n";
    }
    else
        iError = fclose (p2File);                                           //8

    int iErr=0;                                                             //9
    cout << "Ausgabe der FehlerCode\n";
    for (iErrIdx = 0; iErrIdx < 43 ; iErrIdx ++) {
        iErr = strerror_s (cError, iMAX_ERRSTR, iErrIdx);                   //10
        if (0==iErr)                                                        //11
            strerror_s (cError, iMAX_ERRSTR, iErrIdx);
        else
            strerror_s (cError, 256, iErr);                                 //12
        cout << "Code : " << (iErr?iErr:iErrIdx)                            //13
             << ";\t Text : " << cError << endl;
    }
    return 0;
}
```

Programm 7.1: Das Programm P001K7_PrtErr.c; Demo für Fehler-Codes.

//3 Wir versuchen nun, das nicht vorhandene File zu öffnen. fopen_s wird mit einem Fehlercode zurückkommen.

//4 perror(NULL) gibt den Systemfehlertext aus. In unserem Fall (File ist nicht vorhanden):
No such file or directory
Bitte beachten Sie: wir wollen einen Fehler simulieren - das File "NoFileFound.TXT" sollte tatsächlich nicht existieren.

//5 Wir können zu dem definierten Fehlertext einen eigenen Fehlertext ausgeben. Wir lesen jetzt auf der Konsole:
NoFileFound.TXT nicht gefunden!: No such file or directory

//6 Sie können den Systemfehlertext auch in den Buffer cError speichern und dann

//7 via cout den Fehlertext ausgeben. Außerdem haben wir über GetLastError den aktuellen Fehler ausgegeben, den Windows generieren würde - es handelt sich um den gleichen Fehler (CodeNr. und Text). Um GetLastError nutzen zu können, müssen Sie `Windows.h` inkludieren.

//8 Sollte iError Null sein (das File "NoFileFound.TXT" wäre also vorhanden; siehe //4), so sollten wir das File hier wieder schließen.

//9 An dieser Stelle wollen wir mit einer for-Schleife Fehlertexte ausgeben.

//10 Wir übergeben den Laufindex der for-Schleife (iErrIdx) der Funktion strerror_s.
//11 Falls der Error-Code der Funktion strerror_s gleich Null ist, so geben wir den Fehlercode für iErrIdx aus.
//12 Hier wird der auszugebende Fehlertext ermittelt, falls strerror_s mit ungleich returned; das wird in der Regel nicht der Fall sein.
//13 Und hier wird der Fehlertext des entsprechenden Fehler-Codes ausgegeben. Der ternäre Operator (iErr?iErr:iErrIdx) macht es möglich, dass, falls iErr ungleich Null ist, also strerror_s einen Fehler hatte, der Code von strerror_s bei cout genommen wird. Im Normalfall sollte aber iErr Null sein; es wird also der Code von iErrIdx für cout genutzt.

Sie sehen übrigens, dass der Fehlercode, für den Versuch, ein nicht vorhandenes File zu öffnen, zwei ist. Diesen Fehler-Code können Sie - wie erwähnt - unter Windows auch mit der Funktion GetLastError ermitteln:
`iError = GetLastError ();`
Zum Abschluss können Sie die Konsolenausgabe des Programmes 7.1 sehen. Dazu schauen Sie sich die Abbildung 7.1 auf Seite 218 an. Dort erkennen Sie, dass für die Codes 15, 26 und 35 keine Fehlertexte vorhanden sind. strerror_s erzeugt in diesem Falle den Text `Unknown error`. Es wird sich allerdings - auch wenn der Text identisch ist - bei jedem Fehler um eine andere Ursache handeln.

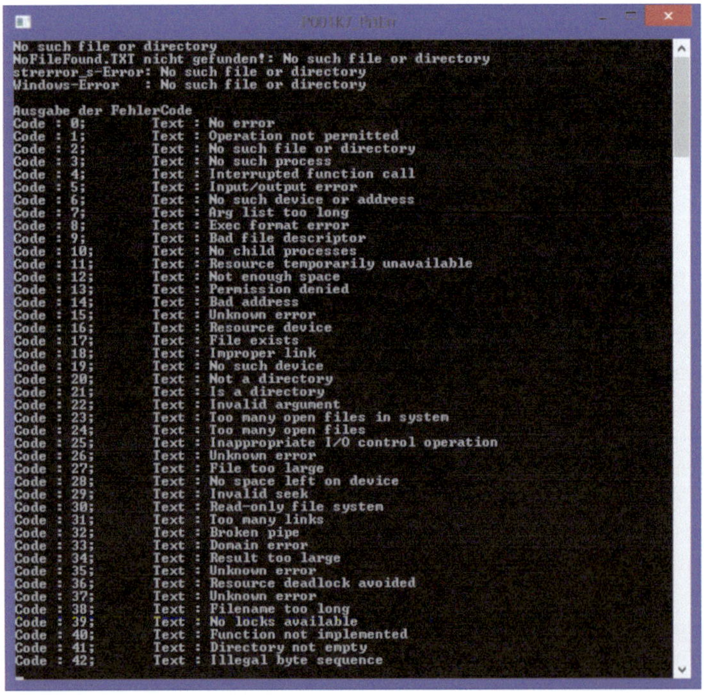

Abbildung 7.1: Die Konsole des Programmes P001K7_PrtErr.c.

7.2 Exceptions

In C++ haben wir eine andere, eine verbesserte Art der Fehlerbehandlung:
Die Blocküberwachung.
Sie rahmen Ihren Code ein. Dazu dient das Schlüsselwort

$$\texttt{try}$$

Mit try wollen wir uns "**bemühen**", das gerahmte Code-Stück fehlerfrei durchlaufen zu lassen.

Falls Sie innerhalb des try-Blockes einen Fehler haben, so fangen Sie diesen ab und "**werfen**" eine Exception mit dem Schlüsselwort

$$\texttt{throw}$$

Am Ende des try-Blocks "**fangen**" Sie die "throws" wieder ein; dafür dient in C++ das Schlüsselwort

$$\texttt{catch}$$

Diese Mechanismen wollen wir mit einem Beispiel untermalen. Sehen Sie sich dazu das Programm 7.2 an. In diesem Programm bleiben wir bei dem Versuch ein nicht vorhandenes File - wir nannten es im Programm 7.1 "NoFileFound.TXT" - zu öffnen.

//1 An dieser Stelle eröffnen wir den try-Block.
//2 Wir versuchen das File zu öffnen und werden es natürlich nicht finden. Deshalb werfen wir an dieser Stelle eine Exception. Und zwar werfen wir eine Integer-Exception (throw iErr); iErr ist eine Integer-Variable.
//3 Hier beginnt der catch-Block. Er wird auch Error-Handler genannt. Ähnlich wie bei einer Funktion muss man dem catch-Block mitteilen, für welche Fehler er zuständig ist. Hätten wir beispielsweise statt eines `throw iError` den `throw` "Fehler" geworfen, so müssten wir auch einen **catch (char *strErr)** definieren. Das bedeutet: für jeden throw **muss** es auch den entsprechenden catch geben; ansonsten werden die Fehler nicht "gefangen".
//4 Im catch-Block selbst versuchen wir - so vernünftig wie es geht - den Fehler zu beschreiben. Wir geben an, dass ein Fehler aufgetreten ist und an welcher Stelle. Dazu benutzen wir drei Makros:

   1. $\_\_DATE\_\_$
   2. $\_\_TIME\_\_$
   3. $\_\_FUNCTION\_\_$

```cpp
// P002K7_TryThrowCatch.cpp
#include "stdafx.h"
#include <iostream>
using namespace std;
#define iMAX_ERRSTR 1024
int main (void)
{
    errno_t iError;
    FILE * p2File;
    char cError[iMAX_ERRSTR];
    try                                                                      // 1
    {
        iError = fopen_s (&p2File, "NoFileFound.TXT", "r");
        if (iError)
            throw iError;                                                    // 2
        else
            iError = fclose (p2File);
    }
    catch (int iErr)                                                         // 3
    {
        strerror_s (cError, iMAX_ERRSTR, iErr);
        cout << __DATE__ << "; Error in " << __FUNCTION__
             << ". Error: " << cError << endl;                               // 4
    }
    return 0;
}
```

Programm 7.2: Das Programm P002K7_TryThrowCatch; Demo für try, throw, catch.

Abbildung 7.2: Exception bei nicht gefundenem File; try-throw-catch Beispiel.

Zugegeben: es wäre besser, ein "schöneres" Datumsformat als in Abbildung 7.2 zu nehmen. Aber an dieser Stelle sollte das erst einmal genügen; es geht um das Prinzip. Sie können sich sicherlich auch vorstellen, dass wir solche Ausgaben viel "lieber" in einem File hätten, als auf der Konsole. Das liegt auf der Hand: Sie wollen mit Sicherheit den Programmverlauf "irgendwann" via File einsehen, als ständig neben der Konsole stehen, um den Programmverlauf "just in time" zu verfolgen. Aus diesem Grunde sollten Sie sich gleich angewöhnen, eine Klasse (z.B. cTrace) in Ihr Projekt aufzunehmen, die derartige Fehler in ein File schreibt.

Wir wollen nun das obige Beispiel erweitern: wir wollen das EXE-File öffnen und unser File "NoFileFound.TXT". Bei dieser Gelegenheit wollen wir auf die Filenamen der executable Files eingehen. Sie können mit dem VS 2012 eine Release-Version bauen und eine Debug-Version. Beide Versionen sollten sich anhand des Filenamens unterscheiden. Wir empfehlen, die Debug-Version um den Buchstaben D zu erweitern. Dieses D steht für Debug; siehe dazu Abbildung 7.3. In unserem Beispiel heißt das Debug-EXE-File: P003K7_TryThrowCatch2D.exe. Das Release-EXE-File heißt: P003K7_TryThrowCatch2.exe. Wir wollen uns das Programm 7.3 genauer anschauen:

//1 Wenn Sie tatsächlich Ihr Debug-EXE-File öffnen wollen, so sollten Sie das aus dem VS

7.2 Exceptions

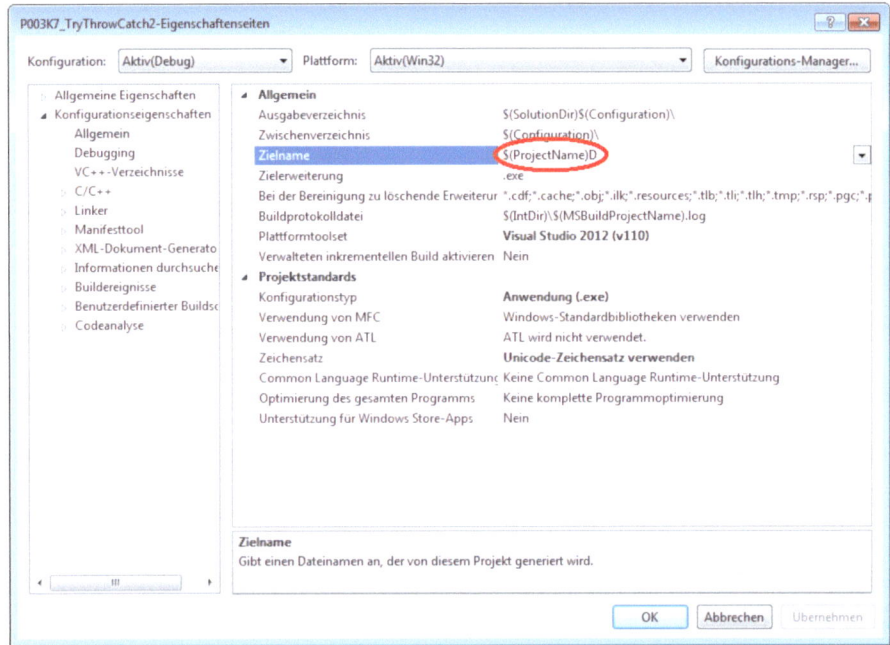

Abbildung 7.3: Sie sehen, dass die Debug-Version um den Buchstaben D erweitert wird.

2012 heraus mit den hier angegebenen Filenamen tun. Bitte beachten Sie, dass statt eines einfachen Backslashs ein doppeltes Backslash eingefügt werden muss.

//2 In unserem Testbeispiel wollen wir das aber zunächst nicht öffnen können. Deshalb geben wir hier einen falschen Pfad an - nämlich keinen; bzw. das EXE-File müsste im aktuellen Pfad sein.

//3 Anschließend wandeln wir die Fehlernummer in einen Fehlertext um.

//4 Liegt ein Fehler-Code ungleich Null vor,

//5 so werfen wir eine Exception. Es handelt sich um eine char-Pointer Exception.

//6 Sollte das File geöffnet worden sein, so schließen wir es einfach wieder; wir wollen ja nichts ändern.

//7 Hier wird das zweite File geöffnet. Schauen Sie sich nochmals das Programm 7.2 an.

//8 Anschließend sind die zwei Error-Handler definiert. Zuerst werden die char* Exceptions gefangen. Sie werden ausgelöst durch das Öffnen des Debug-Files; siehe Kommentar codeGreen//2.

//9 Danach werden die int-Exceptions gefangen.

Bitte beachten Sie, dass immer die erste Exception zum Terminieren des try-Blockes führt. Sie sehen, dass - falls wir keinen char-Pointer Exception-Handler definiert hätten - kein Fehler für den Fall //2 geschrieben worden wäre; es wäre kein catch-Block durchlaufen worden.

```cpp
// P003K7_TryThrowCatch2.cpp
#include "stdafx.h"
#include <iostream>
using namespace std;
#define iMAX_ERRSTR 1024
int main (void)
{
    errno_t iError;
    FILE * p2File;
    char cError[iMAX_ERRSTR];
    try
    {
//  iError = fopen_s (&p2File, "..\\Debug\\P003K7_TryThrowCatch2D.exe", "r");   //1
        iError = fopen_s (&p2File, "P003K7_TryThrowCatch2D.exe", "r");          //2
        strerror_s (cError, iMAX_ERRSTR, iError);                               //3
        if (iError)                                                             //4
            throw cError;                                                       //5
        else
            iError = fclose (p2File);                                           //6

        iError = fopen_s (&p2File, "NoFileFound.TXT", "r");                     //7
        if (iError)
            throw iError;
        else
            iError = fclose (p2File);
    }
    catch (char *strErr)                                                        //8
    {
        cout << __DATE__ << "; " << __TIME__ << "; Error in " << __FUNCTION__
            << ". Error: " << strErr << endl;
    }
    catch (int iErr)                                                            //9
    {
        strerror_s (cError, iMAX_ERRSTR, iErr);
        cout << __DATE__ << "; " << __TIME__ << "; Error in " << __FUNCTION__
            << ". Error: " << cError << endl;
    }
    return 0;
}
```

Programm 7.3: Das Programm P003K7_TryThrowCatch2; Demo zwei catch-Fälle.

7.3 Allround-Handler

Sie können sich sicherlich vorstellen, dass Sie in den Programmen 7.2 und 7.3 Fehler machen, an die Sie vorher einfach nicht gedacht haben. Für nicht so einfach vorhersehbare Fehler bietet C++ einen catch-Block an, der all die Fehler fängt, an die Sie vorher nicht gedacht haben. Dieser catch-Block muss am Ende aller vorhandenen catch-Blöcke stehen. Diesen catch-Block nennt man Allround-Handler.Der Allround-Handler hat die Syntax, die in der Syntaxbeschreibung 7.3 dargestellt ist.

Zur Nutzung des Allround-Handlers im Programmbeispiel 7.4 müssen wir den SEH (**S**tructured **E**xception **H**andling) aktivieren; siehe dazu Abbildung 7.4. Wir schauen uns das Programm 7.4 genauer an:

7.3 Allround-Handler   223

```
catch (...)
{
//handle error
}
Beispiel: siehe Programm 7.4 Beachte:
```
- Dieser catch-Block muss als letzter stehen.
- In Anlehnung an die Ellipsis-Funktion (...) wird dieser Block auch als Ellipsis-Block bezeichnet.

Syntax 7.3: Der Allround-Handler.

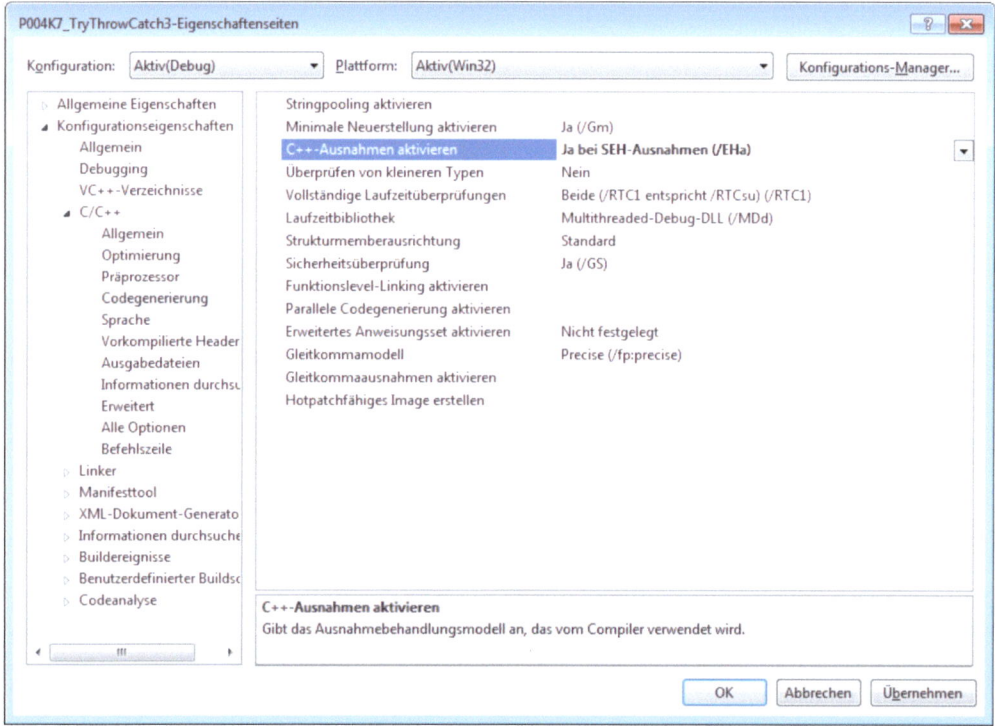

Abbildung 7.4: Die Aktivierung von SEH im VS 2012.

//1 Das gesamte Programm ist eine Weiterführung der bereits behandelten Programme zu try, throw und catch. Wir sehen als Unterschiede:
    1. Wir werfen keine Exceptions mehr; fragen aber, ob der Filezugriff funktioniert hat.
    2. Wir haben eine for-Schleife eingebaut.
    3. Als letzten catch-Block wurde der Allround-Handler eingeführt. Er muss, wie bereits erwähnt, immer als letzter Block stehen.
Die restlichen catch-Blöcke haben wir stehengelassen. Beachte: catch-Blöcke schaden nie;

```cpp
// P004K7_TryThrowCatch3.cpp
#include "stdafx.h"
#include <iostream>
using namespace std;
#include <Windows.h>
#define iMAX_ERRSTR 1024

int main (void) {
    errno_t iError;
    FILE * p2File;
    char cError[iMAX_ERRSTR];
    try
    {
    //iError = fopen_s (&p2File, "..\\Debug\\P004K7_TryThrowCatch3D.exe", "r");
        iError = fopen_s (&p2File, "P003K7_TryThrowCatch2D.exe", "r");
        strerror_s (cError, iMAX_ERRSTR, iError);
        if (0==iError)
            iError = fclose (p2File);

        iError = fopen_s (&p2File, "NoFileFound.TXT", "r");
        if  (0==iError)
            iError = fclose (p2File);

        int i; int j=1;
        for (i=2; i>-1; i--)
        {
            cout << "j: " << j << "; i: " << i;
            j = 8/i;                                                              //1
            cout << "; division OK" << endl;
        }

    }
    catch (char *strErr)
    {
        cout << endl << __DATE__ << "; " << __TIME__ << "; Error in "
             << __FUNCTION__ << ". Error1: " << strErr << endl;
    }
    catch (int iErr)
    {
        strerror_s (cError, iMAX_ERRSTR, iErr);
        cout << endl << __DATE__ << "; " << __TIME__ << "; Error in "
             << __FUNCTION__ << ". Error2: " << cError << endl;
    }
    catch (...)
    {
        int iErr = GetLastError ();                                               //2
        strerror_s (cError, iMAX_ERRSTR, iErr);
        cout << endl << __DATE__ << "; " << __TIME__ << "; Error in "
             << __FUNCTION__ << ". Error3: " << cError << endl;
    }
    return 0;
}
```

Programm 7.4: Das Programm P003K7_TryThrowCatch2; Demo Allround-Handler.

maximal fehlen sie. Sie sehen sehr schnell, dass in den ersten paar Zeilen nichts Spektakuläres geschieht. Im Punkt //1 durchlaufen wir aber eine for-Schleife. Diese wird bei i=0 zum Terminieren des try-Blockes führen. Wir haben durch Null geteilt - ein großer Fehler! Und "eigentlich" haben wir für diesen Bug keinen speziellen catch-Block. Aber catch any, wie der Ellipsis Block auch noch genannt wird, fängt alles.

//2 Hier sehen wir den Ellipsis-Block bzw. den Allround-Handler. Es ist nicht falsch, den Ellipses-Block mit einem GetLastError zu beginnen. Schließlich könnte der letzte Fehler zum Durchlaufen des Allround-Handler geführt haben. In unserem Fall ist das nicht so. Obwohl wir tatsächlich auf der Konsole lesen können:
Aug 20 2013; 19:29:50; Error in main. Error3: No such file or directory
Ein mangelhafter Filezugriff ist nicht unser Problem. Unser Problem besteht darin, dass wir ein "Division by zero" haben. Um das zu verstehen, müssen wir die Funktion LESEN! Das Exception-Handling bietet die Möglichkeit prinzipiell Bugs zu fangen. Verstehen müssen wir diese schon selbst.

In der Abbildung 7.5 sehen Sie die Konsole des Programmes 7.4.

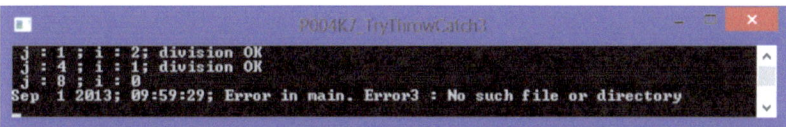

Abbildung 7.5: Die Konsole des Programmes 7.4.

Bitte beachten Sie den folgenden Hinweis:

Hinweis: *In der Abbildung 7.5 sehen Sie im Trace folgendes Zeitformat:*
Aug 20 2013; 19:29:50;
Sie müssen davon ausgehen, dass solche Traces ein unablässiges Hilfsmittel für Sie sind. Schreiben Sie den Trace in ein File! Das haben Sie in Ihrer C-Vorlesung gelernt; verwenden Sie fopen. Benutzen Sie aber besser folgendes Zeitformat:
20.08.2013; 19:29:50; *oder noch besser:*
2013;08;20;;19;29;50;
Im letzten Fall ist die zeitliche Sortierung der alpha-Sortierung identisch.
Falls Sie internationale Programme entwickeln, so addieren Sie noch die GMT (Greenwich Mean Time) dazu.

Falls Sie im try-Block eine Exception werfen, die durch keine der catch-Blöcke abgefangen wird, so terminiert Ihr Programm kommentarlos. Diesen Umstand können Sie mit der Funktion set_terminate verhindern. Mit set_terminate definieren Sie eine Funktion, die vor dem Terminieren Ihrer Software nochmals aktiv wird. Diese Funktion nennt man Abschlussfunktion. Hier können Sie nochmals einen letzten Hinweis auf die Fehlerursache ausgeben. Wir schauen uns dazu ein kleines Beispiel an; siehe Programm 7.5. Sie können natürlich in dieser Routine weitere wichtige Aktionen ausführen, die da wären:

- Schließen aller Files
- Sichern eines Traces

Die Terminate-Funktion (im Beispiel des Programmes 7.5 heißt sie `exitus`) darf keinen Parameter übergeben bekommen und sie darf auch nicht zum Programm zurückkehren. Außerdem darf diese Funktion keine Exceptions auslösen. Sie muss mit exit zum Terminieren der Software führen. Beim Testen des Programmes 7.5 sollten sie selbiges mit <Strg F5> starten und nicht

```cpp
// P005K7_Terminate.cpp
#include "stdafx.h"
#include <stdexcept>
#include <iostream>
using namespace std;
#define iMAX_ERRSTR 1024
void exitus (void)                                                  //1
{
    int i=0;
    cout << "Software terminiert durch nicht abgefangenen Exception.\n";
    cin >> i;
    exit (i);
}
int main (void)
{
    set_terminate (exitus);                                         //2
    try
    {
        throw 3;                                                    //3
    }
    catch (char *str)                                               //4
    {
        cout << str;
    }
    return 0;
}
```

Programm 7.5: Beispielprogramm für set_terminate.

Abbildung 7.6: Die Konsole des Programmes 7.5.

mit - wie üblich - F5. Anderenfalls werden Sie die Funktion exitus nicht aktivieren.

Wir erläutern das Programm 7.5:

//1 Hier wird unsere Terminate-Funktion definiert. Wir haben sie exitus genannt. Sie darf keine Parameter übergeben bekommen und auch keine zurückliefern. In unserem Falle terminiert sie mit einem von uns frei wählbaren exit-Code.
//2 Mit `set_terminate` aktivieren wir unsere Terminate-Funktion.
//3 Im try-Block werfen wir eine Integer-Exception (throw 3).
//4 Der catch-Block (wir haben nur einen) fängt aber lediglich eine char* Exception. Er ist also völlig nutzlos. Der throw im try-Block führt zum Aufruf von exitus und damit final zum Terminieren unserer Software.

Hinweis: *Starten Sie zum Test des Programmes 7.5 die Release-Version. In der Abbildung 1.15 auf Seite 14 können Sie sehen, wie man zwischen Debug und Release-Version hin und her schalten kann. Außerdem sollten Sie beachten, dass Sie zur Nutzung von set_terminate stdexcept inkludieren müssen.*

7.4 Eine Exception-Klasse

Wir schreiben nun eine kleine Exception-Klasse. Bei dieser Gelegenheit wollen wir uns gleich an folgende Regeln gewöhnen:

- Die Deklaration einer Klasse erfolgt in einem HeaderFile.
- Die Definition einer Klasse erfolgt in einem cpp-File.

Mit anderen Worten: eine Klasse besteht aus zwei Files, einem HeaderFile und einem cpp-File. Natürlich kann es hier und da Ausnahmen geben, aber wir sollten uns schon an diese Regeln halten.

Diese neue Klasse sollte Exceptions werfen und im catch-Block diese wieder fangen und eine sinnvolle Fehlerausgabe generieren. Wie generieren wir nun eine neue Klasse? Nutzen Sie dazu das VS 2012:
Sie gehen auf den Projektmappenexplorer, und drücken die rechte Mouse-Taste und wählen dann den Punkt "Hinzufügen"; siehe dazu Abbildung 7.7. Nach der sinnvollen Bedienung zweier folgender Dialoge sollten Sie die Klasse

cMyExcError

zum Projekt hinzugefügt haben. Den Projektmappenexplorer können Sie in der Abbildung 7.8 sehen. Zunächst können wir feststellen, dass das VS 2012 sehr sinnvoll die Projekterstellung unterstützt. Sie haben eine Klasse ohne weitere große Mühe erstellt. Und: die Klasse ist bereits in ein Header-File und ein cpp-File "getrennt". Sie müssen nur noch den "Code" dazu schreiben.

Bitte beachten Sie folgendes:

- Im Header sind Konstruktor und Destruktor bereits deklariert.
- Im cpp-File sind Konstruktor und Destruktor bereits (leer) definiert.
- Im Header-File ist mit `#pragma once` bereits sichergestellt, dass ein Mehrfach-Inklude zu Problemen führen kann.

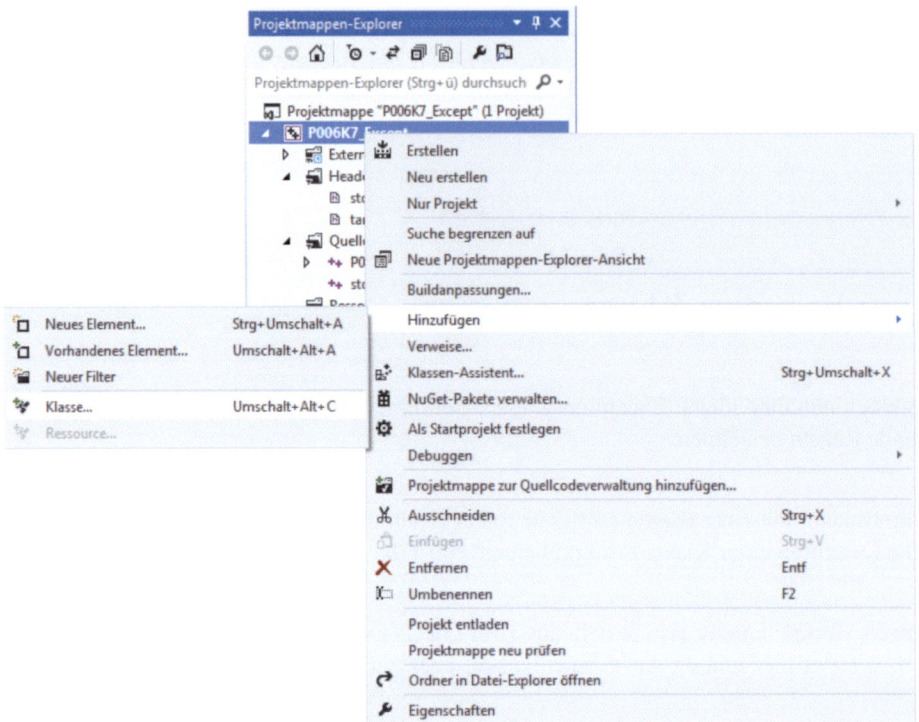

Abbildung 7.7: Das Hinzufügen einer Klasse im VS 2012.

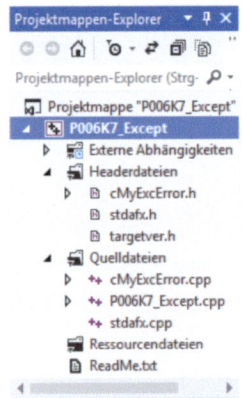

Abbildung 7.8: Der Projektmappenexplorer nach Hinzufügen der Klasse cMyExcError.

Wenn wir uns das Programm anschauen, so haben wir es im Wesentlichen mit folgenden Files zu tun: hinter den Files der Tabelle 7.2 verbirgt sich das Programm

7.4 Eine Exception-Klasse

File	Bemerkungen
P006K7_Except.cpp	main-Programm
cMyExcError.cpp	Definition des Exception-Klasse
cMyExcError.h	Deklaration der Exception-Klasse

Tabelle 7.2: Files der Exception-Klasse

```cpp
#pragma once
#define iMAX_STR    81
class cMyExcError
{
public:
    cMyExcError(char *);
    ~cMyExcError(void);
    char *getErrHint (void);
private:
    char strMsg_[iMAX_STR];
};
```

Programm 7.6: Die Deklaration der Exception-Klasse.

Wir kommen zur Deklaration der Klasse in Listing 7.6:
Hier hat Ihnen das VS 2012 einige Arbeit abgenommen; Sie müssen nur noch wissen, was Sie wollen. Wir wollten eine Exception-Klasse kreieren, die mindestens über eine Methode verfügt Exceptions zu handeln. Diese Methode haben wir getErrHint genannt.

In der Definition der Klasse im Listing 7.7 definieren wir die private Membervariable strMsg_. Sie wird mit dem String des Übergabeparameters des überladenen Konstruktors belegt. Und in der Methode getErrHint geben wir diese Member einfach zurück.

Das main-Programm 7.8 möchten wir wie üblich erläutern:

//1 Um die Exception-Klasse nutzen zu können, so müssen Sie das Header-File cMyExcError.h inkludieren. Bitte beachten Sie:
Mit diesem Inklude inkludieren Sie cMyExcError.h das zweite Mal im Projekt "Exception-Klasse". Das erste Mal erfolgte bereits ein Inklude im cpp-File cMyExcError.cpp; siehe dazu Listing 7.7. Aus diesem Grunde verwenden wir das
`#pragma once`

Dieser Präprozessor-Befehl ist identisch zu den Makros:
- #ifdef
- #define
- #endif

Wiederholen Sie dazu nochmals Ihre C-Vorlesung.

//2 An dieser Stelle werfen wir eine Exception - eine cMyExcError-Exception. Dabei wird der

```cpp
#include "stdafx.h"
#include "cMyExcError.h"
#include <string>
cMyExcError::cMyExcError(char *strErrMsg) {
    strcpy_s (strMsg_, iMAX_STR, strErrMsg);
}
cMyExcError::~cMyExcError(void) {
}
char *cMyExcError::getErrHint (void) {
    return strMsg_;
}
```

Programm 7.7: Die Definition der Exception-Klasse.

```cpp
// P006K7_Except.cpp
#include "stdafx.h"
#include <iostream>
using namespace std;
#include "cMyExcError.h"                              //1
int main (void)
{
    try {
        throw cMyExcError ("TestFehler\n");           //2
    }
    catch (cMyExcError& error) {                      //3
        cout << error.getErrHint();
    }
    return 0;
}
```

Programm 7.8: Das Test-Programm zur Exception-Klasse.

überladene Konstruktor aktiviert. Diesem übergeben wir unsere Message.

//3 Im catch-Block können wir ja nur diese Exception einfangen und das tun wir auch. Wir übergeben dem Error-Handler die Adresse des Objektes; einfach aus dem Grunde, dass nicht zu viele Bytes über den Stack geschoben werden müssen. Und mit dem Objekt error können wir auf die Methode getErrHint zugreifen. Die Ausgabe können Sie in der Abbildung 7.9 einsehen.

Abbildung 7.9: Die Konsole des Programmes 7.8.

Zum Abschluss dieses Kapitels wollen wir uns ein Beispiel anschauen, wie Sie Exceptions mit dem Schlüsselwort throw an die nächsthöhere Instanz weiterleiten können. Wir bleiben dabei bei dem Beispiel der Listings 7.6, 7.7 und 7.8. Wir erweitern das Programm 7.8 um eine Funktion

```
void testExample (void)
```

Dazu schauen Sie sich bitte das Programm 7.9 an.

7.4 Eine Exception-Klasse

```cpp
// P006K7_Except.cpp
#include "stdafx.h"
#include <iostream>
using namespace std;
#include "cMyExcError.h"                                        //1

void testExample (void)                                         //2
{
    try
    {
        cout << "Aufruf testExample\n";
        throw (cMyExcError("Exception in Funktion testExample.\n"));  //3
    }
    catch (...)                                                 //4
    {
        cout << "Exception-Handler in Funktion testExample.";
        cout << "Exception wird weiter geleitet.\n";
        throw;                                                  //5
    }
}
int main (void) {
    try
    {
        testExample();                                          //6
    }
    catch (cMyExcError& error)                                  //7
    {
        cout << error.getErrHint();
    }
    return 0;
}
```

Programm 7.9: Beispiel: Weiterleiten von Exceptions.

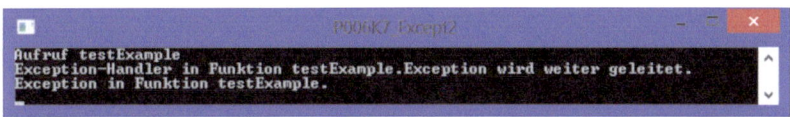

Abbildung 7.10: Die Konsole des Programmes 7.9.

//1 cMyExcError bleibt unverändert; siehe Listing 7.6. Natürlich müssen wir es auch hier inkludieren.
//2 Anschließend definieren wir eine Funktion (testExample), die als Beispiel dienen soll, wie man Exceptions weiterleitet.
//3 Im try-Block werfen wir dann eine Exception - eine cMyExcError-Exception. Vorher geben wir - nur zur Orientierung - einen Hinweis auf der Konsole aus.
//4 Im catch-Block (Ellipses-Block oder catch any) fangen wir diese Exception wieder. Wir geben aus, dass wir dieses throw gefangen haben
//5 und leiten diese Exception mittels throw an die nächste Instanz weiter.
//6 Im main-Programm wird nun die Funktion testExample aktiviert.
//7 Und da wir wissen, dass wir in testExample eine cMyExcError-Exception geworfen haben, fangen wir hier auch wieder eine cMyExcError-Exception ein. Die Error-Message, die wir aus getErrHint erhalten, geben wir auf der Konsole aus; siehe Abbildung 7.10.

7.5 Bibliotheks-Exceptions

C++ stellt eine ganze Reihe von vordefinierten Exceptions zur Verfügung. Diese Klassen verfügen über Methoden, Fehler auszugeben. Meist sind in diesen Methoden die Texte schon vordefiniert. In der Abbildung 7.11 können Sie sich einen Überblick über diese Exceptions verschaffen.

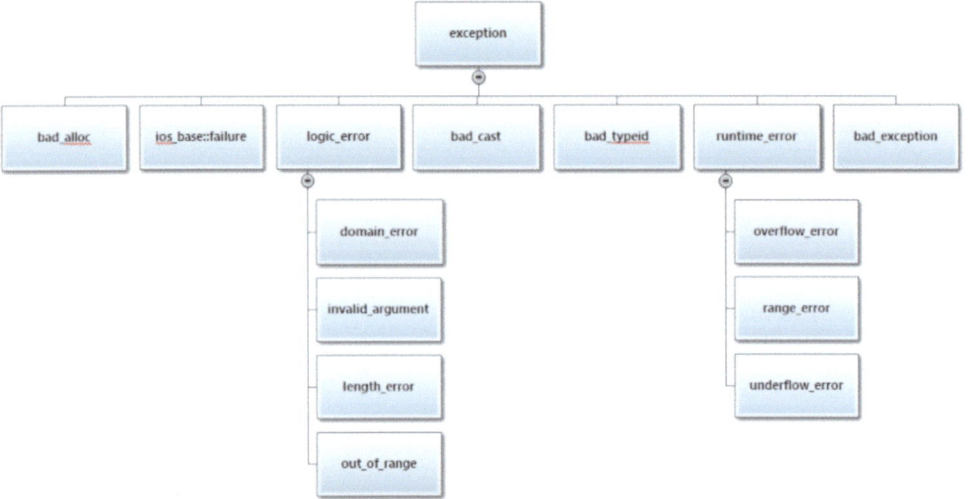

Abbildung 7.11: Überblick über Bibliotheks-Exceptions.

Wir wollen uns dazu ein kleines Beispiel anschauen und bei dieser Gelegenheit auch gleich die Thematik der Parameter-Übergabe behandeln.

Jedem C/C++ Programm kann man eine Anzahl Parameter bzw. eine Anzahl von Argumenten mit übergeben. Schon wenn Sie ein Programm anlegen dann sehen Sie, dass Ihnen das VS 2012 Grundgerüst anbietet, dass Sie im Listing 7.10 einsehen können. Wir änderten dieses Grundge-

```
#include "stdafx.h"
int _tmain(int argc, _TCHAR* argv[])
{
    return 0;
}
```

Programm 7.10: Parameterübergabe; siehe auch Programm 1.1 (P001); Seite 16.

rüst immer ab: wir gehen davon aus, dass wir ein "8-Bit-Programm" schreiben. Dadurch ergeben sich die Änderungen, die in der Tabelle 7.3 einsehbar sind. Und in der Regel haben wir die Parameter bei den bisherigen Programmen weggelassen; s. Listing 7.11. Nun wollen wir unserem main Parameter übergeben. Wir arbeiten also mit dem Listing 7.10 und beachten die Änderungen

7.5 Bibliotheks-Exceptions

Original	Änderung	Bedeutung
_tmain	main	Bezeichnung des main-Programmes
argc	argc	Anzahl der übergebenen Argumente
_TCHAR* argv[]	char* argv[]	Speicher für die Argumente

Tabelle 7.3: Bedeutung von argc und argv

```
#include "stdafx.h"
int main(void)
{
    return 0;
}
```

Programm 7.11: main-Programm ohne Parameter.

aus der Tabelle 7.3.
Wie Sie vielleicht noch wissen, werden die Parameter einer Konsole-Applikation dem Programm direkt übergeben. Handelt es sich um mehrere Parameter, so werden diese üblicherweise mit einem Space-Zeichen (0x20) getrennt. Dazu ein Beispiel:

Beispiel.EXE Arg1 Arg2 Arg3

Hier werden dem Executable Beispiel.EXE vier Argumente[2] übergeben:

1. Sein eigener Filename
2. Arg1
3. Arg2
4. Arg3

Es stellt sich jetzt die Frage, wie wir diese Argumente-Übergabe mit dem Debugger testen können. Klar, Sie können ja nicht jedes Mal das Programm neu compilieren und testen, ob nun endlich die Argumente angekommen sind und richtig verarbeitet werden. So etwas müssen Sie debuggen!

Dazu bietet das VS 2012 eine hübsche Unterstützung:

- Gehen Sie auf den Projektmappenexplorer und drücken Sie bei Projekt die rechte Mouse-Taste
- Wählen Sie nun den Punkt Eigenschaften, so erscheinen die Projekteigenschaften; s. Abbildung 6.9 auf Seite 189
- Wählen Sie den Punkt <Debuggen> aus und tragen Sie Ihre Argumente ein; s. Abbildung 7.12.

---
[2] Bitte beachten Sie, dass argc minimal 1 ist; in argv[0] steht immer der Filename - samt Pfad- des Executables.

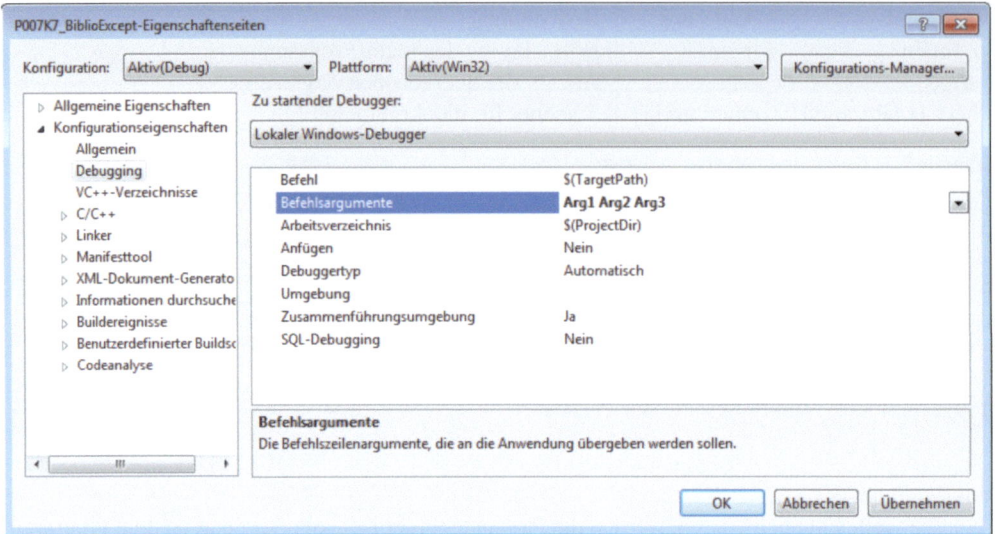

Abbildung 7.12: Argumente mit VS 2012 debuggen.

Das eben Geschilderte wollen wir an einem kleinen Programm üben. Und natürlich wollen wir gleichzeitig eine Art Bibliotheks-Exception kennenlernen; siehe Programm 7.12. Dazu folgende kurze Erläuterungen:

//1 stdexcept wird über iostream inkludiert; das bedeutet, wir könnten auf diesen Inklude verzichten. Wir haben bewusst diesen Inklude im Quell-Code, damit Ihnen klar wird, dass invalid_argument von stdexcept kommt. Versuchen Sie es: nehmen Sie den Inklude iostream und stdexcept heraus und Sie erhalten den Compile-Fehler
```
Fehler 1 error C2065: 'invalid_argument': nichtdeklarierter
Bezeichner
```
//2 Hier fragen wir die Anzahl Argumente ab. Sollten es nicht exakt vier sein, so werfen wir eine invalid_argument-Exception.

//3 Das tun wir hier. Wir übergeben dem Konstruktor einen sinnvollen Text.

//4 Und an dieser Stelle werfen wir mit throw die Exception.

//5 Sollte die Anzahl der übergebenen Parameter exakt vier sein, so geben wir diese aus; siehe dazu Abbildung

//6 Sollte die Abfrage //2 negativ ausfallen, so wird der invalid_argument-Exception gefangen

//7 und an dieser Stelle wird über die Methode what ausgegeben, was wir dem Konstruktor von invalid_argument übergeben haben.

//8 Trotzdem sollten Sie immer ein catch any definieren; Sie wissen nie, was noch für Fehler folgen können.

In der Abbildung 7.13 sehen Sie die Konsole des Programmes 7.12. Und in der Abbildung 7.14 wird gezeigt, wie die Konsole ausschaut, wenn die Parameter-Anzahl falsch ist.

7.5 Bibliotheks-Exceptions

```cpp
// P007K7_BiblioExcept.cpp
#include "stdafx.h"
#include <iostream>
#include <stdexcept>                                            //1
using namespace std;
#define iMAX_ERRSTR 1024

int main (int argc, char *argv[])
{
    char cError[iMAX_ERRSTR];
    try
    {
        if (argc !=4)                                           //2
        {
            invalid_argument Err ("Invalid arguments.\n");      //3
            throw Err;                                          //4
        }
        else
        {
            cout << "Arument 1: " << argv[1] << endl;           //5
            cout << "Arument 2: " << argv[2] << endl;
            cout << "Arument 3: " << argv[3] << endl;
        }

    }
    catch (invalid_argument &Err)                               //6
    {
        cout << Err.what ();                                    //7
    }
    catch (...)                                                 //8
    {
        int iErr = GetLastError ();
        strerror_s (cError, iMAX_ERRSTR, iErr);
        cout << endl << __DATE__ << "; " << __TIME__ << "; Error in "
             << __FUNCTION__ << ". Error: " << cError << endl;
    }
    return 0;
}
```

Programm 7.12: Parameterübergabe am Beispiel P007K7_BiblioExcept.

Abbildung 7.13: Die Konsole der Programmes 7.12 bei vier Parametern.

An dieser Stelle sei der Hinweis gestattet, dass Parameter-Übergaben auch bei MFC-Anwendungen von Bedeutung sind. Wenn Sie beispielsweise VS 2012 ein C-File übergeben, so wird VS 2012 automatisch geöffnet. Schauen Sie sich dazu die Abbildung 7.15 an.

Abbildung 7.14: Die Konsole der Programmes 7.12 bei drei Parametern.

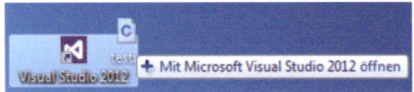

Abbildung 7.15: Parameter-Übergabe bei MFC-Anwendungen.

In solchen Fällen werden allerdings argc und argv nicht von Bedeutung sein. Sie können die Parameter via

```
CCustomCommandLineInfo oInfo;
ParseCommandLine(oInfo);
CString str = rCmdInfo.m_strFileName;
```

bestimmen. Und beim Debuggen können Sie auch hier die Parameter im VS 2012, wie in der Abbildung 7.12 dargestellt, eingeben und damit debuggen. Wir haben Ihnen ein Dialog-Projekt zur Verfügung gestellt, auf das wir hier allerdings nicht näher eingehen wollen. Sie finden die oben beschriebenen Befehlszeilen im Modul P08K7_TestDlg.cpp[3].

Stellen Sie sich vor, dass dieser kleine Dialog eine Basis sein kann, bestimmte Applikationen zu aktivieren. Beispiel: Sie "legen" einfach Files auf das Icon MFC-Programm. So wie in Abbildung 7.15 dargestellt.

- Ist die Filename-Extension C, so öffnet sich VS 2012
- Ist die Filename-Extension TXT, so öffnet sich Notepad
- Ist die Filename-Extension DOCX, so öffnet sich Word
- etc.

Haben Sie einfach den Mut dieses kleine Programm zu öffnen. Setzen Sie einen breakpoint in die Zeile, in der
CString str = rCmdInfo.m_strFileName;
steht und Sie können den Parameter, den Sie in die Zeile Befehlsargumente (siehe Abbildung 7.12) geschrieben haben, wieder herauslesen; er steht in str. Und nun können Sie "einfach" Ihr Programm weiterentwickeln und daraus ein "OpenCenter" machen.

---

[3]Nutzen Sie zum Öffnen des Projektes P08K7_TestDlg das VS 2012 Professional. Sie erhalten es für 90 Tage als Testversion.

7.6 Exception in den Standard-Methoden

Wir wissen, dass jede Klasse über folgende Standard Methoden verfügt:

1. Konstruktor
2. Copy Konstruktor
3. Assignment Operator
4. Destruktor

Zusätzlich zu den genannten Methoden existieren seit C++11 ein
move constructor
und ein
move-assignment operator.
Wir werden später darauf eingehen; siehe Programm 13.6 auf Seite 390.

Später werden wir auch auf den Copy Konstruktor und den Assignment Operator eingehen. In diesem kleinen Kapitel wollen wir zeigen, dass sehr wichtig ist die Standard-Methoden einer Klasse kurz zu halten und sie mit Exception-Handling zu sichern. Schauen wir uns dazu das Programm7.13 an.

```cpp
// P09K7_STDMeth.cpp
#include "stdafx.h"
#include <iostream>
using namespace std;
class cMethExc {
    public:
        cMethExc(void) {
            str_ = new char[256];                   //1
            cout << "Konstruktor\n";
            //throw 1;                              //2
        }
        ~cMethExc(void) {
            //throw 1;                              //3
            delete [] str_;                         //4
            cout << "Destruktor\n";
        }
    private:
        char *str_;
};
int main (void) {
    try {
        cout << "start main\n";                     //5
        cMethExc test;
    }
    catch (...) {
        cout << "Unbekannter Fehler in main!\n";    //6
    }
    return 0;
}
```

Programm 7.13: Programmbeispiel zu Fehlern in Standard-Methoden; Konstruktor und Destruktor.

Das Programm 7.13 wird hier kurz erläutert:

//1 Wir haben eine Klasse cMethExc definiert. Diese Klasse hat einen Konstruktor und einen Destruktor. Im Konstruktor reservieren wir 256 Bytes für ein char-Array. Wir geben den Text "Konstruktor", um die Konsolen-Outputs besser zu verstehen.
//2 An dieser Stelle - noch auskommentiert - soll eine Exception geworfen werden.
//3 Auch im Destruktor bleibt die Exception momentan noch auskommentiert.
//4 Wir "räumen" den reservierten Memory (wir es sich gehört) und geben auch im Destruktor einen Text aus. Auch hier soll der Text lediglich die Konsolenausgaben verständlicher machen.
//5 Im main generieren wir ein cMethExc-Objekt. Das main-Programm verfügt über Exception-Handling(try; catch any).
//6 Sollte eine Exception eintreten, so wird sie im catch any des main-Programmes gefangen.

Wir haben die folgenden Konsolen-Ausgaben:
Konsolenausgaben ohne throw (//2 und //3 bleiben auskommentiert. Schauen Sie sich dazu die Abbildung 7.16 an.

Abbildung 7.16: Die Konsole des Programmes 7.13 ohne throw.

Konsolenausgaben mit throw bei //2 und ohne throw bei //3; siehe Abbildung 7.17.

Abbildung 7.17: Die Konsole des Programmes 7.13 mit throw in //2.

Konsolenausgaben ohne throw bei //2 und mit throw bei //3. Das ist in der Abbildung 7.18 dargestellt.

Abbildung 7.18: Die Konsole der Programmes 7.13 mit throw in //3.

7.6 Exception in den Standard-Methoden

Die Abbildung 7.16 ist völlig klar:
Wir haben keine Exception. Das Programm wird sauber abgearbeitet.

Kommen wir zum Rest der Abbildungen: auch wenn die Abbildungen 7.17 und 7.18 völlig identisch aussehen, so verkörpern sie doch zwei verschiedene Fehler:

1. Im Falle der Abbildung 7.17 wird der Konstruktor nicht beendet. Damit kann das Objekt auch nicht zerstört werden. Was bleibt, ist ein Memory-Leak. Wir haben ja im Konstruktor Speicher angefordert; und dieser wird nicht freigegeben.
2. Im Falle der Abbildung 7.18 wird der Konstruktor zwar sauber beendet - das Objekt wird angelegt -, aber der Destruktor wird nicht durch laufen. Damit bleibt auch in diesem Falle die private Membervariable str_ im Speicher. Auch hier haben wir dann ein Memory-Leak.

Wie kommen wir aus dieser Misere? Wir empfehlen zwei Wege:

1. Halten Sie Konstruktor und Destruktor "klein" an Lines of Code.
2. Führen Sie auch in den Standard-Methoden Ihrer Klassen Exception-Handling ein.

Den zweiten Punkt wollen wir uns anhand des Programmes 7.14 genauer ansehen.

Auch für das Programm 7.14 geben wir eine kurze Erklärung.

//1 Die int-Exception (throw 1) ist durch einen try-Block geframet. Diese Exception kann also gefangen werden.
//2 Und an dieser Stelle fangen wir mittels eines catch any diese Exception. Der Konstruktor wird also "sauber" durchlaufen. Wir geben den Text
Exception im Konstruktor
aus.
//3 Am Ende des Destruktors werfen wir wieder eine Exception.
//4 Wir fangen diese Exception jedoch wieder mit einem catch any.
//5 Wie schon im Programm 7.13 generieren wir in main ein cMethExc-Objekt. Das main-Programm verfügt über Exception-Handling (try; catch any).
//6 Sollte eine Exception eintreten, so wird auch diese Exception im catch any des main-Programmes gefangen. Aber wir werden sehen, dass in unserem Fall keine Exceptions im main auftreten.

Wir schauen uns die Abbildung 7.19. Sie sehen, dass tatsächlich im main keine Exceptions aufgetreten sind. Alle "Ungereimtheiten" werden dort gelöst, wo sie auftreten. Und das ist auch sinnvoll. Außerdem bietet Ihnen ein Exception-Handling in den Standard-Methoden zumindest eine prinzipielle Möglichkeit, Methoden der Klasse cMethExc zu nutzen. Dennoch ist hier größte Vorsicht vonnöten: stellen Sie sich vor, das throw im Konstruktor steht ganz zu Beginn des Konstruktors. Sie könnten in diesem Falle keine Methoden nutzen, die den Speicher von str_ nutzen, denn dieser wäre noch nicht alloziert.

```cpp
// P0AK7_STDMeth2.cpp
#include "stdafx.h"
#include <iostream>
using namespace std;
class cMethExc
{
    public:
        cMethExc(void) {
            try{
                cout << "Konstruktor\n";
                str_ = new char[256];
                throw 1;                                //1
            }
            catch (...) {                               //2
                cout << "Exception im Konstruktor\n";
            }
        }
        ~cMethExc(void)
        {
            try{
                cout << "Destruktor\n";
                delete [] str_;
                throw 1;                                //3
            }
            catch (...) {                               //4
                cout << "Exception im Destruktor\n";
            }
        }
    private:
        char *str_;

};
int main (void) {
    try {
        cout << "start main\n";                         //5
        cMethExc test;
    }
    catch (...) {
        cout << "Unbekannter Fehler in main!\n";        //6
    }
    return 0;
}
```

Programm 7.14: Programmbeispiel zu Fehlern in Standard-Methoden; Konstruktor und Destruktor.

```
P0AK7_STDMeth2
start main
Konstruktor
Exception im Konstruktor
Destruktor
Exception im Destruktor
```

Abbildung 7.19: Exceptions-Handler im Konstruktor und Destruktor. Das Programm 7.14

Bitte beachten Sie abschließend den folgenden Hinweis:

Hinweis: *Das throw in den Programmen 7.14 und 7.13 soll lediglich einen Fehler simulieren. In diesen Beispielen soll verdeutlicht werden, dass es eine Chance gibt, Objekte mit fehlerhaften Standard-Methoden zu kreieren. Aber: es ist nur eine Chance, keine Sicherheit!*

7.7 Zusammenfassung

- Eines der wichtigsten Kapitel in der Software-Entwicklung beschreibt den Umgang mit Fehlern. Das ist in jeder Programmiersprache so. Das ist so, weil Software-Projekte immer wieder Fehler haben werden. Wir müssen nur damit umgehen können.
- Ein Fehler-Handling von C haben wir bereits kennengelernt und auch in diesem Kapitel wieder kurz beschrieben. Bei dieser Gelegenheit haben wir die Funktionen
  perror strerror
  wiederholt.
  Mit der Windows-Funktion GetLastError können Sie die letzten aufgetretenen Funktion abrufen.
- In C++ wird Ihnen eine neue Möglichkeit eröffnet, Fehler zu handeln. Die Möglichkeit wird Exception-Handling genannt. Dafür sind in C++ die Schlüsselwörter
    - try
    - throw
    - catch

  reserviert.
  Die im try-Block mittels throw geworfenen Exceptions werden in den catch-Blöcken wieder gefangen.
- Für jede geworfene Exception existiert genau ein entsprechender catch-Block. In diesen catch-Blöcken sollten Sie sinnvolle Hinweise zum Fehler ausgeben (Funktion, wo dieser Fehler aufgetreten ist, Zeitpunkt, etc.).
- Ein universeller Exception-Handler, wie die catch-Blöcke auch genannt werden, ist der Allround-Handler. Dieser catch-Block muss als letzter Exception-Handler in der Reihe der catch-Blöcke stehen und er fängt auch alle nicht gehandelten Exceptions. Sie sollten mindestens den Allround-Handler bei jeder Methode codiert haben.
- Wir haben gelernt, dass sich Debug- und Release-Version im Namen unterscheiden sollten; wir empfehlen den Namen der Debug-Version mit <D> enden zu lassen.
- In gewissen Fällen (div by zero) ist es sinnvoll, im VS 2012 den SEH zu aktivieren; siehe dazu Abbildung 7.4 auf Seite 223.
- Unbehandelte Exceptions lassen sich über Abschluss-Funktionen, die via set_terminate installiert werden, in einen definierten Ausstieg der Software umlenken.
- Sie können mittels throw Exceptions an die nächsthöhere Instanz weiterleiten.

- Sie können eigene Exception-Klassen schreiben. Bei dieser Gelegenheit haben wir kennengelernt, wie das VS 2012 Sie beim Anlegen von Klassen unterstützt. Schauen Sie sich dazu nochmals die Abbildung 7.8 auf Seite 228 an.
- Sie können aber auch bereits "fertige" Exceptions-Klassen aus <stdexecept> nutzen; siehe Programm 7.12.
- Wir haben in diesem Kapitel auch kennengelernt, wie man C-Programmen Parameter übergeben kann. Wir wissen, dass sich die Parameterübergabe von Konsolen-Programmen und (MFC-)Dialogen unterscheidet. Bei den Dialogen waren die Befehle
CCustomCommandLineInfo oInfo;
ParseCommandLine(oInfo);
wichtig.
- Abschließend haben wir uns mit Exception-Handling im Konstruktor und Destruktor beschäftigt.

7.8 Übungen

1. Die hier codierte for-Schleife wird bei iIdx=0 das Programm zum Absturz bringen.

   ```
   {
       for (int iIdx=3; iIdx>-1; iIdx--)
       {
           fRes = 3.0f/(float)(iIdx);
           cout << "fRes: " << fRes << endl;
           iRes = 3/iIdx;
           cout << "iRes: " << iRes << endl;
       }
   }
   ```

   Verhindern Sie diesen Absturz durch Exceptions-Handling. Sie sollten eine Ausgabe wie in Abbildung 7.20 erzielen.

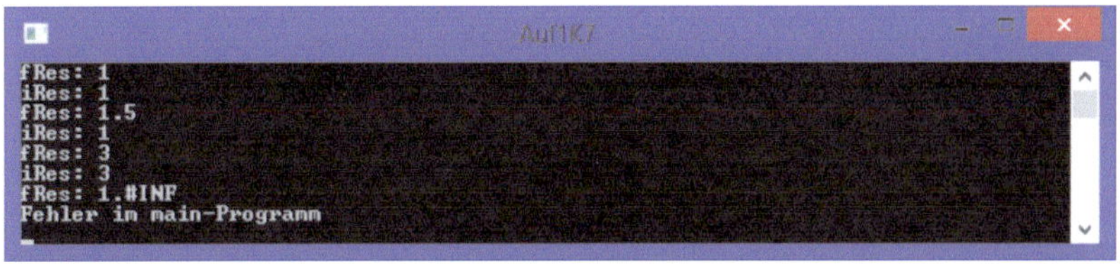

   ```
   fRes: 1
   iRes: 1
   fRes: 1.5
   iRes: 1
   fRes: 3
   iRes: 3
   fRes: 1.#INF
   Fehler im main-Programm
   ```

   Abbildung 7.20: Die Konsolenausgabe für die Aufgabe 1.

2. Welche Schlüsselwörter sind für das Exception-Handling nötig?
3. Was gibt das Programm 7.15 aus?

   ```cpp
   // Auf3K7.cpp :
   #include "stdafx.h"
   #include <iostream>
   using namespace std;
   void test(void)
   {
       cout << "Funktion test\n";
       throw 1;
   }
   int main (void)
   {
       try {
           test();
       }
       catch (int i)
       {
           cout << "Fehler: " << i << endl;
       }
       catch (...)
       {
           cout << "Fehler im main-Programm\n";
       }
       return 0;
   }
   ```

   Programm 7.15: Was gibt dieses Programm aus?

4. Schreiben Sie ein Programm, das den Namen des EXE-Files auf der Konsole ausgibt. Das Programm soll keinerlei Parameter übergeben bekommen. Überprüfen Sie das und handeln Sie diese Überprüfung mittels Exception-Handling.
   Sie sollten eine Ausgabe wie in der Konsole 7.21 erzielen.

Abbildung 7.21: Die Konsolenausgabe für die Aufgabe 4.

Falls das Programm einen Parameter hat, so sollte die Konsole die Ausgabe wie in Abbildung 7.22 zeigen.

Abbildung 7.22: Die Konsolenausgabe für die Aufgabe 4 bei fehlerhafter Parameterübergabe.

8 Arbeiten mit Files

Bisher haben wir Programme geschrieben, die auf der Konsole Ausgaben erzeugt haben. Ein Großteil dieser Ausgaben wäre Ihnen aber in einem File hilfreicher gewesen. Sie können davon ausgehen, dass das Arbeiten mit Files eine unabdingbare Voraussetzung ist, erfolgreiche Software zu entwickeln. Sie werden in Ihrer Software immer wieder Daten generieren, die nach dem Ausschalten des Rechners nicht verlorengehen dürfen. In diesem Zusammenhang sprechen wir von der Persistenz der Daten. Die Sicherung solcher Daten erfolgt üblicherweise in Files, die im Allgemeinen auf der Festplatte gespeichert werden. Natürlich können Sie diese Daten auch auf anderen nicht flüchtigen Medien wie USB, SD-Cards, MO Disks etc. sichern. Um solche Sicherungen durchführen zu können, brauchen Sie Kenntnisse, wie man Daten in Files schreibt, wie man diese Daten wieder lesen kann und ggf. wieder ändern kann. Sie sollten wissen, wie man Files

- *erzeugt,*
- *sie wieder löscht,*
- *sie prüft, ob sie vorhanden sind*
- *und wie man Files lesen und schreiben kann.*

Damit wollen wir uns in diesem Kapitel beschäftigen.

8.1 Thematik Files

Eine der wichtigsten Aufgaben der Software, die Sie entwickeln, ist die Erfassung von Daten. Damit sind in der Regel verbunden:

- Files erzeugen
- Files schreiben
- Files öffnen
- Files lesen
- Files schließen

Diese erfassten Daten können an bestimmte Instanzen gesendet werden, ausgedruckt werden oder einfach nur eingesehen werden. Wie wichtig diese Aufgaben sind, kann man sich klarmachen, wenn man an die Zeiten erinnert, als es noch keine PCs gab. Damals wurden die Texte direkt mit der Schreibmaschine auf ein Blatt Papier geschrieben. Wenn man sich verschrieben hatte, so musste man diese Fehler mit Tipp-Ex beseitigen oder noch einmal von vorn beginnen; eine sehr umständliche Arbeit und das Resultat war nicht immer überzeugend. Heute haben wir Word, Wordpad und verschiedene andere Textverarbeitungssysteme, die uns das Leben leichter machen. So kontrolliert Word beispielsweise während des Schreibens die Orthographie und bietet sofort Alternativen an. Was für ein Sprung im Vergleich zu den Tipp-Ex-Zeiten!

8.2 Filezugriffe

Um auf ein File zugreifen zu können, braucht man zunächst seinen Namen. Des Weiteren müssen wir diesen Zugriffs-Schnittstellen, die wir gleich kennenlernen, die Zugriffsart übergeben. Im Prinzip kann man sich vorstellen, welche Zugriffsarten existieren:

1. ein File lesend öffnen
2. ein File schreibend öffnen

Es ist wohl vernünftig, dass man ein File, das man nur lesen will, nicht schreibend öffnet. Vernünftig ist es schon deshalb, weil durch ein lesendes Öffnen ein versehentliches Beschreiben des Files unmöglich ist. Alle Zugriffsarten können in der Tabelle 8.1 eingesehen werden. Wir können

Zugriffsart	Bemerkungen
ios_base::in	File lesend öffnen; verhindert, dass File gelöscht wird
ios_base::out	File schreibend öffnen; Inhalt vorhandener Files wird gelöscht
ios_base::app	File anhängend (zum Schreiben) öffnen;
ios_base::ate	File-Pointer wird nach Öffnen an das Ende der Sequenz gesetzt
ios_base::binary	File als binary-File geöffnet; keine Umwandlung von cr/lf
ios_base::trunc	Fileinhalt wird gelöscht

Tabelle 8.1: Zugriffsarten auf Files.

ein File

1. öffnen mit open
2. schließen mit close
3. den Bufferinhalt schreiben mit flush
4. und löschen mit remove

Zusätzlich zu den oben beschriebenen Funktionen können auf ein geöffnetes File Eingabe-Funktionen und Ausgabe-Funktionen angewendet werden. Ein Teil der möglichen Operationen ist in der Tabelle 8.2 aufgelistet:

Funktion	Bedeutung
read	Liest Daten aus einem File.
write	Schreibt Daten in ein File.
seekg	Bewegt den File-Pointer (bei lesendem Zugriff) an eine definierte Position.
tellg	Liefert (bei lesendem Zugriff) die aktuelle Position des File-Pointers zurück.
seekp	Bewegt den File-Pointer (bei schreibendem Zugriff) an eine definierte Position.
tellp	Liefert (bei schreibendem Zugriff) die aktuelle Position des File-Pointers zurück.
fail	Liefert das Fehlerflag des File-Pointers zurück.
clear	Diese Funktion setzt das File-Endeflag und das Fehlerflag zurück.
eof	Diese Funktion testet, ob man am Fileende ist.
good	Diese Funktion testet, ob der letzte File-Zugriff erfolgreich war.

Tabelle 8.2: Funktionen, die man für Filezugriffe verwenden kann.

Und davon können wir auch nur einen Teil durch Beispiel-Programme testen.

8.3 Öffnen und Schließen von Files

Zunächst wollen wir wissen, wie man überhaupt Files öffnen und schließen kann. Dazu schauen wir uns die Syntax dieser Befehle an; siehe Syntax 8.1 und Syntax 8.2. In der Syntax 8.1 haben wir die Zugriffsmethode ios::inlios::binary genutzt. Wir wissen jetzt laut Tabelle 8.1, dass es sich bei diesem Filezugriff um einen lesenden Zugriff auf ein binary File handelt. Die Syntax dazu haben wir uns angeschaut und jetzt können wir ein erstes Beispiel dazu programmieren. Und zwar wollen wir das binary-File, das wir erzeugen, gleich zum Test öffnen. Es heißt so wie der Projektname: P001K8_OpenClose.EXE

Dazu müssen wir das EXE-File dorthin kopieren, wo in unserem Projekt die Source liegt, oder - wie im Beispiel des Programmes 8.1 - wir öffnen das EXE-File an der Stelle, wo es das VS 2012 ablegt. Das ist in unserem Falle das Directory

..\Debug\P001K8_OpenClose.EXE

Wir habe eine Debug-Version generiert. Diese Programm (Programm 8.1) wollen wir kurz erläutern:

//1 Um ifstream verwenden zu können, ist der Inklude von fstream nötig. Gehen Sie auf fstream, drücken Sie die rechte Mouse-Taste und Sie können die Methoden dieser Klasse einsehen.

```
void open (const char* filename, ios_base::openmode mode = ios_base::in);
void open (const string& filename, ios_base::openmode mode = ios_base::in); //seit
C++11
Beispiel:
ifstream inFile;
inFile.open ("Test.TXT", ios::in|ios::binary);
Syntaxbeschreibung:

    • inFile: File-Objekt
    • inFile.open: Die Methode open des Fileobjektes wird aktiviert.
    • Der Filename kann als const char* und (seit C++11) auch als string übergeben
      werden
    • Sollte kein openmode übergeben werden, so das automatisch lesend geöffnet.

Hinweis: In unserem Fall wird das File lesend und binär geöffnet; die openmode sind
via Or-operator verknüpfbar.
```

Syntax 8.1: Syntax von open.

```
filebuf* close();
Beispiel:
ifstream inFile;
inFile.close ();
Syntaxbeschreibung:

    • filebuf: close gib this zurück (falls close() erfolgreich;
    • Falls close() nicht erfolgreich war, so wird NULL returned.
```

Syntax 8.2: Syntax von close.

//2 Wir haben zwei Methoden skizziert, wie man ein File öffnen kann. Hier in der ausgeklammerten Methode öffnen wir das File P001K8_OpenClose.EXE mit dem überladenen Konstruktor von ifstream.

//3 Falls wir das File indirekt öffnen wollen, so müssen wir zuerst ein Objekt deklarieren; ein Objekt der Klasse fstream. Dieses Objekt heißt in unserem Beispiel inFile.

//4 Mit dem Objekt inFile können wir auf Methoden der Klasse zugreifen. In unserem Falle wollen wir die Methode open nutzen. Wir wollen das File lesend und als binäres File öffnen.

//5 Die Methode good() sagt uns, ob der letzte Zugriff auf das File erfolgreich war. Falls nicht (false), geben wir auf der Konsole einen Hinweis aus.

//6 Falls ja, so schließen wir über die Methode close das File wieder. An dieser Stelle könnten wir abfragen, ob close einen gültigen this-Pointer zurückliefert. Wir fragen nicht nach this, sondern verlassen uns wieder auf die Abfrage nach good(). Sollte good () false liefern, so erfolgt auch hier ein Hinweis auf der Konsole.

//7 Wenn wir dieses cout auf der Konsole lesen, so wurde das File P001K8_OpenClose.EXE sowohl geöffnet als auch geschlossen.

8.3 Öffnen und Schließen von Files

```cpp
// P001K8_OpenClose.cpp
#include "stdafx.h"
#include <fstream>                                                          //1
#include <iostream>
using namespace std;
int main (void)
{
    //ifstream inFile ("..\\Debug\\P001K8_OpenClose.EXE", ios::in|ios::binary);  //2
    ifstream inFile;                                                        //3
    inFile.open ("..\\Debug\\P001K8_OpenClose.EXE", ios::in|ios::binary);   //4

    if (false == inFile.good ())                                            //5
    {
        cout << "Fehler beim Oeffnen von P001K8_OpenClose.EXE.\n";
        return 1;
    }
    inFile.close ();                                                        //6
    if (false == inFile.good ())
    {
        cout << "Fehler beim Schliessen von P001K8_OpenClose.EXE.\n";
        return 2;
    }

    cout << "P001K8_OpenClose.EXE konnte geoeffnet und geschlossen werden.\n"; //7
    return 0;
}
```

Programm 8.1: Öffnen und Schließen von Files.

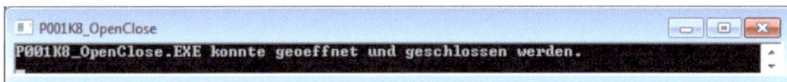

Abbildung 8.1: Die Konsolenausgabe des Programmes 8.1.

Das Programm 8.1 legt uns nahe, die codierte Funktionalität in einem Modul bzw. einer Klasse zu sichern. Es ist zweifelsfrei so, dass man neben den Filezugriffen wie "open" oder "close"auch eine Funktion wie "exist" benötigen wird. Wir werden diese Funktion fileExist nennen. Und diese Funktion ist der Anlass genug, eine neue Klasse anzulegen:

P002K8_fileUtil

Im ersten Schritt soll diese Klasse nur die Funktion fileExist enthalten. Wir schauen uns die Programme 8.4, 8.6, und 8.7 an. Wir müssen, um ein positives Resultat zu erhalten, das EXE-File

Abbildung 8.2: Die Konsolenausgabe des Programmes 8.4 wenn das EXE-File P002K8_FileTest.EXE fehlt.

P001KA_OpenClose.EXE natürlich auch in das aktuelle Projekt kopieren. Sie wissen noch, dass

```cpp
// P002K8_fileUtil.h
/*================================================================================*/
// Autor         : NN
// Creation Date: 03.04.2013
// Modul-Desc.   : Sammlung spezieller Funktionen zum Filehandling
/*================================================================================*/
#ifndef _P002K8_FILEUTIL_                    // Verhindert Mehrfach-Inklude
#define _P002K8_FILEUTIL_
class cFUtils
{
public:
    cFUtils(const char *strFileName);
    ~cFUtils(void);
    //Desc.: Prüft, ob ein File mit dem Namen strFileName vorhanden ist
    bool fileExist (void);
private:
    char *strFName_;
};
#endif
```

Programm 8.2: Das Header-File P002K8_fileUtil.h.

```cpp
// P002K8_fileUtil.cpp
#include "stdafx.h"
#include "P002K8_fileUtil.h"
#include <fstream>
using namespace std;
cFUtils::cFUtils(const char *strFileName)
{
    strFName_ = new char [strlen(strFileName)+sizeof(char)];
}

cFUtils::~cFUtils(void)
{
    delete [] strFName_;
}
/*================================================================================*/
/* Desc.: Prüft, ob ein File mit dem Namen strFileName vorhanden ist.             */
/*        strFileName beinhaltet Name und Pfad des Files. Falls nur der Name      */
/*        angegeben wird, so muss sich das File im dem Directory des auf-         */
/*        rufenden EXE-Files befinden.                                            */
/* In   : strFileName (const char *): Filename                                    */
/* Out  : bool :Return: Hinweis (true  : File existiert;                          */
/*                               false: File existiert nicht)                     */
/*================================================================================*/
/*--------------------------------------------------------------------------------*/
bool cFUtils::fileExist (void)
/*--------------------------------------------------------------------------------*/
{
    ifstream inFile(strFName_, ios::in|ios::binary);
    if (inFile.good())
    {
        inFile.close();
        return true;
    }
    return false;
}
```

Programm 8.3: Die Implementation von P002K8_fileUtil.cpp.

8.3 Öffnen und Schließen von Files

```cpp
// P002K8_FileTest.cpp
#include "stdafx.h"
#include "P002K8_fileUtil.h"
#include <iostream>
using namespace std;
int main (void) {
    cFUtils file("..\\Debug\\P002K8_FileTest.EXE");
    bool bExist = file.fileExist ();
    if (bExist==1) {
            cout << "File P002K8_FileTest.EXE vorhanden.\n";
        return 1;
    }
        else { {
        cout << "File P002K8_FileTest.EXE nicht vorhanden.\n";
            return 0;
    }
}
```

Programm 8.4: Das Testfile, um das Modul P002KA_fileUtil zu testen.

wir das EXE-File dort zu platzieren zu haben, wo das Projektfile liegt, oder Sie platzieren es dahin, wo es das Projekt sichert. Wenn alles korrekt erledigt wurde, dann können wir beim Start des Programmes die Ausgabe der Abbildung 8.3 sehen. Sie werden sich sicher fragen, warum

Abbildung 8.3: Die Konsolenausgabe des Programmes 8.4, wenn das EXE-File P002K8_FileTest.EXE vorhanden ist.

wir gerade ein EXE-File als Beispiel gewählt haben. Das hat mehrere Gründe. Zunächst sollten Sie sich merken, dass Sie jedes beliebige File öffnen können. Wenn Sie nur wissen wollen, ob es vorhanden ist, so können Sie sich der Funktion `ifExist` bedienen. Diese Funktion haben Sie selbst geschrieben, weil keine vergleichbare Funktion existiert. Wir öffnen das File, dessen Existenz wir prüfen wollen, lesend. Damit stellen wir sicher, dass dieses File auch unverändert bleibt. Wie bereits erwähnt, können Sie dem Konstruktor der Klasse auch einen vollständigen Pfadnamen zu dem File mit übergeben:
`"C:\\Program Files\\Internet Explorer\\iexplore.EXE");`
Bitte beachten Sie, dass es durchaus ein Windows API gibt, welches das obige organisiert:
`PathFileExists`.
Sie müssen nur sicherstellen, dass der Backslash, der im Pfad im Allgemeinen auftaucht, durch einen doppelten Backslash zu ersetzen ist. Bitte beachten dazu im Kapitel 3.1 die Tabelle 3.1 auf Seite 37.

Hinweis: *Die Zugriffsarten, die wir in der Tabelle 8.1 zusammengefasst haben, finden sich in gewisser Weise in der MFC-Klasse CFile wieder. Dort heißen Sie CFile::modeRead für ios::in und CFile::modeWrite für ios::out[1].*

---
[1] Natürlich gibt es noch weitere Zugriffsarten in CFile, aber wir wollen in diesem Buch nicht weiter darauf eingehen.

8.4 Lesen von Files

Wir erweitern unser Ziel nunmehr um die Aufgabe, ein EXE-File (wir nennen es ReadFile.EXE bzw. exakt: P003K8_ReadFile.EXE) zu lesen; wir wollen uns den Inhalt des EXE-Files anschauen. Dazu erweitern wir P002KA_fileUtil um die Methode readFile. Mit readFile machen wir es uns ganz einfach: das File soll von seiner Startposition aus gelesen werden.

Wir wollen noch etwas erreichen: wir wissen, dass wir ein binary-File und kein Text-File lesen. Das bedeutet, dass wir eine für uns nichtssagende Bytefolge erhalten werden. Viele davon werden unter 0x20 liegen. Und selbst wenn einige "lesbar" sind, also zwischen 0x20 und 0x7F liegen, so wird es naturgemäß für uns verschlüsselt bleiben: wir lesen den Code, den cl.exe für uns erzeugt. Aus diesem Grunde wollen wir den Fileinhalt als eine Art Hex-ASCII-Listing ausgeben; siehe dazu Abbildung 5.13 auf Seite 130. Das bedeutet, dass wir den Fileinhalt auf der linken Seite der Konsole ausgeben und die entsprechenden ASCII-Zeichen auf der rechten Seite der Konsole. Sollten die Zeichen keine ASCII-Zeichen sein, so geben wir auf der rechten Spalte einen Punkt aus. Wie teilen wir nun die Konsole auf? Wir wissen, dass wir für einen unsigned char 3 Bytes Platz benötigen:

- 2 Bytes für den unsigned char
- 1 Byte für ein Trennzeichen (Space: 0x20)

Nun sollten wir noch wissen, dass eine Konsole in einer Zeile 80 Zeichen fassen kann und 25 Zeilen in einer Konsole auf einen Blick sichtbar sind[2]. Mit all diesen Überlegungen halten wir folgende Konsolenaufteilung für sinnvoll:

- 8 Byte für die Fileposition.
- 2 Byte für das Trennzeichen Space (0x20).
- 48 Byte für die unsigned char des einzulesenden Files; nach jedem Zeichen wird ein Trennzeichen gesetzt (0x20).
- 2 Byte für Trennzeichen Space (0x20).
- 16 Byte für die ASCII-Zeichen oder einen Punkt (0x2E).
- 4 Byte Reserve; am Ende der Ausgabe.

---

[1] Wir verweisen an dieser Stelle auf entsprechende Literatur [You98]
[2] Sie können natürlich dieses Muster 80x25 ändern. Das wollen wir jedoch nicht mit berücksichtigen.

8.4 Lesen von Files

```cpp
#include "stdafx.h"
#include "P002K8_fileUtil.h"
#include <iostream>
using namespace std;
/*============================================================================*/
/* Desc.: Gibt den Inhalt von ucBuffer auf der Konsole aus.                  */
/*        Die Ausgabe erfolgt in Form eines Hex-Ascii-Listing.               */
/* In   : char *ucBuffer: LeseBuffer des Files.                              */
/*        int iFileLen  : Filelänge.                                         */
/*        int iNrLines  : Anzahl der Zeilen, die auf der Konsole gezeigt     */
/*                        werden sollen.                                     */
/* Out  : -                                                                  */
/*============================================================================*/
/*--------------------------------------------------------------------------*/
void printFile2Console (char *ucBuffer, int iFileLen, int iNrLines)      //A1
/*--------------------------------------------------------------------------*/
{
    int iIdx, iIdx4Ascii=0, iLn=0;                                       //A2
    unsigned char ucAsciiBuff[17] = {0};
    unsigned char ucRead = 0;
    for (iIdx=0; iIdx < iFileLen; iIdx++)                                //A3
    {
        if (iIdx4Ascii==0) {
            cout.width(8); cout.fill ('0');
            cout << hex << iIdx << ' ';
        }
        cout.width(1); cout.fill (' ');
        cout << ' ';
        cout.width(2); cout.fill ('0');
        ucRead = (unsigned char)ucBuffer[iIdx];
        cout << hex << (int) ucRead;
        if (ucBuffer[iIdx] >= 0x20)                                      //A4
            ucAsciiBuff[iIdx4Ascii++] = ucRead;
        else
            ucAsciiBuff[iIdx4Ascii++] = '.';                             //A5
        if (iIdx4Ascii==16) {                                            //A6
            cout << "  " << ucAsciiBuff << endl;                         //A7
            iIdx4Ascii=0; iLn++;
            if (iLn%iNrLines==0) {
                cout << "Mit ENTER erfolgt die Ausgabe der naechsten Bytes\n";
                getchar ();
            }
        }
    }
}
int main (void) {
    int iRet = 0;
    cFUtils file("..\\Debug\\P003K8_ReadFile.EXE");                      //1
    int iFLen = file.readFile ();                                        //2
    if (iFLen>0) {
        char * strFBuff = file.getFileBuff ();                           //3
        printFile2Console (strFBuff, iFLen, 23);                         //4
    }
    else {
        cout << "File P003K8_ReadFile.EXE nicht vorhanden.\n";           //5
        iRet = 1;                                                        //6
    }
    return iRet;                                                         //7
}
```

Programm 8.5: Das Programm P003K8_ReadFile zur Ausgabe des binary Files P003K8_ReadFile.EXE.

Die oben beschriebene Konsolenaufteilung sollten Sie in der Abbildung 8.4 wiedererkennen. Jedes Zeichen wird durch ein kleines Rechteck dargestellt. Die Trennzeichen sind durch die hellen Rechtecke reflektiert. Die gestrichelte Umrandung entspricht dem Konsolenspeicher (80 × 25 Zeichen). Wir können natürlich in diesem Programm nicht alle Fehler abfangen. Wir wollen

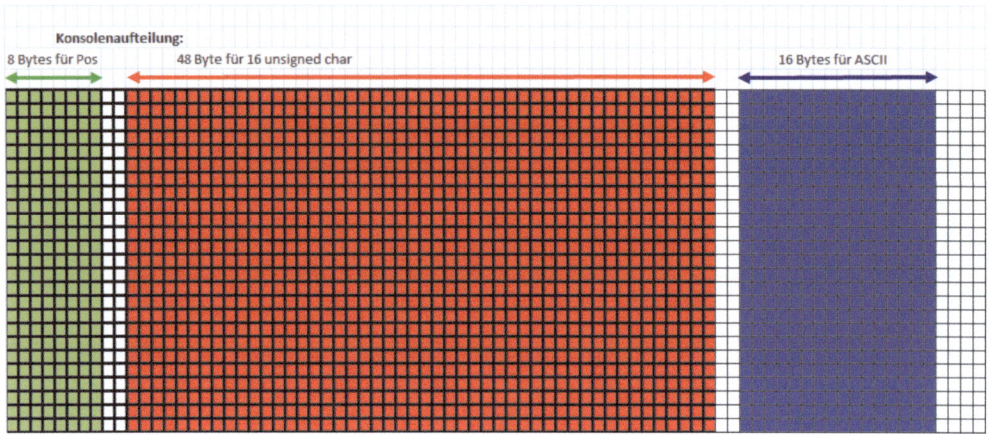

Abbildung 8.4: Die Konsolenaufteilung für die Ausgabe eines binary-Files.

lediglich grundlegende Funktionen vorstellen. Dazu gehören neben good und close die folgenden Funktionen; schauen Sie sich dazu die Syntax-Beschreibungen 8.3 und 8.4 an:

- seekg: Setzt die Fileposition auf die nächste zu lesende Position.
- tellg: Liefert die aktuelle zu lesende Fileposition zurück.

Wir bestimmen beispielsweise mit diesen Funktionen die Größe eines Files. Dazu haben wir das Modul P002KA_fileUtil (die Klasse cFUtils) um die Funktion getFileLen erweitert. Wir werden diese Funktion erläutern, wenn wir das Modul beschreiben. Zunächst jedoch sollten Sie sich unbedingt die Syntax von seekg und tellg anschauen.

Nun beschreiben wir das Programm 8.5:

//1 Nach Deklaration und Definition von iRet legen wir zunächst ein File-Objekt an. iRet ist der Return-Wert des Programmes.
//2 Anschließend lesen wir das File. Dazu rufen wir einfach readFile aus der Klasse cFUtils auf. readFile gibt die Länge des Files zurück. Falls diese Länge größer 0 ist, so existiert das File. Es wurde auch erfolgreich gelesen.
//3 Wir holen uns nun den Pointer auf den LeseBuffer des Files.
//4 Und wir übergeben diesen Pointer der Funktion printFile2Console.
//5 Sollte das File "P003K8_ReadFile.EXE" nicht existieren, so geben wir hier einen entsprechenden Hinweis aus
//6 und setzen den Return-Wert auf 1.

8.4 Lesen von Files

//7 Hier verlassen wir das Programm mit dem entsprechenden Return-Wert; 0 oder 1. Bitte beachten Sie, dass Sie den Return-Wert außerhalb des Programmes - üblicherweise in einem Batch-File - abfragen können!
Beispiel:
```
if errorlevel==1 goto MarkeErr
```
//8 Und falls das File nicht existiert, so geben wir hier eine Fehlermeldung aus.

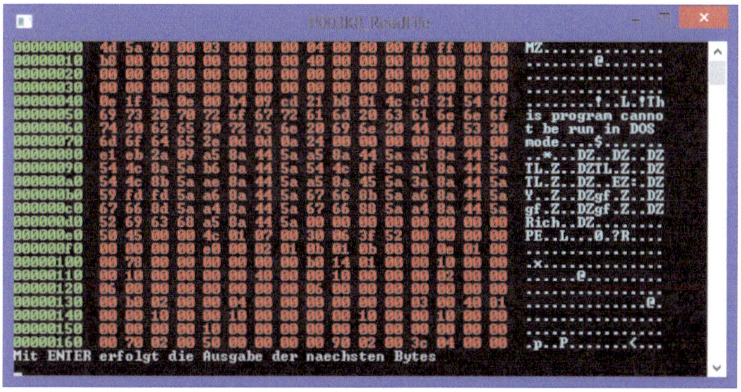

Abbildung 8.5: Die Konsolenaufteilung des Programmes 8.5 für die ersten 23 Zeilen.

Sie werden in der Abbildung 8.5 als erste zwei Zeichen des EXE-Files die Buchstaben *MZ* erkennen. Die Buchstaben stehen für die Initialen des Schöpfers des EXE-Fileformates Mark Zbikowski[3]. Wenn diese Initialen fehlen, so ist das Programm nicht mehr ausführbar.
Aber wir wollen noch weiter auf das Programm 8.5 eingehen und kommen nun zur Beschreibung der Funktion printFile2Console. Vorab sei erwähnt, dass diese Funktion niemals im Modul P002KA_fileUtil stehen sollte. Das hat zwei Gründe:

1. Diese Funktion passt inhaltlich nicht zur einem Modul P002KA_fileUtil. Wenn man ein separates Modul für diese Funktion anlegen will, so sollten sie in einem Modul bzw. in einer Klasse formatUtil gesichert sein.
2. Funktionen, die in Modulen gesichert sind, sollten fehlertoleranter sein, als die Funktion printFile2Console. Außerdem sollte sie nicht so "geschwätzig" sein. Funktionen in Modulen sollten sicher sein und alle Ausgaben dem Benutzer dieser Funktionen überlassen.

Es sei noch eine weitere Bemerkung gestattet:
Wenn Sie dieses Buch als eBook haben, so sehen Sie, dass die Farben der Ausgaben, die in printFile2Console gemacht werden, sich sinnigerweise an die Farben der Planung dieser Funktion anlehnen; vergleichen Sie dazu die Abbildung 8.5 mit der Abbildung 8.4. Das sollte Ihnen das Verständnis erleichtern.

---

[3]Mark Zbikowski (* 21. März 1956 in Detroit) ist einer der Softwareentwickler, die am längsten bei Microsoft tätig waren.

Im SourceCode des Programmes 8.5, das Sie vom Verlag herunterladen können, sind die Funktionen, die derartige farbliche Textausgaben erzeugen, enthalten. Sie wurden allerdings hier im Buch nicht mit dokumentiert. Sie können sich die Sourcen herunterladen und sich anschauen, wie man derartige Ausgaben organisiert. Für ein weiteres Verständnis verweisen wir auf entsprechende Literatur[Dus11]

Wir wollen aber nun printFile2Console erläutern:

//A1 Im Funktionskopf haben wir die Übergabeparameter beschrieben. Die Funktion gibt nichts zurück; sie wird ihre Ausgabe unmittelbar auf die Konsole schreiben.

//A2 Zunächst deklarieren wir eine Reihe von Variablen:
- iIdx (int): Zählindex für die for-Schleife bei der Ausgabe aller Bytes.
- iIdx4Ascii (int): Zählindex für das Füllen des Buffers für die ASCII-Ausgabe cAsciiBuff.
- iLn (int): Zähler der Zeile.
- cAsciiBuff (char [17]): Hier werden die 16 Bytes (+ ZeroByte) für die Ausgabe der ASCII-Zeichen gesichert.

Außerdem haben wir hier den Buffer cAsciiBuff durch
unsigned char ucAsciiBuff[17] = 0;
mit 0 vorbelegt. Die Zeilenzahl (iLn) wird auch mit 0 definiert

//A3 Nun beginnt die for-Schleife. Sie beginnt bei 0 und es werden alle eingelesenen Bytes abgearbeitet. Im ersten Befehl der for-Schleife wird die aktuelle Position im File ausgegeben. Dazu benutzen wir den Befehl cout. Mit cout.width(8) und cout.fill ('0') legen wir die Breite der Ausgabe und die Füllzeichen fest. In unserem Falle soll die Ausgabe hier 8 Bytes breit sein und als Füllzeichen soll die Zahl 0 dienen. Diese Position wird nur ausgegeben, wenn 16 Bytes ausgegeben sind bzw. iIdx4Ascii 0 ist; siehe //A6.

//A4 Anschließend wird das Byte ucRead ausgegeben; natürlich hexadezimal. Bis zur Ausgabe von cAsciiBuff wird dieser Buffer (cAsciiBuff) gefüllt. Alle Zeichen, die größer gleich 0x20 sind, werden als ASCII-Zeichen ausgegeben.

//A5 Darunter haben wir es mit Steuerzeichen zu tun (siehe Tabelle 5.2 auf Seite 133). Aus diesem Grunde schreiben wir anstelle des Zeichens einen Punkt (0x2E) nach cAsciiBuff.

//A6 Falls nun iIdx4Ascii die Zahl 16 erreicht hat, so wird der Buffer cAsciiBuff ebenfalls ausgegeben.

//A7 Die Ausgabe erfolgt hier und die Variable iIdx4Ascii wird wieder auf 0 zurückgesetzt. Außerdem wird iIdx4Ascii wieder 0 und iLn wird erhöht.

//A8 Sollte iLn Modulo iNrLines gleich 0 sein, so stoppen wir die Bildschirmausgabe mit getchar und informieren den Nutzer der Software, dass er mit ENTER die Ausgabe fortsetzen kann.

Das Programm 8.5 inkludiert auch das Modul P002KA_fileUtil. Wir haben das Modul für das Programm 8.4 angelegt und zu diesem Zeitpunkt enthielt es nur eine Funktion: fileExist

8.4 Lesen von Files

Nun haben wir dieses Modul um zwei Funktionen erweitert:

1. fileRead: Liest ein File
2. getFileSize. Ermittelt die FileSize eines Files

Für beide Funktionen benötigen wir Funktionen aus fstream. Dazu schauen wir uns die Syntax 8.3, die Syntax 8.4 und die Syntax 8.5 an.

```
istream& seekg (streampos pos);
istream& seekg (streamoff off, ios_base::seekdir way);
Beispiel:
inFile.seekg (0);//Fileposition wird an den Anfang des Files gesetzt
Syntaxbeschreibung:
   • inFile: FileObjekt;
   • Returnwert: this (Pointer auf das eigene Objekt.
   • p2File (FILE *): File-Pointer; hier wird die nächste Position gesichert.
   • pos: absolute Position im File.
   • off: relative Position im File. Hier gibt es drei Möglichkeiten:
       1. ios_base::beg: die relative Position wird von Filebeginn gezählt
       2. ios_base::cur: die relative Position wird von der aktuellen Fileposition
          gezählt
       3. ios_base::end: die relative Position wird von Fileende gezählt
```

Syntax 8.3: seekg bewegt den File-Pointer auf die nächste Position.

Wenn wir die Syntax 8.3 betrachten, so ist klar, dass, wenn iOffset (bzw. llOffset) negativ ist, der File-Pointer auch zurückbewegt werden kann. So bedeutet beispielsweise der Befehl:
seekg (-iFileSize, ios_base::end);
folgendes:
Der Cursor wird vom Fileende um die Länge des Files zurückbewegt; er steht also wieder an der Startposition des File und wenn wir ein Byte lesen würden, so würden wir das erste Byte lesen. Dieser Befehl ist also völlig identisch mit dem Befehl:
seekg (0, ios_base::beg);
Hier würde der Cursor 0 Bytes vom Fileanfang wegbewegt; er bleibt also am Fileanfang stehen. Wir können die Fileposition auch lesen. Dies ist mit dem Befehl tellg möglich. Dazu schauen wir uns die Syntax 8.4 an. Letztlich haben wir im Modul P002KA_fileUtil das File zu lesen. Das tun wir mit fread. Sie können diesen Befehl in der Syntax 8.5 einsehen. Bevor wir uns das Modul P002K8_fileUtil genauer anschauen, wollen wir erwähnen, dass die Befehle seekg und tellg in ähnlicher Syntax auch in C zu finden sind. Das sind die Funktionen ftell und fseek für lesende und für schreibende Filezugriffe.

Wir wollen uns nun im Modul P002K8_fileUtil die Klasse cFUtils anschauen. Dazu sehen wir uns zunächst das Header-File an; siehe Programm 8.6. Wie bereits erwähnt, haben wir das Modul um zwei neue Funktionen erweitert: readFile und getFileLen. Sie sehen, dass wir wieder in den h-Files die Funktionen nur spärlich dokumentieren; es wird nur ganz kurz der Sinn

```
streampos tellg();
Beispiel:
int iFPos = inFile.tellg();//Ermittelt die aktuelle Fileposition
Syntaxbeschreibung:
```
- iFPos: Fileposition.
- inFile: FileObjekt;

Syntax 8.4: tellg liest die aktuelle File-Position.

```
istream& read (char* cBuff, streamsize n);
Beispiel:
inFile.read (strFBuff, iFLenght);
iFLenght werden nach strFBuff gelesen Syntaxbeschreibung:
```
- Returnwert: this (Pointer auf das eigene Objekt).
- cBuff: Speicher für zu lesende Files;
- n: Anzahl der lesenden Bytes.

Syntax 8.5: Mit read lesen wir den Inhalt des Files in einen vorbereiteten Buffer.

beschrieben. Damit lassen wir die Header-Files auch ganz bewusst "übersichtlich" (siehe Programm 8.6). In der Regel möchte man das Header-File "mit einem Blick" erfassen. Beim Betrachten der Header-Files verweisen wir an dieser Stelle nochmals auf die Verwendung der Präprozessor-Befehle #ifndef, #define und #endif. Damit vermeiden Sie Mehrfachincludes. Den Namen _P002K8_FILEUTIL_ legen Sie fest. Er sollte lediglich folgende Regeln haben:

- Der Name existiert nur einmal im Projekt.
- Es wird als Name der Filename empfohlen.
- Man schreibt diese Namen mit Großbuchstaben.

Im cpp-File P002K8_fileUtil.cpp werden Sie dann wieder etwas ausführlichere Kommentare finden. Schauen Sie sich dazu das Programm 8.7 an.

Hinweis: *Bei GUI-Projekten[4] in C++ brauchen Sie diese Befehle in der Regel nicht mehr manuell zu ergänzen. Das besorgt für Sie das VS 2012. Beispiel:*
```
#if !defined(AFX_DOAACCESSSET_H__64709202_9B40_11D7_A8F3_003005110C8A__INCLUDED_)
#define AFX_DOAACCESSSET_H__64709202_9B40_11D7_A8F3_003005110C8A__INCLUDED_
#endif // !#define (AFX_DOAACCESSSET_H__64709202_9B40_11D7_A8F3_003005110C8A__INCLUDED_
```
Wir wollen ganz kurz auf die Funktionen eingehen:

---
[4]GUI steht für Graphical User Interface

8.4 Lesen von Files

```cpp
// P002K8_fileUtil.h
/*========================================================================*/
// Autor        : NN
// Creation Date: 03.04.2013
// Modul-Desc.  : Sammlung spezieller Funktionen zum Filehandling
/*========================================================================*/
#ifndef _P002K8_FILEUTIL_
#define _P002K8_FILEUTIL_

class cFUtils
{
public:
    cFUtils(const char *strFileName);
    ~cFUtils(void);
    //Desc.: Prüft, ob ein File mit dem Namen strFileName vorhanden ist
    bool fileExist (void);
    //Desc.: Liest ein File; File-Länge wird zurückgegeben
    int readFile (void);
    //Desc.: Gibt den FileBuffer zurück
    char *getFileBuff (void){return strFBuff_;}
    //Desc.: Gibt den Filelänge zurück
    int getFileLen (void) {return iFLenght_;}
private:
    char *strFName_;            //Name des Files
    int  iFLenght_;             //Filelänge
    char* strFBuff_;            //FileBuffer
};
#endif
```

Programm 8.6: Das Header-File P002KA_fileUtil.h; die Deklaration der Klasse cFUtils.

1. fileExist: siehe dazu Programm 8.4 auf Seite 251.
2. readFile: liest die Anzahl der geforderten Bytes ab der Position des Files in einen Buffer. Die Daten sind alle als private Member in der Klasse cFUtils enthalten:
   - `char *strFName_; //Name des Files`
   - `int iFLenght_; //Filelänge`
   - `char* strFBuff_; //FileBuffer`
3. Bitte beachten Sie, dass im Header-File noch weitere brauchbare inline-Methoden definiert sind, die Ihnen den Zugriff auf private Member erlauben.
   - `char *getFileBuff (void){return strFBuff_;}`
   - `int getFileLen (void) {return iFLenght_;}`

   Die Methodennamen erklären ihren Sinn.

```cpp
// P002K8_fileUtil.cpp
#include "stdafx.h"
#include "P002K8_fileUtil.h"
#include <fstream>
using namespace std;
cFUtils::cFUtils(const char *strFileName) {                              // Konstruktor
    strFName_ = new char [strlen(strFileName)+sizeof(char)];
    strcpy_s (strFName_, strlen(strFileName)+sizeof(char), strFileName);
    iFLenght_ = 0;                // Filelänge wird auf 0 gesetzt
    strFBuff_ = NULL;             // FileBuffer wird auf 0 gesetzt
}
cFUtils::~cFUtils(void) {                                                 // Destruktor
    delete [] strFName_;
    if (strFBuff_)
        delete [] strFBuff_;
}
/*==============================================================*/
/* Desc.: Prüft, ob ein File mit dem Namen strFName vorhanden ist.        */
/* In    : -                                                              */
/* Out   : bool :Return: Hinweis (true : File existiert;                  */
/*                       false: File existiert nicht)                     */
/*==============================================================*/
/*----------------------------------------------------------------*/
bool cFUtils::fileExist (void)
/*----------------------------------------------------------------*/
{
    ifstream inFile(strFName_, ios::in | ios::binary);
    if (inFile.good()) {
        inFile.close();
        return true;
    }
    return false;
}
/*==============================================================*/
/* Desc.: Es wird das File mit dem Namen strFName_ gelesen.               */
/* In    : -                                                              */
/* Out   : FileLaenge                                                     */
/*==============================================================*/
/*----------------------------------------------------------------*/
int cFUtils::readFile (void)
/*----------------------------------------------------------------*/
{
    ifstream inFile(strFName_, ios::in | ios::binary);
    if (inFile.good()) {                          // File vorhanden?
        inFile.seekg (0, inFile.end);             // Setzt den Filepointer an das Ende des Files
        iFLenght_ = (int)inFile.tellg ();         // Fileänge wird ermittelt
        strFBuff_ = new char [iFLenght_];         // Speicher für Fileinhalt wird reserviert
        inFile.seekg (0, inFile.beg);             // Setzt den Filepointer wieder an den Anfang
        inFile.read (strFBuff_, iFLenght_);       // Fileinhalt wird gelesen
        inFile.close();                           // File wird geschlossen
    }
    return iFLenght_;                             // Filelänge wird zurückgegeben
}
```

Programm 8.7: Das cpp-File P002K8_fileUtil.cpp; die Definition der Klasse cFUtils.

8.5 Schreiben von Files

Wir haben eben gesehen, wie man ein (binary) File lesen kann. Sie können sich vorstellen, dass es manchmal ganz sinnvoll sein kann, ein derartiges binary File in der von uns ausgegebenen Form

8.5 Schreiben von Files

auch wieder zu schreiben. Dazu brauchen Sie nur im Programm 8.5 in einem Batch-Programm zu starten und die Ausgabe der Konsole mit einem > in ein File umlenken:

```
..\Debug\P003K8_ReadFile.exe > HEX.TXT
pause
```

Wenn wir HEX.TXT mit einem Texteditor öffnen, so können wir feststellen, dass wir ein völlig identisches Bild bekommen haben wie in der Abbildung 8.5. Vergleichen Sie diese Ausgabe mit unserer Textfileausgabe in der Abbildung 8.6. Sie werden erkennen, dass diese Ausgaben - bis

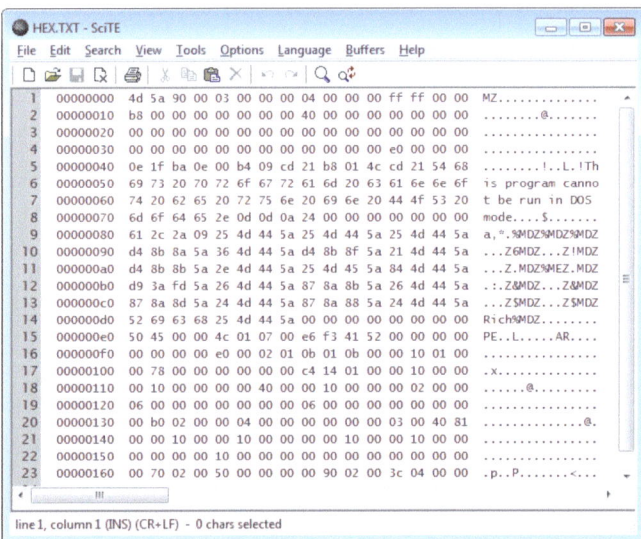

Abbildung 8.6: Die ersten 0x160 Bytes des EXE-Files \Debug\P003K8_ReadFile.exe.

auf die farblichen Zusätze in der Abbildung 8.5, die Sie allerdings nur in der eBook-Ausgabe sehen können - tatsächlich völlig gleich sind.

Wir beschäftigen uns mit einem einfacheren Beispiel. Wir wollen Strings einlesen und die eingelesenen Strings sofort in ein Text-File schreiben. Dazu schauen wir uns das kleine Beispielprogramm 8.8 an. Wir haben einen einfachen Text eingegeben. Diesen Text sehen Sie in der Abbildung 8.7 und natürlich können Sie diesen Text auch im Notepad wieder finden. Das können Sie in der Abbildung 8.8 einsehen. Im Programm 8.8 lernen wir vier neue Funktionen kennen:

1. remove
2. rename
3. write

Wir werden nun die Syntax dieser Funktionen besprechen. Dazu schauen wir uns die Syntaxbeschreibungen von 8.6 bis 8.8 an.

```
int iErr = remove (const char *fileName);
Beispiel:
iErr = remove ("WFile.OLD");
Syntaxbeschreibung:
    • iErr (int): Fehlercode (0: Kein Fehler; sonst: Fehler)
    • fileName (const char ): Pointer auf den Namen des zu löschenden Files.
```

Syntax 8.6: Syntax von remove; Löschen eines Files.

```
int iErr = rename (const char *fNOld, const char *fNNew);
Beispiel:
iErr = rename ("WFile.TXT", "WFile.OLD");
Syntaxbeschreibung:
    • iErr (int): Fehlercode (0: Kein Fehler; sonst: Fehler)
    • fNOld (const char ): Name des um zu benennenden Files.
    • fNNew (const char ): Name des neuen Files.
```

Syntax 8.7: Syntax von rename; Umbenennen eines Files.

```
ostream& write (const char* str, streamsize n);
Beispiel:
write (str, strlen(str));
Syntaxbeschreibung:
    • str: const char Pointer auf zu schreibende Bytes.
    • n: Anzahl der zu schreibenden Files.
```

Syntax 8.8: Syntax von write; Schreiben eines Files.

Nach dem Lesen der Syntaxbeschreibungen von 8.6 bis 8.8 wollen wir uns das Programm 8.8 genauer ansehen:

//1 Wir definieren zwei Files; ein "Original-File" (FNAME) und ein "Backup-File" (FNA-MEOLD). Sinn: wir wollen uns immer die letzte Kopie erhalten. Alle anderen Files in der File-History werden gelöscht. Sollten Sie irgendwann in die Verlegenheit kommen alle Files, die je geschrieben worden sind, zu erhalten, so bauen Sie einfach in den Filenamen die Zeit mit ein:
FNameYYYYMMDDhhmmss.TXT
Dabei stehen YYYY für das Jahr, MM für den Monat etc.; wir gehen davon aus, dass nicht mehr als ein File pro Sekunde geschrieben wird. Deshalb hören wir nach ss auf.

8.5 Schreiben von Files

```cpp
// P03KA_FileWrite.cpp
#include "stdafx.h"
#include "P002K8_fileUtil.h"
#include <iostream>
using namespace std;
#define FNAME    "WFile.TXT"                                    // 1
#define FNAMEOLD "WFile.OLD"                                    // 2
#define MAX_CHR 1024
int main (void)
{
    char ucBuffer[MAX_CHR];                                     // 3
    cFUtils file(FNAME);                                        // 4
    bool bExist = file.fileExist ();                            // 5
    if (bExist)                                                 // 6
    {
        cFUtils file(FNAMEOLD);                                 // 7
        if (file.fileExist())                                   // 8
            remove (FNAMEOLD);                                  // 9
        rename (FNAME, FNAMEOLD);                               // 10
    }
    bool bEnd = false;                                          // 11
    do
    {
        //cin >> ucBuffer;
        cin.getline (ucBuffer, MAX_CHR-2);                      // 12
        strcat_s (ucBuffer, "\r\n");                            // 13
        (ucBuffer[0]=='!')?(bEnd=true):file.writeFile (ucBuffer); // 14
    }while (!bEnd);                                             // 15
    return 0;
}
```

Programm 8.8: Das Programm P03KA_FileWrite.c (Schreiben eines Files).

//2 Hier wird der Name des "Backup-Files" (FNAMEOLD) definiert.

//3 Wir machen es uns einfach: wir gehen davon aus, dass nicht mehr als 1024 Bytes in eine Zeile eingegeben wird. In der Praxis sollte man so etwas nicht tun, weil alles was prinzipiell eintreten kann, auch irgendwann wird. Hier besteht die Gefahr, dass man über den Buffer hinausschreibt. Versuchen Sie es:
Ersetzen Sie die Zeile
`cin.getline (ucBuffer, MAX_CHR);`
gegen
`cin » ucBuffer;`
Setzen Sie jetzt einfach MAX_CHR auf drei, geben Sie zehn Zeichen ein und Sie werden sehen, dass das Programm abstürzt; siehe dazu Abbildung 8.9. Interessant an dieser Abbildung ist, dass Sie, wenn Sie die VS 2012-Version auf dem PC installiert haben, wo das Executable läuft, den Systemabsturz gleich debuggen können. Dieses Feature kann Ihnen das Testen wesentlich erleichtern: gönnen Sie sich eine Lizenz auf dem Testrechner!

//4 An dieser Stelle legen wir das Fileobjekt an. Es wird der überladene Konstruktor von cFUtils aktiviert.

//5 Wir fragen nach, ob dieses File schon existiert.

//6 Falls es existiert,

//7 so legen wir ein File-Objekt des "Backup-Files" an.

//8 Und falls dieses existiert,

//9 so wird es mit remove einfach gelöscht.
//10 Anschließend benennen wird das "Original-File" FNAME in das "Backup-File" FNAMEOLD um.
//11 Nun definieren wir eine Variable, die uns das Ende des Edit-Vorganges einleiten soll (bEnd). Und in der do-while-Schleife editieren wir auf der Konsole.
//12 Wir beginnen mit der Eingabe (cin wird nach ucBuffer geschrieben). Damit wir nicht über ucBuffer hinaus schreiben, verwenden wir die Methode getline. Schauen Sie sich dazu nochmals die Syntax von getline an; siehe Syntax 3.1 auf Seite 59.
//13 Da "\r\n" durch cin nicht in ucBuffer gesichert wird, so schreiben wir es nach ucBuffer. Bitte beachten Sie, dass wir mit getline verhindern, dass wir über den Buffer hinaus schreiben. Die -2 sind die Reserve, die wir für "\r\n" benötigen.
//14 Mit dem ternären Operator fragen wir ab, ob das "Ende-Zeichen" (!) eingegeben wurde. Falls ja, so wird bEnd auf true gesetzt. Falls nein, schreiben wir den Inhalt von ucBuffer in das File FNAME
//15 Sollten wir bEnd auf true gesetzt haben, so wird die do-while-Schleife hier terminiert.

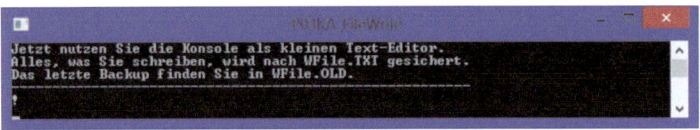

Abbildung 8.7: Ein Konsolenbeispieltext für das Programm 8.8

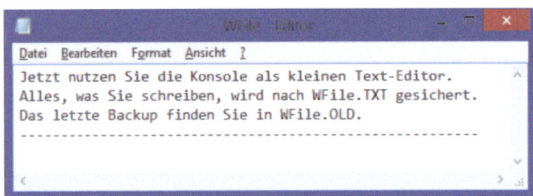

Abbildung 8.8: Der Konsolenbeispieltext im Notepad.

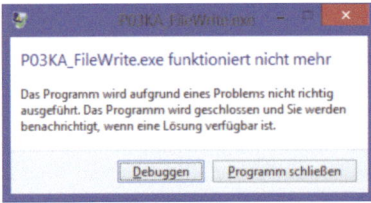

Abbildung 8.9: Programmabsturz in der Release-Version, wenn Sie bei MAX_CHR = 3 mehr als 10 Zeichen eingeben.

Alle Funktion von P002K8_fileUtil.h sind Ihnen bekannt; alle bis auf writeFile. In den Listings 8.10 und 8.9 haben wir die Deklaration und Definition dieser Methode abgebildet. Sie sehen, dass nach jedem schreibenden Zugriff das File immer wieder geschlossen wird. Das ist natürlich immer eine Performance-Bremse. Andererseits gehen Ihnen dadurch bei Programmabsturz keine

Daten verloren. Wir haben mit den hier vorgestellten Funktionen natürlich nicht alle Filefunk-

```
//Desc.: Schreibt str in ein File
bool writeFile (char * str);
```

Programm 8.9: Die Erweiterung der Klasse cFUtils in P002K8_fileUtil um writeFile; Deklaration.

```
/*======================================================================*/
/* Desc.: Es wird das File mit dem Namen strFName_ geschrieben          */
/* In    : -                                                            */
/* Out   : true: Schreiben erfolgreich; sonst false                     */
/*======================================================================*/
/*----------------------------------------------------------------------*/
bool cFUtils::writeFile (char *str)
/*----------------------------------------------------------------------*/
{
    bool bOk = false;
    ofstream outFile(strFName_, ios::out|ios::app|ios::binary);
    if (outFile.good())
    {
        outFile.write (str, strlen(str));
        outFile.close();
        bOk = true;
    }
    return bOk;
}
```

Programm 8.10: Die Erweiterung der Klasse cFUtils in P002K8_fileUtil um writeFile; Definition.

tionen kennengelernt. Das würde den Rahmen des Buches sprengen. Aber Sie haben mit dem VS 2012 und dem Internet alle Möglichkeiten, beliebige andere Funktionen kennenzulernen und zu testen. Bitte beachten Sie nochmals, die Fehlercodes dieser Funktionen auszuwerten.

8.6 Zusammenfassung

In diesem wichtigen Kapitel haben wir uns mit Files beschäftigt. Sie haben folgende Funktionen kennengelernt:

Funktion	Funktionaliät
write	Schreibt Daten in ein File.
seekg	Bewegt den File-Pointer an eine definierte Position; lesend
seekp	Bewegt den File-Pointer an eine definierte Position; schreibend
tellg	Liefert die aktuelle Position des File-Pointers zurück; lesend
tellp	Liefert die aktuelle Position des File-Pointers zurück; schreibend
open	Öffnen eines File
close	Schließt ein File.
rename	Gibt einem File einen anderen Namen.
remove	Löscht ein File.

Wir haben eine Klasse angelegt, in welcher wir bestimmte Filefunktionen abgelegt haben. Außerdem haben wir kennengelernt, wie man die Größe eines Files ermittelt. Um dies zu tun, haben wir die "Bewegungsarten" des File-Pointers genutzt:

Funktion	Funktionaliät
ios_base::beg	Fileoperationen von Beginn des Files
ios_base::cur	Fileoperationen von der aktuellen Position des Files
ios_base::end	Fileoperationen vom Ende des Files

Außerdem haben wir in diesem Kapitel die Zugriffsarten auf Files kennengelernt.

Funktion	Funktionaliät
ios_base::app	File wird anhängend geöffnet
ios_base::out	File wird schreibend geöffnet
ios_base::in	File wird lesend geöffnet
ios_base::binary	File wird binär geöffnet
ios_base::ate	File-Pointer wird immer zum Ende der Sequenz bewegt
ios_base::trunc	File wird vor erstem Zugriff gelöscht

Bitte beachten Sie, dass je nach dem open-Mode immer zwischen lesendem und schreibendem Mode unterschieden werden muss. Aus diesem Grunde unterscheiden wir immer "getende" und "putende" Methoden:

seekg und seekp seien dafür als Beispiele genannt.

Hinweis: *Beachten Sie stets, dass Sie in der Praxis immer einen sicheren Umgang mit Files haben müssen. In der MFC werden bei Filezugriffen Methoden aus der Klasse CFile genutzt. Dort werden Sie sehr komfortable Schnittstellen für Filezugriffe finden.*

8.7 Übungen

1. Schreiben Sie ein Programm, das seine eigene Source auf ein externes Speichermedium sichert. Ermitteln Sie vorher die freie Kapazität auf dem Medium und vergleichen Sie diese mit der Filesize des zu sichernden Files. Benutzen Sie zur Ermittlung der Kapazität auf dem Medium das API GetDiskFreeSpaceEx. Die Hilfe dazu erhalten Sie über das VS 2012.

Weitere Hinweise zu dieser Aufgabe:
Nehmen Sie als Target einen USB-Stick oder eine externe Harddisk. Nutzen Sie bei der Fehlerausgabe durchaus auch die MessageBox. Prüfen Sie vorher wie viel Speicher auf Ihrem Medium vorhanden ist; siehe dazu Abbildung 8.10. Beachten Sie, dass es immer von Vorteil ist, **VOR**

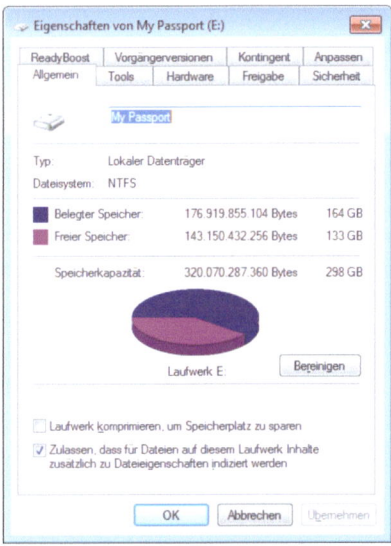

Abbildung 8.10: Speicherauslastung des Targets vor der Kopie; das Target ist in diesem Falle eine externe Harddisk.

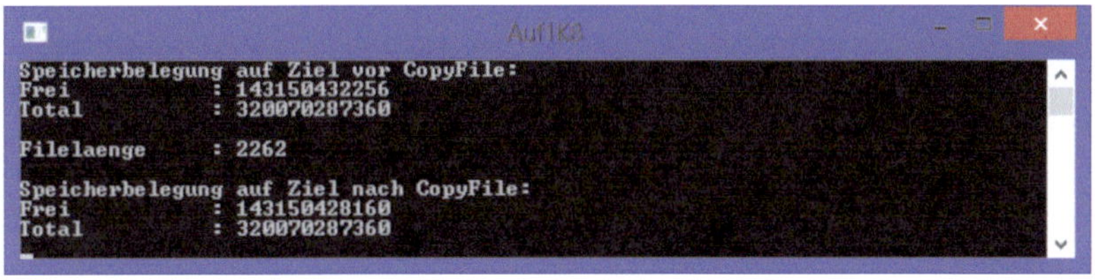

Abbildung 8.11: Die Konsolenausgabe für die Aufgabe 1.

Abbildung 8.12: Fehlermeldung bei Speichermangel.

dem Copy zu wissen, ob der Speicher auf dem Target ausreichend ist. Wenn Sie kopieren, so werden Sie eine Fehlermeldung erhalten, wenn das File aus Platzgründen nicht kopierbar ist. Stellen Sie sich vor, dass Sie eine sehr große Datei kopieren. Von Start des Kopiervorganges bis zum Abbruch haben Sie dann schon eine ganze Weile gewartet. Und dies ist verschenkte Zeit, wenn das File nicht speicherbar ist. Genau aus diesem Grunde macht es Sinn vorher zu ermitteln, ob das File prinzipiell genügend Platz auf dem Target findet.

Sie können das Kopieren selbst schreiben oder die Funktion CopyFile nutzen. Sie sollten aber in etwa eine Konsolenausgabe wie in Abbildung 8.11 erhalten. Und wenn das File aus Platzgründen nicht kopierbar ist, so sollten Sie via MessageBox darauf aufmerksam gemacht werden. Schauen Sie sich dazu die Abbildung 8.12 an.

Bei der genauen Prüfung der Ausgabe 8.11 werden Sie erkennen, dass die Differenz des freien HD-Platzes bei 4096 liegt. Überlegen Sie, warum das der Fall ist. Hinweis:
Bei Ihnen kann es sich durchaus um eine andere Zahl handeln. Üblicherweise wird sie aber durch 1024 teilbar sein.

9 Vererbung und Overloading

Eine der hervorragendsten Eigenschaft der OOP ist die Vererbung. Dabei können Sie Methoden und Member einer Basis-Klasse einer spezielleren Klasse zuführen. Der tiefere Sinn besteht darin, dass man Code der Basis-Klasse in der spezielleren Klasse - wir nennen sie fortan abgeleiteten Klasse - nutzen kann. Damit umgeht man Code-Redundanzen und macht somit das Programm wartbarer, übersichtlicher, verständlicher (bei vernünftiger Nutzung dieses Features!) und letztlich auch weniger fehleranfällig; denn doppelter Code verdoppelt auch die Fehlerwahrscheinlichkeit. Neben der einfachen Vererbung werden wir uns auch mit virtuellen Methoden beschäftigen. Das sind Methoden einer Klasse, die erst zur Laufzeit des Programmes ihren Code "erhalten".

Am Ende dieses Kapitels wollen wir uns mit Overloading beschäftigen. Dabei lernen Sie das Überladen von Funktionen und von Operatoren kennen.

9.1 Die Klasse Rechteck als Basis-Klasse

Wir stellen uns vor, dass wir eine Klasse Rechteck schreiben müssen. Ein Rechteck verfügt über eine Seite a und eine Seite b und dieses Rechteck besitzt einen Umfang u und einen Flächeninhalt A; siehe Abbildung 9.1. Wir bestimmen Umfang und Flächeninhalt; siehe Formel 9.1. Nun

Abbildung 9.1: Das Rechteck

schreiben wir eine Klasse cRechteck, die uns Umfang und Flächeninhalt berechnet. Wie immer gehen wir davon aus, dass die entscheidenden Daten (Seite a und Seite b) dem überladenen Konstruktor der Klasse cRechteck übergeben werden und in der Klasse in privaten Membervariablen gesichert werden. Die Klasse cRechteck testen wir im main-Programm P001K9_Rechteck.cpp.

$u = 2 \cdot (a+b)$; Umfang
$A = a \cdot b$; Flächeninhalt

Formel 9.1: Formel Umfang und Flächeninhalt eines Rechtecks.

Bitte beachten Sie, dass Sie sich viel Arbeit sparen können, wenn Sie zum Erstellen einer Klasse den Klassen-Assistenten verwenden. Sie gehen zur Aktivierung des Klassen-Assistenten einfach auf den Projektmappenexplorer und drücken die rechte Mouse-Taste. Dann können Sie den Klassen-Assistenten aktivieren; siehe dazu Abbildung 9.2. Das Visual Studio 2012 bietet Ihnen

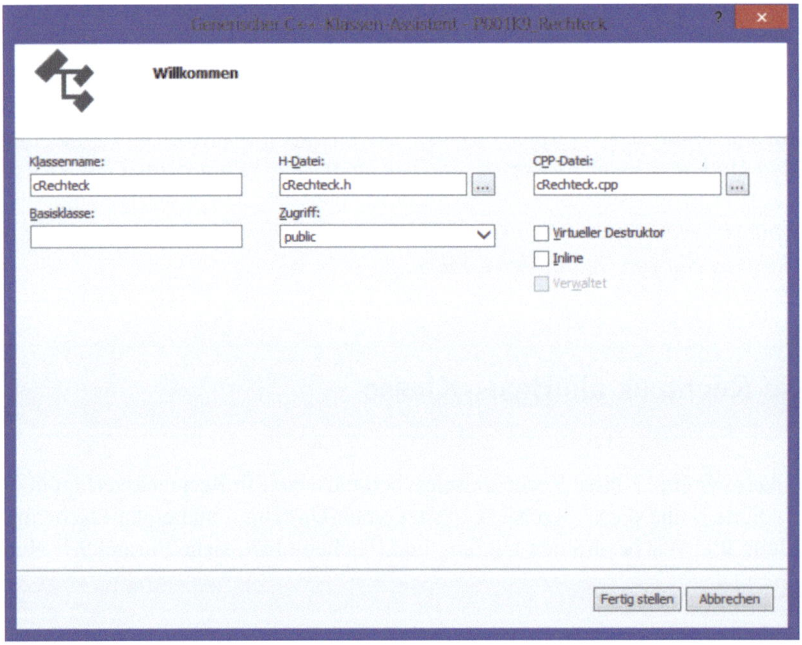

Abbildung 9.2: Der Klassen-Assistent

noch ein weiteres sehr brauchbares Feature:
Wenn Sie das Projekt P001K9_Rechteck angelegt haben, so können Sie sich im Projektmappenexplorer sehr schön die Methoden der Klassen anschauen. Für die Klasse cRechteck haben wir Ihnen das in der Abbildung 9.3 dargestellt. Sie sehen hier die Member der Klasse cRechteck unmittelbar nach dem Anlegen der Klasse cRechteck durch den Klassen-Assistenten. Bis zu diesem Zeitpunkt besteht Ihre Klasse lediglich auf dem Default-Konstruktor und dem Default-Destruktor. Wenn Sie einen Doppelklick auf den Methodennamen ausführen, so wird Ihnen sofort der Source-Code angezeigt. Falls Sie irgendwann einmal mit einer anderen Entwicklungsumgebung arbeiten, so werden Sie diese Features unter Umständen sehr schmerzlich vermissen.

Wir kommen nun zur Implementation der Klasse cRechteck und werden die Ergebnisse in der

9.1 Die Klasse Rechteck als Basis-Klasse

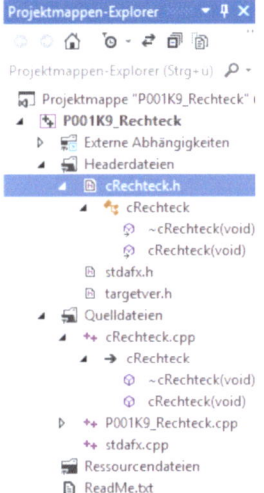

Abbildung 9.3: Die Klasse cRechteck im Projektmappenexplorer.

Konsole visualisieren. Doch zunächst wollen wir uns dieses einfache Programm anschauen. Das

```cpp
// P001K9_Rechteck.cpp
#include "stdafx.h"
#include "cRechteck.h"                              //1
#include <iostream>
using namespace std;
int main(void)
{
    double dA = 2.0;                                //2
    double dB = 3.0;
    cout << "Seite a: " << dA << endl;              //3
    cout << "Seite b: " << dB << endl << endl;

    cRechteck rect (dA, dB);                        //4

    cout << "Umfang Rechteck : " << rect.getUmfang () << endl;   //5
    cout << "Flaeche Rechteck: " << rect.getFlaeche () << endl;  //6
        return 0;
}                                                   //7
```

Programm 9.1: Das Programm P001K9_Rechteck.

Abbildung 9.4: Ausgabe des Programmes 9.1.

Programm 9.1 liefert die Ausgabe der Abbildung 9.4. Wir schauen uns die Kommentare an:

//1 Wenn wir Objekte der Klasse cRechteck generieren wollen, so müssen wir natürlich cRechteck.h inkludieren. cRechteck.h gehört zum Workspace unseres Projektes; wir haben diese Klasse direkt mit dem Klassen-Assistenten angelegt.
//2 An dieser Stelle definieren wir die Seiten dA und dB des Rechtecks. Beide Variablen werden sofort nach ihrer Deklaration definiert; als double mit 2 bzw. 3.
//3 Und wir geben diese Variablen auf der Konsole aus.
//4 An dieser Stelle kreieren wir das Objekt rect aus der Klasse cRechteck. Diese Klasse werden wir uns gleich anschauen.
//5 Diese Klasse besitzt - neben Konstruktor und Destruktor - die Methoden getUmfang und getFlaeche. An dieser Stelle geben wir über getUmfang den Umfang aus
//6 und an dieser Stelle den Flächeninhalt.
//7 Wenn Sie hier einen breakpoint setzen, so ist der Destruktor durchlaufen.

Betrachten Sie die Konsolenausgabe 9.4. Sie sehen, dass bei //4 der Konstruktor durchlaufen wird, und bei //7 ist der Destruktor auch schon durchlaufen; Sie erinnern sich sicherlich an die Lebensdauer von Objekten/Variablen. Zur Verdeutlichung verweisen wir an dieser Stelle nochmals auf das Programm 4.4 auf der Seite 78.

Kommen wir nun zur Klasse cRechteck.

```
#pragma once                          //H1
class cRechteck
{
public:
    cRechteck(double, double);        //H2
    ~cRechteck(void);
    double getFlaeche (void);
    double getUmfang (void);

private:
    double dA_;                       //H3
    double dB_;
};
```

Programm 9.2: Die Deklaration der Klasse cRechteck.

//H1 Sie sehen, dass das Headerfile (die Deklaration der Klasse cRechteck) übersichtlich ist. An dieser Stelle verweisen wir nochmals auf den Präprozessor-Befehl #pragma once. Dadurch verhindern wir einen Mehrfachinklude der Klasse.
//H2 Wir deklarieren hier den überladenen Konstruktor. Sie sehen, dass Sie bei der Deklaration keine Variablen im Funktionskopf angeben müssen; warum auch - hier werden Sie nicht benötigt.
//H3 Im privaten Bereich "verstecken" wir unsere privaten Member.

9.1 Die Klasse Rechteck als Basis-Klasse

Und nach dem Header-File (nach der Deklaration) schauen wir uns die Definition der Klasse cRechteck an.

```cpp
#include "stdafx.h"
#include "cRechteck.h"                    //CPP1
#include <iostream>
using namespace std;
cRechteck::cRechteck(double a, double b)  //CPP2
{
    dA_ = a;                              //CPP3
    dB_ = b;
    cout << ">> Konstruktor cRechteck\n";
}
cRechteck::~cRechteck(void)
{
    cout << ">> Destruktor ~cRechteck\n"; //CPP4
}
double cRechteck::getFlaeche (void)       //CPP5
{
    return dA_*dB_;
}
double cRechteck::getUmfang (void)        //CPP6
{
    return 2.0*(dA_ + dB_);
}
```

Programm 9.3: Die Definition der Klasse cRechteck.

//**CPP1** Im cpp-File muss natürlich das Header-File inkludiert werden. Das wird Ihnen sofort klar, wenn Sie sich überlegen, dass im h-File die privaten Member dA_ und dB_ deklariert sind; schauen Sie sich dazu auch die Compiler-Fehlermeldung 9.1 an.

//**CPP2** Im Unterschied zu //H2 müssen wir hier die Variablen benennen, denn sie werden ja im Konstruktor benötigt.

//**CPP3** Im Konstruktor definieren wir unsere privaten Member. Solche Definitionen sind immer im Konstruktor durchzuführen! Wir geben im Konstruktor auch aus, dass er durchlaufen wird. Damit wollen wir uns die Lebensdauer und - wie wir später noch sehen werden - die Aufrufreihenfolge von Konstruktoren klarmachen.

//**CPP4** Auch im Destruktor zeigen wir an, dass dieser durchlaufen wurde. Schauen Sie sich dazu nochmals die Konsolenausgabe 9.4 an.

//**CPP5** Dann definieren wir die Methoden zur Flächenberechnung

//**CPP6** und zur Umfangsberechnung.

Kommen wir nochmals zum Inklude des Header-Files im cpp-File:
Wir können diese Fehlermeldung einfach generieren, wenn wir diesen Inklude hier ausklammern:

```cpp
//#include "cRechteck.h"                  //CPP1
```

Eine Fehlerausgabe des Compilers können Sie in der Ausgabe 9.1 sehen.

```
Fehler 3 error C2065: 'dA_': nichtdeklarierter Bezeichner
```

Compilerausgabe 9.1: Compilerfehler bei fehlendem Inklude.

Nun stellen wir uns vor, dass wir eine Klasse cQuadrat schreiben wollen. Sie verstehen natürlich, dass das Rechteck die allgemeine Form eines Quadrates ist; oder umgekehrt:
Das Quadrat ist eine spezielle Form eines Rechtecks. Ein Quadrat hat nämlich zwei gleichlange Seiten.

Natürlich könnten wir das Quadrat - in der Form, wie wir es mit der Klasse cRechteck getan haben - sofort beschreiben:

```
double dA = 2.0;                                    // 2
double dB = 2.0;
cout << "Seite a: " << dA << endl;                  // 3
cout << "Seite b: " << dB << endl << endl;
cRechteck rect (dA, dB);                            // 4
```

Hier würden wir wie im Programm 9.1 ein Quadrat der Seitenlänge 2 beschreiben. Aber da stehen uns nur die Methoden getFlaeche und getUmfang zur Verfügung. Was machen wir, wenn wir zur Beschreibung des Quadrates noch weitere Methoden benötigen. Und diese Methoden benötigen wir nur für das Quadrat und **NICHT** für das Rechteck. Dann können wir nicht so einfach vorgehen wie im obigen Listing abgebildet.

9.2 Die Klasse Quadrat als abgeleitete Klasse

Wir lernen nun das Prinzip der Ableitung von Klassen kennen. Zunächst bleiben wir bei der Klasse cQuadrat. Und zunächst wollen wir die Klasse cQuadrat so nutzen wie die Klasse cRechteck; wir werden in der Klasse cQuadrat also keine neuen Methoden definieren. Mit anderen Worten: wir könnten eigentlich auf die Klasse cQuadrat verzichten. Aber: wir wollen das Prinzip der Ableitung verdeutlichen. Gemäß der Abbildung 9.5 wollen wir auch hier Umfang und Flächen-

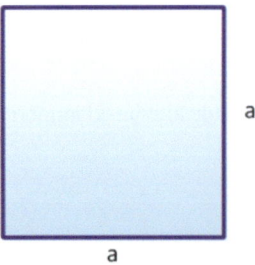

Abbildung 9.5: Das Quadrat.

9.2 Die Klasse Quadrat als abgeleitete Klasse

inhalt des Quadrates bestimmen. Wir empfehlen auch für diese neue Klasse - wir nennen sie cQuadrat -, den Klassen-Assistenten zu benutzen. Doch bevor wir dieses tun, kopieren wir die Klasse cRechteck (Header und cpp-File) aus dem Projekt P001K9_Rechteck in das Projekt, das wir eben selbst angelegt haben. Wir nennen unser neues Projekt P002K9_Quadrat.

Kommen wir zum Klassen-Assistenten zurück; Sie haben bereits cRechteck.h und cRechteck.cpp zum Projekt P002K9_Quadrat dazu genommen. In der Abbildung 9.6 wählen Sie dann einfach

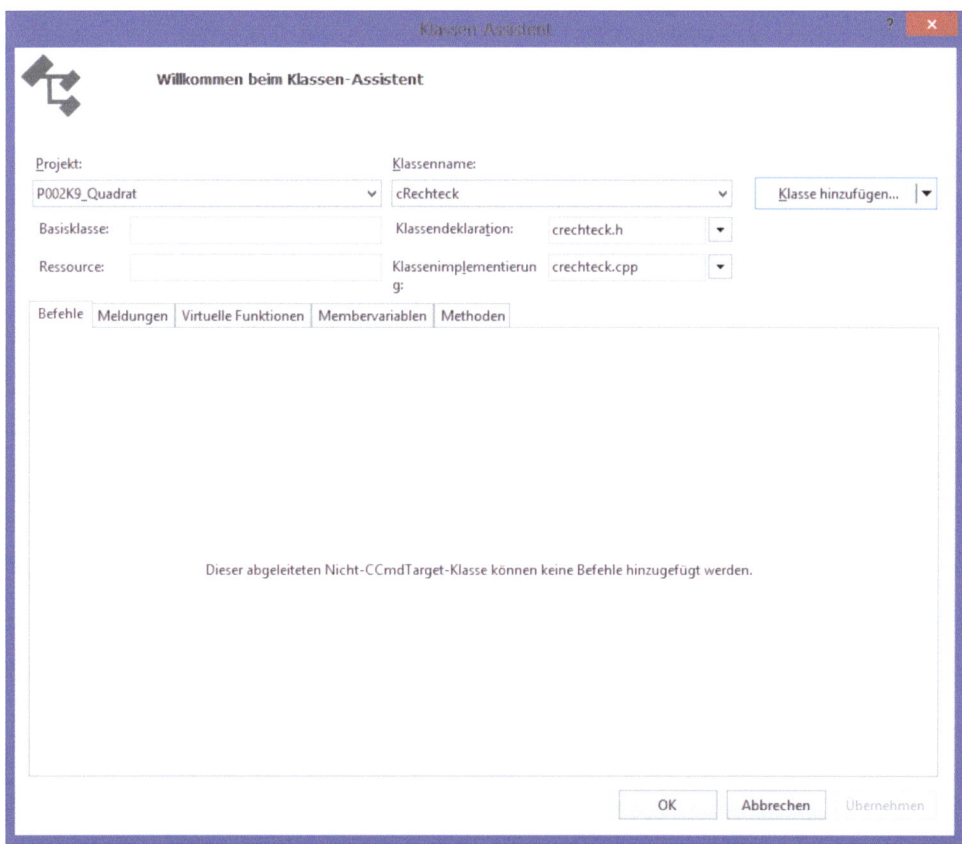

Abbildung 9.6: Der Klassen-Assistent zum Hinzufügen neuer Klassen

```
Klasse hinzufügen ...
```
aus.

Nun erscheint nochmals der Dialog der Abbildung 9.2. Aber an dieser Stelle geben Sie an, dass Ihre neue abgeleitete Klasse cQuadrat cRechteck als Basis haben soll; siehe dazu Abbildung 9.7. Außerdem sollten Sie eine "public" Ableitung durchführen. Was das genau bedeutet, das werden wir noch kennenlernen. Wer neugierig ist, der wird bei der Abbildung 9.7 (unter Zugriff) sehen, dass man neben einer public-Ableitung auch noch eine protected oder eine private Ableitung anwählen kann. Wir bleiben - wie bereits erwähnt - bei der public-Ableitung. Sie wählen einfach

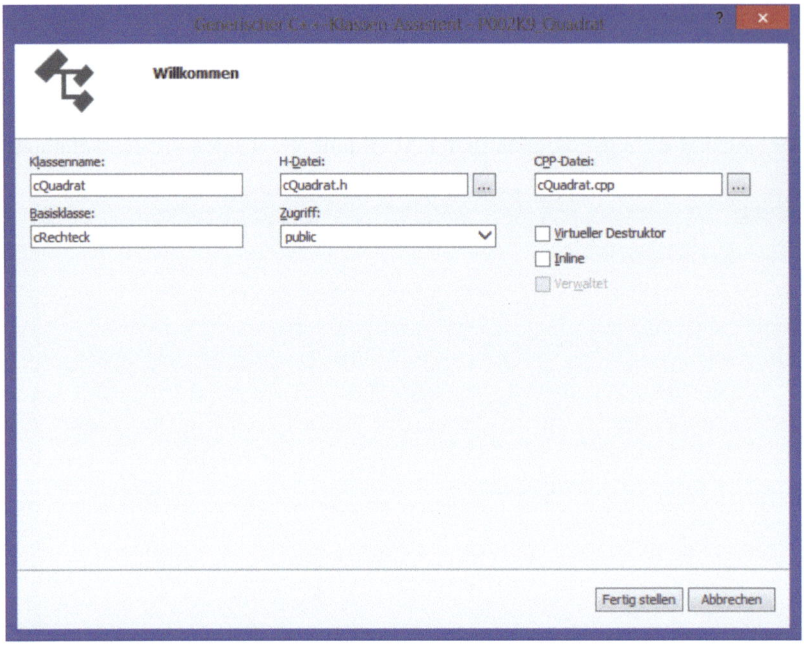

Abbildung 9.7: Der Klassen-Assistent zum Hinzufügen neuer Klassen; public Ableitung

bei der Abbildung 9.7 "Fertigstellen" und anschließend bei der Abbildung 9.6 "Übernehmen" und dann "Ok".

Nun sehen Sie, dass das VS 2012 Ihnen ein cQuadrat.h und ein cQuadrat.cpp erzeugt hat. Beide Module können Sie in den Programmen 9.4 und 9.5 sehen. Diese Module wollen wir uns anschauen und wir müssen Sie auch noch ein wenig ändern.

```
#pragma once
#include "crechteck.h"
class cQuadrat :
    public cRechteck
{
public:
    cQuadrat(void);
    ~cQuadrat(void);
};
```

Programm 9.4: Die Deklaration der Klasse cQuadrat.

Kommen wir zum Programm 9.4:
Hier sehen Sie, dass Ihnen das VS 2012 schon die Arbeit abgenommen hat, eine public-Ableitung

9.2 Die Klasse Quadrat als abgeleitete Klasse

```cpp
#include "stdafx.h"
#include "cQuadrat.h"
cQuadrat::cQuadrat(void)
{
}
cQuadrat::~cQuadrat(void)
{
}
```

Programm 9.5: Die Definition der Klasse cQuadrat.

zu erzeugen. Die Klasse cRechteck ist auch schon inkludiert. Sie müssen nun noch im Programm 9.4 und 9.5 den Konstruktor definieren und wie das geht, sehen Sie in den Listings 9.6 und 9.7.

```cpp
#pragma once
#include "crechteck.h"
class cQuadrat : public cRechteck {
public:
    cQuadrat(double);
    ~cQuadrat(void);
};
```

Programm 9.6: Die Deklaration der Klasse cQuadrat nach unseren Änderungen.

```cpp
#include "stdafx.h"
#include "cQuadrat.h"
#include <iostream>
using namespace std;
cQuadrat::cQuadrat(double a) : cRechteck (a, a) {
    cout << ">> Konstruktor cQuadrat\n";
}
cQuadrat::~cQuadrat(void) {
    cout << ">> Destruktur ~cQuadrat\n";
}
```

Programm 9.7: Die Definition der Klasse cQuadrat nach unseren Änderungen.

Was haben wir geändert:

- Im Header haben wir den Konstruktor geändert. Wir müssen natürlich die Seite a des Quadrates dem Konstruktor übergeben:

Modul 9.4	Modul 9.6
cQuadrat (void)	cQuadrat (double)

- Im cpp-Files müssen wir auch den Konstruktor ändern:

Modul 9.5	Modul 9.7
cQuadrat (void)	cQuadrat (double a) : cRechteck (a,a)

  Wir übergeben hier die Seite a dem Konstruktor der Klasse cQuadrat und rufen sofort den

Konstruktor der Basis-Klasse (cRechteck) auf. Dieser Konstruktor bekommt zwei double übergeben.

Das Programm P002K9_Quadrat ähnelt nun dem Programm P001K9_Rechteck sehr. Sie haben

```cpp
// P002K9_Quadrat.cpp
#include "stdafx.h"
#include "cQuadrat.h"
#include <iostream>
using namespace std;
int main(void)
{
    double dA = 2.0;
    cout << "Seite a: " << dA << endl << endl;

    cQuadrat quad (dA);

    cout << "Umfang Quadrat : " << quad.getUmfang () << endl;
    cout << "Flaeche Quadrat: " << quad.getFlaeche () << endl;
    return 0;
}
```

Programm 9.8: Das Programm P002K9_Quadrat.

nur geringfügige Abweichungen:

1. Sie müssen natürlich cQuadrat.h inkludieren
2. Sie brauchen nur eine Seite definieren
3. Sie müssen anstelle eines Rechteck-Objektes ein Quadrat-Objekt generieren

Und die Konsolenausgabe ähnelt auch der des Rechtecks (siehe Abbildung 9.4). Schauen Sie sich dazu die Konsole 9.8 an. Einen entscheiden Unterschied der beiden Konsolenausgaben dürften

Abbildung 9.8: Ausgabe des Programmes 9.8.

Sie sehen:
In der Ausgabe 9.8 wird der Konstruktor des Rechtecks und der Konstruktor des Quadrates aufgerufen. Ebenso verhält es sich mit den Destruktoren. Sie haben also bei Ableitungen zwei Objekte im Speicher. Und aus diesem Grunde müssen auch wieder zwei Objekte vernichtet werden. Das klingt erst einmal kompliziert. Aber: Sie haben auch an der Klasse cQuadrat - bis auf Konstruktor und Destruktor - keinerlei Code-Änderungen durchführen brauchen. Durch die public-Ableitung können Sie direkt die Methoden der Basis-Klasse (in unserem Falle cRechteck) nutzen.

Eines sollte Ihnen auch klar sein: Sie bestimmen, welche Klasse Basis-Klasse ist und welche Klasse die Ableitung. In unserem Falle ist das trivial. Und wir sehen sofort den Vorteil: es war keine weitere Codierung in der abgeleiteten Klasse nötig. Bei komplexen technischen Sachverhalten mag das nicht so einfach sein, Basis-Klassen und abgeleitete Klassen sinnvoll festzulegen. Bei einer falschen Strategie kann es Ihnen passieren, dass Sie sehr komplizierten und intransparenten Code erzeugen, der auch nur schwer wartbar ist. Also: lassen Sie sich bei dem Klassen-Design Zeit.

Wir wollen nun in das Quadrat ein weiteres Quadrat legen. Wir wollen wissen, wie sich die Größe des Flächeninhaltes des kleineren Quadrates, wenn wir die Berührungspunkte des kleineren Quadrates entlang der Seiten a (siehe Abbildung 9.5) verschieben, ändert. Klar ist, dass bei völliger Deckungsgleichheit das kleinere Quadrat völlig identisch dem größerem Quadrat ist. Schauen Sie sich dazu die Abbildung 9.9 an. Sie sehen, dass, wenn x gegen 0 geht y gegen a geht; das

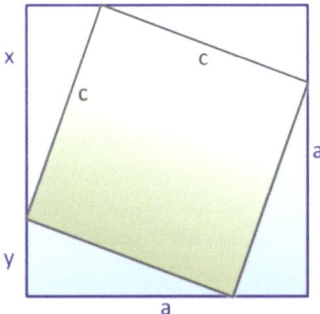

Abbildung 9.9: Das Quadrat im Quadrat.

kleinere Quadrat würde sich nach rechts drehen.

Außerdem sehen Sie, dass die vier Dreiecke, die zwischen kleinem und großem Quadrat liegen, der Gesetzmäßigkeit der Formel 9.2 genügen. Wenn Sie jetzt nochmals das Bild 9.9 anschauen,

```
A = a² = c² + 2·x·y; Flächeninhalt des großen Quadrates
```

Formel 9.2: Beziehungen der Flächeninhalte; kleines Quadrat::großes Quadrat

so sehen Sie, dass die Strecke a die Summe aus x und y ist. Ersetzen Sie a durch $x+y$ in der Formel 9.2, und Sie erkennen sofort den Ihnen sicher bekannten Satz des berühmten Gelehrten aus Samos; siehe Formel 9.3.

$$x^2 + y^2 = c^2;$$

Formel 9.3: Der Satz des Pythagoras; siehe Abbildung 9.9

9.3 Das Schlüsselwort protected

Ein Sinn der OOP besteht darin, Daten innerhalb einer Klasse als private zu deklarieren. Damit sichern Sie, dass niemand, bis auf die Methoden der Klasse, wo diese Variablen deklariert sind, diese Variablen ändern kann. Nun ist es aber manchmal erforderlich oder sinnvoll, dass gerade abgeleitete Klassen auf die Membervariablen der Basis-Klasse zugreifen dürfen. Gleichzeitig dürfen Sie aus main heraus oder aus Klassen heraus, die nicht von der Basis-Klasse abgeleitet sind, nicht auf die Membervariablen der Basis-Klasse zugreifen. Damit scheidet das Schlüsselwort public aus. Denn dann hätten alle Klassen Zugriff auf die entsprechenden Variablen. Es musste eine Zugriffsart definiert werden, die sicherstellt, dass nur die abgeleiteten Klassen auf die Member der Basis-Klasse zugreifen können.

Dieses Schlüsselwort dieser Zugriffsart heißt:

```
protected
```

Zum Verständnis dieser Zugriffsart wollen wir an dieser Stelle unser Programm Quadrat erweitern. Wie bereits angedeutet, wollen wir die Flächeninhalte des kleinen Quadrates berechnen; schauen Sie sich dazu nochmals die Abbildung 9.9 an. Jetzt erweitern wir die Klasse cQuadrat um die Funktion getFlaecheKleinQ. Sie sehen schon an der Formel 9.4, dass wir auf die privaten

$$A_{kleinQ} = c^2 = x^2 + y^2 = a^2 - 2 \cdot a \cdot x + 2 \cdot x^2;$$

Formel 9.4: Der Flächeninhalt des kleinen Quadrates

Daten der Klasse cRechteck zugreifen müssen, denn hinter der Seitenlänge des großen Quadrates a verbirgt sich nichts anderes als die Membervariable dA_ bzw. dB_ aus dem Programm 10.4. Hier scheint die erste Anwendung des neuen Schlüsselwortes protected möglich.

Außerdem sehen wir anhand der Formel 9.4 sehr schön, dass, wenn x gegen 0 oder gegen a geht, der Flächeninhalt des kleinen Quadrates identisch mit dem des großen Quadrates ist. Und wir sehen auch, dass A_{kleinQ} quadratisch von x abhängt und können damit den Extremwert der Funktion $A_{kleinQ}(x)$ berechnen:

$$\frac{dA_{kleinQ}(x)}{dx} = 0 = -2 \cdot a + 4 \cdot x;$$

Formel 9.5: Die Ermittlung des Extremwerts von $A_{kleinQ}(x)$

Wir sehen, dass bei
$x = \frac{a}{2}$
ein lokales Minimum existiert. Doch schauen wir uns nun das Programm an; wir beginnen mit der Deklaration der Klasse cRechteck; siehe Listing 9.9.

9.3 Das Schlüsselwort protected

```cpp
#pragma once
class cRechteck {
public:
    cRechteck(double, double);
    ~cRechteck(void);
    double getFlaeche (void);
    double getUmfang (void);
protected:                          //H1
    double dA_;
    double dB_;
};
```

Programm 9.9: Die Deklaration der Klasse cRechteck mit protected Variablen.

//H1 Hier haben wir den Variablen der Klasse cRechteck das Privileg protected gegeben. Im Programm 10.4 hatten die Member - wie es üblich ist - das Privileg private.
Mit protected sichern wir, dass die Klasse cQuadrat auf die Membervariablen von cRechteck zugreifen kann. Andererseits bleiben diese Variablen dA_ und dB_ für (mögliche) andere Klassen oder für das main-Programm private.
cRechteck.cpp ist wie im Listing 10.5 codiert.

```cpp
#pragma once
#include "crechteck.h"
class cQuadrat : public cRechteck {
public:
    cQuadrat(double);
    ~cQuadrat(void);
    double getFlaecheKleinQ (double);   //H1
};
```

Programm 9.10: Die Deklaration der Klasse cQuadrat mit der neuen Methode getFlaecheKleinQ.

//H1 Jetzt haben wir ein Beispiel, in dem die Klasse cQuadrat eine ganz spezielle Methode hat, die nur in cQuadrat deklariert und definiert ist.
Trotzdem können Sie noch wie schon vorher die Methoden getUmfang und getFlaeche aus der Basis-Klasse cRechteck nutzen.

```cpp
#include "stdafx.h"
#include "cQuadrat.h"
#include <iostream>
using namespace std;
cQuadrat::cQuadrat(double a) : cRechteck (a, a) {
    cout << ">> Konstruktor cQuadrat\n";
}
cQuadrat::~cQuadrat(void) {
    cout << ">> Destruktur ~cQuadrat\n";
}
double cQuadrat::getFlaecheKleinQ (double dX)  {
    return dA_*dA_ - 2*dA_*dX + 2*dX*dX;         //CPP1
}
```

Programm 9.11: Die Definition der Klasse cQuadrat mit der neuen Methode getFlaecheKleinQ.

//**CPP1** An dieser Stelle sehen Sie, dass die Methode getFlaecheKleinQ aus cQuadrat auf die protected Variablen der Klasse cRechteck zugreift. Der Zugriff ist exakt so wie in der Formel 9.4 codiert.

Und im Listing 9.12 sehen wir das main-Programm

```
// P003K9_Quadrat.cpp
#include "stdafx.h"
#include "cQuadrat.h"
#include <iostream>
using namespace std;
int main(void) {
    double dA = 2.0;
    cout << "Seite a: " << dA << endl << endl;

    cQuadrat quad (dA);                                         //1
    double dX = 0;                                              //2
    double dInc = 0.1;                                          //3
    cout << "dX\tFlaecheKleinQ" << endl;                        //4
    while (dX < (dA+0.001))                                     //5
    {
        cout << dX << "\t" << quad.getFlaecheKleinQ (dX) << endl; //6
        dX += dInc;                                             //7
    }
    return 0;
}
```

Programm 9.12: Die Definition der Klasse cQuadrat mit der neuen Methode getFlaecheKleinQ.

//**1** Wir kreieren das Objekt quad; die Seitenlänge haben wir weiter oben definiert. Sie beträgt 2.0.
//**2** Nun definieren und deklarieren wir die Variable dX. Sie entspricht der Variable x in der Formel 9.4; dA entspricht der Variable a.
//**3** Und dieses dX wollen wir um kleine Schritte so lang erhöhen, bis dX den Wert dA angenommen hat. Deshalb haben wir die Variable dInc eingeführt. Die Schrittweite der Erhöhung von dX beträgt 0.1.
//**4** Da wir den dX und den dazugehörigen Flächeninhalt (getFlaecheKleinQ) in einer Art tabellarischen Form ausgeben wollen, definieren wir hier eine Art Headline der Ausgabe.
//**5** Hier leiten wir mit einer while-Schleife die Ausgabe ein. Bitte beachten Sie, dass wir nicht exakt auf den Abbruch (dX < dA) prüfen, sondern auch (dX < (dA+0.001)). Das hängt mit der Ungenauigkeit von Gleitpunktzahlen zusammen.
//**6** Nun erfolgt die Ausgabe. Wir geben zuerst dX und dann den dazugehörigen Flächeninhalt aus.
//**7** Und nach der Ausgabe inkrementieren wir dX und dInc.

Die Konsolenausgabe des Programmes 9.12 können Sie in der Abbildung 9.10 sehen.

Wenn Sie nun die Ausgabe des Programmes 9.12 in ein File umlenken, oder die Daten dX, FlaecheKleinQ direkt auch der Konsole Excel zuführen, so erhalten Sie die Parabel, die in der Abbildung 9.11 dargestellt ist.
Bitte beachten Sie - je nach Excel-Einstellung -, dass der Punkt der Gleitpunktdarstellung von

9.3 Das Schlüsselwort protected

Abbildung 9.10: Die Konsolenausgabe des Programmes 9.12.

dX und FlaecheKleinQ durch ein Komma zu ersetzen ist.

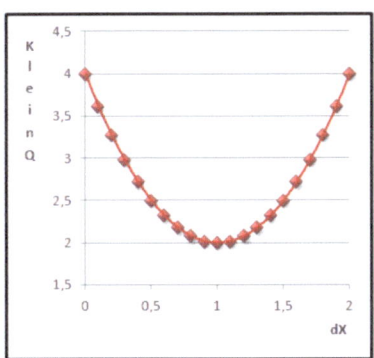

Abbildung 9.11: Die Excel-Darstellung der Daten des Programmes 9.12.

Sie sehen sofort, dass bei
$x = \frac{a}{2}$
ein lokales Minimum vorliegt. Der Flächeninhalt des kleinen Quadrates beträgt dann
$A_{kleinQ}(x) = \frac{a^2}{2}$.

9.4 Arten der Vererbung

Wir haben nun drei wichtige Privilegien der OOP kennengelernt:

- public
- private
- protected

Art der Ableitung	Zugriff auf Basis-Klasse		
	private	protected	public
private	-	private	public
protected	-	protected	protected
public	-	protected	public

Tabelle 9.1: Zugriffsrechte bei Ableitungen.

Diese drei Privilegien werden in zwei verschiedenen Zusammenhängen verwendet:

1. Zur Zugriffsdefinition von Member (Funktionen und Variablen) innerhalb einer Klasse
2. Als Definition des Charakters einer Ableitung

Zu 1:
Wir wissen, dass Membervariablen einer Klasse in der Regel nur innerhalb einer Klasse geändert werden dürfen. Deshalb deklarieren wir diese Variablen im private-Bereich einer Klasse.
Wenn diese Klasse eine Basis-Klasse ist und die abgeleitete Klasse auf die Member der Basis-Klasse zugreifen muss, dass deklarieren wir dieses Member im protected Bereich der Basis-Klasse. Damit ist gleichzeitig sichergestellt, dass andere Klassen oder die main-Funktion selbst keinen Zugriff auf diese protected Variablen hat.
Alle anderen Member - und hier gehen wir in der Regel von Memberfunktionen aus -, die in anderen Klassen, oder im main genutzt werden dürfen, deklarieren wir im public-Bereich einer Klasse.

Zu 2:
Wenn Sie private ableiten - wir haben im Programm 9.12 das Quadrat vom Rechteck public abgeleitet -, dann können alle Methoden der abgeleiteten Klasse auf die protected und public Member der Basis-Klasse zugreifen. Mit anderen Worten: wir hätten im Programm 9.12 cQuadrat auch private von cRechteck ableiten können. Aber: alle Member der Basis-Klasse würden in der abgeleiteten Klasse private werden; d.h. in der abgeleiteten Klasse kann man wohl noch auf die protected und public Member der Basis-Klasse zugreifen. Sollte die abgeleitete Klasse wiederum als Basis-Klasse einer weiteren dienen, so kann diese neue abgeleitete Klasse nicht mehr auf die Member der ersten Basis-Klasse zugreifen.
Wenn Sie eine public-Ableitung verwenden, so können Sie auch bei einer zweiten Ableitung auf die Member der ersten Basis-Klasse zugreifen; die Zugriffsrechte bleiben unverändert.

Wenn Sie eine protected Ableitung verwenden, so können nur die protected Member und die public Member der ersten Basis-Klasse allen weiteren Ableitungen verwendet werden; nicht jedoch in Objekten dieser abgeleiteten Klassen.
Schauen Sie sich dazu nochmals die Tabelle 9.1 an.

9.5 Overloading

Wir kommen nun zu einem weiteren wichtigen Feature der OOP, zum Überladen von Funktionen und Operatoren. In nicht-OOP-Sprachen existiert eine injektive Beziehung zwischen Funktion und Funktionsname:
Hinter einem Funktionsnamen steht in solchen Sprachen genau eine Funktion.

In OOP-Sprachen können sich hinter einem Funktionsnamen mehrere Funktionen verbergen. Wir haben das auch schon kennengelernt:
Eine Klasse kann beliebig viele Konstruktoren - und das sind letztlich auch nur Funktionen - enthalten. Sie haben alle die gleiche Namenssyntax, aber sie unterscheiden sich in den Übergabeparametern und vielleicht auch in dem, was sie machen. Wir wollen uns dazu ein Beispiel anschauen.

```cpp
// P004K9FuncOL.cpp
#include "stdafx.h"
#include <iostream>
#include <typeinfo>                                          //1
using namespace std;
void ichBin (char chr)                                       //2
{
    const type_info *p2TI = &typeid (chr);
    cout << "Ich bin ein " << p2TI->name()
         << " und heisse " << chr << endl;
}
void ichBin (int iInt)                                       //3
{
    const type_info *p2TI = &typeid (iInt);
    cout << "Ich bin ein " << p2TI->name()
         << " und heisse " << iInt << endl;
}
void ichBin (float fFloat)                                   //4
{
    const type_info *p2TI = &typeid (fFloat);
    cout << "Ich bin ein " << p2TI->name()
         << " und heisse " << fFloat << endl;
}
int main(void)
{
    ichBin ('A');                                            //5
    ichBin (4711);
    ichBin (3.14159f);
    return 0;
}
```

Programm 9.13: Überladen von Funktionen.

//1 Um Typen von Variablen zu bestimmen, verwenden wir das RTTI-System. Lesen dazu nochmals das Kapitel 4.6 (Die auto Variable, decltype und das RTTI-System).
//2 Hier definieren wir eine Funktion "ichBin". Zuerst übergeben wir ein char.
//3 An dieser Stelle übergeben wir dem gleichen Funktionsnamen ein int
//4 und zuletzt ein float
//5 Im main rufen wir nacheinander die Funktionen auf.

Sie sehen im Programm 9.13, dass alle Funktionen den gleichen Namen haben, allerdings verschiedene Ausgaben generieren. Das ist in klassischen Programmiersprachen nicht möglich. Wie wird das in C++ organisiert?

Der Compiler bereitet uns auf diese Funktionen vor. Er weiß, dass bei //2 ein char übergeben wird, bei //3 ein int und bei //4 ein float. Dementsprechend werden die verschiedenen Einsprungspunkte der "Funktionalitäten" angesprungen. In der Abbildung 9.12 sehen Sie die Disassembly-

```
     Anzeigeoptionen
        ichBin ('A');                                    //5
  01085821  push      41h
  01085823  call      ichBin (0106105Fh)
  01085828  add       esp,4
        ichBin (4711);
  0108582B  push      1267h
  01085830  call      ichBin (01081046h)
  01085835  add       esp,4
        ichBin (3.14159f);
  01085838  push      ecx
  01085839  movss     xmm0,dword ptr ds:[108DDC0h]
  01085841  movss     dword ptr [esp],xmm0
  01085846  call      ichBin (0108105Ah)
  01085848  add       esp,4
        return 0;
  0108584E  xor       eax,eax
```

Abbildung 9.12: Die Disassembly-Ansicht im Debug-Mode; Programm 9.13.

Ansicht des Programmes 9.13. Den ersten call der Funktion ichBin haben wir markiert. Sie sehen, dass jeder weitere Call unserer Funktion eine andere Adresse anspringen wird. So organisiert also der C++-Compiler das Overloading von Funktionen. Ganz offensichtlich nutzt der Compiler die verschiedenen Übergabetypen aus, um verschiedene Funktionen zu aktivieren. Er braucht also ein Kriterium, dass er die verschiedenen Funktionen anspringen kann. Solche Kriterien können sein:

- Typen der Übergabeparameter
- Anzahl der Übergabeparameter

Doch kommen wir an dieser Stelle nochmals zur Abbildung 9.12 zurück:
Diese Ansicht ist nur während des Debuggens anwählbar. Wählen Sie dazu einen breakpoint, halten Sie dort - wenn Sie während der Debug-Session im breakpoint stehen - die rechte Mouse-Taste gedrückt. In dem folgenden Pulldown-Menü können Sie den Disassembly-Mode auswählen.

9.5 Overloading

Bei return 0 sehen Sie, dass das ax-Register mit xor eax, eax auf 0 gesetzt wird und das ist unserer Rückgabe-Wert. Tragen Sie als return-Wert eine 1 ein und Sie werden dort den Befehl
mov eax, 1
finden.

Mit diesem kurzen Ausflug in die Assembler-Programmierung wollen wir Ihnen nochmals die Angst nehmen, den Disassembly-Mode anzuwählen[1] Außerdem bietet C++ (wie auch schon C), die Möglichkeit, Assembler-Code direkt in Ihre Source einzubinden. Dafür existiert das Schlüsselwort __asm. Dazu folgenden Beispiel:

```
__asm {
    mov eax, 1
}
```

Doch kommen wir zu unserem eigentlichen Problem zurück. Wir sehen in der Abbildung 9.12 weiterhin, dass bei ichBin("A") tatsächlich ein "A" übergeben wird; dafür steht das push 41 (0x41 ist der Hex-Code für A; siehe Abbildung 5.13 auf Seite 130). Entsprechend können Sie sich die anderen Übergabeparameter klarmachen.

Abbildung 9.13: Die Konsolenausgabe des Programmes 9.13.

Final sehen Sie in der Abbildung 9.13 die Konsolenausgabe des Programmes 9.13.

Hinweis: *Abschließend möchten wir zwei Hinweise geben:*

1. *auto als Übergabetyp bei Funktionen (wie z.B. ichBin(auto aVar))ist nicht erlaubt; so schön es manchmal wäre.*
2. *Zu viele überladene Funktionen erschweren in bestimmten Situationen die Lesbarkeit des Programmes an der aufrufenden Stelle der Funktion. Überlegen Sie gut, wo Sie dieses Feature einsetzen.*

---
[1] Schauen Sie sich zu dieser Thematik durchaus noch einmal die Abbildung 5.10 auf Seite 128 an.

9.6 Overloading bei Operatoren

Jetzt kommen wir zu einem Feature, das es zumindest in Java - hier handelt es sich um eine reine objektorientierte Sprache - so nicht gibt:
Wir überladen Operatoren.

Warum kann das ein Vorteil sein? Wir sammeln seit den frühen Kindheitsjahren Erfahrungen im Umgang mit den mathematischen Operationszeichen. Wir "wissen", dass $1+1=2$ gilt. Für uns bildet der Plus-Operator das entscheidende Mittel der Addition. Ähnlich verhält es sich mit den anderen Operatoren. Aus diesem Grunde wollen wir alle überladbaren Operatoren mit dem Zeichen ∘ versehen. Dieses Zeichen ist in Anlehnung an das Abel'sche[2] Verknüpfungszeichen gewählt. Alle überladbaren Operatoren sind in der Tabelle 9.2 zusammengefasst. Wir stellen uns

Operator-Typ	Operatoren (∘)
arithmetischer Operator	$+;-;*;/;\%$
Inkrement, Dekrement	$++;--$
Vergleichsoperatoren	$==;!=;<;>;<=;>=$
Logische Operatoren	$\&\&;\|\|;!$
Zuweisungsoperatoren	$=;+=-=>;*=;/=;\|=;\bar{};=;<<=\,>>=$
Bitoperatoren	$\|;\,<<;>>$
Funktionsaufruf und Indexoperatoren	$();[]$
restliche Operatoren	$\&;->;,;new;delete$

Tabelle 9.2: Überladbare Operatoren

nun einfach vor, dass wir zwei char* verknüpfen wollen.

```
char *str1= "AAA";
char *str2= "BBB";
char *strBoth = str1 o str2;
```

Die Frage ist nun, welches Zeichen wir mit ∘ meinen. Zunächst ist doch der Gedanke sehr naheliegend, dass wir zwei Strings zusammenfügen wollen. Und so gesehen, sollten wir für das "Zusammenfügen" den Plus-Operator (+)verwenden; genau in dem gleichen Sinn wie wir zwei Zahlen zusammenfügen, also addieren wollen.

Nun werden einige denken, dass man ja auch zwei Strings voneinander trennen kann. Und da wäre der Minus-Operator der richtige Operator. Ja, natürlich geht auch dies. Doch lassen Sie uns zunächst den Plus-Operator für Strings besprechen. Wir wollen also ein Programm schreiben, das dieses Listing möglich macht:

---

[2]Niels Henrik Abel; * 5. August 1802 auf der Insel Finnøy, Ryfylke; †6. April 1829 in Froland, Aust-Agder; bedeutender norwegischer Mathematiker

9.6 Overloading bei Operatoren

```
char *str1= "AAA";
char *str2= "BBB";
char *strBoth = str1 + str2;
```

Natürlich gibt es (bis auf Lib-Funktionen, die wir noch kennenlernen) keine Addition von Strings. Das müssen wir schon selbst tun. Wir müssen den Plus-Operator fit für Strings machen. Dazu bedienen wir uns eines Mittels, das C++ zur Verfügung stellt:
Operator Overloading

Dazu schauen wir uns zunächst die Syntax des Overloading für Operatoren an; siehe Syntax 9.1.

```
RetTyp operator o (Typ param);
Beispiel:
operator + (cClass&); //Hier wird der Plus-Operator (klassenbezogen) überladen
Syntaxbeschreibung:
    • operator o : operator o ist wie ein Funktionsname zu bewerten; o ist im
      Beispiel der Plus-Operator
    • Typ param : Typ und param sind Typ und Parameter der "Funktion"; in unserem
      Beispiel ist der Typ die Referenz auf cClass. Die Parameter können wir bei
      der Deklaration weglassen.
    • RetTyp : RetTyp ist der Rückgabewert des überladenen Operators.
```

Syntax 9.1: Syntax von operator Overloading; klassenbezogen.

Bei klassenbezogenem Overloading sprechen wir auch von local Overloading. Im Programm 9.14 sehen wir dazu ein Beispiel.

```cpp
// P005K9_xString.cpp
#include "stdafx.h"
#include "xString.h"                                    //1
#include <iostream>
using namespace std;
int main(void)
{
    xString str1("Hallo ");                             //2
    xString str2("Peter!");                             //3
    cout << str1.getString() << endl;
    cout << str2.getString() << endl;                   //4

    xString strRes = str1 + str2;                       //5
    cout << strRes.getString() << endl;                 //6
    return 0;
}
```

Programm 9.14: Überladen des Plus-Operators; main-Programm.

//1 In xString haben wir das operator-Overloading organisiert. Da wir im main Strings addieren, müssen wir xString inkludieren.
//2 Hier definieren wir das erste Objekt der Klasse xString
//3 und an dieser Stelle das zweite Objekt.
//4 Beide Objekte werden auf der Konsole ausgegeben.
//5 Und an dieser Stelle führen wir die Stringaddition durch. Wir werden noch sehen, wie das in xString codiert ist.
//5 Final geben wir das Objekt strRes bzw. seine private Variable myString_ auf der Konsole aus.

Zum main-Programm 9.14 gehört natürlich noch die Deklaration und Definition der Klasse xString. Diese sind in den Listings 9.15 und 9.16 einsehbar. In xString.h besteht aus der Deklaration von Konstruktor, Destruktor, getString und der Deklaration des überladenen Plus-Operators. Als private Membervariable ist lediglich ein char-Pointer deklariert.

Der Konstruktor bekommt einen char-Pointer übergeben und getString gibt diesen char-Pointer zurück; damit können wir also die private Membervariable lesen. Der überladene Operator

operator +

bekommt eine Referenz - einfach nur um den "Übergabestack" klein zu halten - von xString übergeben und gibt ein Objekt von xString zurück. Das ist auch vernünftig; + ist hier als arithmetischer Operator ein binärer Operator; es gilt: $strRes = str1 + str2$.

```
#pragma once
class xString
{
public:
    xString(char*);
    ~xString(void);
    char* getString (void);
    xString operator + (xString&);
private:
    char *myString_;
};
```

Programm 9.15: Die Deklaration der Klasse xString (xString.h).

//CPP1 Der Konstruktor von xString bekommt den char-Pointer, der die private Membervariable von xString sein wird, übergeben. Für diese private Membervariable wird sogleich genügend Memory alloziert; und zwar von der Stringlänge des Ubergabeparameters des Konstruktors. Die +1 ist der Null am Ende des Strings geschuldet. Sie benötigt einen Speicherplatz von sizeof (char). Schauen Sie sich dazu nochmals das Programm 6.7 auf Seite 194 an. Hier haben wir schon einmal eine Klasse xString definiert.
//CPP2 Hier wird der Übergabestring in die private Membervariable kopiert. Und anschließend geben wir zum besseren Verständnis auf der Konsole aus, dass der Konstruktor durch-

9.6 Overloading bei Operatoren

```cpp
#include "stdafx.h"
#include "xString.h"
#include <string.h>
#include <iostream>
using namespace std;
xString::xString(char* str)
{
    myString_ = new char [strlen(str)+1];               //CPP1
    strcpy_s (myString_, strlen(str)+1, str);           //CPP2
    cout << ">> Konstruktor fuer " << myString_ << endl;
}
xString::~xString(void)
{
    cout << ">> Destruktor fuer " << myString_ << endl;
    delete [] myString_;                                //CPP3
}
char *xString::getString(void)
{
    return myString_;                                   //CPP4
}
xString xString::operator + (xString& str2)             //CPP5
{
    int iLen1 = strlen(myString_);
    int iLen2 = strlen(str2.getString());
    int iLenAll = iLen1+iLen2+1;                        //CPP6
    char * strResString = new char [iLenAll];           //CPP7
    strcpy_s (strResString, iLenAll, myString_);
    strcat_s (strResString, iLenAll, str2.getString()); //CPP8
    xString *strRes = new xString(strResString);        //CPP9
    delete []strResString;                              //CPP10
    return *strRes;                                     //CPP11
}
```

Programm 9.16: Die Definition der Klasse xString (xString.cpp).

laufen wurde.

//**CPP3** Im Destruktor wird (nach der Ausgabe, dass selbiger durchlaufen wurde) die private Membervariable von xString wieder vernichtet.

//**CPP4** Die Methode getString liefert einfach die private Membervariable myString_.

//**CPP5** Der überladene Operator + hat die Aufgabe, zu der privaten Membervariable myString_ der eigenen Klasse die private Membervariable des übergebenen Objektes str zu addieren, ein neues Objekt der Klasse xString zu kreieren und dieses zurückzugeben. Das entspricht dem Grundgedanken des Plus-Operators für Strings.

//**CPP6** Zunächst bestimmen wir alle Stringlängen der beteiligten char-Pointer. Wir addieren die Gesamtlänge in iLenAll. iLenAll wird wegen der Null am Stringende mit Eins addiert; s.o.

//**CPP7** Anschließend reservieren wir den Speicher, wo die Strings der beteiligten Objekte (this und str2) gesichert werden können. Er muss natürlich die Größe von iLenAll haben.

//**CPP8** Anschließend kopieren wir den Speicher des this-Objektes (des Objektes der eigenen Klasse) in den reservierten Speicher. Danach "addieren" wir mittels strcat_s den String des Objektes str2 einfach dazu.

//**CPP9** Nun legen wir ein neues Objekt an. Das müssen wir natürlich dynamisch machen, weil ein lokales Objekt nach Verlassen der Funktion
<operator +>

sofort wieder vernichtet werden würde. Deshalb benutzen wir hier den new-operator, um das Objekt *strRes zu kreieren. Dieses Objekt bekommt als Übergabeparameter natürlich den Gesamtstring strResString übergeben.

//CPP10 strResString wird nun nicht mehr benötigt. Der Gesamtstring ist im Objekt *strRes gesichert. Wir geben den Speicher von strResString wieder frei.

//CPP11 Und final geben wir den Inhalt des Pointers strRes wieder zurück. In Abbildung 9.14 können Sie die Ausgabe des Programmes 9.14 sehen.

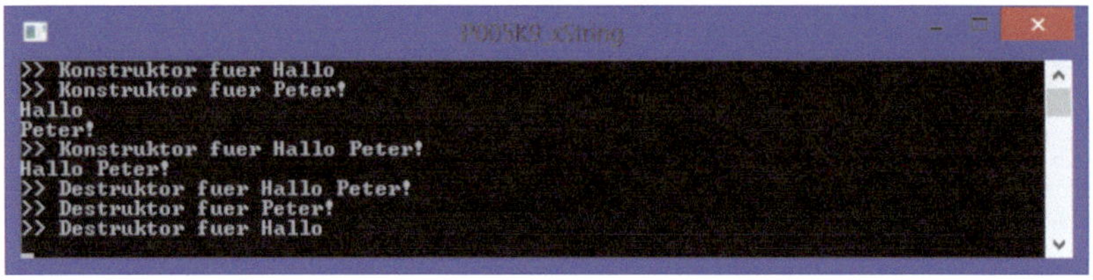

```
>> Konstruktor fuer Hallo
>> Konstruktor fuer Peter!
Hallo
Peter!
>> Konstruktor fuer Hallo Peter!
Hallo Peter!
>> Destruktor fuer Hallo Peter!
>> Destruktor fuer Peter!
>> Destruktor fuer Hallo
```

Abbildung 9.14: Die Konsolenausgabe des Programmes 9.14.

In der Konsolenausgabe können Sie sehr schön das Zusammenspiel von Konstruktor und Destruktor sehen. Wir haben den breakpoint des Programmes 9.14 direkt an der schließenden Klammer des main-Programmes gesetzt. So entstand die Abbildung 9.14.

Wir haben schon erwähnt, dass Sie den überladenen Plus-Operator auch als Funktion schreiben können. Schauen Sie sich dazu die Tabelle 9.3 an.

Funktion	überladener Plus-Operator
addStr (xString&)	operator + (xString&)

Tabelle 9.3: Der überladbare Plus-Operator als Funktion

Das probieren wir gleich in der Klasse xString aus. Sie erhalten das Listing 9.17. Wir haben hier nur den Teil der Definition der Klasse xString abgebildet, der die Erweiterung um die Funktion addStr zeigt. Natürlich muss auch das Header-File um die Deklaration der Funktion erweitert werden. Das geänderte Programm 9.14 können Sie im Programm 9.18 sehen.

Funktions-Nutzung	Operator-Nutzung
xString strRes = str1.addStr (str2);	xString strRes = str1 + str2;

Tabelle 9.4: Funktions-Nutzung und Operator-Nutzung im Programm 9.14.

Jetzt können Sie im wahrsten Sinne des Wortes mit eigenen Augen sehen, dass der überladene Plus-Operator im main-Programm einfacher lesbar ist, als die Funktion addStr. Beide Varianten führen zu der gleichen Konsolenausgabe 9.14. Wir haben die unterschiedlichen Aufrufe zur Verdeutlichung in der Tabelle 9.4 nochmals dargestellt.

9.6 Overloading bei Operatoren

```cpp
xString xString::addStr (xString& str2)
{
    int iLen1 = strlen(myString_);
    int iLen2 = strlen(str2.getString());
    int iLenAll = iLen1+iLen2+1;
    char * strResString = new char [iLenAll];
    strcpy_s (strResString, iLenAll, myString_);
    strcat_s (strResString, iLenAll, str2.getString());
    xString *strRes = new xString(strResString);
    delete []strResString;
    return *strRes;
}
```

Programm 9.17: Die Definition der Klasse xString (xString.cpp).

```cpp
int main(void)
{
    xString str1("Hallo ");                          //2
    xString str2("Peter!");                          //3
    cout << str1.getString() << endl;
    cout << str2.getString() << endl;                //4

    xString strRes = str1.addStr (str2);             //5
    cout << strRes.getString() << endl;              //6
    return 0;
}
```

Programm 9.18: Nutzung der Funktion addStr im Programm 9.14.

Wir haben uns bei dem Programm 9.14 mit local Overloading (oder klassenbezogenem Overloading) beschäftigt. Es stellt sich die Frage, ob wir Operatoren auch überladen können, ohne dass sie an Klassen gebunden sind. Wenn Sie sich an das Schlüsselwort friend erinnern, so dürfte Ihnen die Antwort klar sein: ja, wir können Operatoren auch ohne direkten Klassenbezug überladen; wir sprechen hier vom global Overloading.

Das wollen wir nun mit dem überladenen -= Operator tun. Stellen Sie sich vor, Sie haben eben den String "Peter!" zu "Hallo " addiert und wollen dies rückgängig machen. Das versuchen wir über den -= Operator und auch über eine Funktion; wir nennen Sie subStr.

Neben diesen neuen Features finden Sie in xString ebenfalls noch einen lokalen Minus-Operator. Wir zeigen die neue, erweiterte Klasse xString und das main-Programm. Bitte probieren Sie alle diese Features aus.

//H1   Wir deklarieren hier die friend-Funktion subStr. Sie soll von dem String des übergebenen Objektes str den char-Pointer strSub abziehen.

//H2   Und hier wird der Operator -= überladen. Er hat die gleiche Funktion und auch den gleichen Code wie die Funktion subStr.

//H3   An dieser Stelle überladen wir den Minus-Operator.

```cpp
#pragma once
class xString
{
void friend subStr (xString& str, char* strSub);            //H1
void friend operator -= (xString& str, char* strSub);       //H2
public:
    xString(char*);
    ~xString(void);
    char* getString (void);
    xString operator + (xString&);
    xString operator - (xString&);                            //H3
    xString addStr (xString&);
private:
    char *myString_;
};
```

Programm 9.19: Die Deklaration der erweiterten Klasse xString (xString.h).

//**CPP1** Hier ist die friend Funktion subStr definiert. Das Grundprinzip beruht auf folgender Voraussetzung:

Die Stringzusammensetzung erfolgte gemäß Abbildung 9.16. In diesem Sinne ist auch die String-Subtraktion zu sehen: String2 wird einfach vom String "String1String2" abgeschnitten. Wir suchen also in "String1String2" nach "String2". strstr liefert, falls "String2" gefunden wird einen char-Pointer zurück. Dieser zeigt auf das <S> von "String2". Wenn wir dort eine Null schreiben, so wird zwangsläufig "String1String2" zu "String1". Falls "String2" nicht gefunden wird, so bleibt "String1String2" unverändert.

Es wäre vielleicht sinnvoll, subStr ein bool zurückgeben zu lassen: bei true hat die Subtraktion geklappt; bei false nicht.

//**CPP2** Für den überladenen Operator operator -= gilt das eben Gesagte.

//**CPP3** Beim Minus-Operator sparen wir einen Übergabeparameter: der Minus-Operator ist klassenbezogen und kann natürlich direkt auf die Membervariable myString_ zugreifen. Ansonsten gilt auch hier das gleiche Prinzip wie eben beschrieben.

Abbildung 9.15: Die Konsolenausgabe des Programmes 9.21.

„String1String2" = „String1" + „String2"

Abbildung 9.16: Die String-Addition.

9.6 Overloading bei Operatoren

Noch eine Bemerkung zum Code: Sie sehen viele Code-Redundanzen. Wir haben Sie bewusst drin gelassen, damit Sie sehen, dass es sich tatsächlich um das gleiche Prinzip handelt. Wenn man die Redundanzen beseitigt, so würde statt des Listings 9.20 folgende Vereinfachungen stehen:

```cpp
void subStr (xString& str, char* strSub) {
    char * strIn = strstr (str.myString_, strSub);
    if (strIn)
        strIn [0] = 0;
}
void operator -= (xString& str, char* strSub) {
    subStr (str, strSub);
}
```

Gleiches ist natürlich auch für den überladenen Plus-Operator mit addStr möglich. Diese Code-Stellen sind ebenfalls vollständig identisch. Am Ende dieser Erweiterungen fehlt natürlich noch das Listing des Programmes P006K9_xString.cpp. Wir zeigen das Programm, das zur Abbildung 9.15 passend ist.

Wir haben die folgenden kurzen Programmerläuterungen:
Vorab eine Bemerkung: wir haben in das main-Programm 9.21 viele Möglichkeiten zugelassen. Sie sind durch Kommentare teilweise gesperrt. Bitte lassen Sie wechselweise das Programm wie Teilabschnitte zu: Entweder:

```cpp
xString strRes = str1 + str2;
//xString strRes = str1.addStr (str2);
```

Oder:

```cpp
//xString strRes = str1 + str2;
xString strRes = str1.addStr (str2);
```

Und entweder:

```cpp
//xString strSubRes = strRes - str2;          //1
//cout << strSubRes.getString () << endl;     //2
strRes -=(str2.getString ());                 //3
cout << strRes.getString () << endl;          //4
```

Oder:

```cpp
xString strSubRes = strRes - str2;            //1
cout << strSubRes.getString () << endl;       //2
//strRes -=(str2.getString ());               //3
//cout << strRes.getString () << endl;        //4
```

//1 Wir haben eben den String "Hallo " (str1) und den String "Peter!" (str2) zu "Hallo Peter!" (strRes) zusammengefügt. Nun wollen wir über den Minus-Operator den String "Peter!" wieder abziehen.

//2 Und nun geben wir das Resultat aus. Es würde auf der Konsole "Hallo " erscheinen. Dieser Teil ist in der Konsole 9.15 nicht dargestellt.

```cpp
#include "stdafx.h"
#include "xString.h"
#include <string.h>
#include <iostream>
using namespace std;
void subStr (xString& str, char* strSub) {                         //CPP1
    char * strIn = strstr (str.myString_, strSub);
    if (strIn) strIn [0] = 0;
}
void operator -= (xString& str, char* strSub) {                    //CPP2
    char * strIn = strstr (str.myString_, strSub);
    if (strIn) strIn [0] = 0;
}
xString::xString(char* str) {
    myString_ = new char [strlen(str)+1];
    strcpy_s (myString_, strlen(str)+1, str);
    cout << ">> Konstruktor fuer " << myString_ << endl;
}
xString::~xString(void) {
    cout << ">> Destruktor fuer " << myString_ << endl;
    delete [] myString_;
}
char *xString::getString(void) {
    return myString_;
}
xString xString::operator + (xString& str2)  {
    int iLen1 = strlen(myString_);
    int iLen2 = strlen(str2.getString());
    int iLenAll = iLen1+iLen2+1;
    char * strResString = new char [iLenAll];
    strcpy_s (strResString, iLenAll, myString_);
    strcat_s (strResString, iLenAll, str2.getString());
    xString *strRes = new xString(strResString);
    delete []strResString;
    return *strRes;
}
xString xString::operator - (xString& str2)  {                     //CPP3
    char * strIn = strstr (myString_, str2.getString());
    if (strIn) strIn [0] = 0;
    xString *strRes = new xString (myString_);
    return *strRes;
}
xString xString::addStr (xString& str2)  {
    int iLen1 = strlen(myString_);
    int iLen2 = strlen(str2.getString());
    int iLenAll = iLen1+iLen2+1;
    char * strResString = new char [iLenAll];
    strcpy_s (strResString, iLenAll, myString_);
    strcat_s (strResString, iLenAll, str2.getString());
    xString *strRes = new xString(strResString);
    delete []strResString;
    return *strRes;
}
```

Programm 9.20: Die Definition der erweiterten Klasse xString (xString.cpp).

//3 Hier wenden wir den überladenen -= Operator an. In strRes steht
"Hallo Peter!". Nach Anwendung des überladenen -= Operators steht in strRes nur noch "Hallo ".

//4 Das Resultat wird hier ausgegeben. Dieser Teil ist in der Konsole 9.15 dargestellt.

9.6 Overloading bei Operatoren

```cpp
// P006K9_xString.cpp
#include "stdafx.h"
#include "xString.h"
#include <iostream>
using namespace std;
int main(void) {
    xString str1("Hallo ");
    xString str2("Peter!");
    cout << str1.getString() << endl;
    cout << str2.getString() << endl;

    xString strRes = str1 + str2;
    //xString strRes = str1.addStr(str2);
    cout << strRes.getString() << endl;

    //xString strSubRes = strRes - str2;           //1
    //cout << strSubRes.getString () << endl;      //2
    strRes -=(str2.getString());                   //3
    cout << strRes.getString () << endl;           //4
    return 0;
}
```

Programm 9.21: Das main-Programm für die Konsolen-Ausgabe 9.15.

Bitte machen Sie sich klar, welche Konstruktoren und Destruktoren Sie in der Abbildung 9.15 sehen. Debuggen Sie das Programm und setzen Sie in den Konstruktoren und Destruktoren breakpoints. So werden Sie das Programm ganz sicher verstehen.

Wir haben bis jetzt das Überladen des Plus-Operators und des Minus-Operators kennengelernt; global und lokal. Und wir haben auch das Überladen der zuweisenden Operatoren (+= & -=) kennengelernt. Alle diese Überladungen haben wir an einem Beispiel geübt. Wir haben Strings mit diesen überladenen Operatoren verknüpft. Sinn war, dass wir Stringverknüpfungen leichter lesen können.

Natürlich sind direkt arithmetische Überladungsbeispiele denkbar:

- Vektor-Addition
- Vektor-Produkt
- Hadamard-Produkt (Produkt zweier Matrizen gleicher Größe) [3]
- Rechnen mit komplexen Zahlen

Wir verweisen auf diese Beispiele, weil Sie sich hier selbst gute Übungsaufgaben stellen können. Das ist durchaus sinnvoll, denn nur durch ausreichende Übungen können Sie das eben Gelernte festigen

---

[3]Jacques Salomon Hadamard; * 8. Dezember 1865 in Versailles; †17. Oktober 1963 in Paris; war ein französischer Mathematiker.

Am Ende dieses Kapitel möchten wir uns nochmals zwei entscheidende Funktionen klarmachen:

1. Den Copy Konstruktor
2. Der Zuweisungsoperator (Assignment operator)

Wir schauen uns diese Funktionen im Programm 9.22 an. Dabei erweitern wir die Klasse xString um drei Funktionen:

```
void friend operator += (xString& str, char* strSub); //additive Zuweisung
xString( const xString&);                              //Copy Konstruktor
xString& operator=(const xString&);                    //Zuweisungsoperator
```

Beim Zuweisungsoperator und beim Copy Konstruktor haben wir nur eine Syntax-Form aufgeschrieben. Für beide existieren durchaus Modifikationen. So könnten Sie beispielsweise beim Copy Konstruktor oder Zuweisungsoperator auf const verzichten - trotzdem wäre die Funktionalität gesichert. Im Listing 9.22 sehen Sie die neue Deklaration der Klasse xString. Bei den

```
#pragma once
class xString
{
void friend subStr (xString& str, char* strSub);
void friend operator -= (xString& str, char* strSub);
void friend operator += (xString& str, char* strSub);   //additive Zuweisung
public:
    xString(char*);
    xString(void);                                       //Default Konstruktor
    ~xString(void);
    xString(const xString&);                             //Copy Konstruktor
    xString& operator=(const xString&);                  //Zuweisungsoperator
    char* getString (void);
    xString operator + (xString&);
    xString operator - (xString&);
    xString addStr (xString&);
private:
    char *myString_;
};
```

Programm 9.22: Copy Konstruktor und Zuweisungsoperator in xString.

CPP-Files dieser modifizierten xString-Klasse bilden wir nur die neuen Funktionen ab. Schauen Sie sich dazu das Listing 9.23 an. Kommen wir zur Erläuterung der Listings 9.23 und 9.22:
Im Header-File haben wir lediglich den Default Konstruktor, den additiven Zuweisungsoperator, den Copy Konstruktor und den Assignment-Operator kommentiert. Im CPP-File sind diese Methoden codiert dargestellt. Wir beginnen beim überladenen additiven Zuweisungsoperator.

//**CPP1** Wie immer wird eine Operator-Überladung mit operator eingeleitet. Anschließend folgt das Operationszeichen. Und dann die Parameter. In unserem Falle sind es ein Klassenobjekt und ein char-Pointer. Bitte beachten Sie, dass das Klassenobjekt str lediglich nötig ist, weil es sich um einen globalen Operator handelt. Würden wir local Overloading durchführen, so brauchten wir dies nicht. Wir selbst wären in der Klasse.

9.6 Overloading bei Operatoren

```cpp
#include "stdafx.h"
#include "xString.h"
#include <string.h>
#include <iostream>
using namespace std;
void operator += (xString& str, char* strSub)                    //CPP1
{
    int iLMy = strlen (str.myString_)+strlen (strSub)+1;         //CPP2
    char * strTemp = new char[iLMy];                             //CPP3
    strcpy_s (strTemp, iLMy, str.myString_);                     //CPP4
    delete [] str.myString_;                                     //CPP5
    str.myString_ = new char[iLMy];                              //CPP6
    strcpy_s (str.myString_, iLMy, strTemp);                     //CPP7
    delete [] strTemp;                                           //CPP8
    strcat_s (str.myString_, iLMy, strSub);                      //CPP9
}
xString::xString(void)                                           //CPP10
{
    myString_ = NULL;
    cout << ">> Konstruktor fuer " << NULL << endl;
}
xString::xString(const xString& str)                             //CPP11
{
    if (str.myString_)                                           //CPP12
    {
        myString_ = new char[strlen (str.myString_)+1];          //CPP13
        strcpy_s (myString_, strlen (str.myString_)+1, str.myString_);
        cout << ">> (Copy-)Konstruktor fuer " << myString_ << endl;
    }
    else
    {
        myString_ = NULL;
        cout << ">> (Copy-)Konstruktor fuer " << NULL << endl;
    }
}
xString& xString::operator=(const xString& str)                  //CPP14
{
    if (myString_)                                               //CPP15
        delete [] myString_;
    if (str.myString_)                                           //CPP16
    {
        myString_ = new char[strlen (str.myString_)+1];          //CPP17
        strcpy_s (myString_, strlen (str.myString_)+1, str.myString_);
    }
    else
        myString_ = NULL;                                        //CPP18
    return *this;                                                //CPP19
}
```

Programm 9.23: Copy Konstruktor und Zuweisungsoperator im CPP-File der Klasse xString.

//CPP2 Zunächst bestimmen wir die Stringlänge beider Strings; den des Objektes str und den des zu addenden Strings strSub,

//CPP3 Anschließend legen wir eine Temp-Variable vom Typ char-Pointer an. Diesen Temp-Pointer benötigen wir, um Zwischendaten zu sichern; die von str und die des Pointer strSub.

//CPP4 Nun kopieren wir mit strcpy den String str.myString_ in den strTemp-Pointer.

//CPP5 Die private Member-Variable str.myString_ ist gerettet. Sie kann gelöscht werden. Wir benutzen Sie dazu den delete[]-operator.

//CPP6 Jetzt können wir den char-Pointer str.myString_ neu anlegen. Das tun wir mit der

Stringlänge dieser Membervariable und der String-Länge des Sub-Strings strSub; das ist die int Variable iLMy.

//CPP7 Und jetzt kopieren wir den strTemp in den neuen char-Pointer str.myString_.

//CPP8 Mit //CPP7 hat der strTemp seine Schuldigkeit getan; der Speicher wird wieder freigegeben.

//CPP9 Anschließend addieren wir strSub in die private Membervariable str.myString_. Damit ist alles getan.

//CPP10 Hier definieren wir den Default-Konstruktor. Er hat die Aufgabe, myString_ mit NULL zu definieren; wir wissen noch nicht wie diese Variable aussehen soll.

//CPP11 An dieser Stelle definieren wir den **Copy Konstruktor**. Vorab erwähnt sei, dass der Copy Konstruktor auch ein Konstruktor ist; d.h., er muss mit einem Destruktor wieder vernichtet werden. Er hat als Parameter eine const Referenz auf xString. Das hat folgenden Sinn:

- const weil str nicht verändert werden soll
- Die Referenz &, weil damit der Stack nicht unnötig belastet wird.

//CPP12 Nur wenn das übergebene Objekt Daten in seiner privaten Membervariable hat, werden diese in die private Member von this kopiert. Im else-Zweig setzen wir dann die private Member auf NULL; weil in diesem Falle auch die Membervariable str.myString_ NULL ist.

//CPP13 Hier reservieren wir den Speicher der privaten Member und anschließend findet der Copy-Vorgang statt. Wir haben ein neues Objekt!

//CPP14 Wir kommen nun zum **Zuweisungsoperator**. Hier wird er definiert. Die Übergabeparameter sind wie beim Copy Konstruktor. Allerdings gibt der Zuweisungsoperator ein Objekt zurück; das "eigene", den this-Pointer.

//CPP15 Zunächst fragen wir, ob das eigene Objekt Daten im Speicher besitzt. Falls ja, so wird dieser Speicher (myString_) wieder freigegeben.

//CPP16 Und wir fragen auch, ob das übergebene Objekt Daten hat.

//CPP17 Falls ja, so wird dieser Speicher für das eigene Objekt wieder angelegt und der String des übergebenen Objektes wird in den String des eigenen Objektes kopiert.

//CPP18 Sollte der übergebene String keine Daten haben, so wird auch die Membervariable des eigenen Objektes mit NULL belegt.

//CPP19 Final geben wir den this-Pointer zurück. Hier wird nochmals klar, dass kein neues Objekt generiert wurde.

Alle die Funktionen werden in Programm 9.24 genutzt.

//0 Natürlich müssen wir zur Nutzung von xString das Header auch inkludieren.

//1 Wir kreieren zunächst einen String str1 mit "Hallo" durch den überladenen Konstruktor.

//2 Jetzt schreiben wir "Hallo" in das Objekt str2. Dazu nutzen wir den **Copy Konstruktor**.

//3 Anschließend generieren wir ein Objekt str3. Dazu nutzen wir den Default Konstruktor.

//4 Da str3 noch keine Daten hat, setzen wir str3 gleich dem Objekt str1. Hier wirkt der **Zuweisungsoperator**.

//5 Nun addieren wir mit dem überladenen Operator += zu jedem String die Zahl 1, 2 oder 3.

```cpp
// P007K9_cpyConst.cpp
#include "stdafx.h"
#include "xString.h"                          //0
#include <iostream>
using namespace std;
int main(void)
{
    xString str1("Hallo ");                   //1
    xString str2 = str1;                      //2
    xString str3;                             //3
    str3 = str1;                              //4
    str3+="3";                                //5
    str2+="2";
    str1+="1";
    cout << str1.getString() << endl;         //6
    cout << str2.getString() << endl;
    cout << str3.getString() << endl;
    return 0;
}                                             //7
```

Programm 9.24: Das main-Programm; Anwendung des Copy Konstruktors und Zuweisungsoperators.

//6 Diese Strings werden auf der Konsole ausgegeben.
//7 Nach dem return 0 setzen wir nochmals einen breakpoint. Damit visualisieren wir alle Destruktoren.

Abbildung 9.17: Copy Konstruktor und Zuweisungsoperator im Programm P007K9_cpyConst.

Wir sehen in der Abbildung 9.17 drei Konstruktoren; den überladenen an erster Stelle, den Default Konstruktor an zweiter und den Copy Konstruktor an dritter Stelle. Alle drei Objekte werden wieder sauber zerstört.

9.7 Zusammenfassung

- Wir haben uns mit dem Prinzip der Vererbung in der OOP vertraut gemacht. Dabei haben wir gelernt, dass wesentliche, allgemeine Eigenschaften und Funktionen einer Basis-Klasse an eine speziellere Klasse - wir nennen sie abgeleitete Klasse - weitergegeben werden können, vererbt werden können.
- Wir haben es im Text oben bereits erwähnt, aber wir wollen es hier - weil es wichtig ist - wiederholen: dass ein Rechteck eine Spezial-Form eines Quadrates ist, das liegt auf

der Hand. Im praktischen Umgang mit Ableitungen sollten Sie sehr genau überlegen, was das allgemeine Problem ist und was damit die Basis für Ableitungen sein kann. Falsche Entscheidungen an dieser Stelle ziehen nicht nur mehr Code, sondern auch eine größere Intransparenz nach sich.
- Durch das Schlüsselwort protected haben wir gesehen, dass es möglich ist, auf Daten einer Basis-Klasse von einer abgeleiteten Klasse heraus, zuzugreifen.
- Wir haben kennengelernt, dass die Schlüsselwörter
    - private
    - protected
    - public

  auch für Arten der Ableitung dienen können. Schauen Sie sich dazu nochmals die Tabelle 9.1 auf Seite 284 an.
- Im Kapitel Overloading haben wir gesehen, dass Funktionen gleichen Namens verschiedene "Funktionalitäten" widerspiegeln können. Der eineindeutige Zusammenhang zwischen Funktionsnamen und Funktion - wie es bei modularen Sprachen definiert ist - wurde in der OOP erweitert. Das hat den Sinn, dass sich hinter diesen verschiedenen "Funktionalitäten" durchaus **sinngemäß** gleiche Funktionen verbergen können. Wenden Sie Overloading nur in diesem Sinne an. Andere Anwendungen wären möglich, aber sie wären nicht im OOP-Sinne. Sie wären kontraproduktiv!
  An dieser Stelle sei nochmals erwähnt: die OOP soll Ihnen die Softwareentwicklung erleichtern und nicht verkomplizieren!
- Wir haben verstanden, wie wir in C++ Operatoren überladen können. Dabei geht es darum, die uns mehr oder minder vertrauten Operatoren wie $+, -, *, /, new$, etc. sicherer machen zu können oder in anderen, sinnvollen Zusammenhängen verwenden zu können. Ein sinnvoller Zusammenhang liegt beispielsweise vor, wenn wir zum Verknüpfen von Strings den + Operator verwenden. Hier entspricht die Verwendung des + Operators unserer Erfahrung.
  Wir haben dieses Operator-Overloading am Beispiel von char-Pointern geübt. Bitte beachten Sie, dass dieses Overloading Ihnen bereits zur Verfügung steht. Sie müssen dazu lediglich string.h bzw. <cstring>inkludieren. Dann können Sie Strings ebenso addieren, wie es beispielsweise in dem Programm 9.21 geübt wurde. In der MFC-Welt ist das auch mit der Klasse CString möglich.

9.8 Übungen

1. Schreiben Sie eine Klasse, die das Hardamard-Produkt zweier Matrizen ermöglicht:
$M_{Res} = M_1 \cdot M_2$;
Benutzen Sie dazu die folgenden 3x3 Matrizen:
$$M_1 = \begin{pmatrix} 1 & 3 & 2 \\ 9 & 4 & 12 \\ 18 & 6 & 36 \end{pmatrix}; M_1 = \begin{pmatrix} 36 & 12 & 18 \\ 4 & 9 & 3 \\ 2 & 6 & 1 \end{pmatrix}$$

Überladen Sie dazu den Multiplikations-Operator. Sie sollten eine Konsolenausgabe wie hier dargestellt erzielen:

```
Ausgangsmatrizen:
M1:
1       3       2
9       4       12
18      6       36

M2:
36      12      18
4       9       3
2       6       1

Resultierende Matrix (MRes = M1*M2):
MRes:
36      36      36
36      36      36
36      36      36
```

Wiederholen Sie bei dieser Gelegenheit das Hardamard-Produkt zweier n,n Matrizen aus Ihrer Mathematik-Vorlesung.

2. Erweitern Sie das Beispiel Rechteck/Quadrat in die dritte Dimension: schreiben Sie eine Klasse Quader als Basis-Klasse und leiten Sie daraus den Würfel ab. Definieren Sie dabei die Methoden
   - ermittleVolumen
   - ermittleOberflaeche

Benutzen Sie dazu die folgenden Gleichungen; siehe dazu die abgebildete Grafik:

$V_{Quader} = a \cdot b \cdot c$

$A_{Oberflaeche} = 2 \cdot (a \cdot b) + 2 \cdot (a \cdot c) + 2 \cdot (b \cdot c)$

Begründen Sie, warum man den Quader als Basis-Klasse definiert und nicht den Würfel. Sie sollten als main das folgende Listing benutzen.

```cpp
// Auf2K9.cpp
#include "stdafx.h"
#include <iostream>
using namespace std;
#include "wuerfel.h"
int main(void) {
    double dA = 1.0; double dB = 2.0; double dC = 3.0;
    CQuader quad (dA, dB, dC);
    cout << "Volumen Quader      : " << quad.ermittleVolumen() << endl;
    cout << "Obereflaeche Quader : " << quad.ermittleOberflaeche() << endl <<endl;

    CWuerfel wuerf (2.0);
    cout << "Volumen Wuerfel     : " << wuerf.ermittleVolumen() << endl;
    cout << "Oberflaeche Wuerfel : " << wuerf.ermittleOberflaeche() << endl;
    return 0;
}
```

Überlegen Sie sich, warum Sie nur wuerfel.h inkludieren müssen.
3. Schreiben Sie eine Klasse Dreieck, aus der Sie die Klasse Rechteck ableiten. Verwenden Sie ein rechtwinkliges Dreieck, so wie hier dargestellt. Außerdem sehen Sie die Figuren Rechteck und Quadrat:

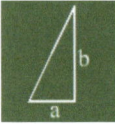 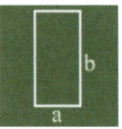 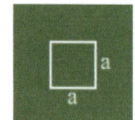

Basisklasse   1. Ableitung   2. Ableitung

Das Rechteck wiederum ist eine Basis-Klasse für das Quadrat.
Ermitteln Sie in allen Klassen den Flächeninhalt der entsprechenden geometrischen Gebilde.
Sie sollten mit den Strecken
$dA = 1.0$ und
$dB = 2.0$
die Konsolenausgaben in der hier dargestellten Abbildung erhalten.
Alle Methoden, die den Flächeninhalt berechnen, sollen den gleichen Namen haben:
ermittleFlaeche
Bitte beachten Sie, dass Sie keine Rekursionen zulassen.

10 Polymorphismus

Der Begriff Polymorphie ist aus dem Griechischen entlehnt und bedeutet soviel wie Vielgestaltigkeit. In der OOP versteht man unter Polymorphie die Möglichkeit, verschiedene Member unabhängig von ihrer Verwendung mit dem gleichen Namensbezeichner zu verwenden. Das mag verwirrend klingen, dient aber auch nur der Vereinfachung und der Transparenz Ihrer Software. Wir lernen in diesem Kapitel den Unterschied zwischen früher Bindung (early binding) und später Bindung (late Binding) kennen. Außerdem werden wir den Begriff der abstrakten Klasse kennenlernen.

10.1 Frühe Bindung

In den bisherigen klassischen Programmiersprachen haben Sie es in der Regel immer mit einer frühen Bindung zu tun gehabt: der Typ einer Instanz wird zur Compilezeit bestimmt. Dazu schauen wir uns das Beispielprogramm 10.1 an. Bitte benutzen Sie dazu die Resultate der Aufgabe 3 von Seite 303. Wir sehen uns die entsprechenden Kommentare an:

//1 Wir definieren hier eine Funktion, die einen Pointer einer Instanz übergeben bekommt; eine Instanz der Klasse cDreieck. Die definierte Funktion gibt den Namen der Instanz zurück.
//2 In einer zweiten Funktion ermitteln wir den Flächeninhalt der Instanz. Auch hier heißt die Instanz drei. Sie ist von der Klasse cDreieck.
//3 Im main-Programm werden zwei Instanzen definiert; drei und rect.
//4 Sie sind Instanzen der Klassen cDreieck und cRechteck.
//5 Anschließend geben wir Namen und Flächeninhalt der Instanzen aus. Zuerst werden die Daten der Fläche rect ausgegeben.
//6 Danach geben wir die Daten der Instanz drei aus.

Bitte beachten Sie, dass die Funktionen getName und ermittleFlaeche immer Pointer auf die Klasse cDreieck übergeben bekommen. Und in der Konsolenausgabe sehen Sie auch, dass es sich um Instanzen der Klasse cDreieck handelt; vergleichen Sie dazu die Konsolenausgabe 10.1:

Die Instanzen sind von "class cDreieck"
Der Flächeninhalt ist 3: $(2 \cdot 3/2 = 3)$

```cpp
// P001KA_PolyFBing.cpp
#include "stdafx.h"
#include <iostream>
#include "cRechteck.h"
#include "cDreieck.h"
using namespace std;
const char* getName(cDreieck *drei)                              //1
{
    return drei->getClassName();
}
double ermittleFlaeche (cDreieck *drei)                          //2
{
    return drei->ermittleFlaeche ();
}
int main(int argc, char* argv[])
{
    cRechteck rect(2,3);                                         //3
    cDreieck drei (2,3);                                         //4

    cout << "Name    : " << getName (&rect) << endl;             //5
    cout << "Flaeche: " << ermittleFlaeche (&rect) << endl << endl;

    cout << "Name    : " << getName (&drei) << endl;             //6
    cout << "Flaeche: " << ermittleFlaeche (&drei) << endl;
    return 0;
}
```

Programm 10.1: Das main-Programm für frühe Bindung.

Das ist nun nicht ganz so gewollt: wenn wir die Referenz &rect übergeben, so hätten wir doch durchaus auch die Daten des Rechtecks und nicht des Dreiecks erhalten. Wie das möglich ist, das werden wir bei der späten Bindung noch kennenlernen. Die dazugehörigen cpp-Files und

```
Name    : class cDreieck
Flaeche: 3

Name    : class cDreieck
Flaeche: 3
```

Abbildung 10.1: Die Ausgabe des Programmes 10.1.

Header der Klassen cDreieck und cRechteck sind in den Listings 10.2 und 10.3 zu sehen. Sie se-

```cpp
#pragma once
class cDreieck
{
public:
    cDreieck(double, double);
    ~cDreieck(void);
    double ermittleFlaeche (void);
    const char* getClassName (void);
private:
    double dA_; double dB_;
};
```

Programm 10.2: Die Basis-Klasse cDreieck; Deklaration.

10.1 Frühe Bindung

hen in der Basis-Klasse cDreieck, dass diese Klasse über einen überladenen Konstruktor, einen Destruktor, über die Methode ermittleFlaeche und über die Methode getClassName verfügt. Außerdem hält diese Klasse die privaten Daten dA_ und dB_. Wir möchten nicht mehr detailliert

```
#include "stdafx.h"
#include "cDreieck.h"
#include <typeinfo>
cDreieck::cDreieck(double a, double b)
{
    dA_ = a; dB_ = b;
}
cDreieck::~cDreieck(void)
{
}
double cDreieck::ermittleFlaeche (void)
{
    return dA_*dB_/2.0;
}
const char* cDreieck::getClassName (void)
{
    const type_info * p2T = &typeid (*this);
    return p2T->name();
}
```

Programm 10.3: Die Basis-Klasse cDreieck; Definition.

auf diese Methoden eingehen. Mittlerweile sollten Sie selbst in der Lage sein, diesen Code zu lesen. Der Vollständigkeit halber listen wir noch Deklaration und Definition der Klasse cRechteck (siehe Listing 10.4 und 10.5) auf. Außerdem verweisen wir nochmals auf die Nutzung des RTTI-Systems zur Ermittlung der Namen von Instanzen. Im Listing 10.4 sehen Sie, dass es sich um

```
#pragma once
#include "cdreieck.h"
class cRechteck : public cDreieck
{
public:
    cRechteck(double, double);
    ~cRechteck(void);
    double ermittleFlaeche (void);
    const char* getClassName (void);
};
```

Programm 10.4: Die abgeleitete Klasse cRechteck; Deklaration.

eine public-Ableitung handelt. Die Klasse cRechteck verfügt über keinerlei Membervariablen; diese werden von der Klasse cDreieck partizipiert.

Bei der Definition der Klasse cRechteck sehen wir, dass **vor** dem Aufruf des Konstruktors cRechteck der Konstruktor cDreieck zu aktivieren ist:

```
cRechteck::cRechteck(double a, double b) : cDreieck (a, b)
```

```cpp
#include "stdafx.h"
#include "cRechteck.h"
#include <typeinfo>
#include <iostream>
using namespace std;
cRechteck::cRechteck(double a, double b) : cDreieck (a, b)
{
}
cRechteck::~cRechteck(void)
{
}
double cRechteck::ermittleFlaeche (void)
{
    return 2*cDreieck::ermittleFlaeche();
}
const char* cRechteck::getClassName (void)
{
    const type_info * p2T = &typeid (*this);
    return p2T->name();
}
```

Programm 10.5: Die abgeleitete Klasse cRechteck; Definition.

Dabei werden die Member a und b sofort dem Dreieck übergeben. Sollten Sie diesen Aufruf vergessen, so meldet Ihnen der Compiler einen Fehler; die Fehlermeldung 10.1.

```
Fehler 1 error C2512: 'cDreieck': Kein geeigneter Standardkonstruktor verfügbar
```

Compilerausgabe 10.1: Compiler-Fehler bei unvollständiger Konstruktor-Syntax bei Vererbung.

Sollten Sie allerdings in cDreieck einen Default-Konstruktor definiert haben, so würde die Fehlermeldung 10.1 nicht auftreten. Doch was nützt Ihnen in cDreieck.h eine solche Konstruktor-Definition?:

```
cDreieck(void) {};
```

In diesem Falle wären die Membervariablen dA_ und dB_ weiterhin undefiniert.

10.1 Frühe Bindung

Zum Abschluss dieses Kapitels möchten wir eine "Syntax-Unsitte" erwähnen: Sie können die Member-Variablen einer Klasse auch unmittelbar vor dem Aufruf des Konstruktors durchführen. Wir wollen das an der Klasse cDreieck verdeutlichen:

```cpp
cDreieck::cDreieck(double a, double b) : dA_(a)
{
    dB_ = b;
}
```

Diese Syntax versteht der Compiler und Sie hätten dA_ und dB_ genauso initialisiert wie im Listing 10.3. Das mag "schön" aussehen, aber es gibt auch einen Haken: wenn Sie sich das Listing 10.5 ansehen, so ähnelt das stark oben abgebildeter Syntax. Falls Sie also eine derartige Initialisierung vom Klassenmember nutzen, so geben Sie Acht, dass Sie eine Initialisierung von Klassenmember nicht mit Vererbung verwechseln.

In diesem Sinne: bitte denken Sie immer daran Ihren Code "leicht lesbar" zu gestalten. Es ist kontraproduktiv, jede erdenkliche Syntax nutzen zu wollen, nur weil es möglich ist. Ihr Code sollte sich sofort erschließen. Das genau ist der Grund, warum man Hochsprachen eingeführt hat!

Die Programme sollte man so lesen können wie einen "normalen" Text! Allerdings: das Prinzip eines Programmes, der Sinn, der Nutzen, die Methodik, all das sollte in einem separaten Dokument festgehalten werden. Nur so können Sie sicher sein, dass Ihre Software "am Leben" bleibt. Unverständliches "Geschreibsel" wird in der Regel einfach nochmals geschrieben; weil man es nicht verstanden hat. Falls dieses "Geschreibsel" von Ihnen ist, so bedeutet das für Sie:

- Sie haben Ihren Code umsonst geschrieben.
- Sie haben nutzlos Ihre Zeit vergeudet.
- Sie haben die Zeit anderer vergeudet, weil andere Entwickler alles nochmal schreiben müssen.
- in summa: Sie vergeudeten Ressourcen.

10.2 Späte Bindung

Wir haben im Programm 10.1 auf Seite 306 gesehen, dass bei "normalen" Programmiersprachen immer die Funktionen aufgerufen werden, die auch angefordert sind. Nun wäre es schön, dass die aktivierte Methode selbst entscheidet, welche Methode aufzurufen ist. In diesem Kontext sprechen wir auch von einer späten Bindung.
C++ erlaubt dies durch das Schlüsselwort

virtual

Bevor wir uns damit beschäftigen, erweitern wir das Programm 10.1; wir wollen den Speicherbedarf der Klasse cDreieck ermitteln; siehe dazu Programm 10.6.

```cpp
// P002KA_PolySBing.cpp
#include "stdafx.h"
#include <iostream>
#include "cRechteck.h"
#include "cDreieck.h"
using namespace std;
const char* getName(cDreieck *drei)
{
    return drei->getClassName();
}
double ermittleFlaeche (cDreieck *drei)
{
    return drei->ermittleFlaeche ();
}
int main(int argc, char* argv[])
{
    cRechteck rect(2,3);
    cDreieck drei (2,3);

    cout << "Name    : " << getName (&rect) << endl;
    cout << "Flaeche: " << ermittleFlaeche (&rect) << endl << endl;

    cout << "Name    : " << getName (&drei) << endl;
    cout << "Flaeche: " << ermittleFlaeche (&drei) << endl << endl;

    cout << "sizeof (cDreieck) bei frueher Bindung: " << sizeof (cDreieck) << endl;
    return 0;
}
```

Programm 10.6: Das main-Programm für frühe Bindung wurde um den Eintrag sizeof erweitert.

Und wenn wir uns die Konsole 10.2 anschauen, so sehen wir deutlich, dass es sich hier um frühe Bindung handelt: es werden auch bei der Klasse cRechteck Name und Flächeninhalt der Klasse cDreieck ausgegeben.

Außerdem erkennen Sie, dass im Falle einer frühen Bindung Objekte der Klasse cDreieck einen Speicherbedarf von 16 Bytes haben. Wie können wir unser Programm überreden, dass es im Falle des Objektes rect auch die Daten von rect ausgibt?:

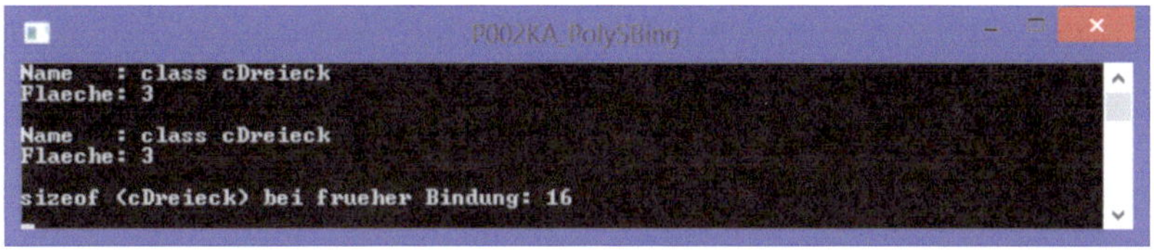

10.2 Späte Bindung

```
Name    : class cDreieck
Flaeche : 3

Name    : class cDreieck
Flaeche : 3

sizeof (cDreieck) bei frueher Bindung: 16
```

Abbildung 10.2: Die Ausgabe des Programmes 10.6; frühe Bindung.

Wie bereits erwähnt: wir bedienen uns des Schlüsselwortes `virtual`. Soll nämlich eine Methode sich auf den Objekt-Pointer beziehen, so ist vor dieser Methode das Schlüsselwort `virtual` zu schreiben; siehe dazu Listing (Deklaration der virtuellen Klasse cDreieck) 10.7:

```cpp
#pragma once
class cDreieck
{
public:
    cDreieck(double, double);
    ~cDreieck(void);
    virtual double ermittleFlaeche (void);
    const char* getClassName (void);
private:
    double dA_; double dB_;
};
```

Programm 10.7: Die Deklaration der virtuellen Basisklasse cDreieck.

Eine Klasse, welche mindestens eine virtuelle Funktion deklariert, heißt virtuell. Schauen Sie sich dazu die Konsolenausgabe des Programmes 10.3 an[1]. Sie sehen:

1. Die Methode ermittleFlaeche wurde überschrieben.
2. Die Methode getClassName wurde ebenfalls überschrieben.
3. Die Size der (virtuellen) Klasse cDreieck ist 8 Bytes größer als die Size der (nicht virtuellen) Klasse cDreieck.

```
Name    : class cRechteck
Flaeche : 6

Name    : class cDreieck
Flaeche : 3

sizeof (cDreieck) bei spaeter Bindung: 24
```

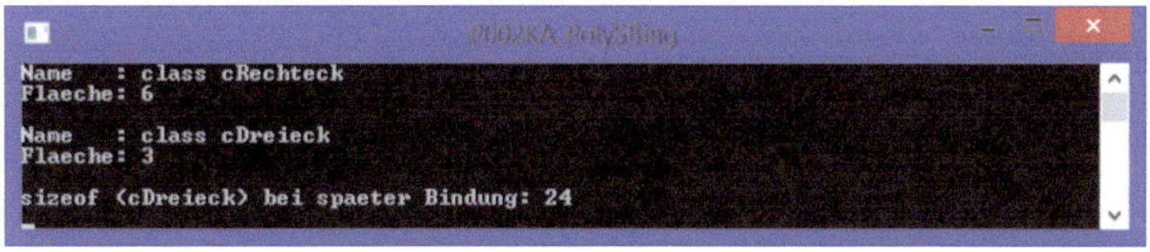

Abbildung 10.3: Die Ausgabe des Programmes 10.6; späte Bindung.

Warum ist die size der virtuellen Klasse größer?
Jede Klasse mit einer virtuellen Funktion besitzt eine sogenannte virtuelle Methodentabelle (VMT). Ein Objekt einer solchen Klasse besitzt dann - um zur Laufzeit die "richtige" Bindung herstellen zu können - einen virtuellen Methoden-Pointer (VMP). Die 8 Bytes mehr, die durch

---
[1] Bitte beachten Sie, dass Sie im Programm 10.6 den Text "frueher" gegen "spaeter" austauschen müssen.

das Schlüsselwort `virtual` entstehen, entsprechen der size des VMP (bei 64-Bit-Systemen). Für virtuelle Methoden gelten die folgenden Regeln:

- Besitzt eine Basisklasse virtuelle Methoden, so hat auch die abgeleitete Klasse einen VMP.
- Virtuelle Methoden können nur durch Methoden mit gleicher Signatur und gleichem Rückgabewert überschrieben werden.
- Konstruktoren und statische Funktionen können nicht virtuell sein.
- Destruktoren von virtuellen Klassen sollten virtuell deklariert werden; siehe Programm 10.8.
- Späte Bindung kann nur über Pointer bzw. Referenzen realisiert werden.

Es ist immer möglich, Objekte einer abgeleiteten Klasse aus einer Basis-Klasse zu bilden. Wir wollen dies am Beispiel cDreieck (Basis-Klasse) und cRechteck (abgeleitete Klasse) üben. Dabei verzichten wir zunächst ganz bewusst auf das Schlüsselwort `virtual`. Der Übersicht halber haben wir auch die Klassen cDreieck und cRechteck im main-Programm definiert. Schauen Sie sich dazu das Programm 10.8 an. Im main-Programm 10.8 sehen Sie, dass wir aus der abgeleite-

```cpp
// P002KA_PolySBing2.cpp
#include "stdafx.h"
#include <iostream>
#include <typeinfo>
using namespace std;
class cDreieck
{
public:
    cDreieck(double a, double b){ dA_ = a; dB_ = b; cout << ">> cDreieck\n";}
    ~cDreieck(void){ cout << ">> ~cDreieck\n";}
    double ermittleFlaeche (void){ return dA_*dB_/2.0;}
    const char* getClassName (void){const type_info * p2T = &typeid (*this);
                                    return p2T->name();}
private:
    double dA_; double dB_;
};
class cRechteck : public cDreieck
{
public:
    cRechteck(double a, double b): cDreieck (a, b) {cout << ">> cRechteck\n";}
    ~cRechteck(void){ cout << ">> ~cRechteck\n";}
    double ermittleFlaeche (void){ return 2*cDreieck::ermittleFlaeche ();}
    const char* getClassName (void){return cDreieck::getClassName ();}
};
int main(int argc, char* argv[])
{
    cDreieck *drei= new cRechteck (2,3);
    cout << "Name    : " << drei->getClassName () << endl;
    cout << "Flaeche: " << drei->ermittleFlaeche () << endl << endl;
    delete drei;
}
```

Programm 10.8: Das main-Programm P002KA_PolySBing2 zur Demonstration von virtuellen Destruktoren.

ten Klasse ein Objekt der Basis-Klasse erzeugen:
`cDreieck *drei= new cRechteck (2,3);`

10.2 Späte Bindung

Mit dem Pointer auf das Objekt cDreieck (drei) ermitteln wir wieder den Klassennamen und den Flächeninhalt. Final müssen wir natürlich das Objekt drei noch vernichten.

Wenn wir uns die Konsolenausgabe des Programmes 10.8 ansehen (siehe Konsole 10.4), so erkennen wir unschwer, dass zwei Konstruktore - der von cDreieck und der von cRechteck - durchlaufen wurden. Allerdings wird nur ein Destruktor durchlaufen; der von cDreieck. Was aber, wenn in cRechteck Speicher alloziert wurde? Dann hätten wir ein Memory-Leak! Diesen Um-

```
>> cDreieck
>> cRechteck
Name   : class cDreieck
Flaeche: 3
>> ~cDreieck
```

Abbildung 10.4: Die Ausgabe des Programmes 10.8; virtueller Destruktor fehlt.

stand können wir nur verhindern, wenn wir den Destruktor der Basis-Klasse virtuell deklarieren:

```cpp
virtual ~cDreieck(void){ cout << ">> ~cDreieck\n";}
```

Dann würden wir eine Konsolenausgabe wie in der Abbildung 10.5 erhalten. Bitte beachten Sie,

```
>> cDreieck
>> cRechteck
Name   : class cRechteck
Flaeche: 3
>> ~cRechteck
>> ~cDreieck
```

Abbildung 10.5: Die Ausgabe des Programmes 10.8; virtueller Destruktor vorhanden.

dass ein fehlender Destruktor der Klasse cDreieck dazu führt, dass im Programm 10.8 gar kein Destruktor durchlaufen werden würde. Das wäre dann ganz fatal! Wenn Sie sich die Abbildung 10.5 genau anschauen, so werden Sie erkennen, dass das RTTI als Klassennamen des Objektes drei den der Klasse cRechteck zurückliefert. Das ist insofern korrekt, insofern drei auch aus cRechteck generiert wurde.

Sie werden sich sicher fragen, wo eine "schöne" praktische Anwendung des Polymorphismus, der virtuellen Klassen zu finden ist. Stellen Sie sich vor, Sie müssten den Flächeninhalt der geometrischen Figuren Dreieck, Rechteck und Quadrat berechnen. Und das alles ohne Polymorphismus. Dann müssten Sie immer genau die Methoden aufrufen, die für das entsprechende Objekt gültig ist. Das könnten Sie mit if-Anweisungen oder einer switch-Anweisung realisieren. Dieses Programm - das Programm 10.9 - wollen wir uns genauer ansehen:

//1 Die Klasse cArea hat die virtuelle Methode ermittleFlaeche. Da die Klasse über keinerlei Informationen zur Ausdehnung einer beliebigen Fläche verfügt, geben wir hier eine 0 zurück. Wir wissen, dass wir diese Klasse nur als Basis anderer Klassen nutzen wollen. Wir

```cpp
// P003KA_PolyArea.cpp
#include "stdafx.h"
#include <iostream>
#include <typeinfo>
using namespace std;
class cArea
{
public:
    cArea(void){cout << ">> cArea\n";}
    virtual ~cArea(void){cout << ">> ~cArea\n";}
    virtual double ermittleFlaeche (void){ return 0;}                                    //1
    virtual const char* getClassName (void){const type_info * p2T = &typeid (*this);
                                      return p2T->name();}
};
class cDreieck : public cArea
{
public:
    cDreieck(double a, double b){ dA_ = a; dB_ = b; cout << ">> cDreieck\n";}
    ~cDreieck(void){cout << ">> ~cDreieck\n";}
    double ermittleFlaeche (void){ return dA_*dB_/2.0;}
    const char* getClassName (void){return cArea::getClassName();}
private:
    double dA_; double dB_;
};
class cRechteck : public cDreieck
{
public:
    cRechteck(double a, double b): cDreieck (a, b) {cout << ">> cRechteck\n";}
    ~cRechteck(void){cout << ">> ~cRechteck\n";}
    double ermittleFlaeche (void){ return 2*cDreieck::ermittleFlaeche ();}
    const char* getClassName (void){return cDreieck::getClassName();}
};
#define MAX_AREA     2
int main(int argc, char* argv[])
{
    cArea *area [MAX_AREA];                                                              //2
    area[0] = new cDreieck (2,3);                                                        //3
    area[1] = new cRechteck (2,3);                                                       //4
    for (int i=0; i<MAX_AREA; i++)
    {
        cout << "Flaeche von " << area[i]->getClassName() << ": "
             << area[i]->ermittleFlaeche() << endl;                                      //5
        delete area[i];                                                                  //6
    }
    return 0;
}
```

Programm 10.9: Eine Anwendung von virtuellen Klassen.

wollen mit der Funktion ermittleFlaeche aus der Klasse cArea "alle möglichen" Flächen berechnen.

//2 Im main-Programm legen wir nun ein Array von Pointern auf die Klasse cArea an. Hier wollen wir die "eigentlichen" Objekte sichern, um dann in einer sehr einfachen Weise auf die Member dieser Objekte zugreifen zu können.

//3 Zunächst legen wir ein Dreieck-Objekt an

//4 und dann ein Rechteck-Objekt.

//5 Über eine for-Schleife, die bis MAX_AREA läuft, geben wir nun den Klassennamen und den Flächeninhalt der entsprechenden Fläche aus. Und das ist dann die einfache Weise, die

10.2 Späte Bindung

Member zu aktivieren: alle Zugriffe auf cRechteck und cDreieck laufen über cArea! Und das führt zu einer signifikanten Vereinfachung des Codes.

//6 Natürlich müssen wir nach der Schleife diese Objekte wieder vernichten. Auch dies können wir in sehr einfach Weise tun. Wir bedienen uns auch hier des cArea-Objektes. Und natürlich muss dann der Destruktor von cArea virtuell sein. Wäre er es nicht, so würden zwei Dreieck-Objekte und ein Rechteck-Objekt im RAM bleiben; Sie hätten ein Memory-Leak! Verifizieren Sie bitte diese Aussage und überlegen Sie sich, warum es zwei Dreieck-Objekte sind und nur ein Rechteck-Objekt.

Wenn Sie das Programm 10.9 ohne Polymorphismus realisieren wollen, so dürften Sie erkennen, dass es etwas mehr Aufwand bedarf. Vor allem: mit unserer Realisierung können Sie sehr einfach neue Flächen (Kreis, Ellipse, ...) bzw. neue Klassen einfach in diesen Code einbinden:

Sie schreiben die Klasse (z.B.) Kreis in völliger Analogie zu den bestehenden Klassen und erweitern einfach das Array `cArea *area [MAX_AREA]` und natürlich `MAX_AREA`. Die for-Schleife bleibt unverändert. In der Konsolenausgabe 10.6 sehen Sie:

```
>> cArea
>> cDreieck
>> cArea
>> cDreieck
>> cRechteck
Flaeche von class cDreieck: 3
>> ~cDreieck
>> ~cArea
Flaeche von class cRechteck: 6
>> ~cRechteck
>> ~cDreieck
>> ~cArea
```

Abbildung 10.6: Die Ausgabe des Programmes 10.9; Anwendung des Polymorphismus.

- Zuerst generieren Sie die Klasse cDreieck: `area[0] = new cDreieck (2,3); //3`
- Dann generieren Sie die Klasse cRechteck: `area[1] = new cRechteck (2,3); //4`
- Und natürlich geben wir diese Objekte auch in dieser Reihenfolge wieder frei; zuerst das Dreieck-Objekt:
  `delete area[i]; //i=0;`
  Und dann das Rechteck-Objekt:
  `delete area[i]; //i=1;`

10.3 Abstrakte Klassen

In Programm 10.9 haben wir eine Klasse benutzt, um den Code einfacher zu machen. Eigentlich brauchten wir die Klasse nur zu diesem Zwecke. Es macht auch keinen Sinn, von dieser Klasse Objekte zu generieren. Ja, es könnte sogar schädlich sein, davon Objekte zu erzeugen:

Stellen Sie sich vor, dass Sie die Flächeninhalte der verwendeten Klassen - auch der Klasse cArea - des Programmes 10.9 weiteren Berechnungen zuführen. Dann wäre es im wahrsten Sinne des Wortes "vorprogrammiert", dass Sie eine Division durch 0 durchführen.

Wir suchen also eine Klasse, von der man keine Objekte generieren kann. Ihre Methoden dienen lediglich als Schnittstellen, die dann von den abgeleiteten Klassen entsprechend überschrieben werden können. Für solche Anforderungen stellt C++ das Konzept der rein virtuellen Methoden zur Verfügung. Rein virtuelle Methoden sind Methoden, die mit 0 vorinitialisiert werden. Diese Methoden verfügen über keinen Definitions-Code:

```
virtual double ermittleFlaeche (void) = 0;                                    //1
```

Aus diesem Grunde kann man von solchen Klassen, die wir abstrakte Klassen nennen, auch keine Objekte erzeugen. Und damit haben wir unsere Forderung, eine Klasse zu definieren, die als reine Schnittstellen-Klasse wirkt, erfüllt.

Schauen wir uns dazu das Programm 10.10 an. Sie sehen schon, dass es sich lediglich um eine Modifikation des Programmes 10.9 handelt. Das Programm 10.9 wurde lediglich um folgende Dinge erweitert:

- Wir haben die Klasse cArea zu einer abstrakten Klasse gemacht, indem wir die Methode ermittleFlaeche zu einer rein virtuellen Methode gemacht haben.
- Wir haben eine weitere Klasse hinzugefügt: cKreis. Wir wollen damit nur zeigen, dass wir das Programm-Pattern einfach erweitern können.

Ein Hinweis sei vorab gestattet: Sie sehen, dass wir math.h inkludiert haben. Vor diesem Inklude haben wir ein define:

```
#define _USE_MATH_DEFINES
#include <math.h>
```

Mit diesen beiden Zeilen sichern wir, dass wir die Zahl π als define M_PI verwenden dürfen. Selbstverständlich können Sie mit diesem "Trick" noch weitere Konstanten nutzen. Einen Teil dieser Konstanten können Sie in Tabelle 10.1 einsehen. Sie müssen nur darauf achten, dass Sie obiges Define **VOR** dem Inklude von math.h einfügen!

10.3 Abstrakte Klassen

```cpp
// P004KA_Abstract.cpp
#include "stdafx.h"
#include <iostream>
#include <typeinfo>
#define _USE_MATH_DEFINES
#include <math.h>
using namespace std;
class cArea
{
public:
    cArea(void){ cout << ">> cArea\n";}
    virtual ~cArea(void){ cout << ">> ~cArea\n";}
    virtual double ermittleFlaeche (void)=0;                                            //1
    virtual const char* getClassName (void){const type_info * p2T = &typeid (*this);
                                    return p2T->name();}
};
class cDreieck : public cArea
{
public:
    cDreieck(double a, double b){ dA_ = a; dB_ = b; cout << ">> cDreieck\n";}
    ~cDreieck(void){ cout << ">> ~cDreieck\n";}
    double ermittleFlaeche (void){ return dA_*dB_/2.0;}
    const char* getClassName (void){ return cArea::getClassName();}
private:
    double dA_; double dB_;
};
class cRechteck : public cDreieck
{
public:
    cRechteck(double a, double b): cDreieck (a, b) {cout << ">> cRechteck\n";}
    ~cRechteck(void){ cout << ">> ~cRechteck\n";}
    double ermittleFlaeche (void){ return 2*cDreieck::ermittleFlaeche();}
    const char* getClassName (void){ return cDreieck::getClassName();}
};
class cKreis  : public cArea
{
public:
    cKreis(double r){dR_ = r; cout << ">> cKreis\n";}
    ~cKreis(void){ cout << ">> ~cKreis\n";}
    double ermittleFlaeche (void){ return M_PI*dR_*dR_;}
    const char* getClassName (void){const type_info * p2T = &typeid (*this);
                                    return p2T->name();}
private:
    double dR_;
};
#define MAX_AREA   3
int main(int argc, char* argv[])
{
    cArea *area [MAX_AREA];                                                             //2
    area[0] = new cDreieck (2,3);                                                       //3
    area[1] = new cRechteck (2,3);                                                      //4
    area[2] = new cKreis (2);                                                           //5
    for (int i=0; i<MAX_AREA; i++)    {
        cout << "Flaeche von " << area[i]->getClassName() << ": "
             << area[i]->ermittleFlaeche() << endl;                                     //6
        delete area[i];                                                                 //7
    }
    //cArea areaAbs;                                                                    //8
    return 0;
}
```

Programm 10.10: Eine Anwendung einer abstrakten Klasse.

Mathem. Symbol	Verwendbares Define	Zahl
e	M_E	2.71828182845904523536
$log(e)$	M_LOG10E	0.434294481903251827651
$ln(2)$	M_E	0.693147180559945309417
$\frac{\pi}{4}$	M_PI_4	0.785398163397448309616
$\sqrt{2}$	M_SQRT2	1.41421356237309504880

Tabelle 10.1: Auswahl der mathematischen Konstanten aus math.h durch Verwendung des Defines _USE_MATH_DEFINES.

Dieses Programm - das Programm 10.9 - wollen wir uns genauer ansehen:

//1 Mit der Klasse cArea deklarieren wir unsere rein virtuelle Funktion ermittleFlaeche
//2 Wie schon im Programm 10.9 deklarieren wir hier ein Array von Pointern der Klasse cArea. Jetzt ist diese Klasse allerdings eine abstrakte Klasse. Da wir eine Klasse neu definiert haben und ausgeben wollen (cKreis), müssen wir dieses Array auch um einen Eintrag erweitern: MAX_AREA ist jetzt 3!
//3 Und nun füllen wir wieder dieses Array. Zuerst mit cDreieck.
//4 Dann mit cRechteck und
//5 final mit einem Objekt unserer "neuen" Klasse cKreis.
//6 Mit der Zeile `area[i]->ermittleFlaeche()` geben wir den Flächeninhalt aus.
//7 Und natürlich müssen wir unsere Objekte wieder vernichten.
//8 Wenn Sie diese Klammerung entfernen, so erhalten Sie eine Fehlermeldung.

Sollten Sie entgegen den bisherigen Ausführungen dennoch den Versuch starten, aus einer abstrakten Klasse ein Objekt zu erzeugen, so erhalten Sie die Fehlermeldung 10.2. Von einer abstrakten Klasse können Sie keine Objekte generieren!

```
Fehler 1 error C2259: 'cArea': Instanz von abstrakter Klasse kann nicht erstellt werden
```

Compilerausgabe 10.2: Compiler-Fehler bei Versuch, ein Objekt einer abstrakten Klasse zu generieren.

Bitte beachten Sie noch folgende Hinweise:

- Sie sollten keine rein virtuellen Destruktoren definieren. Beispiel:

```
virtual ~cArea(void)=0;//{cout << ">> ~cArea\n";}
```

Der Linker "bestraft" dies; die Fehlermeldung 10.3.

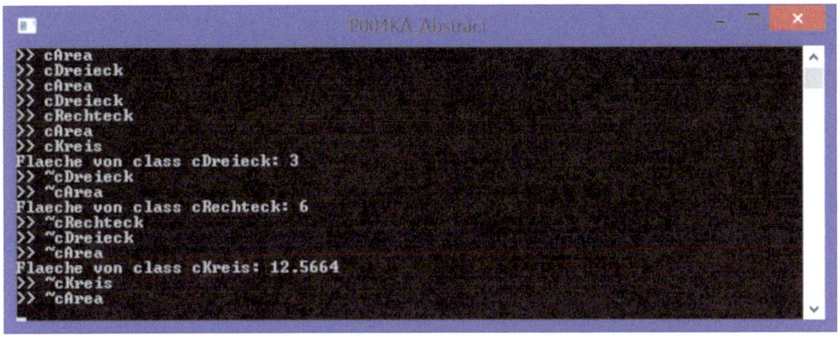

10.3 Abstrakte Klassen

Abbildung 10.7: Die Ausgabe des Programmes 10.10; Abstrakte Klasse.

- Rein abstrakte Methoden müssen auf Ebenen der Vererbungshierarchie definiert sein. Andernfalls würde der Compiler eine Fehlermeldung erzeugen. Versuchen Sie einmal aus der Klasse cKreis diesen Code auszuklammern:

```
//double ermittleFlaeche (void){ return M_PI*dR_*dR_;}
```

Auch hier erhalten Sie einen deutlichen Hinweis. Es handelt sich um die gleiche Fehlermeldung wie bei dem Versuch, eine Instanz einer abstrakten Klasse zu generieren (Destruktor war in diesem Falle nicht abstrakt); siehe Fehlermeldung 10.2.

```
Fehler 1 error C2259: 'cArea': Instanz von abstrakter Klasse kann nicht erstellt
werden
```

Compilerausgabe 10.3: Linker-Fehler bei Versuch, einen rein virtuellen Destruktor zu deklarieren.

10.4 UML für Klassen

Zum Abschluss dieses Kapitels wollen wir uns kurz mit dem Modell der UML beschäftigen. UML steht für Unified Modeling Language. Diese Notation wurde in den Jahren von 1994 bis 1997 von Grady Booch[2], Ivar Hjalmar Jacobson[3] und James Rumbaugh[4] eingeführt. Wir wollen die UML vor allem aus zwei Gründen empfehlen:

1. UML ist ein sehr geeignetes Mittel objektoriente Sachverhalte sprachübergreifend in einfacher und normierter(!!!) Weise darzustellen.
2. Sie können mit UML sehr gut "alte" OO-Software bzw. bereits codierte Klassen nachdokumentieren. Und Sie werden sehen, dass Ihnen diese kompakte Notation, die wir hier nur sehr reduziert beschreiben, hilfreich sein kann.

Dass wir erst jetzt darauf kurz eingehen, liegt daran, dass wir erst jetzt alle wichtigen Elemente, die wir für OOP benötigen, kennen. Wir wollen die Klasse cDreieck im UML schreiben. Schauen Sie sich dazu die Abbildung 10.8 an.

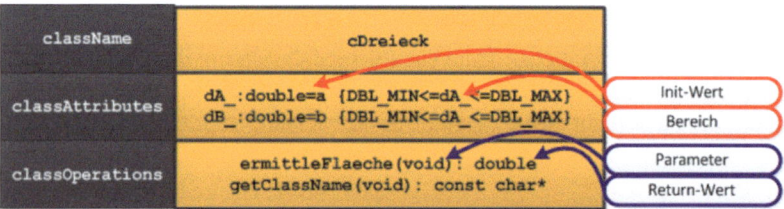

Abbildung 10.8: Das UML-Klassendiagramm (cDreieck) mit Erläuterungen.

Wir kennen bereits Attribute wie private, protected und public. Diese Attribute werden üblicherweise wie in Tabelle 10.2 abgebildet in das UML-Diagramm übernommen.

Attribute	Eigenschaftssymbol
private	-
protected	#
public	+

Tabelle 10.2: Die Eigenschaftssymbole in der UML.

Mit der Tabelle 10.2 können Sie dann in sehr einfacher Weise ein UML-Diagramm der Klassen des Programmes 10.10 erstellen. Sie werden erkennen, dass Sie hier einen guten Überblick über

---

[2] * 27. Februar 1955 in Texas; amerikanischer Informatiker
[3] * 2. September 1939 in Ystad; schwedischer Informatiker
[4] * 22. August 1947 in Bethlehem, Pennsylvania; amerikanischer Informatiker

10.4 UML für Klassen

Abhängigkeiten und Zusammenhänge haben. Schauen Sie sich dazu die Abbildung 10.9 an. Beachten Sie, dass der Pfeil immer in Richtung der Basis-Klassen zeigt.

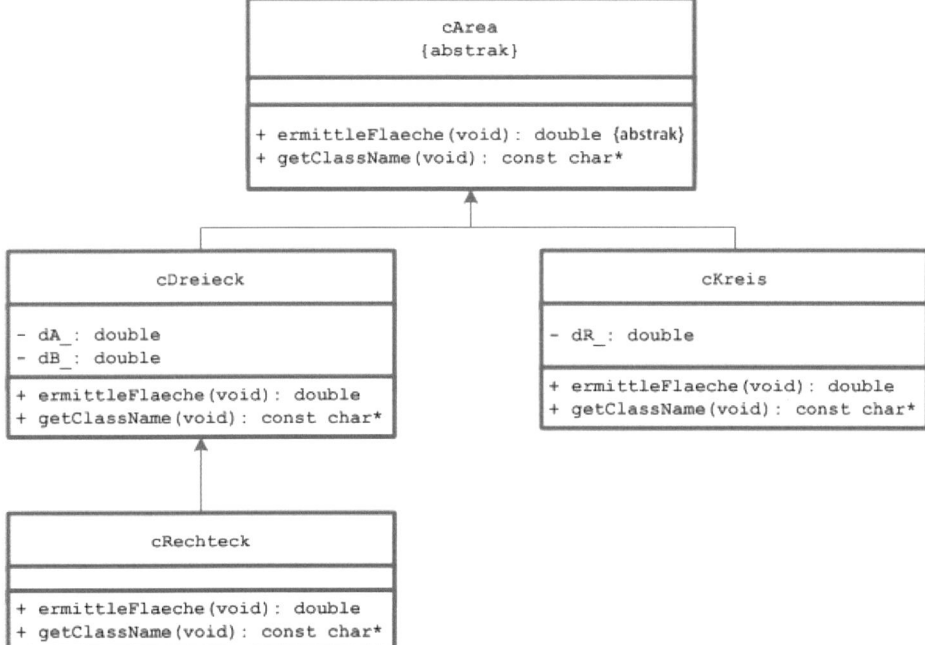

Abbildung 10.9: Das UML-Klassendiagramm des Programmes 10.10.

10.5 Zusammenfassung

- Wir haben in diesem Kapitel verstanden, was frühe Bindung bedeutet und was späte Bindung bedeutet. Damit ist uns auch der Unterschied zwischen früher und später Bindung klar geworden.
- Späte Bindung wird durch das Schlüsselwort
  `virtual`
  ermöglicht. Dabei kann die aufrufende Methode selbst entscheiden, welcher Code aktiviert wird.
- Jede Klasse mit einer virtuellen Funktion besitzt eine sogenannte virtuelle Methodentabelle (VMT). Ein Objekt einer solchen Klasse besitzt dann - um zur Laufzeit die "richtige" Bindung herstellen zu können - einen virtuellen Methoden-Pointer (VMP).
- Destruktoren von virtuellen Klassen sollten virtuell deklariert werden; siehe Programm 10.8 auf Seite 312.
- Wir haben rein virtuelle Methoden (abstrakte Methoden) kennengelernt und wissen, dass eine abstrakte Klasse eine Klasse mit mindestens einer rein virtuellen Methode ist.
- Von abstrakten Klassen kann man keine Objekte genieren. Ein abstrakte Klasse dient als Schnittstellenklasse für ihre Ableitungen.
- Abstrakte Methoden müssen auf Ebenen der Vererbungshierarchie definiert sein.
- Mittels
  `#define _USE_MATH_DEFINES`
  kann man aus math.h diverse mathematische Konstanten inkludieren.
- UML ist eine Notation, mit der Sie sehr effektiv und übersichtlich Ihre Klassen dokumentieren können.

10.6 Übungen

1. Was ist an diesem Programm falsch?

```cpp
// Auf1KA.cpp:
#include "stdafx.h"
#include <iostream>
using namespace std;
class cArea
{
public:
    cArea(void){cout << ">> cArea\n";}
    virtual ~cArea(void){cout << ">> ~cArea\n";}
    virtual double ermittleFlaeche (void)=0;
};
class cDreieck : public cArea
{
public:
    cDreieck(double a, double b){ dA_ = a; dB_ = b; cout << ">> cDreieck\n";}
    ~cDreieck(void){cout << ">> ~cDreieck\n";}
    double ermittleFlaeche (void){ return dA_*dB_/2.0;}
private:
    double dA_; double dB_;
};

int main(int argc, char* argv[])
{
    cArea area;
    cout << "Flaeche Flaeche: " << area.ermittleFlaeche() << endl;
    cDreieck drei (5, 7);
    cout << "Flaeche Dreieck: " << drei.ermittleFlaeche () << endl;
    return 0;
}
```

Was müssen Sie am obigen Programm (Auf1KA.cpp) ändern, um diese Konsolenausgabe zu erzielen?

2. Erläutern Sie die Unterschiede zwischen früher und später Bindung. Durch welches Schlüsselwort können Sie den Übergang von früher zu später Bindung erreichen?
3. Was verstehen wir unter einer abstrakten Klasse? Wo werden abstrakte Klassen eingesetzt bzw. welchen Sinn haben abstrakte Klassen?
4. Warum sollte der Destruktor virtueller Klassen virtuell sein?
5. Erweitern Sie Aufgabe 1 dieses Kapitels um die Klasse cRechteck. Dabei sollen die Member-Variablen dA_ und dB_ der Klasse cDreieck protected sein und das Rechteck sollte diese in ermittleFlaeche benutzen. Sie sollten diese Konsolenausgabe erhalten:

Ermitteln Sie aus der hier abgebildeten Konsolenausgabe und dem unten dargestellten UML-Diagramm den passenden C++ Code.

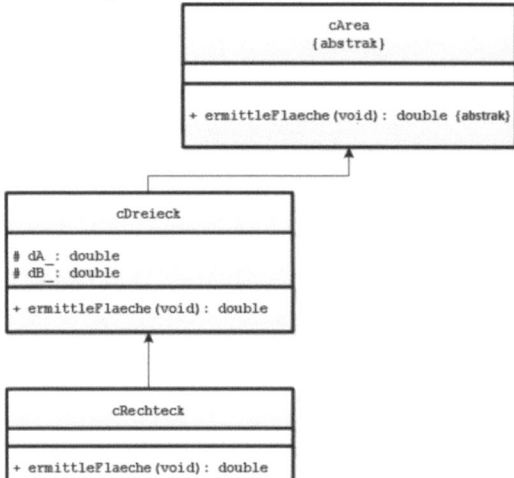

11 Templates

Ein grundlegendes Ziel der OOP ist, mit minimalem Codeaufwand ein optimales Ergebnis zu erzielen. Wir sollten immer davon ausgehen, dass die Anzahl der Fehler einer Software in der Regel in direkter Proportionalität zu den "lines of code" (LOC) steht. Das heißt: je weniger Sie codieren, desto sicherer wird Ihre Software sein. Natürlich sollte dieser Gedanke nicht bis zum Extremum gedacht werden: wenn Sie gar nichts codieren, so haben Sie zwar keine Fehler, aber auch keinen Code. Sie haben also nichts produziert. Trotzdem wollen wir immer darauf achten, unseren Code kurz und transparent zu halten. Er sollte universell einsetzbar sein. Das Prinzip der Templates wird uns dabei helfen. Damit - mit dem Prinzip der Templates - wollen wir uns in diesem Kapitel beschäftigen. Das Wort Template kommt aus dem Englischen und bedeutet soviel wie Schablone oder Vorlage und beschreibt damit auch sehr gut den Sinn von Templates: wir wollen Code-Vorlagen erstellen, die es ermöglichen, prinzipiell identischen Code mit verschiedenen Typen bzw. Strukturen laufen zu lassen.
Wir wiederholen in diesem Kapitel den Begriff des Makros, machen uns Funktions-Templates klar und beschäftigen uns mit Template-Klassen.

11.1 Makros

Präprozessorbefehle werden mit dem #-Zeichen eingeleitet. Wird dieses Zeichen gefunden, so werden die entsprechenden Schlüsselworte ausgewertet; siehe dazu 11.1. Folgen dem #define komplexere Ausdrücke, so sprechen wir von Makros. Einige dieser Makros haben wir schon in Beispielprogrammen geübt. Wir wollen uns dazu ein Beispiel anschauen; siehe Programm 11.1.

//1 An dieser Stelle definieren wir das Makro. Es handelt sich um die Ermittlung des Minimums zweier Zahlen. Dieses Minimum haben wir mit dem ternären Operator ermittelt. Das Makro wird mit dem Schlüsselwort #define eingeleitet. Dieses define gibt dem Präprozessor (in unserem Fall) den Hinweis, alle Texte mit der Zeichenfolge
GETMIN(y,x)
gegen die Zeichenfolge
((x)<(y)?(x):(y))
zu tauschen.

//2 Hier werden Variablen definiert, mit denen das Makro getestet wird. Zuerst int-Variablen, gefolgt von zwei floats und einer double.

//3 Und natürlich erhalten wir den Hinweis, dass 1 kleiner als 2 ist.

Funktion	Schlüsselwort	Beispiele
Bedingtes Compilieren	ifdef	`#ifdef _DEBUG`
Files einfügen	include	`#include <stdio.h>`
Wörter (Makros) ersetzen	define	`#define PI 3.14`
Wörter (Makros) ersetzen rückgängig machen	undef	`#undef PI 3.14`
Vordefinierte Makros		`__FILE__, __DATE__`
Zeilennummer setzen	line	`#line 10`
Fehlerausgabe	error	`#error "Fehler"`
Pragmas (compilerspezifisch)	pragma	`#pragma once, #pragma pack`
Fehlermeldungen	error	`#error`

Tabelle 11.1: Die Präprozessor-Befehle.

```cpp
// P001KB_Makro.cpp
#include "stdafx.h"
#include <iostream>
using namespace std;
#define GETMIN(y,x)      ((x)<(y)?(x):(y))              //1
int main(void)
{
    int iZ1 = 1; int iZ2 = 2;                            //2
    float fZ1 =.2f; float fZ2=3.f;
    double dZ1 = 0.200000002;
    cout << "Min der int-Var      " << iZ1 << " \tund "
         << iZ2 << ": " << GETMIN (iZ1, iZ2) <<endl;    //3
    cout << "Min der float-Var " << fZ1 << " \tund "
         << fZ2 << ": " << GETMIN (fZ1, fZ2) <<endl;    //4
    cout.precision (9);                                  //5
    cout << "Min double&float    " << fZ1 << " \tund "
         << dZ1 << ": " << GETMIN (fZ1, dZ1) <<endl;    //6
    return 0;
}
```

Programm 11.1: Die Nutzung eines Makros.

//4 Und wir sehen auch dass 0,2 kleiner als 3,0 ist

//5 Um das Problem der Makros zu verdeutlichen, erhöhen wir die Genauigkeit der Ausgabe.

//6 An dieser Stelle hätten wir erwartet, dass die float-Zahl 0,2 kleiner ist als die double-Zahl 0,200000002. Aber so ist es nicht: durch die (objektive) Ungenauigkeit von float-Zahlen, kommen wir zu dem Ergebnis, dass die float-Zahl 0,2 doch größer ist als die double-Zahl 0,200000002.

Schauen Sie sich die Abbildung 11.1 an. Sie erkennen, dass die float-Zahl 0,2 durch ihre Rundungsungenauigkeit doch größer ist als die double-Zahl 0,200000002. Solche unliebsamen Resultate treten auf, wenn Sie das Makro mit verschiedenen Typen füttern. Um so etwas zu vermeiden, benötigen Sie eine strenge Typ-Prüfung. Das sieht das Makro-Konzept nicht vor.

11.2 Funktions-Templates

Abbildung 11.1: Die Ausgabe des Programmes 11.1.

Immerhin - mit diesem Konzept können Sie eine "Routine" (GETMIN) mit verschiedenen Typen füttern. Wenn Sie sich an die Konstanz der übergebenen Typen halten, so sollte das auch kein Problem sein. Aber falls nicht, dann wird sich Ihr System "eigenartig" verhalten. Natürlich kann man das alles erklären, aber im normalen Programmablauf wird eine derartige Erklärung "schwierig".

Mit anderen Worten: es wäre schön, wenn wir ein System hätten, das unsere Parameter wie das Makro behandelt und dennoch auf "Typtreue" prüft.

11.2 Funktions-Templates

Die oben gewünschte Typtreue ist bei Templates möglich. Mit der Eigenschaft der Typtreue können wir noch weitere Vorteile der Templates verzeichnen:

- Reduktion der Code-Größe, was sich positiv auf die Fehleranfälligkeit auswirkt. Sie wissen doch: je weniger "lines of code" Sie schreiben, desto weniger Fehler machen Sie auch.
- Höherer Wiederverwendungswert durch abstraktere Implementation.

In diesem Kapitel wollen wir uns zunächst - in Anlehnung an Makros - mit Funktions-Templates beschäftigen. Ein Funktionstemplate kann mit der Syntax 11.1 beschrieben werden. Wir sehen in

```
template <typename T> X fktName (T x, T y) {...}
template <class T> X fktName (T x, T y) {...}
Beispiel:
template <typename T> T getMin (T x, T y) { return x<y ? x:y; }
template <typename T> bool isFirstMin (T x, T y) {return x<y ? true:false;}
```

Syntax 11.1: Syntax von Funktions-Templates.

der Syntax 11.1 zwei Möglichkeiten Funktions-Templates zu schreiben; einmal wird das Template mit dem Schlüsselwort typename definiert und eine Zeile tiefer mit dem Schlüsselwort class. Die Definition mit dem Schlüsselwort class gilt als veraltet. Es macht auch mehr Sinn, Templates mit dem Schlüsselwort typename zu definieren. Schließlich handelt es sich hier doch wirklich um einen Typnamen und nicht um einen Klassennamen.

Ein Template wird also immer mit dem Schlüsselwort

`template`

eingeleitet. Anschließend folgt in spitzen Klammern der Typname:

`typename T`

Danach wird der return-Wert des Funktions-Templates angegeben; in unserem Falle X. Sie können natürlich einem Funktions-Template zurückgeben, was Sie wollen. Deshalb bezeichnen wir den Rückgabewert mit X und nicht mit T. Schauen Sie sich dazu das zweite Beispiel der Syntax 11.1 an. In diesem Falle ist X vom Typ bool. Was für einen Typ Sie auch zurückgeben: der Typ muss definiert werden; X ist also "proxy" eines definierten bekannten Typs. Als Beispiele seien

- `bool`
- `void`
- `int`

erwähnt. Nach dem Rückgabewert folgt der Name des Funktions-Templates. In unserem Falle soll die Funktion `fktName` heißen. Und diese Funktion soll auch nur zwei Parameter übergeben bekommen. Aber Sie können natürlich beliebig viele Parameter übergeben. Die Übergabeparameter sind vom Typ T. Danach folgt die Definition des Funktions-Templates. Wir haben die Definition in der Syntax 11.1 mit drei Punkten angegeben. Im Beispiel, das Sie in dieser Syntax finden, sehen Sie ein Code-Beispiel. Es ist an das Makro im Programm 11.1 angelehnt.

Wir wollen uns dieses Beispiel gleich in einem Programm klarmachen. Schauen Sie sich dazu das Programm 11.2 an.

//1 Hier definieren wir das Funktions-Template; ganz analog zum Makro des Programmes 11.1. Und auch hier bedienen wir uns des ternären Operators, um das Minimum zweier Zahlen zu ermitteln, Zur Lesweise;
`template <typename T> T getMin (T x, T y)`
- `template`: Es handelt sich um ein Funktions-Template
- `<typename T>`: Es wird der Typ T (T steht für einen speziellen Datentyp) dem Funktions-Template übergeben.
- `T getMin (T x, T y)`: Unsere Funktion heißt getMin. Sie gibt den Typ T zurück. Und sie bekommt zwei Parameter übergeben: x und y; beide sind vom Typ T.

//2 Diese Punkte
//3 sind völlig

11.2 Funktions-Templates

```cpp
// P002KB_TemplFkt.cpp
#include "stdafx.h"
#include <iostream>
using namespace std;
template <typename T> T getMin (T x, T y)              //1
{
  return x<y ? x:y;
}
int main(void)
{
    int iZ1 = 1; int iZ2 = 2;                          //2
    float fZ1 =.2f; float fZ2=3.f;
    double dZ1 = 0.200000002;
    cout << "Min der int-Var    " << iZ1 << " \tund "
         << iZ2 << ": " << getMin (iZ1, iZ2) <<endl;   //3
    cout << "Min der float-Var " << fZ1 << " \tund "
         << fZ2 << ": " << getMin (fZ1, fZ2) <<endl;   //4
    cout.precision (9);                                //5
    //cout << "Min float&double   " << fZ1 << " \tund "
    //     << dZ1 << ": " << getMin (fZ1, dZ1) <<endl; //6
    return 0;
}
```

Programm 11.2: Die Nutzung eines Funktions-Templates.

//4 identisch zum
//5 Programm 11.1.
//6 Und diesen Punkt müssen wir genauer beschreiben:
   Wenn Sie getMin (fZ1, dZ1) so aktivieren wie hier, so erhalten Sie die Fehlermeldung 11.1. Sie rufen nämlich die Funktion mit zwei **verschiedenen** Typen - float und double - auf. Es ist aber nur **einer** erlaubt - nämlich T und T kann nur double oder float sein! Und diese Fehlermeldung erspart uns die unerwarteten Ergebnisse wie sie in dem Programm 11.1 aufgetreten sind.

Schauen Sie sich die Abbildung 11.1 an.

Abbildung 11.2: Die Ausgabe des Programmes 11.2.

```
Fehler 1 error C2782: "T getMin(T,T)": template-Parameter "T" ist mehrdeutig.
```

Compilerausgabe 11.1: Compiler-Fehler bei mehrdeutigen Template.

Wenn wir den Punkt //6 des Programmes 11.2 wieder mit compilieren, so haben wir die Fehlermeldung 11.1. Wir können also das Programm so nicht übersetzen. Aber manchmal ist es doch unvermeidlich, dass man bei einem Template mehrere Typen übergeben muss. Dafür muss es also auch eine Lösung geben. Wir schauen uns dazu zunächst die Syntax 11.2 an. Wenn wir den

```
template <typename T1, typename T2> X fktName (T1 x, T2 y){...}
Beispiel:
template <typename T1, typename T2> T2 getMin (T1 x, T2 y)
{
    return (T2)x<y ? (T2)x:y;
}
```

Syntax 11.2: Syntaxbeispiel von Funktions-Templates mit mehreren Parametern.

Code des Syntax-Beispieles 11.2 in das Programm 11.2 einfügen, so erhalten wir das Programm 11.3.

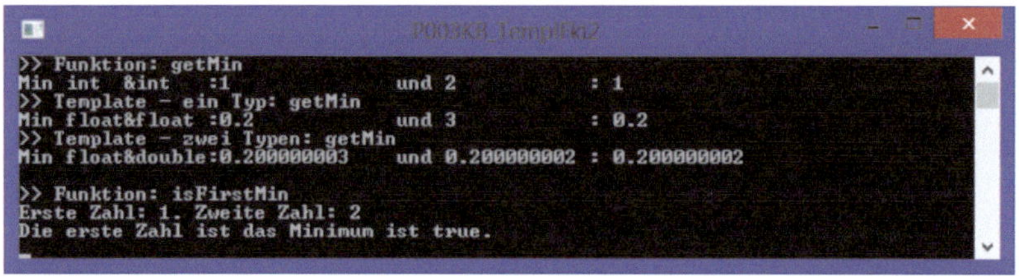

```
>> Funktion: getMin
Min int &int :1          und 2           : 1
>> Template - ein Typ: getMin
Min float&float :0.2     und 3           : 0.2
>> Template - zwei Typen: getMin
Min float&double:0.200000003   und 0.200000002 : 0.200000002
>> Funktion: isFirstMin
Erste Zahl: 1. Zweite Zahl: 2
Die erste Zahl ist das Minimum ist true.
```

Abbildung 11.3: Die Ausgabe des Programmes 11.3; mehrere Parameter und Überladung.

//1 Hier definieren wir die "normale" Funktion getMin. Sie bekommt zwei int-Variablen übergeben. Auf die Funktion selbst brauchen wir ja nicht mehr einzugehen. Damit Sie aber sehen, welche Funktion aktiviert wird, geben wir den Namen der Funktion samt der Eigenschaft (Template oder nicht) mit aus. Der Name der Funktion wird über das Makro __FUNCTION__ ermittelt. Wir haben dieses Makro bereits kennengelernt; siehe Programm 7.2 auf Seite 220. Und wenn Sie sich die Abbildung 11.3 anschauen, so erkennen Sie, dass (natürlich) bei Übergabe zweier int-Variablen an getMin auch das getMin aktiviert wird, wo zwei Integer übergeben werden und nicht das Funktions-Template. Und das ist auch vernünftig, weil damit Laufzeit gespart wird.

//2 An dieser Stelle definieren wir das Funktions-Template getMin. Sie kennen diese Funktion schon aus dem Programm 11.2.

//3 Nun wird ein überladenes Template definiert wie wir es in der Syntax 11.2 beschrieben haben. Natürlich können wir auch mehr Parameter übergeben.

//4 Mit dem Funktions-Template isFirstMin wollen wir zeigen, dass Sie auch Funktions-Templates definieren können, die einen der Grundtypen zurückgeben können. In unserem Fall ist das der Typ bool. Die Funktion liefert ein true, wenn der erste Parameter kleiner ist als der zweite Parameter.

//5 Im main aktivieren wir alle diese Parameter. Zuerst getMin. Beim Schreiben des Programmes wissen wir noch nicht, welche Funktion aktiviert wird. Das bestimmt für uns der Compiler.

11.2 Funktions-Templates

```cpp
// P003KB_TemplFkt2.cpp
#include "stdafx.h"
#include <iostream>
using namespace std;
int getMin (int x, int y)                                    //1
{
    cout << ">> Funktion: " << __FUNCTION__ << endl;
    return x<y ? x:y;
}
template <typename T> T getMin (T x, T y)                    //2
{
    cout << ">> Template - ein Typ: " << __FUNCTION__ << endl;
    return x<y ? x:y;
}
template <typename T1, typename T2> T2 getMin (T1 x, T2 y)   //3
{
    cout << ">> Template - zwei Typen: " << __FUNCTION__ << endl;
    return x<y ? x:y;
}
template <typename T> bool isFirstMin (T x, T y)             //4
{
    cout << ">> Funktion: " << __FUNCTION__ << endl;
    return x<y ? true:false;
}
int main(void)
{
    int iZ1 = 1; int iZ2 = 2;
    float fZ1 =.2f; float fZ2=3.f;
    double dZ1 = 0.200000002;
    cout << "Min int   &int   :" << iZ1 << " \t\tund "
         << iZ2 << "\t\t: " << getMin (iZ1, iZ2) <<endl;     //5
    cout << "Min float&float :" << fZ1 << " \t\tund "
         << fZ2 << "\t\t: " << getMin (fZ1, fZ2) <<endl;     //6
    cout.precision (9);
    cout << "Min float&double:" << fZ1 << " \tund "
         << dZ1 << "\t: " << getMin (fZ1, dZ1) <<endl<<endl; //7

    bool bFirst = isFirstMin (iZ1, iZ2);                     //8
    cout << "Erste Zahl: "    << iZ1
         << ". Zweite Zahl: " << iZ2 << endl;
    cout << "Die erste Zahl ist das Minimum ist "
         << boolalpha << bFirst << ".\n";                    //9
    return 0;
}
```

Programm 11.3: Die Nutzung eines Funktions-Templates; mehrere Parameter und Überladung.

//6 Dann wird nochmals getMin aktiviert; diesmal jedoch mit zwei float-Variablen. Da wir keine "normale" Funktion getMin mit float-Typen definiert haben, so wird das Funktions-Template aktiviert. Natürlich müssen wir mit allen Unbilden leben, die diese Funktion erlaubt. Schauen Sie sich dazu nochmals das Programm 11.1 auf Seite 326 an: letztlich definieren wir hier eine float-Zahl (0.2) und wollen wissen, ob diese Zahl kleiner ist als die double-Zahl 0.200000002. Und natürlich ist die float-Zahl kleiner. Aber wir erhalten aufgrund der Ungenauigkeit von float, dass die float-Zahl grösser ist.

Mit anderen Worten: man muss schon sehr aufpassen, wo wir derartige Syntax einsetzen. Und denken Sie immer daran: Sie als Umsetzer dieser Funktion mögen solche Tücken kennen. Ein Nutzer dieser Funktion kann solche Tücken nicht wissen und wird unter Umständen völlig überraschende Ergebnisse erhalten.

//7 Am Ende des Programmes haben wir das Funktions-Template isFirstMin genutzt. Falls der erste Parameter kleiner als der zweite ist, so gibt die Funktion true zurück; anderenfalls false.

//8 In der Ausgabe nutzen wir die Funktion `boolalpha`. Diese Funktion erlaubt die Darstellung des Wertes true auf der Konsole als Text "true". Wenn Sie `boolalpha` im Programm 11.3 nicht nutzen würden, so würden die letzten drei Zeilen der Konsoleausgabe 11.3 wie folgt dargestellt werden:

» Funktion: isFirstMin
Erste Zahl: 1. Zweite Zahl: 2
Die erste Zahl ist das Minimum ist 1.

Die Umkehrung zu `boolalpha` ist `noboolalpha`

Zum Abschluss des Kapitels Funktions-Templates wollen wir mehrdeutige Funktions-Templates nochmals mit einer anderen Syntax beleuchten. Um dieses Feature besser verstehen zu können, definieren wir das Funktions-Template add. Schauen Sie sich dazu das Programm 11.4 an.

```cpp
// P004KB_TemplMehrDeutig.cpp
#include "stdafx.h"
#include <iostream>
using namespace std;
#include <typeinfo>
template <typename T> T add (T x, T y)                              //1
{
    const type_info *p2TIx = &typeid (x);
    const type_info *p2TIy = &typeid (y);
    cout << ">> Typ x: "    << p2TIx->name() << "; Typ y: "
         << p2TIy->name() << endl;                                  //2
    return (x+y);
}
int main(void)
{
    int    iZ1 = 1;    int    iZ2 = 2;                              //3
    double dZ1 = 1.5; double dZ2 = 2.0;
    cout << "int Add\t\t\t: "          << iZ1 << "\t+ "
         << iZ2 << " = " << add (iZ1, iZ2) << "\n\n";               //4
    cout << "double Add\t\t\t: "       << dZ1 << "\t+ "
         << dZ2 << " = " << add (dZ1, dZ2) << "\n\n";               //5
    cout << "int/double Add<int >\t: " << iZ1 << "\t+ "
         << dZ1 << " = " << add<int> (iZ1, (int)dZ1)<< "\n\n";      //6
    cout << "int/double Add<double >\t: " << iZ1 << "\t+ "
         << dZ1 << " = " << add<double> (iZ1, dZ1)<< "\n\n";        //7
    return 0;
}
```

Programm 11.4: Die Nutzung eines Funktions-Templates; mehrdeutige Funktions-Templates.

//1 Hier definieren wir das Funktions-Template add. Innerhalb von add geben wir via RTTI - lesen Sie dazu nochmals das Kapitel "Die auto Variable, decltype und das RTTI-System" ab der Seite 95 - den realen Namen des Typs T, der dieser Funktion add übergeben wurde, aus.

//2 Diese Ausgabe erfolgt hier mit der Funktion name(). Danach führen wir die Addition durch und geben die Summe zurück.

11.2 Funktions-Templates

//3 main (void) beginnt mit Deklaration und Definition der Variablen. Wir benötigen zwei int und zwei double Variablen.

//4 Zuerst ermitteln wir die Summe zweier Integer (1+2). Und wir erhalten auch erwartungsgemäß als Resultat eine 3; siehe dazu Abbildung 11.4.

//5 Anschließend nutzen wir add, um die Summe zweier double zu ermitteln. Das funktioniert auch erwartungsgemäß: $1.5 + 2.0 = 3.5$

//6 Hier beginnen die Probleme. Die Addition von einem int und einem double ist - wie in diesem Fall - nicht einfach. Hier wollen wir dem Template mitteilen, dass der Typ T ein int sein soll. Das tun wir mittels
add <int>
Nun haben wir in diesem Fall aber das Problem, dass wir als zweiten Typ der Funktion add ein double übergeben. Wir erhalten die Warnung 11.2. Aus diesem Grunde mussten wir auch einen cast durchführen:
add<int> (iZ1, (int)dZ1)
Wir casten also den double auf einen int und gehen ganz bewusst die Näherung ein:
$1.5 \sim 1$
Aus diesem Grunde erhalten wir auch als Resultat des Templates eine 2.

//7 Am Ende des Programmes wollen wir mit
add <double>
das Template zwingen, statt eines int ein double als Typ T zu nutzen. Da benötigen wir keinen cast. Das ist auch vernünftig: jede int-Variable kann verlustfrei auf eine Gleitpunktzahl gecastet werden. Und wir erhalten in diesem Fall auch das korrekte Ergebnis:
$1 + 1.5 = 2.5$

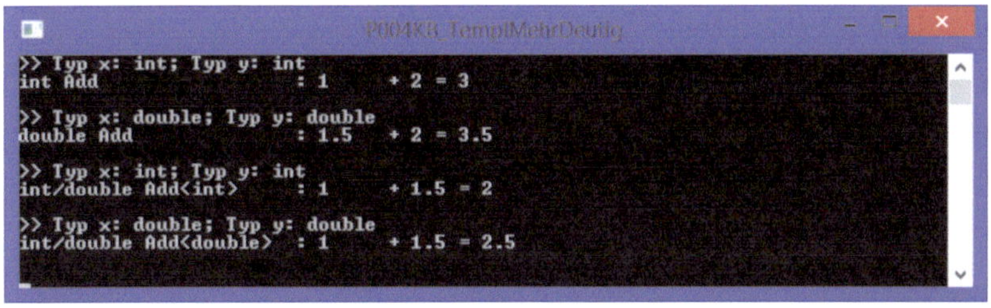

Abbildung 11.4: Die Ausgabe des Programmes 11.4; mehrdeutige Funktions-Templates.

```
warning C4244: 'Argument': Konvertierung von 'double' in 'int', möglicher
Datenverlust
```

Compilerausgabe 11.2: Compiler-warning bei fehlendem cast im Programm 11.4 bei //6.

Sollten wir die explizite Festlegung des Platzhalters auf double (add <double>) in der Kommentarzeile //7 weglassen, so würden wir einen Fehler beim Compilieren erhalten; siehe dazu 11.3. Auch hier erhalten wir die gleiche Fehlermeldung wie im Fall von getMin; siehe dazu 11.1 auf Seite 329.

```
Fehler 1 error C2782: "T add(T,T)": template-Parameter "T" ist mehrdeutig.
```

Compilerausgabe 11.3: Compiler-Fehler bei fehlendem Platzhalter im Programm 11.4 bei Kommentarzeile //7.

11.3 Klassen-Templates

Natürlich können Sie auch Klassen-Templates definieren. Dazu sollten wir uns die Syntax 11.3 anschauen. Sie ist ganz an die Syntax von Funktions-Templates und Klassen angelehnt. Wir

```
//Klassen-Template; Deklarationsbeispiel
template <typename T> class cClass
{
   public:
      T membFkt1 (T x);
   private:
      T membVar1_;
};
//Klassen-Template; Definitionsbeispiel
template <typename T> T cClass<T>::membFkt1 (T x)
{
   //Code...
}
```

Syntax 11.3: Die Syntax von Klassen-Templates.

beginnen auch bei einem Klassen-Template mit
`template <typename T>`
Dabei kann T auch als Default-Typ vordefiniert sein. Beispiel:
`template <typename T=int>`
Statt typename können Sie auch hier das veraltete Schlüsselwort class verwenden. Hier würde es auf alle Fälle passender sein. Beispiel:
`template <class T> class cClass`
Anschließend folgen die Attributsbereiche, wo Sie Memberfunktionen und Membervariablen deklarieren können. Selbstredend sollten die Member die Proxy-Typen handeln bzw. die private-Membervariablen sollten Proxy-Typen (T) enthalten.
Die Definitionen der Memberfunktionen, die Funktions-Templates sein können, sollten immer wie folgt beginnen:
`template <typename T>`
Natürlich gilt das auch für den Konstruktor und den Destruktor. Nach dieser "Einleitung" werden die Memberfunktionen ebenso definiert, wie Memberfunktionen von "normalen" Klassen. Wir schauen uns zur Illustration das Programmbeispiel 11.5 an.

11.3 Klassen-Templates

```cpp
// P005KB_TCList.cpp
#include "stdafx.h"
#include <iostream>
using namespace std;
#define MAX_POS    5                                                    //1
template <typename T=double, int iMaxPos=MAX_POS> class cList {         //2
    public:                                                             //3
        cList (T param);                                                //4
        ~cList (void);                                                  //5
        void fillParam (T param, int iPos);                             //6
        T retParam (int iPos, int &iErr);
    private:
        T tList_[iMaxPos];                                              //7
};
template <typename T, int iMaxPos> cList<T, iMaxPos>::cList (T param) { //8
    for (int i=0; i<iMaxPos; i++)
        tList_[i] = param;
}
template <typename T, int iMaxPos> cList<T, iMaxPos>::~cList (void)
{}
template <typename T, int iMaxPos>
    void cList<T, iMaxPos>::fillParam (T param, int iPos) {             //9
    if (iPos<iMaxPos)
        tList_[iPos] = param;
}
template <typename T, int iMaxPos>
    T cList<T, iMaxPos>::retParam (int iPos, int &iErr) {               //10
    iErr = 0;
    if (iPos<iMaxPos)                                                   //11
        return tList_[iPos];
    else {
        iErr++;                                                         //12
        return tList_[0];
    }
}
int main(void)   {
    cout << "Default-Liste:\n";
    cList<> list1(.1);                                                  //13
    for (int i=0; i<MAX_POS; i++)
        list1.fillParam (.1*(double)i, i);                              //14
    cout << "Ausgabe der Default-Liste\n";
    int iErr=0;
    for (int i=0; i<MAX_POS+1; i++) {
        cout << "Pos: " << i << "; Param: " << list1.retParam (i, iErr);//15
        cout << ";\tiErr: " << iErr << "\n";
    }
    cout << "\nInteger-Liste:\n";
    cList<int, 3> list2(0);                                             //16
    for (int i=0; i<MAX_POS; i++) {
        list2.fillParam (2*i+1, i);                                     //17
    }
    cout << "Ausgabe der Integer-Liste\n"; iErr=0;
    for (int i=0; i<MAX_POS; i++) {
        cout << "Pos: " << i << "; Param: " << list2.retParam (i, iErr);//18
        cout << ";\tiErr: " << iErr << "\n";
    }
    return 0;
}
```

Programm 11.5: Klassen-Template cList; Default-Typen bei Klassen-Template.

//1 Wir wollen Listen erzeugen, die lediglich fünf (MAX_POS) Elemente verwalten können.

//2 Mit
```
template <typename T=double, int iMaxPos=MAX_POS> class cList
```
wird die Deklaration der Klasse eingeleitet. Sie sehen, dass unsere Liste im Default-Fall Variablen des Typs double verwalten soll und dass die Liste im Default-Fall fünf Elemente verwalten kann:
T=double
int iMaxPos=MAX_POS

//3 Wie jede "normale" Klasse besitzt auch das Klassen-Template Attributs-Bereiche; wir beginnen mit public.

//4 Dort wird zuerst der Konstruktor deklariert. Er bekommt sinnigerweise eine Variable des Typs T übergeben.

//5 Danach folgt die Deklaration des Destruktors. Auch hier kann man keine Abweichung der Syntax zu "normalen" Klassen bemerken.

//6 Die zwei entscheidenden Methoden folgen nun:
```
void fillParam (T param, int iPos);
```
dient dazu, einen Parameter des Typs T an die Position iPos zu sichern. Und die Methode
```
T retParam (int iPos, int &iErr);
```
dient dazu, diesen Parameter von der Position iPos zu lesen. Dabei ist iErr eine Referenz auf einen Fehlercode. Wird 0 zurückgegeben, so soll das Lesen funktioniert haben; bei 1 haben wir einen Fehler.

//7 Im privaten Sektor befindet sich unsere Liste. Wir haben sie tTlis_ genannt. Sie besitzt als Suffix das underline (_), das uns zeigt, dass es sich hierbei um eine klassenglobale Variable handelt. In ihr werden Parameter des Typs T gesichert; maximal iMaxPos Parameter.

//8 Nun beginnen wir mit der Definition der Klasse cList. Mit
```
template <typename T, int iMaxPos> cList<T, iMaxPos>::cList (T param)
```
leiten wir die Definition des Konstruktors ein. Bitte beachten Sie, dass neben
```
template <typename T, int iMaxPos>
```
der Klassenname bei **allen** Methoden immer mit den Übergabetypen spezifiziert wird:
cList<T, iMaxPos>
Wir haben es hier mit einem überladenen Konstruktor zu tun:
cList (T param)
Mit dem Parameter param werden alle Elemente des Arrays tList gefüllt. Es ist immer gut, die Member-Variablen einer Klasse vor Gebrauch zu initialisieren. Der Destruktor hat in unserem Fall keine Funktion.

//9 Nun beginnen wir die Methoden der Klasse cClass zu definieren. Zuerst definieren wir die Methode fillParam. Sie sehen, dass der Übergabe-Parameter in die Liste gesichert wird; aber nur wenn die zu sichernde Position in den Grenzen liegt, auf die wir zugreifen können. Andernfalls tun wir gar nichts; wir könnten aber auch hier einen Fehler zurückliefern.

//10 Bei retParam nun liefern wir einen Fehler zurück: iErr.

//11 Damit wir diesen Fall von einem fehlerfreien Zugriff unterscheiden können, so geben wir sonst iErr mit 0 zurück.

//12 Im Fehlerfall kommt das 0. Element zurück und iErr wird auf 1 gesetzt. Wir wollten ein Element lesen, das nicht in der Liste stehen kann.

//13 Hier deklarieren wir eine double-Liste mit 5 Einträgen. Mit der Angabe

```
cList<>
```
sagen wir dem Compiler, dass er die Defaults nutzen soll und die sind schon vordefiniert; siehe Kommentar //2! Die Liste wird mit dem Wert 0.1 vorinitialisiert.

//14 Hier füllen wir die Liste mit Werten von 0.0 bis 0.4; das sind die 5 Werte.

//15 An dieser Stelle geben wir die Werte wieder aus. Wir haben ganz absichtlich einen Zugriff über den Bereich hinaus codiert
```
for (int i=0; i<MAX_POS+1; i++)
```
Wir wollen sehen, ob retParam auch ein iErr von 1 zurückliefert, wenn wir über den Bereich hinaus zugreifen. Und das funktioniert so wie gedacht. Schauen Sie sich dazu die Abbildung 11.5 an.

//16 Hier deklarieren wir die Liste list2. Es ist eine Integer-Liste, die mit 0 vorinitialisiert wird. In dieser Liste können nur 3 Integer gesichert werden.

//17 Und in diese Liste sichern wir die ungeraden; so viele wie Platz ist.

//18 An dieser Stelle geben wir die Parameter aus und wir sehen auf der Konsole auch nur die Zahlen 1, 3 und 5, wo iErr Null ist. Die restlichen Positionen liefern Fehler zurück. Und das ist auch vernünftig: Unsere Liste war nur für drei Werte deklariert worden.

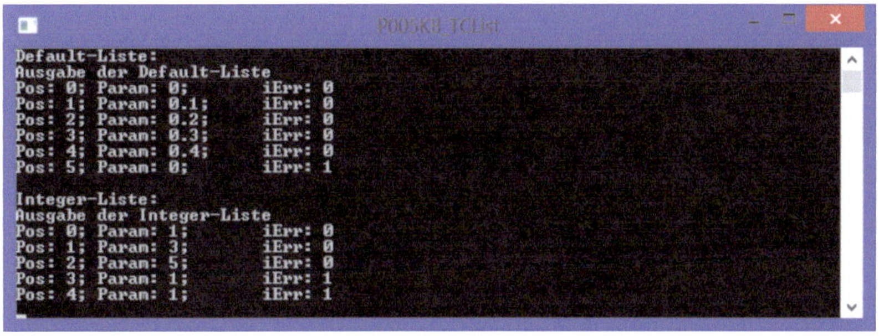

Abbildung 11.5: Die Ausgabe des Programmes 11.5; Klassen-Template mit Default-Parametern.

11.4 Die Standard Template Library; STL

Die Standard Template Library - auch kurz STL genannt - wurde Anfang der 90er Jahre von Alexander A. Stepanow[1] bei Hewlett Packard entwickelt. Sie ist eine templatebasierende Klassenbibliothek und deckt die folgenden Bereiche ab:

- Algorithmen: Berechnungsverfahren
- Container: Speicherverwaltung
- Iterationen: Methoden, um Algorithmen auf Container anzuwenden
- Funktions-Klassen
- Adapter-Klassen

---
[1] Stepanow, Alexander Alexandrowitsch (* 16.11.1950 Moskau); russischer Informatiker

Die Klasse string:
In vielen Beispielen haben wir uns in diesem Buch mit Strings beschäftigt. Wir lernen nun eine Klasse kennen, die viele der uns "mühevoll" erarbeiteten Funktionen von Hause aus schon kann. Dabei wird uns sofort klar: bevor wir etwas codieren, sollten wir uns vergewissern, ob es für unser Problem nicht schon eine Lösung gibt. Daher ist es empfehlenswert, mit einer string-Klasse zu arbeiten und nicht mit char* oder selbst geschriebenen Klassen. Hier können Sie sicher sein, dass keinerlei Fehler vorliegen. Mit dieser Klasse ist Ihnen nicht nur der Umgang mit char* vereinfacht worden, sondern Ihnen ist das gesamte Speichermanagement abgenommen worden. Außerdem verhalten sich die Objekte dieser Klasse wie char* selbst.

Die Klasse heißt `string`. Zu ihrer Nutzung müssen Sie

```
#include <string>
```

inkludieren. Wir schauen uns dazu das Programm 11.6 an. Dieses Programm ist analog zu dem von uns bereits codierten Programm, wo wir die Klasse xString definiert hatten; siehe Programm 9.21.

```cpp
// P006KB_String.cpp
#include "stdafx.h"
#include <iostream>
using namespace std;
#include <string>                                    //1
int main(void)
{
    string str1("Hallo ");
    string str2("Peter!");                           //2
    string strRes;
    cout << str1 << endl;
    cout << str2 << endl << endl;

    strRes = str1 + str2;                            //3
    cout << strRes << endl;
    //string strSubRes = strRes - str2;              //4
    return 0;
}
```

Programm 11.6: Die STL-Klasse string (Container); operator overloading.

//1 Um Methoden von string nutzen zu können, müssen wir schon string inkludieren.
//2 Wir definieren hier unsere Strings ganz analog zum Programm 9.21.
//3 An dieser Stelle nutzen wir das Überladen des Plus-Operators in der STL-Klasse string. Und wenn Sie ein bisschen in string "hinein" debuggen, so werden Sie auch den folgenden Code finden:

11.4 Die Standard Template Library; STL

```
_Myt& operator+=(const _Myt& _Right)
    {       // append _Right
    return (append(_Right));
    }
```

... einen überladenen += Operator also; was sonst!

//4 All diese Klassen haben nur einen bestimmten Vorrat an Methoden. Die Klasse xString hatte noch einen überladenen Minus-Operator. Dieser ist in der Klasse string nicht vorgesehen.

Die Konsolenausgabe des Programmes 11.6 - siehe Abbildung 11.6 - ist damit analog zu der des Programmes 9.14 auf Seite 292.

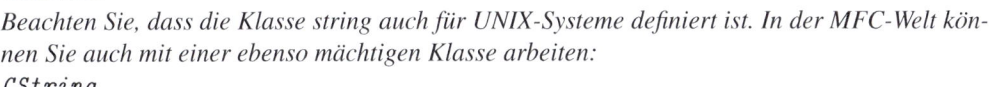

Abbildung 11.6: Die Ausgabe des Programmes 11.6; Die Klasse string.

Hinweis:
Beachten Sie, dass die Klasse string auch für UNIX-Systeme definiert ist. In der MFC-Welt können Sie auch mit einer ebenso mächtigen Klasse arbeiten:
`CString`

Die Klasse pair:
Eine sinnvolle Anwendung der Klasse pair ist die paarweise Nutzung von Daten. Diese Anwendungen kann man sehr schön anhand der Verwaltung von Koordinaten (x und y) diverser mathematischer Funktionen illustrieren. Um pair in Ihren Projekten nutzen zu können, müssen Sie

```
#include <utility>
```

inkludieren. Schauen Sie sich dazu das Programm 11.7 an.

//1 In utility ist die Klasse pair implementiert. Außerdem verfügt utility (u.a.) über das Funktions-Template swap. Aus diesem Grunde müssen wir hier utility inkludieren.
//2 Wir verwalten in diesem Beispiel $2 \cdot 5 + 1$ Koordinaten.
//3 Zunächst deklarieren wir die Variablen dX und dY.
//4 An dieser Stelle deklarieren wir das pair-Objekt. Es ist ein Array von 11 Paaren von double-Variablen und heißt dFkt.
//5 Da dFkt als <double,double> deklariert wurde, können wir die Member first und second auch nur mit einer double gleichsetzen.

```
// P007KB_pair.cpp
#include "stdafx.h"
#include <iostream>
using namespace std;
#include <utility>                                        //1
#define MAX_Params  5                                     //2
int main(void)
{
    double dX=-MAX_Params;                                //3
    double dY=.0;

    cout << "Ausgabe der Potenzfunktion y=x^3\n";
    cout << "dX;\tdY\n";
    pair <double, double> dFkt[2*MAX_Params+1];           //4
    for (int i=-MAX_Params; i<MAX_Params+1; i++)
    {
        dFkt[i+MAX_Params].first = (double)i;             //5
        dFkt[i+MAX_Params].second = pow( (double)i, 3.0 );
        cout << dFkt[i+MAX_Params].first << ";\t "
             << dFkt[i+MAX_Params].second << endl;
    }
    for (int i=-MAX_Params; i<MAX_Params+1; i++)          //6
    {
        swap(dFkt[i+MAX_Params].first, dFkt[i+MAX_Params].second);
    }
    cout << "\nAusgabe der Potenzfunktion y=x^0.33\n";
    for (int i=-MAX_Params; i<MAX_Params+1; i++)
    {
        cout << dFkt[i+MAX_Params].first << ";\t "        //7
             << dFkt[i+MAX_Params].second << endl;
    }
    return 0;
}
```

Programm 11.7: Die STL-Klasse pair.

//6 Das Funktions-Template swap tauscht hier die first-Variable mit second. Es Ihnen sicherlich klar, dass diese swap-Funktion mit allen Typen gefüttert werden kann.

//7 Final geben wir X-Y nochmals aus. Es wird die Umkehrfunktion der Funktion $y = f(x) = x^3$ sein: $y = f(x) = \sqrt[3]{x}$. Mit diesem swap ersparen wir uns die zeitintensivere Berechnung der Wurzel-Funktion.

Wir haben die Konsole in ein File gerettet und dann diese Daten via Excel eingelesen. Die Abbildungen dazu sehen Sie in den Bildern 11.8 und 11.9.

Die Klasse vector:
Einen "Vektor" kann man in etwa mit einem Array vergleichen. Nur haben Sie hier ein Klassen-Template vor sich. Sie können also den "Vektor" mit beliebigen Typen füllen, haben einen direkten Zugriff auf die Elemente und der "Vektor" ändert dynamisch seine Größe. Das bedeutet, dass er nach oben hin offen ist. Ein STL-Vektor kann also dynamisch wachsen. Um solche "Vektoren" in Ihrer Software nutzen zu können müssen Sie

```
#include <vector>
```

11.4 Die Standard Template Library; STL

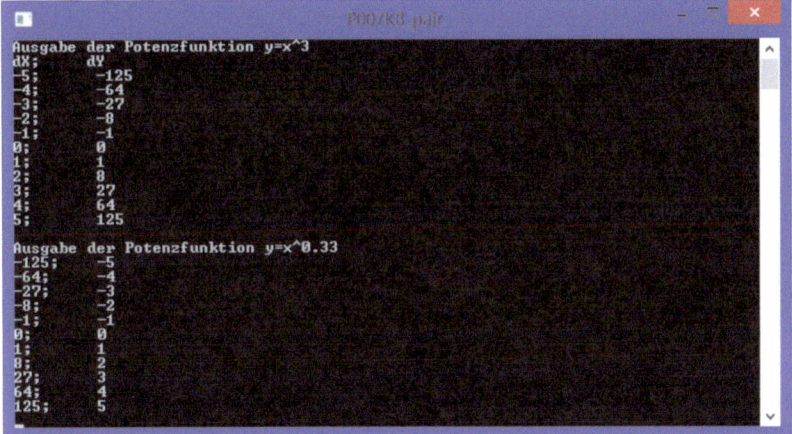

Abbildung 11.7: Die Ausgabe des Programmes 11.7; die Klasse pair; swap-Template.

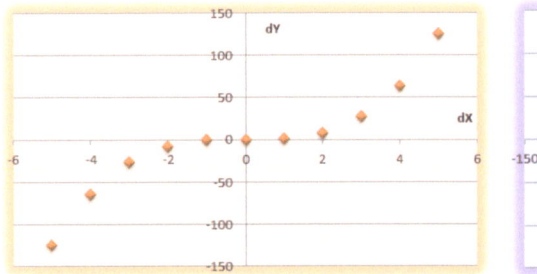

Abbildung 11.8: Die Ausgabe des Programmes 11.7 ($y = f(x) = x^3$).

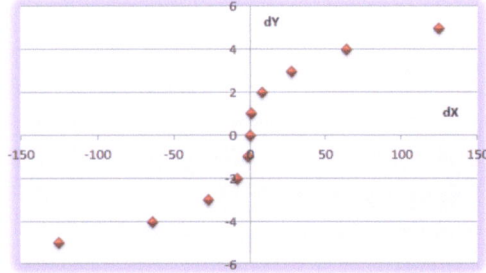

Abbildung 11.9: Die Ausgabe des Programmes 11.7 ($y = f(x) = \sqrt[3]{x}$).

inkludieren.

Bevor wir uns ein Programmbeispiel anschauen, sollten wir versuchen, uns grundlegende Begriffe klar zu machen:

iterator:

Iteratoren sind Klassen, die innerhalb eines Containers definiert sind. Sie stellen quasi so etwas wie einen Laufindex dar, der einen Zugriff auf die entsprechenden Elemente des Containers sichert. Da ein Iterator immer an eine Container-Klasse gebunden ist, kann er auch nur mit derselben definiert werden; zwischen der Container-Klasse und dem Iterator steht dann der Scope-Operator. Beispiel:

```
{
    vector <string>::iterator itForw;
    vector <string>::reverse_iterator itBackw;
}
```

Wir haben hier einen "Vorwärts-Iterator" deklariert. Er greift von "vorn" auf Listen, Vektoren, Queues zu und hat den Namen itForw; *Forw* soll an das Englische forward (vorwärts) erinnern. In der zweiten Zeile haben wir einen "Rückwärts-Iterator" definiert. Er rollt quasi einen Container "von hinten auf". In Analogie zu itForw haben wir den "Rückwärts-Iterator" itBackw genannt; in diesem Falle soll *Backw* an das Englische backward (rückwärts) erinnern.

`Container`:
Container sind Klassen (Templates), die Variablen bzw. Objekte sichern und verwalten und Zugriffe auf die entsprechenden Objekte erlauben. Einige Beispiele von Container-Klassen können Sie in Tabelle 11.2 finden.

Inklude	Container	Beispiel/Hinweis
<list>	list	Schneller Zugriff auf Objekte an beliebiger Stelle in der Liste
<vector>	vector	siehe Programm ...
<deque>	deque	Schneller Zugriff auf Objekte am Anfang oder Ende einer queue
<queue>	queue	Realisiert FIFO-Buffer[2]
<stack>	stack	Realisiert LIFO-Buffer[3]

Tabelle 11.2: Container-Klassen.

Methode	Funktion
back()	Gibt den Wert des letzten Elementes zurück
front()	Gibt den Wert des ersten Elementes zurück
begin()	Iterator auf das erste Element
end()	Iterator auf das Element nach dem letzten Element (auf NULL)
rbegin()	Reverse-Iterator auf das erste Element von hinten
rend()	Reverse-Iterator auf das Element vor dem ersten Element von vorn
erase()	Löscht Element(e) aus dem Container
clear()	Löscht alle Elemente aus dem Container
size()	Gibt die Anzahl der Elemente des Containers zurück
empty()	Gibt zurück, ob Container leer ist (true). Bei !empty() wird false returned
push_back()	Setzen eines Wertes am Ende eines Containers.
pop_back()	Löschen eines Wertes am Ende eines Containers.
push_front()	Setzen eines Wertes am Anfang eines Containers.
pop_front()	Löschen eines Wertes am Anfang eines Containers.

Tabelle 11.3: Container-Methoden.

In der Tabelle 11.3 sehen Sie einige wichtige Methoden, die die Container besitzen. Das "Schöne" daran ist, dass sie bei gleicher Syntax in unterschiedlichen Klassen gleiche Funktionalitäten

11.4 Die Standard Template Library; STL

haben. Das erleichtert uns wesentlich die Lesbarkeit von Klassen, die Container verwenden.

Bevor wir uns einem Beispiel-Programm widmen, wollen wir noch die Funktion sort kennenlernen. sort sortiert die Elemente eines Containers in einem definierten Bereich. Wenn wir also den gesamten Bereich eines "Vektors" sortieren wollen, so müssen wir begin() und end() als Intervallgrenzen angeben. Wir werden im Programm 11.8 zufällige Integerzahlen erzeugen und in einem Vektor speichern. Die Zufallszahlen werden über rand() ermittelt. Der Zufallsgenerator in C++ 11 (seed, random_device, etc.) steht leider in VS 2012 noch nicht zur Verfügung; für das VS 2013 ist dieser Zufallsgenerator angekündigt. Aus diesem Grunde benutzen wir noch die alte Schnittstelle.
Wir schauen uns nun das Programm 11.8 an.

//1 Zur Nutzung von Vektoren ist die Klasse vector zu inkludieren.
//2 Die Funktion sort wiederum ist in algorithm definiert. Hier finden Sie weitere brauchbare Funktionen. Eine weitere werden wir im Kommentar //16 finden.
//3 Da der Zufallsgenerator zuerst mit einer zufälligen Zahl gefüttert werden muss, so nehmen wir die Startzeit des Programmes (time(NULL)); diese Zeit ist zufällig. Machen Sie sich klar, warum das so ist. Sie wiederholen damit einen Teil aus Ihrer C-Vorlesung.
//4 Wir wollen 20 Zahlen generieren.
//5 Hier deklarieren wir den Iterator. Der Iterator ist in unserem Falle an einen Vektor gebunden (vector <int>::iterator itForw). Wir sehen auch, dass es sich um einen int-vector handelt.
//6 An dieser Stelle deklarieren wir den Integer-Vektor. Er soll die 20 Integer-Werte verwalten; zunächst jedenfalls.
//7 Mit srand initialisieren wir den Zufallsgenerator.
//8 Und in dieser for-Schleife definieren wir den Vektor.
//9 Er wird mit via rand() mit 20 Zufallszahlen gefüllt; von der Position 0 bis zur Position size()-1.
//10 Anschließend beginnen wir mit der Ausgabe der Zufallszahlen; so wie sie generiert worden sind. Wir starten mit dem Iterator am Anfang des Vektors (vecInt.begin()) und gehen bis zum Ende ((vecInt.end()-1)). Das Ende zeigt ja schon - wie bereits erwähnt - auf das erste "leere" Element.
//11 Nun geben wir den Inhalt des Iterators aus; das sind die Zufallszahlen.
//12 Nach der Ausgabe sortieren wir den Vektor mit dem Befehl sort aus algorithm.
//13 In den folgenden Zeilen sehen wir die Wirkung einiger Methoden von Containern; siehe dazu Tabelle 11.3. Zuerst entfernen wir mit pop_back das letzte Element des Vektors. Sie sehen, dass das nach der Sortierung der Werte 32438 ist; siehe Abbildung 11.10.
//14 Danach setzen wir mit push_back ans Ende des Vektors den Wert 1.
//15 Und am Anfang des Vektors setzen wir den Wert 999999. Dazu nutzen wird die Container-Funktion insert. Das sehen Sie auch am dritten Ausgabeblock:
Am Anfang steht 999999 und am Ende steht die 1. Und der Vektor ist um ein Element größer geworden. Vektoren sind nach "oben" offen.
//16 Im 4. Ausgabeblock haben wir nach einem sort nochmals den Vektor ausgegeben. Wir sehen alle Werte von 1 bis 999999. Und ganz zum Schluss "drehen" wir die Reihenfolge um. Dazu nutzen wir die Funktion reverse() aus algorithm. Im letzten Ausgabeblock sehen

```cpp
// P008KB_vector.cpp
#include "stdafx.h"
#include <iostream>
using namespace std;
#include <vector>                                                       //1
#include <algorithm>                                                    //2
#include <time.h>                                                       //3
#define MAX_NUMB  20                                                    //4
int main(void)
{
    vector <int>::iterator itForw;                                      //5
    vector <int> vecInt(MAX_NUMB);                                      //6
    srand( (unsigned int)time(NULL));                                   //7
    for (unsigned int i=0; i<vecInt.size(); i++)                        //8
    {
        vecInt[i] = rand();                                             //9
    }
    cout << "Ausgabe der Zufallszahlen:\n";
    for (itForw = vecInt.begin(); itForw < vecInt.end(); itForw++)      //10
    {
        cout << *itForw << "\t";                                        //11
    }
    sort (vecInt.begin(), vecInt.end());                                //12
    cout << "\nAusgabe der Zufallszahlen in sortierter Reihenfolge:\n";
    for (itForw = vecInt.begin(); itForw < vecInt.end(); itForw++)
    {
        cout << *itForw << "\t";
    }
    vecInt.pop_back ();                                                 //13
    vecInt.push_back (1);                                               //14
    vecInt.insert (vecInt.begin(), 999999);                             //15
    cout << "\nAusgabe der Zufallszahlen nach Einfuegen bei Beginn und Ende:\n";
    for (itForw = vecInt.begin(); itForw < vecInt.end(); itForw++)
    {
        cout << *itForw << "\t";
    }
    sort (vecInt.begin(), vecInt.end());
    cout << "\n\nAusgabe der Zufallszahlen nochmals sortiert:\n";
    for (itForw = vecInt.begin(); itForw < vecInt.end(); itForw++)
    {
        cout << *itForw << "\t";
    }
    reverse (vecInt.begin(), vecInt.end());                             //16
    cout << "\n\nAusgabe der Zufallszahlen in umgekehrter Reihenfolge:\n";
    for (itForw = vecInt.begin(); itForw < vecInt.end(); itForw++)
    {
        cout << *itForw << "\t";
    }
    return 0;
}
```

Programm 11.8: Die STL-Klasse vector.

wir dann die Zahlen von 999999 bis 1 aufgelistet.

Wir haben in diesem Kapitel einige Features der STL aufgezeigt. Wir können natürlich nicht alles aufzeigen und bis in alle Tiefe erklären. Das würde den Rahmen des Buches sprengen. Sie sollten nur mitnehmen, dass die STL eine mächtige Sammlung von Klassen und Methoden ist und dass Sie sie gut in Ihrem Code anwenden können. Es lohnt sich auf alle Fälle, sich in einer separaten Vorlesung mit der STL zu beschäftigen!

```
Ausgabe der Zufallszahlen:
11830    459     16590   20204   6610    5461    6748    16391   7799    3010
1337     827     32438   19893   30357   27597   26704   6966    4706    8628
Ausgabe der Zufallszahlen in sortierter Reihenfolge:
459      827     1337    3010    4706    5461    6610    6748    6966    7799
8628     11830   16391   16590   19893   20204   26704   27597   30357   32438
Ausgabe der Zufallszahlen nach Einfuegen bei Begin und Ende:
999999   459     827     1337    3010    4706    5461    6610    6748    6966
7799     8628    11830   16391   16590   19893   20204   26704   27597   30357
1
Ausgabe der Zufallszahlen nochmals sortiert:
1        459     827     1337    3010    4706    5461    6610    6748    6966
7799     8628    11830   16391   16590   19893   20204   26704   27597   30357
999999
Ausgabe der Zufallszahlen in umgekehrter Reihenfolge:
999999   30357   27597   26704   20204   19893   16590   16391   11830   8628
7799     6966    6748    6610    5461    4706    3010    1337    827     459
1
```

Abbildung 11.10: Die Ausgabe des Programmes 11.8; Demo eines Vektors.

Gehen Sie immer davon aus, dass Sie niemals der Erste sein werden, der eine Methode der STL nutzt; Sie können also voraussetzen, dass alles sauber funktionieren wird. Mit anderen Worten: Sie nutzen Code, der schon mehrfach erfolgreich angewendet wurde. Gehen Sie davon aus, dass dieser Code fehlerfrei sein wird.

Die STL ist stark auf Performance getrimmt. Beachten Sie dabei, dass Sie die Funktionen immer sauber "bedienen". Die Übergabe inkorrekter Parameter für STL-Funktionen wird unter Umständen zu Problemen führen.

11.5 Zusammenfassung

- Wir haben in diesem Kapitel ein wesentliches Prinzip der OOP kennengelernt: das Prinzip der Templates.
- Templates sind dazu nütze, Code zu verallgemeinern, zu reduzieren, dadurch die Transparenz zu erhöhen und die Software weniger fehleranfällig zu machen. Grundsätzlich gilt: je weniger "lines of code" desto weniger Fehler haben wir.
- Dieses Kapitel ist in vier Bestandteile gegliedert:
    1. Makros: hier wiederholen wir den Begriff des "Makro" aus Ihrer C-Vorlesung und erkennen, dass wir ein typunterstützendes Pendant zum Makro benötigen. Schauen Sie sich dazu nochmals das Programm 11.1 auf Seite 326 an.
    2. Funktions-Templates: das Funktionstemplate ist das typunterstützende Pendant zu Makros. Sie erkennen, dass Sie so ohne Weiteres keine "Typ-Mischungen" durchführen können. Das geht nur ganz bewusst.
    3. Klassen-Templates: Sie haben kennengelernt, dass Sie die brauchbaren Eigenschaften von Templates auf ganze Klassen übertragen können.
    4. Die STL: die STL ist eine mächtige Library, die Sie quasi zum Null-Preis mit dem

- VS 2012 dazukaufen.
- Die STL dient hauptsächlich dazu, auf Datenstrukturen zuzugreifen und stellt dafür auch eine ganze Reihe von Methoden zur Verfügung. Wir unterteilen drei große Bereiche in der STL:
    1. Container (Sammelbecken für zu verwaltende Objekte, Daten),
    2. Iteratoren (Zugriffsmöglichkeiten auf diese Objekte, Daten) und
    3. Algorithmen (Berechnungsmethodik für die Objekte, Daten).
- In der STL haben wir verschiedene Klassen kennengelernt:
    1. vector
    2. pair
    3. string
- Für die Iteratoren haben wir das Schlüsselwort
  iterator
  kennengelernt. Wir wissen, dass ein Iterator immer an einen Container gebunden ist. Beispiel:
  `vector <int>::iterator itForw;`
  Wir unterscheiden Vorwärts- und Rückwärts-Iteratoren.
- Funktionen zur Manipulation von Containern sind beispielsweise sort und reverse. Solche Funktionen werden aus algorithm inkludiert:
  `#include <algorithm>`

11.6 Übungen

1. Schreiben Sie eine Template-Funktion, die, wie swap Daten gleicher Typen tauscht. Nennen Sie diese Funktion xSwap. Testen Sie das Programm an den Typen int, double und char*. Sie sollten die folgende Ausgabe erhalten:

   ```
   Vor Tausch:
   iZ1: 1;          iZ2: 2
   dZ1: 2.71828;    dZ2: 3.14159
   str1: Hans;      str2: Peter

   Nach Tausch:
   iZ1: 2;          iZ2: 1
   dZ1: 3.14159;    dZ2: 2.71828
   str1: Peter;     str2: Hans
   ```

2. Erweitern Sie in dem Programm 11.5 auf Seite 335 die Klasse cList um die Methode xSort:
   `void xSort (void);`
   Erzeugen Sie eine Liste von Zufallszahlen (vom Typ int) und geben Sie die Liste einmal unsortiert und einmal sortiert aus. Zielausgabe (die Zahlen werden bei Ihnen natürlich andere sein):

   ```
   Aufbau einer zufaelligen Integer-Liste...
   ... fertig

   Ausgabe der zufaelligen Integer-Liste
   Pos: 0; Param: 8045
   Pos: 1; Param: 9011
   Pos: 2; Param: 9004
   Pos: 3; Param: 25301
   Pos: 4; Param: 207

   Ausgabe der zufaelligen Integer-Liste (sortiert)
   Pos: 0; Param: 207
   Pos: 1; Param: 8045
   Pos: 2; Param: 9004
   Pos: 3; Param: 9011
   Pos: 4; Param: 25301
   ```

3. Versuchen Sie die Aufgabe2KB als Template-Klasse mit einer Liste (list) zu realisieren; siehe dazu Tabelle 11.2. Wir haben zwar die list nicht beschrieben, aber gehen Sie einfach davon aus, dass es immer wieder die gleiche Vorgehensweise ist. Geben Sie die Zufallszahlen aus und bedienen Sie sich der sort-Methode, um diese zufälligen Integer auch sortiert ausgeben zu können.
   Sie sollten in etwa die folgende Ausgabe erhalten:

   ```
   Aufbau einer zufaelligen Integer-Liste <list>...
   ... fertig

   Ausgabe der zufaelligen Integer-Liste <list>
   21863
   9604
   7412
   27390
   24767

   Ausgabe der Zufallszahlen in sortierter Reihenfolge <list>:
   7412
   9604
   21863
   24767
   27390
   ```

Hinweis:
Verwenden Sie dabei folgenden Code:

```
list <int> listInt;          // Deklaration des Liste
listInt.sort ();             // sort-Befehl
```

4. Nennen Sie mindestens einen Unterschied zwischen einem Makro und einem Funktions-Template.

12 Threads

Viele praxisrelevante Probleme sind über Threads lösbar. Dazu sollte man wissen, was man unter einen Thread versteht. In diesem kleinen Kapitel wollen wir uns deshalb mit Threads beschäftigen. Wir wollen uns über Sinn und Bedeutung von Threads klar werden. An den Begriff Threads ist unmittelbar der Begriff des kritischen Abschnitts geknüpft (critical section). Sie werden verstehen, warum man dieses Feature benötigt. Und am Ende des Kapitels Threads werden wir sehen, wie man Objekte in Threads nutzen kann.

Bevor wir uns mit Threads beschäftigen, wollen wir verstehen wie die Konsole funktioniert. Denn wir wollen den Begriff des Threads mit Hilfe von Zugriffen auf die Konsole erläutern. Bei dieser Gelegenheit werden Sie verstehen, wie man direkt auf die Hardware der Konsole zugreifen kann: Sie können Farben, Positionen und natürlich Zeichen setzen.

Dieses Kapitel beschreibt weitestgehend die Nutzung von Threads unter Windows. Sie werden allerdings nach dem Studium dieses Kapitels die Thematik Threads auch in anderen Betriebssystemen anwenden können; die Begrifflichkeit ist ähnlich und der Sinn identisch.

12.1 Die Konsole

Ab Windows 7 ist leider keine vollständige Nutzung einer DOS-Konsole unter Windows mehr möglich. Trotzdem kann man natürlich noch Konsolenprogramme entwickeln. Und Microsoft bietet - zumindest für Windows 7 professional - Software an, mit der man eine DOS-Konsole emulieren kann. In der Regel werden Sie dieses Feature nicht besitzen. Aber Sie können sich die nötigen Tools auch via Internet frei downloaden [Dos14]. Beachten Sie, dass Sie zusätzliche Software für DOS - zumindest Debug.com oder Debug.exe - mit downloaden müssen. Im Netz werden Sie auch hier schnell fündig [Deb14]. Wie dem auch sei: diese DosBox wollen wir nutzen, um ganz kurz die wichtigen Eigenschaften einer Konsole zu beschreiben:

- Die DosBox ist ein Bildspeicher, der pro Charakter zwei Bytes benötigt
- Ein Byte steht für das Zeichen (z.B. besitzt das "A" den Code 0x41; siehe dazu Abbildung 5.13 auf Seite 130) und ein Byte steht für die Farbe des Zeichens (siehe dazu Tabelle 12.3 auf Seite 365)
- Der Bildspeicher beginnt ab der Adresse B800:0 und fasst 80x25 Zeichen; er ist also 4000 Bytes groß; je ein Byte für das Zeichen und ein Byte für die Farbe.
- Die Adressierung "beginnt links oben" bei B800:0 und geht bis B800:0F9F

Das Entscheidende für uns ist, dass wir mit der DosBox einen direkten "Hardware-Zugriff" haben. Wir schreiben auf und lesen von Adressen. Und das wollen wir uns zunächst erst einmal "händisch" klarmachen:

Wir starten die DosBox und löschen den Bildschirm mittels des residenten Dos-Kommandos[1] cls (ClearScreen). Einen generellen Überblick über die DOS-Befehle können Sie in entsprechender Literatur nachlesen[Nis14]. Anschließend starten wir den Debugger Debug. Sie sehen, dass wir

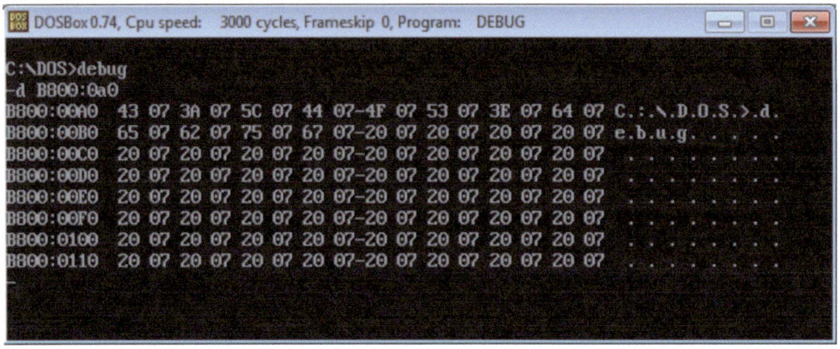

Abbildung 12.1: Der Debugger in der DOS-Box.

mit dem Kommando d (Display) die Adresse B800:0A0 eingeblendet haben. Und Sie sehen tatsächlich, dass wir den Pfad samt Kommando im RAM des Bildspeichers wiederfinden:
C:\DOS\debug

Wie kommt das? Nun, wir wissen, dass auf einer Zeile der Konsole 80 Zeichen Platz finden. Wie bereits erwähnt, belegt jedes Zeichen zwei Bytes. Damit ist uns klar, dass die erste Konsolen-Zeile aus 160 Bytes besteht: 80 Charakter-Bytes und 80 Attribute-Bytes.

Wenn wir nochmals erinnern, dass die erste Adresse der Konsole bei B800:0 liegt, so wird klar, dass die zweite Zeile bei B800:0A0 beginnt. Und 0xA0 entspricht der Zahl 160! Schauen Sie sich dazu die Abbildung 12.1 an.

Nun wollen wir einen zweiten Befehl des Debug.com nutzen:
e
Mit dem Befehl <e> (Enter) können wir Daten auf die Adressen schreiben. Das wollen wir auch tun. Was haben wir nun geändert:

1. Wir haben das C des Pfades C:\DOS zu einem A umgewandelt. Das funktioniert mit der Zeile:
   e B800:0A0 41

---

[1] Ein residentes Dos-Kommando gehört zum "Betriebssystem" Dos dazu. Ein transientes Dos-Kommando ebenfalls; aber solche Kommandos existieren in Form ausführbarer File wie z.B. Debug.com.

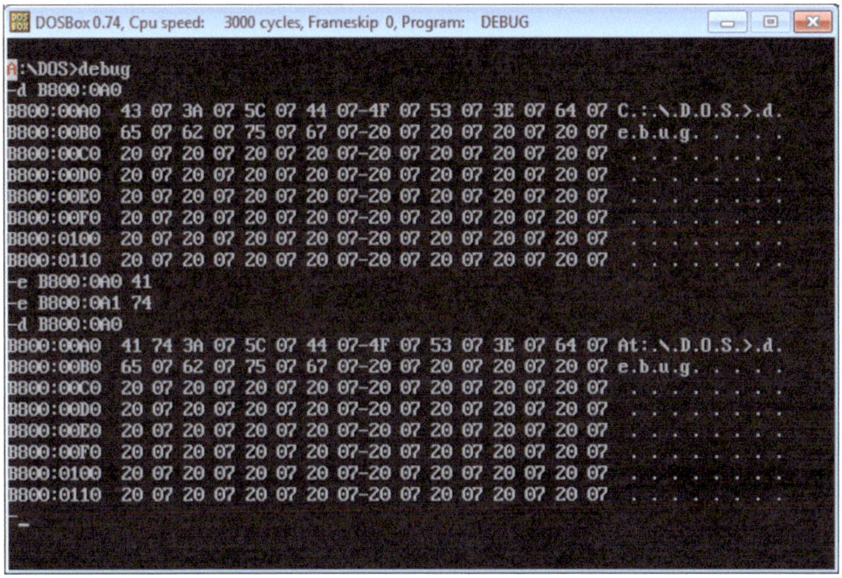

12.1 Die Konsole

Abbildung 12.2: Der Debugger in der DOS-Box. Wir haben den Speicher geändert.

2. Weiterhin haben wir ein Attribut (einen Farbeintrag) geändert. Wir änderten den Eintrag 0x07 an der Stelle B800:0A1 auf 0x74. Das taten wir mit dem Befehl:
   e B800:0A1 74
3. Final wollten wir uns unsere Änderungen nochmals anschauen:
   d B800:0A0

Und Sie sehen tatsächlich, dass unsere kleinen Änderungen gegriffen haben. Schauen Sie sich dazu nochmals die Abbildung 12.2.

Zum Abschluss dieses kleinen Ausflugs in die alte DOS-Welt wollen wir uns nochmals über die Farben klar werden, die wir mit der Attribut-Eigenschaft ändern können. Dazu schreiben wir ein kleines Programm. Wissen sollten Sie, dass die rechte Tetrade für die Attribut-Eigenschaft für die Vordergrundfarbe verantwortlich ist. In unserem Programm ist die linke Tetrade für die Hintergrund-Farbe verantwortlich. Damit wird schon klar, dass wir 256 Vordergrundfarben und 256 Hintergrundfarben einstellen können. Der Begriff der Tetrade ist bereits schon einmal in diesem Buch erläutert worden. Wir haben aber am Beispiel der Hex-Zahl 0x0a9 linke und rechte Tetrade nochmals in der Tabelle 12.1 dargestellt

Wir wollen das Programm nicht weiter erläutern. Die Funktionen werden Sie in diesem Kapitel noch ausführlich kennenlernen. Wir wollen uns lediglich noch einmal diese Farben ansehen; schauen Sie sich die Abbildung 12.3 an. In dieser Abbildung 12.3 sehen Sie, dass über die Diagonale (von links oben nach rechts unten) des "bunten" Rechtecks keine Ziffern zu sehen sind. Das ist auch klar. Über diese Diagonale sind Vordergrund- und Hintergrund-Farbe völlig identisch;

```cpp
// P000KE_ConsCol.cpp
#include "stdafx.h"
#include <windows.h>
const int ciDefGray = 0x7;                              //default Farbe
/*============================================================================*/
/* Desc.: Ausgabe des Names der Konsole als Titel                             */
/* In    : lpConsoleTitle (LPCTSTR): Konsolennamen                            */
/* Out   : -                                                                  */
/*============================================================================*/
/*----------------------------------------------------------------------------*/
void printConsole (LPCTSTR lpConsoleTitle)
/*----------------------------------------------------------------------------*/
{
    SetConsoleTitle (lpConsoleTitle);
}
/*============================================================================*/
/* Desc.: Ausgabe eines Textes an der CursorPos                               */
/* In    : hCons (HANDLE): Konsolen-Handle                                    */
/*         str (char *)  : auszugebender Text                                 */
/*         iColor (int)  : Textfarbe                                          */
/* Out   : -                                                                  */
/*============================================================================*/
/*----------------------------------------------------------------------------*/
void printfWithColor(HANDLE hCons, char * str, int iColor)
/*----------------------------------------------------------------------------*/
{
    SetConsoleTextAttribute(hCons, iColor); printf (str);
    SetConsoleTextAttribute(hCons, ciDefGray);    //DefFarbe wieder aktivieren!
}
int main(int argc, char* argv[])
{
    //============================================
    LPCTSTR str = L"P000KE_ConsCol";
    printConsole(str);
    //============================================
    int iZeile = 0x0; int iSpalte = 0x0; int iTemp;
    char chr [5]; HANDLE hConsole;
    hConsole = GetStdHandle(STD_OUTPUT_HANDLE);
    printf ("Alle Farben mit allen Hintergrundfarben:\n");
    while (iZeile<0x10)
    {
        iTemp = iZeile*0x10;
        for (iSpalte=0; iSpalte<0x10; iSpalte++)
        {
            sprintf_s (chr, 5, "%2X", iTemp+iSpalte);
            if (chr[0] == ' ') chr[0] = '0';
            printfWithColor(hConsole, chr, iTemp+iSpalte);
        }
        printf ("\n"); iZeile++;
    }
    return 0;
}
```

Programm 12.1: Beispielprogramm zur Nutzung eines Threads.

die Hex-Zahlen gehen von 0x00 bis 0xFF. Und natürlich können Sie (beispielsweise) keine blaue Zahl auf blauem Hintergrund sehen.

Die Vordergrundfarbe steht in der Variable iSpalte. Die Hintergrundfarbe steht in der Variable iZeile. Wir multiplizieren sie mit 16 (0x10) damit wir die Variable iZeile auch tatsächlich auf die

12.1 Die Konsole

	Zahl	linke Tetrade	rechte Tetrade
Hex	0x0a9	0x0a	0x09
Bin	1010 1001	1010	1001

Tabelle 12.1: Beispiel für linke und rechte Tetrade der Hex-Zahl 0x0a9.

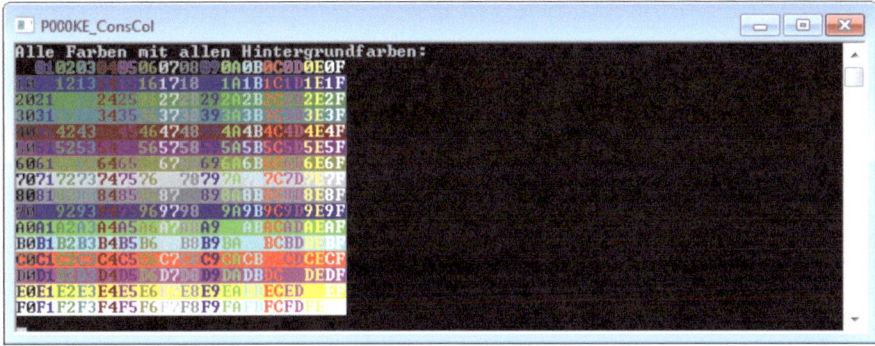

Abbildung 12.3: Die Farben der Konsole.

Hintergrundfarbe mappen können. Die Variablen iZeile und iSpalte laufen von 0 bis 15 (0x0F). Der auszugebende String (chr) wird mit der Funktion `sprintf_s` vorbereitet:

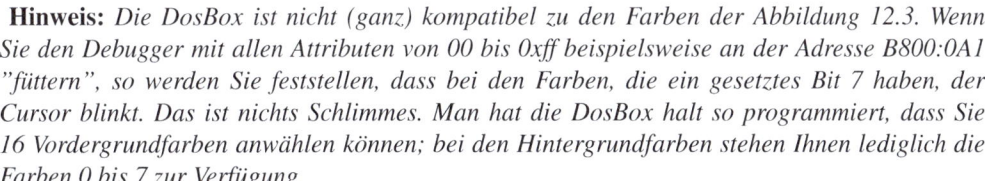

Schauen Sie sich dazu die Hilfe an (F1), die Ihnen VS 2012 anbietet oder suchen Sie im Netz nach sprintf. Final geben wir den String mit unserer Funktion printfWithColor aus.

Hinweis: *Die DosBox ist nicht (ganz) kompatibel zu den Farben der Abbildung 12.3. Wenn Sie den Debugger mit allen Attributen von 00 bis 0xff beispielsweise an der Adresse B800:0A1 "füttern", so werden Sie feststellen, dass bei den Farben, die ein gesetztes Bit 7 haben, der Cursor blinkt. Das ist nichts Schlimmes. Man hat die DosBox halt so programmiert, dass Sie 16 Vordergrundfarben anwählen können; bei den Hintergrundfarben stehen Ihnen lediglich die Farben 0 bis 7 zur Verfügung.*

12.2 Threads - Bedeutung und Sinn

Stellen Sie sich vor, Sie haben eine Software zu schreiben, die es ermöglicht, quasi zeitgleich auf verschiedene Ereignisse zu reagieren. Dieses Problem könnte zum Beispiel auftreten, wenn Sie die Ereignisse der verschiedenen Komponenten einer Maschine oder eines Autos zu visualisieren haben.

In der Abbildung 12.4 haben wir solch ein kleines Modell nachempfunden. Die Maschine wird von einer SPS gesteuert und Sie erhalten über Gateway zur SPS verschiedene Maschinensignale, die Sie an einem Leit-PC zu visualisieren haben. Zusätzlich sollte natürlich ein potenzieller

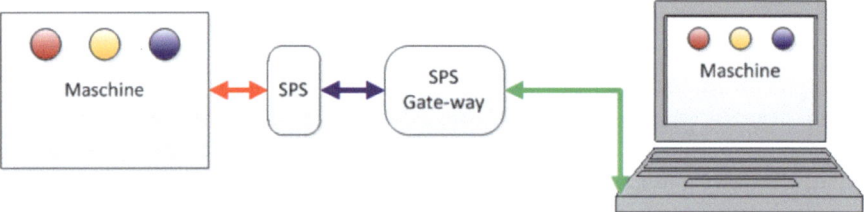

Abbildung 12.4: Modell einer Maschine.

Bediener der Maschine die Signale nicht nur sehen, sondern man sollte dem Bediener die Möglichkeit geben, auf diese Signale zu reagieren. Aus diesem Grunde gehen die Pfeilspitzen sowohl von dem Leit-PC zur Maschine als auch von der Maschine zum Leit-PC.

Eine solche Herausforderung ist nur dann gescheit über eine Software zu realisieren, wenn diese Software über verschiedene Threads die einzelnen Komponenten der Maschine visualisiert bzw. bedient. Sie erzielen (bei Single-Core PCs) eine quasi Gleichzeitigkeit der Visualisierung der einzelnen Ereignisse. Falls Sie einen Multi-Core-PC einsetzen können, so ist es auch möglich, bestimmte Abläufe tatsächlich gleichzeitig zu realisieren. Was soll damit gesagt werden:

Falls Sie einen PC haben, der nur über einen Prozessor verfügt, so kann der Prozessor zu einer definierten Zeit auch nur einen Assemblerbefehl bearbeiten; und wenn er gerade einen Befehl eines Threads bearbeitet, so kann er keinen Befehl eines anderen Threads oder des main-Programmes bearbeiten. In diesem Falle sprechen wir von einer Quasi-Gleichzeitigkeit der Abarbeitung der Ereignisse. Und so wird sich Ihnen die Abarbeitung der Ereignisse auch in gewissem Maße als "gleichzeitig" darstellen.

Wenn Sie hingegen über ein Multi-Core-System verfügen, so können tatsächlich zu gleichen Zeit verschiedene Befehle echt gleichzeitig abgearbeitet werden: jeder Prozessor kann zur gleichen Zeit einen anderen Assemblerbefehl abarbeiten. Es könnten also zur echt gleichen Zeit verschiedene Threads bearbeitet werden; bei einem Dual-Core-System zwei Threads.

12.2 Threads - Bedeutung und Sinn

Aber ehrlich gesagt: Sie würden es nicht sehen. Wir wollen uns auch nicht vertieft mit dieser Problematik beschäftigen. Wir wollen den Begriff Thread genauer betrachten:
Ein Thread ist ein "Faden", ein Programm-Faden. Er läuft weitestgehend unabhängig vom main-Programm. Er wird vom main-Programm gestartet und sollte vor dem Terminieren des main Programmes wieder beendet werden. In der Abbildung 12.5 können Sie dieses Wechselspiel näher betrachten. Sie können in der Abbildung 12.5 einige Schlüsselwörter zum Thread-Handling

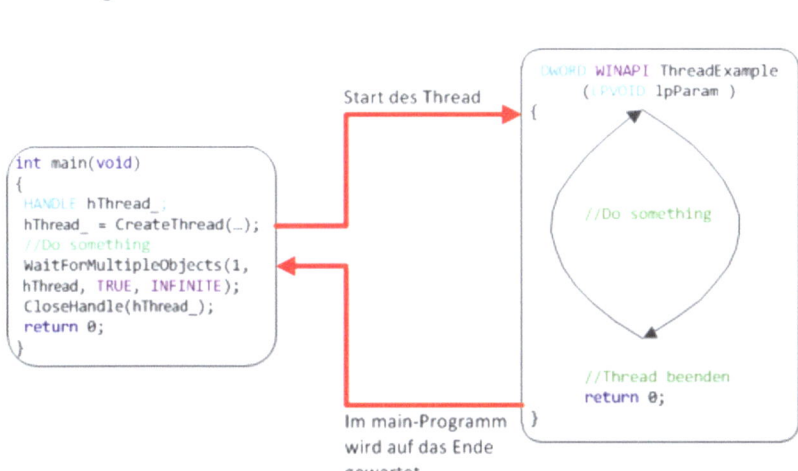

Abbildung 12.5: Funktionsprinzip von Threads.

erkennen. Diese sind in der Tabelle 12.2 nochmals aufgelistet. Wir wollen hier nicht näher auf

Funktion	Bemerkung
CreateThread	Erzeugt einen Thread
WaitForMultipleObjects	Wartet auf das Ende eines Threads
CloseHandle	Schließt das Thread-Handle
GetMessage	Holt eine Message aus der Queue; wartet
PeekMessage	Holt eine Message aus der Queue; wartet nicht
SetThreadPriority	Setzt die Priorität eines Threads

Tabelle 12.2: Schnittstellen für Thread-Handling.

die Schnittstellen der Funktionen eingehen. Diese werden wir in den Programmbeispielen kennenlernen. Wir wollen uns aber zuerst ein Beispiel anschauen. Sehen Sie sich bitte das Programm 12.2 an. Wir haben in dem Programm die Kommentare der Funktionen aus Platzgründen weggelassen; in den Sourcen können Sie diese aber einsehen. Wir wollen zunächst das Programm 12.2 erläutern:

```cpp
// P001KE_threadEx1.cpp
#include "stdafx.h"
#include <windows.h>
#include <conio.h>                                      //1
#include <iostream>
using namespace std;
const int ciDefGray = 0x7;                              //default Farbe
HANDLE hConsole_    = 0;                                //2
HANDLE hThreadRed_  = 0;                                //3
const int ciRed_    = 0x0C;                             //4
void printConsole (LPCTSTR lpConsoleTitle) {
    SetConsoleTitle (lpConsoleTitle);
}
char getKey (void) {
    char chr = 0;
    if ( _kbhit() )                                     //5
        chr = _getch();                                 //6
    return chr; }
void printfWithColor(HANDLE hCons, char * str, int iColor) {
    SetConsoleTextAttribute(hCons, iColor);             //7
    printf (str);                                       //8
    SetConsoleTextAttribute(hCons, ciDefGray); }        //DefFarbe wieder aktivieren!
void printfStrWithColorAtPos(HANDLE hCons, COORD Pos, char *str, int iColor){
    SetConsoleTextAttribute(hCons, iColor);             //neue Farbe
    SetConsoleCursorPosition(hCons,Pos);                //neue Pos
    printf (str);                                       //Ausgabe (Farbe und Character)
    SetConsoleTextAttribute(hCons, ciDefGray); }        //DefFarbe wieder aktivieren!
DWORD WINAPI ThreadRed( LPVOID lpParam ) {
    COORD Pos;                                          //9
    bool bEnd = false;                                  //10
    Pos.X = 8; Pos.Y = 5;                               //11
    int iRedNumb = 0;                                   //12
    char strRed[128] ={0};                              //13
    sprintf_s (strRed, 128, "ThreadHandle Red: %x", hThreadRed_);
    printfStrWithColorAtPos(hConsole_, Pos, strRed, ciRed_);
    Pos.Y++;
    while (!bEnd) {                                     //14
        sprintf_s (strRed, 128, "%i", iRedNumb++);      //15
        printfStrWithColorAtPos(hConsole_, Pos, strRed, ciRed_);
        Sleep (500);                                    //16
        char cChr = getKey();                           //17
        if (cChr == 'r')                                //18
            bEnd = true;                                //19
    }
    Pos.Y++;                                            //20
    printfStrWithColorAtPos(hConsole_, Pos, "end of ThreadRed", ciRed_);
    return 0; }
int main(int argc, char* argv[]) {
    HANDLE arrOfThreadHandles[1];                       //21
    if( (hConsole_ = GetStdHandle(STD_OUTPUT_HANDLE)) == INVALID_HANDLE_VALUE )
        return 1;                                       //22
    cout << "Beispiel eines Threads.\n";
    hThreadRed_ = CreateThread( NULL, 0, ThreadRed, NULL, 0, NULL);  //23
    if ( hThreadRed_ == NULL) return 2;
    arrOfThreadHandles[0] = hThreadRed_;                //24
    WaitForMultipleObjects( 1, arrOfThreadHandles, TRUE, INFINITE);  //25
    CloseHandle(hThreadRed_);                           //26
    cout << "\n\nEnde des Programmes P001KE_threadEx1.\n";
    return 0; }
```

Programm 12.2: Beispielprogramm zur Nutzung eines Threads.

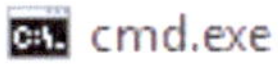

12.2 Threads - Bedeutung und Sinn

cmd.exe

Abbildung 12.6: Das Konsolen-Icon.

//1 Der Inklude von conio wird benötigt, um _kbhit() und _getch nutzen zu können. Bitte beachten Sie, dass _kbhit() nur einen Wert zurückgibt, der ungleich 0 ist, wenn eine Taste gedrückt wurde. Mit dieser Funktion pollen wir die Tastatur.

//2 In der Zeile

```
HANDLE   hConsole_   = 0;                          //2
```

definieren wir ein Konsolen-Handle. Wir setzen es gleich auf 0; wir haben noch keine Konsole definiert. An dieser Stelle verweisen wir zum genaueren Studium auf das bereits erschienene C-Buch [Dus11].

//3 Hier definieren wir ein Thread-Handle:

```
HANDLE   hThreadRed_   = 0;                        //3
```

//4 Unser Thread soll einen Text in roter Farbe ausgeben.

//5 Falls eine Taste gedrückt wurde, so wird

//6 mittels _getch diese Taste aus dem Tastaturpuffer gelesen; falls nicht, so wird der Tastencode 0 zurückgegeben.

//7 Die Konsole hat verschiedene Attribute, die via SetConsoleTextAttribute gesetzt werden können. In diesem Fall wird die Farbe gesetzt.

//8 Und nun wird der String str in der entsprechenden Farbe ausgegeben. Bitte beachten Sie, dass eine Konsole Default-Attribute besitzt: Hintergrund schwarz (0), Vordergrund hellgrau (7); das sollten Sie wissen. Versuchen Sie es: öffnen Sie mittels cmd.exe eine Konsole. Die Ausgaben sind immer hellgrau auf schwarzem Hintergrund. Microsoft hat für cmd auch ein entsprechendes Icon reserviert; siehe dazu Abbildung 12.6.

//9 An dieser Stelle definieren wir den Thread. Er heißt ThreadRed und soll einen roten Text ausgeben. Dazu benötigen wir zunächst den Ausgabeort. Dieser wird über die Koordinaten bestimmt (COORD). COORD besitzt eine X-Richtung und eine Y-Richtung.

//10 Der Thread soll beendet werden, wenn bEnd auf true steht. Hier wird erst einmal definiert, dass der Thread laufen soll.

//11 Nun definieren wir die Variablen der Koordinaten COORD (X und Y). Ab dieser Stelle wird ein String in X-Richtung geschrieben.

//12 Mit iRedNumb definieren wir eine Zahl, die auszugeben ist. Sie wird mit 0 vorbelegt und alle 500 ms inkrementiert; siehe //16.

//13 Mit strRed definieren wir einen String, in dem alle Ausgaben gesichert werden. Zunächst geben wir das Konsolen-Handle aus.

//14 Wir geben das Thread-Handle hThreadRed_ aus. Das ist eine globale Variable. Wir inkrementieren die Y-Koordinate der Position (Pos.Y++) damit wir die nächste Zeile adressieren und beginnen mit der eigentlichen Thread-Schleife. bEnd ist false (siehe //10) und deshalb werden wir zunächst in dieser Schleife bleiben.

//15 Nun schreiben wir die iRedNumb in einen String, inkrementieren sie und geben diese Nummer an der Position Pos aus.

//16 Anschließend warten wir mittels Sleep 500 ms.
//17 Dann kommt etwas Entscheidendes: wir fragen die Tastatur ab.
//18 Sollten wir die Taste r gedrückt haben,
//19 so wird die threadlokale Variable bEnd auf true gesetzt. Und: wir werden die Thread-Schleife verlassen.
//20 Dann inkrementieren wir wieder die Zeile (Pos.Y++) und verkünden innerhalb des Threads sein Ende: "end of ThreadRed".
//20 ============ main Programm ============
//21 Im main-Programm, das parallel zum Thread läuft, deklarieren wir zunächst ein Array von Handles von Threads:

```
HANDLE arrOfThreadHandles[1];                    //21
```

Wir haben nur einen Thread; deshalb soll da auch nur Platz für ein Handle sein.

//22 An dieser Stelle "holen" wir uns ein Konsolen-Handle. Mit diesem Handle - sofern es gültig ist (!INVALID_HANDLE_VALUE) realisieren wir alle (Hardware-)Zugriffe auf die Konsole STD_OUTPUT_HANDLE. Falls das Handle ungültig ist, so verlassen wir das Programm.

//23 Anschließend kreieren wir den Thread. Sie sehen, dass CreateThread einige Parameter übergeben bekommt. Die ganzen Übergabe-Parameter wollen wir hier nicht erläutern; drücken Sie F1: das VS 2012 wird Ihnen helfen. Wichtig ist aber, dass der Name der Thread-Funktion (in unserem Fall ThreadRed) übergeben wird. Sie erhalten bei erfolgreichem Create ein Thread-Handle (hThreadRed_) zurück, dass ungleich NULL ist. Sollte das Handle NULL sein, so terminieren wir das Programm.

//24 Anschließend sichern wir das Handle in unserem Array von Handles:

```
arrOfThreadHandles[0] = hThreadRed_;             //24
```

An dieser Stelle können Sie parallel zum Thread "vieles" im main Programm selbst tun.

//25 Nun warten wir auf das Ende des Threads. Das main-Programm wartet hier, weil wir nichts tun.

//26 Haben wir die Taste r gedrückt; der Thread terminiert. Das führt unweigerlich zum beenden von WaitForMultipleObjects; das main-Programm läuft weiter. Wir schließen das Thread-Handle und geben nur noch das Ende das Programmes aus. Die Ausgabe erfolgt zwei Zeilen unter den Thread-Ausgaben und in den Farben hellgrau/schwarz. Das ist so, weil wir nach jeder Ausgabe des Threads immer wieder die Default-Farbe (ciDefGray) setzen. Schauen Sie sich dazu die Funktion printfStrWithColorAtPos an!

In der Abbildung 12.7 können Sie die Ausgaben des Programmes 12.2 einsehen: Der Thread lief ca. 12.5 s.

Abbildung 12.7: Die Ausgabe des Threads `ThreadRed`.

12.3 Der kritische Abschnitt

Nun werden Sie sicherlich sagen, dass das Programm 12.2 auch mit einem "normalen" main-Programm hätte realisiert werden können. Es bleibt nichts übrig als zu sagen: ja, Sie haben Recht.

Aber schon bei einem zweiten oder dritten Thread, die in der Lage sind asynchrone Ereignisse entgegenzunehmen, würden Sie Probleme bekommen. Wir wollen nun das Programm 12.2 etwas erweitern: wir fügen einen zweiten Thread hinzu. Damit unser Programm übersichtlich bleibt, lagern wir die Konsolenausgaben in ein separates File. Wir nennen dieses File consUtils.h bzw. consUtils.cpp. Es soll ein schlichtes Module sein; wir wollen keine Klasse machen. In C++ ist es möglich, "normale" Module in ein Projekt einzubinden; Sie können auch rein modular programmieren.

```cpp
#include "stdafx.h"
#include <windows.h>
#pragma once

const int ciDefGray = 0x7;                  //default Farbe
const int ciRed     = 0x0C;
const int ciGreen   = 0x0A;

///Ausgabe des Names der Konsole als Titel
void printConsole (LPCTSTR lpConsoleTitle);

///Liest Key von Tastatur wenn diese gedrueckt wurde
char getKey (void);

///Ausgabe eines Textes an der CursorPos
void printfWithColor(HANDLE hCons, char * str, int iColor);

///Ausgabe eines Textes an der CursorPos
void printfStrWithColorAtPos(HANDLE hCons, COORD Pos, char *str, int iColor);
```

Programm 12.3: Das Header-File von consUtils.

Wir wollen hier nur das Header-File abbilden; siehe Programm 12.3. Die Sourcen können Sie aus dem Programm 12.2 entnehmen. Außerdem können Sie alle Sourcen - und damit auch das File consUtils.cpp von der Verlagsseite laden; siehe Seite 3.

Welche Funktionen soll dieses Beispielprogramm erfüllen:

- Zwei Threads zählen unabhängig voneinander mit verschiedener Frequenz Zahlen hoch
- Die Ausgaben erfolgen mit verschiedenen Farben (rot und grün)
- Die Threads sind vom main-Programm aus steuerbar (Farbvorgabe, Thread-Ende)

Einen wichtigen Punkt wollen wir separat ansprechen:
Wenn Sie eine Hardware in verschiedenen Threads nutzen wollen, so müssen Sie sicherstellen, dass während des Zugriffs auf die Hardware durch den Thread1 dieser Zugriff nicht unterbrochen wird und die Hardware nun durch den Thread2 genutzt wird. Warum ist das so? Wir wollen uns das in unserem Beispiel klarmachen. Wir haben zwei wichtige Attribute für die Konsole:

1. Den Ort (COORD)
2. Die Farbe

Diese beiden Attribute bestimmen den auszugebenden String. Stellen Sie sich vor: Thread1 setzt die Farbe rot und will nun einen String ausgeben. Der Thread1 wird allerdings vor seiner Ausgabe von Thread2 unterbrochen; Thread2 setzt die Farbe grün und will einen String ausgeben. Vor der Ausgabe wird auch der Thread2 wieder unterbrochen und Thread1 gibt endlich seinen String aus. In welcher Farbe wird das sein? Wenn Sie aufgepasst haben, so werden erkennen, dass der String in grüner Farbe ausgegeben wird. Ein ähnliches Spiel können Sie mit dem Ort (COORD) spielen.

Um derartiges ungewolltes Verhalten zu vermeiden, führen wir die critical section ein: wir schließen in der kritischen Sektion eine gegenseitige Unterbrechung der Threads nicht aus, aber wir verhindern, dass die zwei Threads sich gegenseitig die Attribute verändern. Mit anderen Worten: will der Thread1 einen String mit bestimmten Attributen ausgeben, so wird vor diesem Vorgang eine Art Flag gesetzt. Dieses Flag verhindert, dass ab dem Setzen des Flags der nachfolgende Code durch den Code unterbrochen wird, der ebenfalls über dieses "Flag" geschützt ist. Und dieses Flag ist vom Typ

CRITICAL_SECTION

Damit wird ein wechselseitiger Zugriff auf die Hardware verhindert. Wir wollen uns das eben Besprochene anhand eines Programmes klarmachen. Schauen Sie sich dazu die Programme 12.5 und 12.4 an. Bitte beachten Sie, dass es sich hierbei um ein Programm handelt; die Aufteilung ist lediglich den Zeilen, die auf einer Buchseite möglich sind, geschuldet. Bitte beachten Sie weiterhin, dass beide Programme "zusammengehören"; d.h., sie sind in einem File - in P002KE_multiThreading.cpp. Wir haben sie nur getrennt, damit sie jeweils auf einer Seite Platz finden. Das Programm werden wir noch genauer erläutern. Zunächst sollten Sie beachten, dass die Code-Stellen

```
// EnterCriticalSection (&consSection_);
```

12.3 Der kritische Abschnitt

```cpp
// P002KE_multiThreading.cpp
#include "stdafx.h"
#include <windows.h>
#include <stdio.h>
#include "consUtils.h"
CRITICAL_SECTION consSection_;                                          //1
HANDLE   hConsole_;                                                      //2
void enterSection (void)   {                                            //3
    //EnterCriticalSection (&consSection_); }
void leaveSection (void)   {                                            //4
    //LeaveCriticalSection (&consSection_); }
void initSection (void) {                                               //5
    InitializeCriticalSection (&consSection_); }
DWORD WINAPI ThreadRed( LPVOID lpParam ) {                              //6
    COORD Pos; bool bEnd = false; Pos.X = 8; Pos.Y = 2;                 //7
    int iRedNumb = 0; char strRed[128] ={0};
    sprintf_s (strRed, 128, "Konsolen-Handle: %x", hConsole_);
    enterSection();                                                     //8
    printfStrWithColorAtPos(hConsole_, Pos, strRed, ciRed);
    leaveSection();   Pos.Y++;                                          //9
    while (!bEnd) {
        sprintf_s (strRed, 128, "%i", iRedNumb++);
        enterSection();                                                 //10
        printfStrWithColorAtPos(hConsole_, Pos, strRed, ciRed);
        leaveSection(); MSG msg; msg.message = 0;
        BOOL bReceived = PeekMessage (&msg, 0, 0, 0, PM_REMOVE );
        if (bReceived==TRUE) {
            int iRecv = msg.wParam;
            if ( (iRecv == (int)'r') || (iRecv == (int)'x') ) bEnd = true;
        }
        Sleep (500);
    }
    Pos.Y++; enterSection();
    printfStrWithColorAtPos(hConsole_, Pos, "end of ThreadRed", ciRed);
    leaveSection(); return 0;
}
DWORD WINAPI ThreadGreen( LPVOID lpParam ) {
    COORD Pos; bool bEnd = false; Pos.X = 50; Pos.Y = 2;
    char strGreen[128] ={0}; int iGreenNumb = 0;
    sprintf_s (strGreen, 128, "Konsolen-Handle: %x", hConsole_);
    enterSection(); printfStrWithColorAtPos(hConsole_, Pos, strGreen, ciGreen);
    leaveSection(); Pos.Y++;
    int iColor = ciGreen;                                               //11
    while (!bEnd) {
        sprintf_s (strGreen, 128, "%i", iGreenNumb++);
        enterSection(); printfStrWithColorAtPos(hConsole_, Pos, strGreen, iColor);
        leaveSection(); MSG msg; msg.message = 0;
        //BOOL bReceived = GetMessage(&msg,0,0,0);    // wartet      //12
        BOOL bReceived = PeekMessage (&msg, 0, 0, 0, PM_REMOVE );
        if (bReceived==TRUE) {
            int iRecv = msg.wParam;                                     //13
            if ( (iRecv == (int)'g') || (iRecv == (int)'x') ) bEnd = true;
            else if ((iRecv>=0) && (iRecv<=0x0f) ) iColor = iRecv;      //14
        }
        Sleep (900);
    }
    Pos.Y++; enterSection();
    printfStrWithColorAtPos(hConsole_, Pos, "end of ThreadGreen", ciGreen);
    leaveSection(); return 0;
}
```

Programm 12.4: Ein Multi-Threadingbeispiel.

und

```
// LeaveCriticalSection (&consSection_);
```

auskommentiert sind. Wir haben nur das Initialisieren des kritischen Abschnittes zugelassen:

```
InitializeCriticalSection (&consSection_);
```

Zur Funktionsweise:
Die Variable consSection_ ist das besagte "Flag", das einen doppelten Zugriff des kritischen Abschnittes verhindern kann. Es muss zunächst mit InitializeCriticalSection initialisiert werden. Möchte man eine Hardware vor mehrfachem Zugriff schützen, so teilt man dem Programm mit EnterCriticalSection mit, dass nun der besagte Code beginnt, der zu schützen ist. Sollte ein anderer Thread ebenfalls auf diese Hardware zugreifen wollen, so schützt er natürlich seinen Code ebenfalls mit dem Befehl EnterCriticalSection. Ist der Thread1 schon in dem kritischen Abschnitt und der Thread2 will ihn gerade mit EnterCriticalSection betreten, so bleibt der Thread2 solange in EnterCriticalSection gefangen bis der Thread1 seinen kritischen Abschnitt wieder mit LeaveCriticalSection verlassen hat. Erst dann läuft der Thread2 weiter. Da das alles sehr schnell abläuft, werden Sie davon nichts bemerken. Nur: wenn Sie das "Spiel" EnterCriticalSection/LeaveCriticalSection nicht im Programm beachten, so werden Sie ein böses Erwachen haben. Schauen Sie sich dazu die Abbildung 12.8 an. Hier haben wir das ebengenannte "Spiel" nicht beachtet; siehe Ausklammerung im Programm 12.4. Unser Programm steht bei der Abbildung 12.8 am Ende:

```
return 0;                                                    //21
```

Wir haben es also mit der Teste "x" abgebrochen; siehe Kommentarstelle //17:

```
        if (cChr == 'x')                                     //17
```

Abbildung 12.8: Die Ausgabe des Programmes 12.5 bei fehlendem Enter- und LeaveCriticalSection.

Wir wollen nun auf die einzelnen Abschnitte des Programmes eingehen:

//1 An dieser Stelle deklarieren wir die Variable, die das Handling des Hardwarezugriffes trägt. Man kann sich vorstellen, dass diese Variable erst einmal initialisiert werden muss. Da diese Variable in unserem Programm-Kontext einen globalen Charakter hat, ist sie auch als globale Variable angelegt.

//2 Das Konsolen-Handle wurde bereits beschrieben. Auch hier sollte es als globale Variable definiert werden.

12.3 Der kritische Abschnitt

```cpp
// P002KE_multiThreading.cpp
int main(int argc, char* argv[]) {
    int iDataThreadRed    = 1; int iDataThreadGreen = 2;
    HANDLE Array_Of_Thread_Handles[2];
    hConsole_ = NULL;
    if( (hConsole_ = GetStdHandle(STD_OUTPUT_HANDLE)) == INVALID_HANDLE_VALUE )
        return 1;
    initSection();
    HANDLE hThreadRed     = 0; HANDLE hThreadGreen = 0;
    DWORD dwThreadIDRed;       DWORD dwThreadIDGreen;
    hThreadRed = CreateThread( NULL, 0, ThreadRed, &iDataThreadRed, 0, &dwThreadIDRed);
    if ( hThreadRed == NULL)
        ExitProcess(iDataThreadRed);
    hThreadGreen = CreateThread( NULL, 0, ThreadGreen,
        &iDataThreadGreen, 0, &dwThreadIDGreen);
    if ( hThreadGreen == NULL)
        ExitProcess(iDataThreadGreen);
    Array_Of_Thread_Handles[0] = hThreadRed;
    Array_Of_Thread_Handles[1] = hThreadGreen;
    bool bEndMain = false; char cChr       = 0;
    while (!bEndMain)  {                                          //15
        cChr = getKey();                                          //16
        if (cChr) {
            if (cChr == 'x')   {                                  //17
                BOOL bRet = PostThreadMessage (dwThreadIDGreen, WM_COMMAND, 'g', 0);
                WaitForMultipleObjects(1, &Array_Of_Thread_Handles[1], TRUE, INFINITE);
                bRet = PostThreadMessage (dwThreadIDRed, WM_COMMAND, 'r', 0);
                bEndMain = true;
            }
            else if (cChr == 'g')  {                              //18
                BOOL bRet = PostThreadMessage (dwThreadIDGreen, WM_COMMAND, cChr, 0);
            }
            else if ( (cChr >= '0')&&(cChr <= '9')||( cChr >= 'a')&&(cChr <= 'f') ) //19
            {
                char strNumb[2]; strNumb[0] = cChr; strNumb[1] = 0;
                char * strEnd;
                long iColor = strtol (strNumb, &strEnd, 16);
                BOOL bRet = PostThreadMessage (dwThreadIDGreen, WM_COMMAND, iColor, 0);
            }
            else if (cChr == 'r')  {                              //20
                BOOL bRet = PostThreadMessage (dwThreadIDRed, WM_COMMAND, cChr, 0);
            }
        }
    }
    WaitForMultipleObjects( 2, Array_Of_Thread_Handles, TRUE, INFINITE);
    CloseHandle(hThreadRed);
    CloseHandle(hThreadGreen);
    return 0;                                                     //21
}
```

Programm 12.5: Ein Multi-Threadingbeispiel.

//3 Mit dieser Funktion (enterSection) aktivieren wir den kritischen Abschnitt. Vielleicht fragen Sie sich, warum man über eine Funktion nochmals eine Funktion legt; zumal diese Funktion ein Ein-Zeilen-Befehl ist. Die Antwort liegt auf der Hand: man kann an einer definierten Stelle die Funktion aktivieren oder deaktivieren. Man kann sie also manipulieren. An dieser Stelle ist ihre Funktion noch deaktiviert. Das verheerende Resultat haben Sie in der Abbildung 12.8 bereits gesehen.

//4 Und hier definieren wir die Funktion, die beim Verlassen einer kritischen Sektion wieder aufzurufen ist: leaveSection. Damit wird den Threads, die auf die kritischen Teile der Hardware zugreifen wollen, die Möglichkeit gegeben, es zu tun.
//5 Die Funktion initSection initialisiert die Variable consSection_.
//6 An dieser Stelle definieren wir den Thread ThreadRed. Er hat die folgenden Aufgaben:
1. Ausgabe des Konsolen-Handles
2. Hochzählen einer Zahl, die alle 500 ms auf die Konsole geschrieben wird; immer auf die gleiche Startposition und immer in roter Farbe.
3. Mit dem Befehl PeekMessage wird abgefragt, ob dieser Thread zu beenden ist.
//7 Hier definieren wir verschiedene Thread-Variablen, die wir zur Steuerung des Threads ThreadRed benötigen:

Variable	Bedeutung
Pos	Ort der Ausgabe (X und Y)
bEnd	Boolsche Variable, die das Ende des Threads handelt
iRedNumb	Nummer, die hochgezählt wird und dann ausgegeben wird
strRed	Speicher für den Ausgabe-String

//8 An dieser Stelle "betreten" wir einen kritischen Abschnitt. Das sehen Sie daran, dass in der Folgezeile eine Ausgabe auf der Konsole erfolgt. Wir schützen diesen Abschnitt mit der Funktion enterSection. Anschließend erfolgt die Ausgabe des Konsolen-Handles in roter Farbe (ciRed).
//9 Hier wird der kritische Abschnitt wieder verlassen. Wir realisieren dieses Verlassen mit der Funktion leaveSection. Bitte beachten Sie: wenn Sie diesen Aufruf nicht durchführen, würde Ihre Software keine Ausgaben beim Thread ThreadGreen zulassen. Versuchen Sie es!
//10 Der Thread-Schleife

```
while (!bEnd)
```

wird dann der aktuelle Wert der Variable iRedNumb ausgegeben. Diese Ausgabe ist ebenfalls mittels enterSection zu schützen.
//11 Hier wird beim Thread ThreadGreen die Ausgabefarbe gesetzt. Das tun wir, weil wir via main-Programm diese Farbe ändern wollen.
//12 Am ThreadGreen machen wir uns klar, wie der Empfang von Messages an Threads funktioniert: sie werden im main-Programm abgesendet. Dazu dient die Methode PostThreadMessage.

```
BOOL bRet = PostThreadMessage (dwThreadIDGreen, WM_COMMAND, iColor, 0);
```

Sie sehen, dass die Message eine "Adresse" hat: die ThreadID des grünen Threads. Und der Parameter, den Sie senden, ist die Farbe iColor. Mit PeekMessage oder GetMessage wird die Message abgeholt. Dabei wartet GetMessage bis eine Message kommt; PeekMessage schaut nach, ob eine Message da ist und holt sie dann ab. Andernfalls terminiert PeekMessage. Wir verwenden PeekMessage, denn wir wollen sicherstellen, dass ständig Ausgaben erfolgen.
//13 Die Message, die wir erhalten, ist vom Typ MSG. Und unser Parameter verbirgt sich hinter wParam. Diesen Parameter lesen wir aus und entscheiden dann was zu tun ist:

12.3 Der kritische Abschnitt

Parameter	Bedeutung
"g"	ThreadGreen soll beendet werden; ThreadRed wird mit "r" beendet
"x"	ThreadGreen soll beendet werden; aber auch ThreadRed
0 - 0x0f	Farbe des auszugebenden Strings; siehe Farbtabelle 12.3

//14 Hier wird beim Thread ThreadGreen die Ausgabefarbe gesetzt. Das tun wir, weil wir via main-Programm diese Farbe ändern wollen. Wir nehmen nur Werte an, die im Bereich der Farbtabelle 12.3 liegen.
Der Thread wird alle 900 ms aktiv; das wird durch das Sleep gehandelt.

//15 Im main-Programm steuern wir unsere Threads. Wir kreieren sie, setzen die Farbe der Ausgabe bei ThreadGreen und beenden sie. Das alles geschieht in der while-Schleife:

```
while (!bEndMain)                                      // 15
```

//16 Die Threads werden über die Tastatur gesteuert (getKey). Deshalb fragen wir zunächst die Tastatur ab.

//17 Falls Sie die Taste "x" aktivieren, so terminieren wir beide Threads. Beachten Sie, dass Sie den ThreadRed erst dann beenden können, wenn der ThreadGreen beendet ist. Die Ursache hierfür: wir holen die Messages ab mittels

```
PeekMessage (&msg, 0, 0, 0, PM_REMOVE );
```

Das Entscheidende dabei ist das "PM_REMOVE"; damit löschen wir den Message-Puffer. Wenn wir also beide Threads löschen würden ohne mittels WaitForMultipleObjects zu warten, würden wir nur einen Thread beenden können, weil der Befehl, den zweiten zu beenden, aus dem Message-Puffer gelöscht werden würde.

//18 Mit der Taste "g" terminieren wir den grünen Thread (ThreadGreen).
//19 Und sollten wir die Tasten "0" bis "9" oder "a" bis "f" drücken, so setzen wir Farben für den ThreadGreen.
//20 Mit der Taste "r" terminieren wir den roten Thread (ThreadRed).
//21 Hier beenden wir das Programm.

Wert	Farbe	Wert	Farbe
0x00	BLACK	0x08	DARKGRAY
0x01	BLUE	0x09	LIGHTBLUE
0x02	GREEN	0x0a	LIGHTGREEN
0x03	CYAN	0x0b	LIGHTCYAN
0x04	RED	0x0c	LIGHTRED
0x05	MAGENTA	0x0d	LIGHTMAGENTA
0x06	BROWN	0x0e	YELLOW
0x07	LIGHTGRAY	0x0f	WHITE

Tabelle 12.3: Tabelle über möglich Konsolenfarben.

In der Abbildung 12.9 können Sie das Programmbeispiel multiThreading anschauen. Wir haben das Programm beendet. Zuerst den Thread ThreadGreen und dann ThreadRed.

Abbildung 12.9: Die Ausgaben der beiden Threads. Das Programm 12.5 steht bei //21.

Sie sehen an den Ausgaben, dass ThreadGreen zuerst beendet wurde:
Das Zeitverhältnis liegt bei 1,8 (900 ms/500 ms). Wenn beide Threads zugleich beendet werden, so müssten wir bei ThreadRed eine Zahl sehen, die in etwa bei 160 (89*1,8) liegt. Probieren Sie es ruhig einmal aus. Drücken Sie, wenn ThreadGreen bei 89 ist, die Taste "x". Sie werden sicher nicht exakt die 160 erreichen. Überlegen Sie warum. Welcher Thread wird zuerst gestartet? Und bedenken Sie, dass das Starten eines Threads auch Zeit kostet!
Außerdem sehen Sie, dass der ThreadGreen in der Abbildung 12.9 seine Ausgaben in weißer Farbe macht: wir haben also eine Message gesendet, die die Farbe ändert. Wir haben die Taste "f" gedrückt (0x0f entspricht der weißen Farbe; schauen Sie sich dazu nochmals die Farbtabelle 12.3).

Hinweis: *Bitte definieren Sie die kritischen Abschnitte nicht nach dem Gießkannenprinzip. Definieren Sie nur dort kritische Abschnitte, wo es notwendig ist (Schutz der Hardware, Vermeidung von Access-Violation bei RAM oder Filezugriffen, ...).*

12.4 Threads und Objekte

Sie können sich natürlich vorstellen, dass man auch eine Konsolen-Klasse generieren kann. Das macht den Code übersichtlicher, und wir wiederholen nochmals das Generieren von Klassen. Für die praktische Anwendung von Objekten in diesem Kapitel müssen Sie nur wissen, wie man das Objekt der Konsolen-Klasse dem Thread übergibt. Denn eines ist doch klar: wir haben nur eine Konsole, also sollten wir auch mit nur einem Objekt auf die Konsole zugreifen.

Dazu schauen wir uns das Programm 12.6 an. Bitte beachten Sie, dass viele unleserliche Formatierungen dem Platzbedarf des Codes auf einer Seite geschuldet sind. Bevor wir auf das Programm eingehen, möchten wir auf einen Effekt hinweisen:
Probieren Sie einfach mal im lauffähigen Programm ständig (sehr schnell) die Tasten 0 bis 9 zu drücken und dann warten Sie mal eine Weile und schauen, was das Programm tut:
Sie werden sehen, dass die Farben beim Hochzählen scheinbar unaufhörlich geändert werden. Und das haben wir ja auch so programmiert. Was sicher nicht im Sinne des "Erfinders" ist, ist

12.4 Threads und Objekte

```cpp
// P003KE_ThreadObj.cpp
#include "stdafx.h"
#include <windows.h>
#include <stdio.h>
#include "cConsole.h"
DWORD WINAPI ThreadGreen( LPVOID lpParam ) {                                    //1
    cConsole* cons = (cConsole*)lpParam;                                        //2
    COORD Pos; bool bEnd = false; Pos.X = 50; Pos.Y = 2;
    char strGreen[128] ={0}; int iGreenNumb = 0;
    sprintf_s (strGreen, 128, "Konsolen-Handle Green");
    cons->enterSection();
    cons->printfStrWithColorAtPos(Pos, strGreen, ciLGreen);                     //3
    cons->leaveSection(); int iColor = ciLGreen; Pos.Y++;                       //4
    while (!bEnd) {
        sprintf_s (strGreen, 128, "%i", iGreenNumb++);  cons->enterSection();
        cons->printfStrWithColorAtPos(Pos, strGreen, iColor);                   //5
        cons->leaveSection(); MSG msg; msg.message = 0;
        BOOL bReceived = PeekMessage (&msg, 0, 0, 0, PM_REMOVE );
        if (bReceived==TRUE) {
            int iRecv = msg.wParam;                                             //6
            if (iRecv == (int)'g')                                              //7
                bEnd = true;                                                    //8
            else if ((iRecv >=0) && (iRecv <=0x0f) )                            //9
                iColor = iRecv;
        }
        Sleep (200); }
    Pos.Y++; cons->enterSection();
    cons->printfStrWithColorAtPos(Pos, "end of ThreadGreen", ciLGreen);
    cons->leaveSection();
    return 0; }
int main(int argc, char* argv[]) {
    cConsole myConsole;                                                         //10
    HANDLE Array_Of_Thread_Handles[1]; myConsole.initSection();                 //11
    HANDLE hThreadGreen = 0; DWORD dwTID; char strGreen[128] ={0};
    hThreadGreen = CreateThread( NULL, 0, ThreadGreen, &myConsole, 0, &dwTID); //12
    Array_Of_Thread_Handles[0] = hThreadGreen; bool bEndMain = false; char cChr = 0;
    COORD cHintPos; cHintPos.X = 10; cHintPos.Y = 2; myConsole.enterSection();
    myConsole.printfStrWithColorAtPos(cHintPos, "Waehle Farben aus!", ciWhite);
    myConsole.leaveSection();
    while (!bEndMain) {                                                         //13
        cChr = myConsole.getKey();
        if (cChr) {
            if (cChr == 'g')   {                                                //14
                BOOL bRet = PostThreadMessage (dwTID, WM_COMMAND, 'g', 0);
                bEndMain = true; myConsole.enterSection();
                myConsole.delLine (cHintPos, 33);
                myConsole.printfStrWithColorAtPos(cHintPos,"Start endOfThread",ciWhite);
                myConsole.leaveSection();
                WaitForMultipleObjects(1, &Array_Of_Thread_Handles[0], TRUE, INFINITE);
            }
            else if ((cChr >= '0')&&(cChr <= '9')||( cChr >= 'a')&&(cChr <= 'f')) {  //15
                char strNumb[2]; strNumb[0] = cChr; strNumb[1] = 0;
                char * strEnd; long iColor = strtol (strNumb, &strEnd, 16);
                BOOL bRet = PostThreadMessage (dwTID, WM_COMMAND, iColor, 0);   //16
                myConsole.enterSection(); myConsole.delLine (cHintPos, 33);
                sprintf_s (strGreen, 128, "Aktuelle Farbe: %s (0x%x)",
                    myConsole.strColor2String(iColor), iColor);
                myConsole.printfStrWithColorAtPos(cHintPos, strGreen, ciWhite);
                myConsole.leaveSection();
    } } } CloseHandle(hThreadGreen); return 0; }
```

Programm 12.6: Ein Beispiel, wie man Objekte an Threads übergibt.

der Fakt, dass "Aktionen" (Ändern der Farbe) durchgeführt werden, lange nachdem man die Tastatur nicht mehr gedrückt hat. Das sollten Sie unbedingt vermeiden. Es einfach nicht in Ordnung, dass ein Programm lange nach der letzten Aktion eines Users noch Änderungen vornimmt. Überlegen Sie, wie man das realisieren könnte! Aber jetzt wollen das Programm kurz beschreiben:

//1 An dieser Stelle definieren wir den Thread ThreadGreen. Er hat als Übergabeparameter einen void-Pointer (LPVOID). LPVOID ist in minwindef.h definiert:

```
typedef void far         *LPVOID;
```

//2 Hinter diesem void-Pointer verbirgt sich nichts anderes als unser Konsolen-Objekt, das wir im main-Programm definieren.
//3 Mit unserem Konsolen-Objekt können wir dann im Thread alle Methoden aktivieren. An dieser Stelle aktivieren wir den kritischen Abschnitt.
//4 Anschließend geben wir einen Text aus und verlassen danach den kritischen Abschnitt wieder.
//5 In der Thread-Schleife geben wir ebenfalls einen Text aus; unsere Zähl-Variable
iGreenNumb.
Sie wird mit der Farbe iColor ausgegeben. Diese Farbe wurde in Punkt //4 auf ciLGreen gesetzt.
//6 Anschließend schauen wir mit PeekMessage nach (msg), ob eine Nachricht vorliegt. Falls eine Nachricht da war (bReceived=TRUE), so lesen wir sie aus:

```
int iRecv = msg.wParam;                                    //6
```

//7 Falls die Taste "g" gedrückt wurde, so verlassen wir den Thread.
//8 Mit bEnd=true terminieren wir die while-Schleife des Threads.
//9 Falls die Tasten zwischen "0" und "f" liegen, so gehen wir davon aus, dass eine neue Farbe definiert wurde. Wir setzen die Farbe neu:

```
iColor = iRecv;
```

//10 Im main-Programm kreieren wir ein Konsolen-Objekt (myConsole).
//11 Mit dem Konsolen-Objekt initialisieren wir die Variable des kritischen Abschnittes.
//12 Im Anschluss daran kreieren wir den Thread ThreadGreen. Dieser Thread bekommt eine Referenz des Objektes myConsole übergeben. Das ist nötig, damit Sie im Thread ThreadGreen das Objekt myConsole ebenfalls nutzen können. Im Anschluss daran fordern Sie den Bediener auf, die Farbe (der Ausgabe des Threads ThreadGreen) zu wählen. Diese Textausgabe schützen Sie natürlich auch mit enterSection und leaveSection.
//13 Dann starten wir unsere while-Schleife im main-Programm:

```
while (!bEndMain) {                                        //13
```

In dieser Schleife haben Sie zwei Möglichkeiten:
 1. Mit "g" können Sie den Thread ThreadGreen beenden
 2. Mit den "0" bis "9" bzw. "a" bis "f" können Sie die Farben der Ausgabe des Threads ThreadGreen ändern.

12.4 Threads und Objekte

//14 An dieser Stelle beenden Sie den Thread. Sie senden den Buchstaben "g" mit PostThread-Message an den ThreadGreen. Anschließend warten Sie mittels WaitForMultipleObjects auf das Ende des Threads. Vorher haben Sie die boolsche Variable bEndMain auf true gesetzt; damit garantieren Sie das Ende unserer while-Schleife im main-Programm.

//15 Hier fragen Sie ab, ob die gedrückte Taste eine Farbe ist. Falls ja, so senden Sie diese Farbe an den Thread ThreadGreen.

//16 Dieses Senden findet hier mittels PostThreadMessage statt.

In der Abbildung 12.10 können das lauffähige Programm sehen. Sie sehen, dass wir eben die

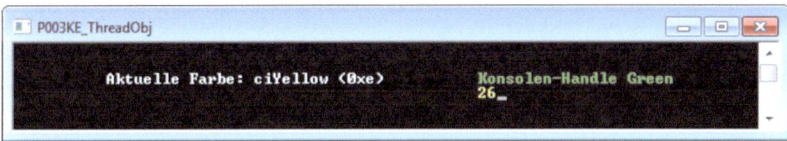

Abbildung 12.10: Die Ausgaben des Programmes 12.6.

Taste "e" (e entspricht der Farbe 0x0e bzw. 14; siehe Farbtabelle 12.3) gedrückt haben; die Ausgabe des Threads erfolgt in der Farbe Gelb. Sie sehen den 26. Zyklus; es wird also die Zahl 26 in gelber Farbe dargestellt.

```
#pragma once
#include <windows.h>
#include <stdio.h>
const int ciBlack    = 0x00; const int ciDGray    = 0x08;
const int ciBlue     = 0x01; const int ciLBlue    = 0x09;
const int ciGreen    = 0x02; const int ciLGreen   = 0x0a;
const int ciCyan     = 0x03; const int ciLCyan    = 0x0b;
const int ciRed      = 0x04; const int ciLRed     = 0x0c;
const int ciMagenta  = 0x05; const int ciLMagenta = 0x0d;
const int ciBrown    = 0x06; const int ciYellow   = 0x0e;
const int ciLGray    = 0x07; const int ciWhite    = 0x0f;
class cConsole {
public:
    cConsole(void); ~cConsole(void);
    void delLine (COORD Pos, int iLen);        /// Löschen einer Zeile
    const char* strColor2String (int iColor);  /// Ermittlung der Vordergrundfarbe
    void printfStrWithColorAtPos(COORD Pos, char *str, int iColor); /// TextAusgabe
    void printfWithColor(char * str, int iColor);  /// Ausgabe eines Texte
    void printConsole (LPCTSTR lpConsoleTitle);    /// Ausgabe des KonsolenTitel
    char getKey (void);                            /// Liest Key von Tastatur
    void setReceived (bool);                       /// setzt KeyReceive
    bool getReceived (void);                       /// returned ob Tasteangekommen ist
    void enterSection (void);                      /// Setzt das consSection_
    void leaveSection (void);                      /// Gibt die consSection_ frei
    void initSection (void);                       /// Initialisiert die consSection_
private:
    CRITICAL_SECTION consSection_;
    HANDLE  hConsole_;
    char strColor_[16];
    bool bReceived_;        //true, falls Taste im Thread angekommen ist; sonst false
};
```

Programm 12.7: Die Schnittstelle der Klasse cConsole.

An dieser Stelle haben wir noch kein Wort über die Klasse cConsole verloren. Die Implementation wollen wir hier nicht weiter erläutern. Die Schnittstelle ist im Programm 12.7 in kommentierter Form dargestellt. Die Implementation des Programmes können Sie von der Verlags-Page downloaden:
http://www.springer.com/9783658181222
Außerdem sind fast alle Methoden bereits im Programm 12.2 erläutert worden. Drei Hinweise seien allerdings gestattet:

1. `void delLine (COORD Pos, int iLen)`:
   Diese Funktion löscht in horizontaler Richtung von der Position Pos iLen Zeichen vom Display. Eine derartige Funktion ist vonnöten, weil wir nicht (unbedingt) wissen wie lang der String ist, den wir auf einer Zeile ausgeben wollen; wir nehmen einfach ein Maximum an und löschen die Zeile bevor wir einen neuen Text schreiben. So vermeiden wir, dass ein Rest der alten Zeile sichtbar ist.
2. `void setReceived (bool)`:
   Diese Funktion ist "unser Vorschlag", die Aufgabe 1 auf Seite 372 zu lösen. Den Sinn dieser Funktion werden Sie so vielleicht noch nicht verstehen. Schauen Sie sich die Lösung der Aufgabe 1 an.
   Beachten Sie, dass bei der Deklaration einer Methode lediglich die Typen angegeben werden müssen. Bei der Deklaration von Methoden braucht der Compiler nur zu wissen, wie viele Bytes er pro Übergabe-Typ reservieren muss. Bei der Definition der Methode muss der Compiler schon den Namen der Variable wissen, denn damit arbeiten Sie ja im Definitions-Teil der Methode.
3. `bool getReceived (void)`:
   Auch diese Methode ist für das Konzept nötig, dass die Tasten nur in gesteuerter Form dem Thread ThreadGreen zugeführt werden. Sie werden diese Funktion ebenfalls mit der Aufgabe 1 auf Seite 372 verstehen.

 Hinweis: *Wir sind am Ende dieses kleinen Ausflugs in die Welt der Threads angekommen. Beachten Sie, dass Sie für kleinere Tools in der Regel keine Threads benötigen. Für "größere" Projekte, für Steuerungsaufgaben oder Steuerungsvisualisierungen kann man üblicherweise auf eine Multithreading-Programmierung nicht verzichten. Aber auch hier gilt:*
Machen Sie sich erst in aller Ruhe klar, welche Abläufe, welche Funktionalitäten durch Threads gehandelt werden müssen. Es muss zwingend notwendig sein, Threads zu nutzen; nur dann ist es sinnvoll.

12.5 Zusammenfassung

- Wir wissen, dass eine Konsole bei B800:0 beginnt und einen Speicher von 4000 Bytes belegt. Jedes Zeichen auf der Konsole besteht aus einem Charakter und einem Attribut.
- Die Konsole dient uns in diesem Kapitel dazu, dass wir verstehen, warum es nicht möglich ist, dass zwei verschiedene Programme (Prozesse) oder auch Threads auf eine Hardware zugreifen. Derartige Zugriffe müssen geschützt werden; siehe unten.
- Wir haben uns in diesem Kapitel mit Threads beschäftigt. Dabei sind Schnittstellen wie
  - `WaitForMultipleObjects`
  - `CreateThread`
  - `CloseHandle`
  - `GetMessage`
  - `PeekMessage`
  - `SetThreadPriority`

  von Bedeutung. Den größten Teil dieser Schnittstellen haben wir kennengelernt. Alle offenen Fragen dazu können Sie über die Hilfe des VS 2012 klären. Es würde den Umfang des Buches sprengen, alle Methoden in allen Facetten zu beleuchten.
- Sie wissen wie man Threads kreieren kann, wie man im Thread auf Nachrichten wartet und wie man Threads beendet.
- Ihnen sollte klar geworden sein, dass Sie bestimmte Software-Herausforderungen ohne Threads nicht lösen können.
- Eine wichtiges Schlüsselwort, das Sie bei Threads nutzen (müssen), ist das des "kritische Abschnitts" (CriticalSection). Sie definieren einen kritischen Abschnitt für Code, der gleichzeitig auf (z. B.) Hardware zugreifen kann; sie erzwingen damit einen streng determinierten, sequentiellen Zugriff auf die Hardware. Dies ist nötig, weil Sie sonst nicht definierbare Ereignisse erhalten können. Wir wollen dazu noch ein Beispiel angeben:
  Stellen Sie sich vor, Sie greifen von zwei Threads auf ein File schreibend zu. Dann müssen Sie natürlich sicherstellen, dass der Schreibzugriff von Thread1 beendet wird, bevor der Schreibzugriff von Thread2 beginnt. Anderenfalls kann es geschehen, dass Sie das "Geschriebene" nicht mehr lesen können.
- Zum Abschluss des Kapitels haben wir uns mit Objekten und Threads beschäftigt. Sie konnten erkennen, dass ein Objekt nicht anderes ist als eine Variable einer Klasse, die Sie via LPVOID dem Thread übergeben können.

12.6 Übungen

1. Überlegen Sie sich, wie Sie es ermöglichen können, dass nur dann Tasten von der Applikation angenommen werden, wenn die "alten" Tasten abgearbeitet sind. Benutzen Sie dazu das Programm 12.6.
2. Schreiben Sie einen kleinen Zeilen-Editor. Der Zeilen-Editor soll parallel zu seiner Edit-Funktion die Uhrzeit ausgeben. Sie sollten Tasten wie alle alphanumerischen Tasten, <+>, <->, die Pfeil-Tasten (links und rechts) und ALT-E zulassen. Mit ALT-E sollten Sie das editieren beenden können. Sie sollten in etwa eine Ausgabe wie in der Abbildung 12.11 erhalten.
   In der Lösung sehen Sie ein Beispiel, wie man so etwas programmieren kann. Beachten Sie, wie komplex so eine einfache Aufgabenstellung ist. Und vor allem: vergleichen Sie diesen Aufwand mit dem Aufwand den wir zum Entwickeln unseres kleinen Text-Editors haben; siehe Abbildung 13.11 auf Seite 386. Verwenden Sie außerdem das API
   GetAsyncKeyState
   mit folgenden virtuals key codes:

   - VK_MENU
   - VK_LEFT
   - VK_RIGHT

   Informieren Sie sich via VS 2012 über deren Bedeutung.
   Und: vergessen Sie nicht, in dieser Aufgabe die Wirkung des kritischen Abschnittes testweise "abzuschalten". Sie werden zuerst staunen, was Sie sehen und dann verstehen.

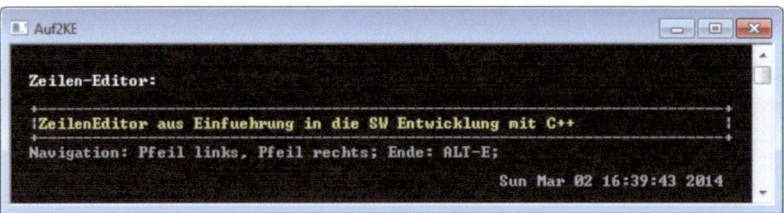

Abbildung 12.11: Die Oberfläche der Aufgabe 2.

13 Abschluss und Ausblick

Wir haben uns in diesem Buch mit objektorientierter Softwareentwicklung beschäftigt. Dabei ging es um zwei wesentliche Punkte:

1. *Alle Beschreibungen sollten auch ohne C-Vorkenntnisse verstanden werden.*
2. *Alle Beispiele sollten mit dem VS 2012 leicht und in kurzer Zeit nachvollzogen werden können.*

Wir haben - wo es sich anbot - Neuerungen von C++ 11 einfließen lassen. Aber das auch nur an einigen wenigen Beispielen. Schließlich ging es nicht vorrangig um C++ 11, sondern um Softwareentwicklung; natürlich am Beispiel von C++.
In diesem abschließenden Kapitel werden wir noch weitere Schlüsselwörter von C++ kennenlernen. Außerdem wollen wir ein weiteres GUI-Projekt generieren.

13.1 Casting

Wir haben Programme kennengelernt, wo wir Compiler-warnings erhalten haben, weil wir Variablen eines Typs Werte von Variablen eines anderen Typs gleichsetzen. Schon der hier skizzierte Code führt zum warning 13.1.

```
float fTest = 4.1;
```

```
warning C4305: 'Initialisierung': Verkürzung von 'double' in 'float'
```

Compilerausgabe 13.1: Compiler-warning: float wird mit double-Konstante definiert.

Ja: im Code oben fehlt einfach bei dem double ein f:

```
float fTest = 4.1f;
```

Dieses kleine f beseitigt das warning 13.1.

Lassen Sie uns an dieser Stelle einen kleinen Ausflug zum Einstellen der warning levels des VS 2012 machen. Sie gehen einfach auf das Projekt, drücken die rechte Mouse-Taste und erhalten über "Eigenschaften\Konfigurationseigenschaften\C/C++\Allgemein" die Möglichkeit, das warning level zu ändern. Schauen Sie dazu die Abbildung 13.1 an. Sie können natürlich ganz

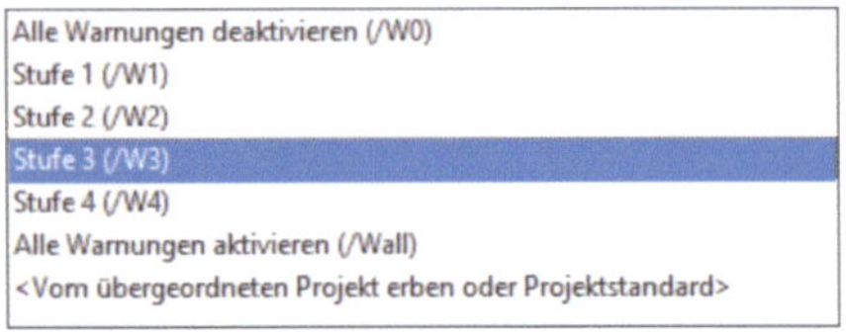

Abbildung 13.1: Die warning levels im VS 2012.

spezielle warnings auch mit

```
#pragma warning( disable : 4305 )
```

unterdrücken. In diesem speziellen Fall haben wir die Warnung 4305 unterdrückt (s. o.). Generell sollten Sie allerdings so etwas unterlassen. Falls es wirklich einmal nötig sein sollte, so sollten Sie mit

```
#pragma warning( once : 4305 )
```

nur diese eine Warnung unterdrücken. Alle anderen Problem 4305 würden dann wieder als Warnung auftreten.

Hinweis:
Es gilt immer: nur eine warning-frei übersetzte Software kann als korrekt angesehen werden.

Wie wichtig derartige warnings sein können, haben wir bei dem Programm 11.2 auf Seite 329 gezeigt: das "warning" ist so wichtig, dass das Programm nicht mehr übersetzbar ist; es führt zum Fehler.
Aber es sind nicht nur Warnungen, die dem Entwickler das Leben schwer machen. Manchmal schreibt man scheinbar sinnvollen Code und erhält trotzdem "eigenartige" Ergebnisse. Schauen Sie sich dazu das Programm 13.1 an. Dieses Programm ist warning-frei übersetzbar. Und trotzdem liefert es katastrophale Resultate. Schauen Sie sich dazu die Abbildung 13.2 an. Hier verletzen wir einfach die Regel, dass Sie Berechnungen immer mit Variablen gleichen Typs durchführen müssen. Probieren Sie es:
Wenn Sie das Programm 13.1 wie folgt ändern,

```
cout << "iT1/uiT1 : " << iT1/(int)uiT1   << endl;
cout << "uiT1/iT1 : " << (int)uiT1/iT1   << endl;
```

so erhalten Sie schon sinnvolle Ergebnisse; schauen Sie sich dazu die Abbildung 13.3 an. Sie sehen also, dass ein cast manchmal von Bedeutung sein kann.

13.1 Casting

```
// P001KC_uintint.cpp
#include "stdafx.h"
#include <iostream>
using namespace std;
#define MAX_NUMB   5
int main(void)
{
    int iT1 = -1;
    unsigned int uiT1 = 1;
    cout << "iT1      : " << iT1       << endl;
    cout << "uiT1     : " << uiT1      << endl;
    cout << "iT1/uiT1 : " << iT1/uiT1  << endl;
    cout << "uiT1/iT1 : " << uiT1/iT1  << endl;
    return 0;
}
```

Programm 13.1: Das int - unsigned int Problem.

Abbildung 13.2: Die Ausgabe des Programmes 13.1; int - unsigned int Problem.

Da aber derartige cast nicht mehr einfach im Source-Code gefunden werden können, und da casts auch immer eine spezielle Bedeutung haben, ist in C++ eine neue cast-Syntax eingeflossen. Wir stellen nun die neuen cast-operatoren vor:

`const_cast`:
Verwendung: Umwandlung von const Objekten/Variablen in nicht const Objekten/Variablen.

```
const_cast <ZielTyp> (SourceTyp)
```

Syntax 13.1: Syntax von const_cast.

Beispiel:

```
const char str = 'A';
char *str2 = (char*)&str;           // alter (C-) cast
str2 = const_cast<char*>(&str);     // neuer (CPP-) cast
```

`dynamic_cast`:
Verwendung: Dieser cast wird nur mit Pointern und Referenzen auf Objekte verwendet. Damit stellt man sicher, dass nach dem cast ein gültiges Objekt der geforderten Klasse vorhanden ist.
Beispiel:

Abbildung 13.3: Die Ausgabe des Programmes 13.1 mit dem cast (int).

```
dynamic_cast <ZielObj> (SourceObj)
```

Syntax 13.2: Syntax von dynamic_cast.

```
class cBasis { void nothing (void) {} };
class cAbgeleitet: public cBasis { double dTest_; };
cBasis *p2bObj;
cAbgeleitet aObj;
p2bObj = dynamic_cast<cBasis*>(&aObj);
```

static_cast:
Verwendung: Dieser cast kommt den alten - in C üblichen - casts am nächsten. Er wird ange-

```
static_cast <ZielTyp> (SourceTyp)
```

Syntax 13.3: Syntax von static_cast.

wandt, wenn der Zieltyp sich zur Laufzeit des Programmes nicht mehr ändert. Beispiel:

```
int iTest = 0;
float fTest = 3.5f;
fTest = static_cast <float> (iTest);
```

reinterpret_cast:
Verwendung: Dieser cast wird verwendet, um den Inhalt eines Speichers in einen neuen von SourceTyp unabhängigen Datentyp umzuwandeln. Da dieser cast naturgemäß hardwareabhängig ist, sollte er mit großer Vorsicht verwendet werden. Beispiel:

```
char cTest = 65;
int *iTest2 = reinterpret_cast <int*> (&cTest);
```

13.2 Lesen von Files - ein GUI-Projekt

Wir wissen nun schon viel von C++. Aber wir haben bis auf das Programm P08K7_TestDlg keinerlei GUI-Programm betrachtet; und auch dieses Programm existiert nur als Source-Code

13.2 Lesen von Files - ein GUI-Projekt

```
reinterpret_cast <ZielTyp> (SourceTyp)
```

Syntax 13.4: Syntax von reinterpret_cast.

und wurde nicht besprochen. Sie können aber davon ausgehen, dass Sie in der industriellen Praxis sehr häufig nur mit GUI-Programmierung "Blumensträuße" gewinnen können. Und seien wir ehrlich: wir wollen doch alle unsere Erkenntnisse in einer "schönen" Form sehen. Und das ist durchaus ein berechtigter Anspruch. Letzten Endes "sieht" das Auge mit. Aus diesem Grunde wollen ganz kurz darauf eingehen, wie man einen kleinen Dialog selbst schreiben kann.

Zuerst müssen Sie sich eine Lizenz für VS 2012 professional zulegen. Zumindest eine 90-Tage-Lizenz sollte für Sie kostenfrei zur Verfügung stehen. Dann kreieren wir ein neues Projekt. Wir nennen es P002KC_FileView. Dieser Name sollte uns schon sagen, was das Programm (mindestens) kann: Files (Text-Files) anzeigen.

Wir gehen also im VS 2012 auf Datei\Neu\Projekt. Dann erhalten wir die Auswahlmöglichkeiten, welche Projekte wir anlegen können. Siehe dazu Abbildung 13.4. Sie sehen, dass Sie mit

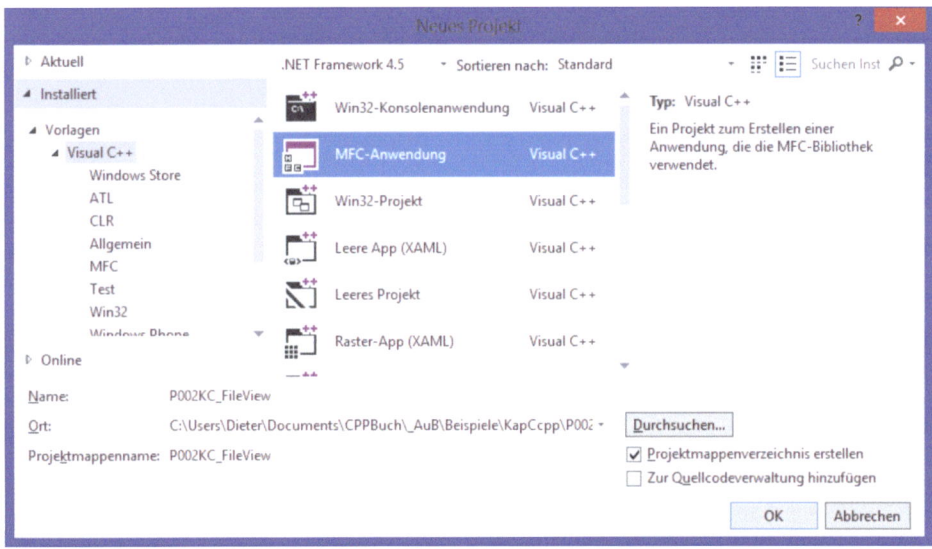

Abbildung 13.4: Das Anlegen einer dialogbasierenden Anwendung mit VS 2012 professional.

dem VS 2012 professional auch Konsolenanwendungen erstellen können. Wir wollen aber nun eine MFC-Anwendung kreieren. Deshalb wählen wir in der Abbildung 13.4 MFC-Anwendung. Danach "klicken" Sie sich einfach durch die entsprechenden Masken durch. Wir können hier aus Zeitgründen nicht darauf eingehen.

Übrigens: Sie legen den Projektnamen und den Speicherort des Projektes selbst fest; so wie bei den Konsolen-Projekten.

Irgendwann stoßen Sie auf die Abbildung 13.5. Da ist es wichtig, dass Sie die CheckBox
"Auf Dialogfeldern basierend"
anwählen; wir wollen ja einen Dialog programmieren. Und dann sind Sie eigentlich schon fer-

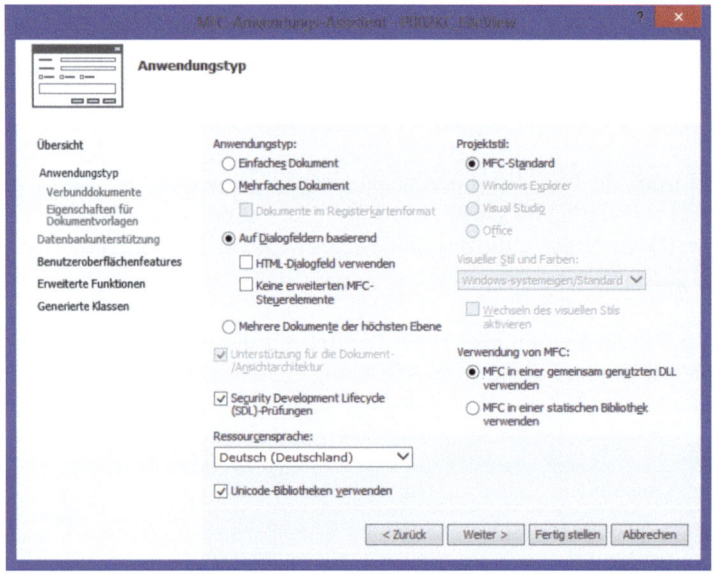

Abbildung 13.5: Das Anlegen einer dialogbasierenden Anwendung mit VS 2012 professional; Anwahl Dialog.

tig. Sie haben einen Dialog "programmiert". Dieser Dialog setzt sich aus einer Applikation und einem Dialog zusammen:

P002KC_FileViewDlg
P002KC_FileView

Beides, Dialog und Applikation, sind Bestandteil des Projektes P002KC_FileView. Und wenn Sie jetzt, wie in Abbildung 13.6, auf den Button
Fertig stellen
drücken, dann sind Sie schon fertig. Sie compilieren das Projekt und können es schon starten.

Gehen Sie nun bitte im Projekt P002KC_FileView auf das rc-File. Im Projektmappenexplorer müssen Sie dazu einfach auf das View P002KC_FileView.rc klicken. Dann gehen Sie auf Dialog und anschließend auf IDD_P002KC_FILEVIEW_DIALOG (Dialog). Das ist "unser" eigentlicher Dialog, das Ressource-File. Sie sehen ihn in der Abbildung 13.7. Sie können übrigens

13.2 Lesen von Files - ein GUI-Projekt

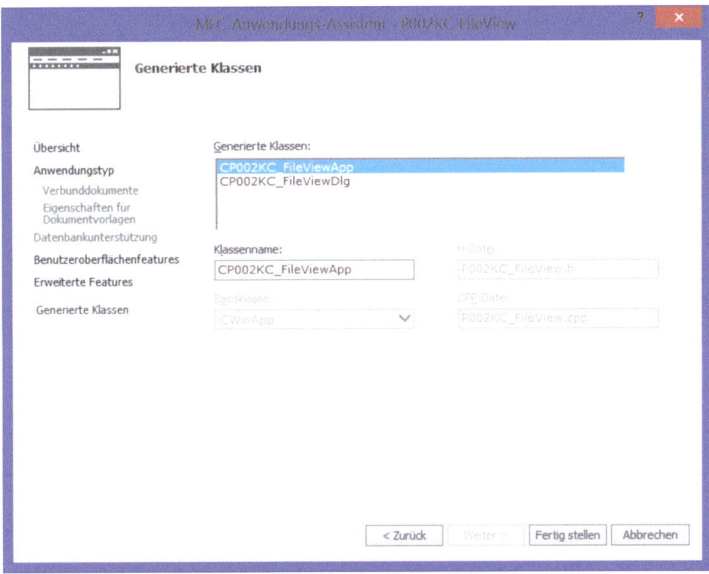

Abbildung 13.6: Dialogbasierenden Anwendung: fertig.

über Ansicht (siehe Abbildung 13.8) sehr bequem zwischen der Ressource-Ansicht und dem Projektmappenexplorer hin- und her schalten. Und wenn Sie nun das Programm compiliert haben und es starten, so sehen Sie den automatisch generierten Dialog; so wie in der Abbildung 13.7. Aber Sie wollen ja einen eigenen Dialog schreiben. Was soll der können? Nun, wir wollen einen kleinen Dialog schreiben, der von den meisten Programmen "automatisch" mit erfüllt wird. Wir wollen einen kleinen Texteditor schreiben. Dieser Editor soll die folgenden Funktionen haben:

1. Öffnen von Textfiles
2. Speichern von Textfiles
3. Ändern von Textfiles

Dementsprechend müssen Sie natürlich Ihren Dialog, das Ressource-File also ändern. Wir entfernen zunächst erst einmal die Button Ok und Abbrechen. Außerdem macht der Text "TODO: Dialogfeld-Steuerelemente hier positionieren." keinen Sinn; auch er muss verschwinden. Das Löschen realisieren Sie so, dass Sie die entsprechenden Elemente anklicken (markieren) und dann können Sie einfach diese Elemente über die Taste <Entf> bzw. <Del> löschen.

Außerdem macht es sicherlich Sinn den Dialog in seiner Form anzupassen; er sollte, da wir Texte schreiben, auch "hochformatiger" sein. Wie eine A4-Seite. Das können Sie sicherlich leicht nachvollziehen. Diese Änderung erreichen Sie, indem Sie einfach den Dialog markieren und einen der 8 Markierungspunkte (sie befinden sich an den Rändern eines markierten Dialoges) mit der Mouse "ziehen" oder "schieben".

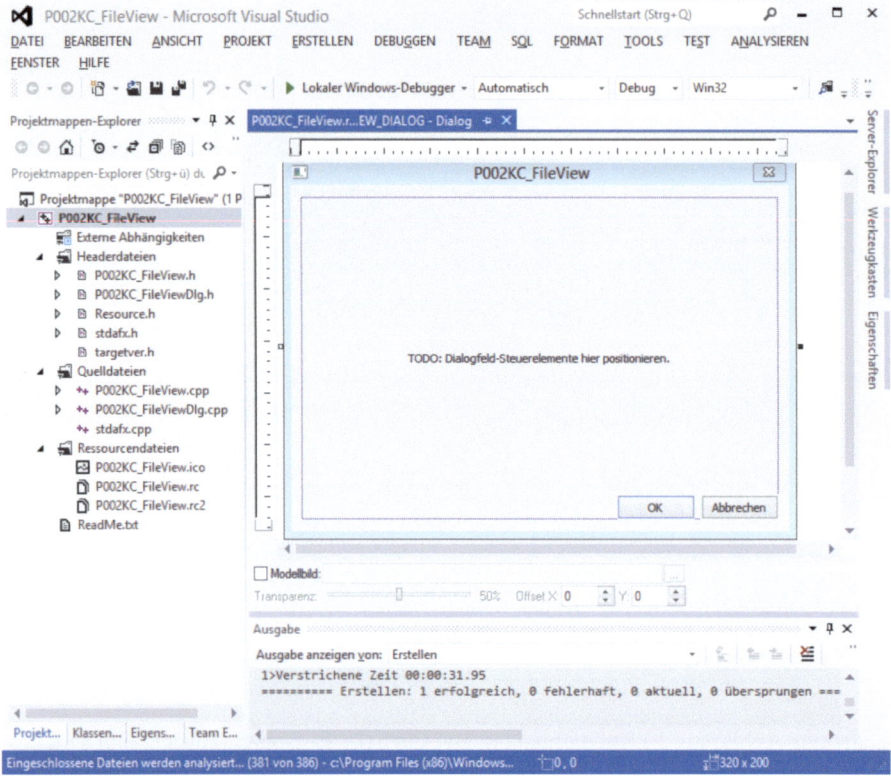

Abbildung 13.7: Dialogbasierende Anwendung: das Ressource-File.

Abbildung 13.8: Über Ansicht können Sie zwischen Ressource-File und Projektmappenexplorer hin- und her schalten.

Nun aktivieren Sie den Werkzeugkasten. Den Werkzeugkasten können Sie über Ansicht (siehe Abbildung 13.8) einblenden. Hier finden Sie eine "ganze Menge" von vorbereiteten Tools, Ressourcen etc. Wir werden ganz sicherlich die folgenden Controls benötigen:

- Button
- Edit-Control

Für unser Programm benötigen wir drei Button (File öffnen, File speichern, Exit Program) und natürlich ein Edit-Control; den Editor selbst. Sie werden sehen, dass Sie keinen Editor schreiben müssen. Das Edit-Control ist schon ein Editor! Sie schreiben lediglich ein Programm, das es

13.2 Lesen von Files - ein GUI-Projekt

in einfacher Weise erlaubt, diesen Editor zu nutzen. Wir beginnen mit dem Platzieren unserer Controls auf dem Dialog:

1. Das Edit-Control:
Sie platzieren einfach mit der Mouse das Edit-Control auf Ihren Dialog und richten es "gescheit" aus. Sie sollten der ID des Edit-Controls auch einen sinnvollen Namen geben. Wir haben es `IDC_EDIT_TEXT` genannt. Wenn Sie das Control anklicken, so können Sie (über die rechte Mouse-Taste) Eigenschaften anwählen und bestimmte Eigenschaften ändern. Wir wollen die folgenden Eigenschaften ändern:

Multiline	Multiline	True	Auto HScroll	Auto HScroll	True
Auto VScroll	Auto VScroll	True	Auto HorScroll	Horizontal Scroll	True
Auto VerScroll	Vertical Scroll	True	Auto Left Scroll	Left Scrollbar	True

2. Der Button "OpenFile":
In gleicher Art ziehen wir einen Button auf unseren Dialog. Dieser Button (OpenFile) soll die ID `IDC_BUTTON_OPENFILE` haben. Diesen ID-Bezeichner, der als Defaultnamen `IDC_BUTTON1` hat, sollten Sie unbedingt ändern. Sie sollten immer allen IDs sinnvolle Namen vergeben!
Auch hier - bei dem Button-Control - können wir über die rechte Mouse-Taste die Eigenschaften ändern. Wir werden sicherlich einen sinnvollen Namen vergeben; statt Button1 wählen wir:
Open File   Caption   Open File

Und wenn Sie nun auf das Control "Open File" doppelt klicken (schauen Sie sich dazu die Abbildung 13.9 an), so wird automatisch eine Methode generiert:

```
void CP002KC_FileViewDlg::OnBnClickedButtonOpenfile() {
    // TODO: Fügen Sie hier Ihren Kontrolbehandlungscode für die Benachrichtigung ein.
}
```

Abbildung 13.9: Das Erzeugen der Methode OnBnClickedButtonOpenfile.

Und an dieser Stelle beginnt Ihre erste Arbeit: füllen Sie die Methode OnBnClickedButtonOpenfile so, dass ein File geöffnet wird und im Edit-Control IDC_EDIT_TEXT zur Anzeige kommt. Natürlich müssen Sie da noch was wissen. Aber wir können Ihnen versichern: wenn Sie im Netz suchen, so werden Sie dazu Beispiel-Programme finden. Wir wollen aber hier unser Programm ohne Netzzugriffe beenden. Wir benötigen nun erst mal einen weiteren Dialog und wir müssen auch eine private Variable anlegen. Die Variable soll den String sichern, der Filenamen und Pfad beinhaltet. All diese Member und Objekte werden in dem File CP002KC_FileViewDlg.ccp und im Header-File des Moduls benötigt. Und der Dialog, den wir suchen, der heißt:
`CFileDialog`
Um mehr zu diesem Dialog zu erfahren, verweisen wir auf ein kleines Tutorial [CFi13]. Nun haben wir in der Methode OnBnClickedButtonOpenfile schon Name und Pfad des selektierten Files bestimmt:

```
void CP002KC_FileViewDlg::OnBnClickedButtonOpenfile() {
    // TODO: Fügen Sie hier Ihren Kontrollbehandlungscode für die Benachrichtigung ein.
    CFileDialog dlg(TRUE);                    //TRUE bedeutet, dass wir ein File öffnen wollen.
                                              //FALSE: Wir wollen ein File speichern.
    dlg.DoModal();                            //Dialog selektiert beliebiges File.
    strFNameAndPath_ = dlg.GetPathName();     //GetPathName liefert Name & Pfad des sel. Files.
}
```

Dabei ist strFNameAndPath_ vom Typ CString und eine private Membervariable der Klasse CP002KC_FileViewDlg:

```
// CP002KC_FileViewDlg-Dialogfeld
class CP002KC_FileViewDlg : public CDialogEx {
// Konstruktion
public:
    CP002KC_FileViewDlg(CWnd* pParent = NULL);    // Standardkonstruktor
    // Dialogfelddaten
    enum { IDD = IDD_P002KC_FILEVIEW_DIALOG };
protected:
    virtual void DoDataExchange(CDataExchange* pDX);    // DDX/DDV-Unterstützung
// Implementierung
protected:
    HICON m_hIcon;
    // Generierte Funktionen für die Meldungstabellen
    virtual BOOL OnInitDialog();
    afx_msg void OnSysCommand(UINT nID, LPARAM lParam);
    afx_msg void OnPaint();
    afx_msg HCURSOR OnQueryDragIcon();
    DECLARE_MESSAGE_MAP()
public:
    afx_msg void OnEnChangeEditText();
    afx_msg void OnBnClickedButtonOpenfile();
private:
    CString strFNameAndPath_;    //Name und Pfad des zu öffnenden Files
}
```

Wir haben also noch (mindestens) zwei Aufgaben vor uns:

1. Öffnen des Files und Lesen aller Daten
2. Anzeigen der Daten im Edit-Control

Natürlich: Da wir das File im Edit-Control auch editieren können, wollen wir das geänderte File auch wieder sichern. Eigentlich sollten wir hier ein neues File, eine neue Klasse definieren; z.B.: fileUtil

Aus Platz- und Zeitgründen deklarieren wir die neue Klasse in dem File P002KC_FileViewDlg.h. Wir haben die Deklaration der Klasse cFileUtil in Listing 13.2 dargestellt. Sie werden vielleicht bemerkt haben, dass die Methode readFile (void) fehlt. Wenn wir uns die Definition der Klasse anschauen, so werden Sie merken, dass das Lesen des Files im Konstruktor geschieht.

Doch bevor wir auf die Definition der Klasse cFileUtil eingehen, wollen wir eine weitere wichtige Methode definieren:

`void saveFile (void); //Speichern des Files`

Die Methode sollte über einen Button aktiviert werden können. Wir nennen diesen Button <Save

13.2 Lesen von Files - ein GUI-Projekt

```cpp
// cFileUtil
class cFileUtil {
public:
    cFileUtil(CString fileName);     // Konstruktor
    ~cFileUtil(void);                // Destruktor
    void saveFile (void);            // Speichern des Files
    char * getFileData(void){return strFileData_;}
private:
    CString strFNameAndPath_;        //Name und Pfad des zu öffnenden Files
    CFile file_;                     // File-Handle
    char *strFileData_;              //Speicher des Files
    unsigned long long ullFLen_;     //Länge des Files
};
```

Programm 13.2: Die Klasse cFileUtil (Deklaration).

File>. Außerdem fehlt noch ein Button:
Der Exit-Button
Mit dieser Funktion können wir das Programm verlassen. Wir erweitern also unseren Dialog um zwei weitere Button-Controls. In der Abbildung 13.10 können Sie den vollständigen Dialog

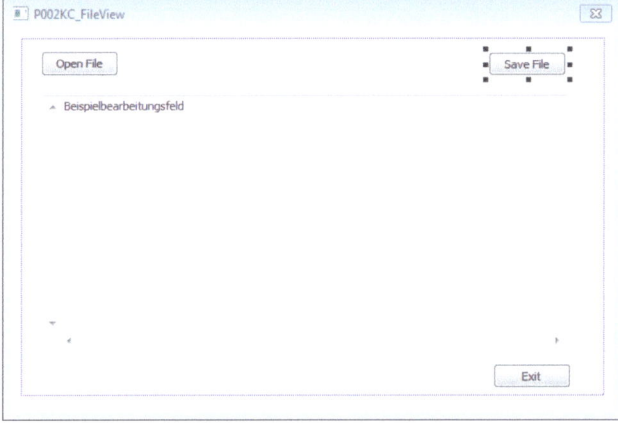

Abbildung 13.10: Fertiger Dialog als Ressource.

sehen. Und wie immer: wenn Sie einen Doppel-Klick auf den Button machen, so wird Ihnen jeweils eine neue Methode in der Klasse P002KC_FileViewDlg definiert:

1. OnBnClickedButtonSavefile
2. OnBnClickedButtonExit

Im Listing 13.3 können Sie beide Methoden einsehen.

//1 Hier holen wir uns über GetDlgItem ein Fenster des Dialog-Items IDC_EDIT_TEXT. In diesem Fenster steht "unser" Text, den wir sichern wollen.
//2 Den Text des Fensters wollen wir in den CString strWinText sichern.

```
void CP002KC_FileViewDlg::OnBnClickedButtonSavefile() {
    // TODO: Fügen Sie hier Ihren Kontrollbehandlungscode für die Benachrichtigung ein.
    CWnd* p2EditControl = GetDlgItem(IDC_EDIT_TEXT);              //1
    CString strWinText;                                            //2
    p2EditControl->GetWindowTextW(strWinText);                     //3
    cFileUtil myFile(strFNameAndPath_);                            //4
    myFile.saveFile(strWinText);                                   //5
}
void CP002KC_FileViewDlg::OnBnClickedButtonExit() {
    // TODO: Fügen Sie hier Ihren Kontrollbehandlungscode für die Benachrichtigung ein.
    OnOK();                                                        //6
}
```

Programm 13.3: Die Klasse CP002KC_FileViewDlg.

//3 Dies tun wir über die Methode GetWindowTextW.
//4 Diesen Text wollen wir in das File mit den Namen strFNameAndPath_ schreiben. Der Name ist eine private Variable der Klasse P002KC_FileViewDlg. Er wird beim Öffnen des Files direkt an die Klasse cFileUtil weitergereicht und nach strFNameAndPath_ gesichert; siehe Listing 13.2.
//5 Nun rufen wir die Methode saveFile. Sie sichert das File.
//6 Final kommen wir zum Programmbeenden: OnOK beendet einen Dialog.

Wir kommen nun zur Definition der Klasse cFileUtil; siehe Programm 13.4. Die Deklaration der Klasse können Sie im Listing 13.2 einsehen.

//1 Im Konstruktor der Klasse cFileUtil definieren wir sofort die private Variable strFNameAndPath_. Hier sind damit Filename und Pfad des Files gesichert, der aus dem modalen Dialog gewonnen wurde.
//2 Wir öffnen nun dieses File. Sie erkennen unschwer, dass wir das File lesend öffnen wollen. Das macht auch Sinn, denn wir wollen nur den Inhalt auslesen.
//3 Die private Membervariable strFileData_ soll die Filedaten sichern. Dieser char-Pointer sollte mit NULL vorinitialisiert werden.
//4 Wenn das Öffnen OK war, so ermitteln wir zunächst die Länge des Files. Da die Schnittstellen es so vorschreiben, kommen wir um einen cast nicht herum. Aber beachten Sie: Sie sollten eigentlich abfragen, dass das File nicht Größer als INT_MAX ist.
//5 Dann allokieren wir einen char-Pointer der Größe des Files plus 1. Die 1 ist nötig, weil wir das Null-Byte an den Text anhängen müssen, damit er vernünftig im Edit-Control abgebildet werden kann.
//6 Danach definieren wir den Speicher mit 0
//7 und lesen alle Daten aus dem File.
//8 Das File muss natürlich danach noch geschlossen werden.
//9 Im Destruktor geben wir den Speicher wieder frei; natürlich nur, wenn es Sinn macht.
//10 In der Methode saveFile öffnen wir das besagte File. Und zwar schreibend und kreierend. Letzteres bewirkt, dass das alte File gelöscht wird.
//11 In saveFile wird der String übergeben, der den Text des Edit-Control enthält; siehe Programm 13.3. Wir ermitteln, wie viele Bytes dieser String enthält und

13.2 Lesen von Files - ein GUI-Projekt

```
cFileUtil::cFileUtil (CString fileName) {
    strFNameAndPath_ = fileName;                                        //1
    BOOL bOK = file_.Open (strFNameAndPath_, CFile::modeRead);          //2
    strFileData_ = NULL;                                                //3
    if (bOK) {
        ullFLen_ = file_.GetLength ();                                  //4
        strFileData_ = new char [(int)ullFLen_+1];                      //5
        memset (strFileData_, 0, (int)ullFLen_+1);                      //6
        UINT uiErr = file_.Read (strFileData_, (unsigned int)ullFLen_); //7
        file_.Close ();                                                 //8
    }
}
cFileUtil::~cFileUtil (void) {
    if (strFileData_)                                                   //9
        delete []strFileData_;
}
void cFileUtil::saveFile (CString strWinText) {
    BOOL bOK = file_.Open (strFNameAndPath_, CFile::modeWrite|CFile::modeCreate); //10
    if (bOK) {
        int iNewLen = strWinText.GetLength();                           //11
        char *str = new char[iNewLen+1];                                //12
        memset (str, 0, iNewLen+1);
        LPTSTR strFileData = strWinText.GetBuffer (iNewLen);            //13
        unsigned int uiConv=0;                                          //14
        wcstombs_s (&uiConv, str, iNewLen+1, strFileData, iNewLen+1);   //15
        file_.Write (str, iNewLen);                                     //16
        file_.Close();
        delete [] str;
    }
}
```

Programm 13.4: Die Klasse cFileUtil (Definition).

//12 reservieren dann den entsprechenden Speicher (+1) dazu.
//13 Nun lesen wir die Daten aus dem StringBuffer. Diese werden in LPTSTR gesichert. LPTSTR ist letzten Endes ein Pointer auf ein wchar_t-Feld
//14 Für wcstombs_s benötigen wir hier eine unsigned int Variable.
//15 wcstombs_s wandelt nun den LPTSTR (strFileData) in einen char-Pointer (str) um. Den benötigen wir, damit wir ein 8-Bit-Text-File erstellen können.
//16 Jetzt kommen noch drei einfache Zeilen:
   Wir schreiben das File.
   Wir schließen das File.
   Und wir müssen natürlich noch den char-Pointer freigeben.

In der Abbildung 13.11 können Sie nun Ihren selbst geschriebenen Dialog anschauen; wir sehen die Stelle des cpp-Files
CP002KC_FileViewDlg.cpp,
wo die Methode
OnBnClickedButtonOpenfile
definiert ist. Nun haben Sie Ihren ersten Dialog programmiert. Er sollte Ihnen Mut geben, weitere Applikationen in Angriff zu nehmen. Außerdem müssten Sie mit derartigen Programmen sehr gut das in diesem Buch Gelernte anwenden können.

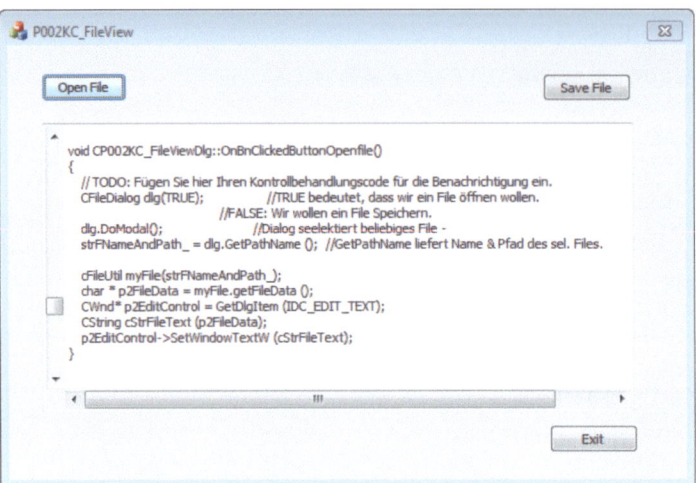

Abbildung 13.11: Fertiger Dialog als Executable.

Vielleicht sollten Sie das Programm erweitern. Da wir in diesem abschließenden Kapitel keine Übungsaufgaben definieren, empfehlen wir für Sie folgendes:

- Nutzen Sie ParseCommandLine zur Parameterübergabe; siehe Abbildung 7.15 auf Seite 236.
- Editieren Sie ein passendes Icon für dieses Programm
- Versuchen Sie das editierte File unter einem anderen Filenamen zu sichern.
- Entfernen Sie im Programm die Zeile
  `memset (strFileData_, 0, (int)ullFLen_+1); //6`
  und erklären Sie das Verhalten!

Wie möchten Ihnen Mut machen, diese Aufgaben zu lösen. Sie können das! Mit dieser kleinen Änderung in
CP002KC_FileViewApp::InitInstance()
haben Sie in der Applikationsklasse CP002KC_FileViewApp schon mal den Filenamen.

```
CCommandLineInfo rCmdInfo;
ParseCommandLine(rCmdInfo);
CString str = rCmdInfo.m_strFileName;
MessageBox (NULL, str, L"Test ParseCommandLine", 1);
```

Wie bereits erwähnt: Sie müssen das zu öffnende File nur mit der Mouse-Taste auf den Dialog ziehen. Die MessageBox nutzen wir hier nur, um Ihnen zu zeigen, dass der übergebene Filename tatsächlich mit dem obigen Code-Muster ermittelt werden kann; siehe Abbildung 13.12. Im "lauffähigen" Programm sollten Sie natürlich diese MessageBox wieder beseitigen.

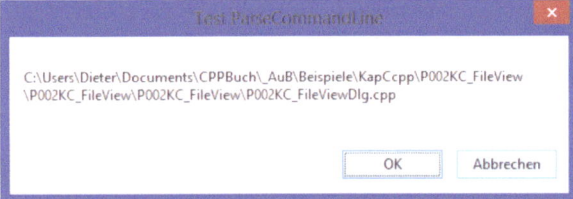

Abbildung 13.12: Zur Ermittlung des Filenamens mittels ParseCommandLine.

Ihre Aufgabe besteht nun darin, den Filenamen in der Dialog-Klasse CP002KC_FileViewDlg "bekannt" zu machen.

13.3 nullptr und NULL

Wir können nicht alle Neuerungen von C++ 11 behandeln. Abschließend wollen wir aber noch ganz kurz an einem Beispiel den Unterschied zwischen NULL und nullptr darstellen. Bisher (Versionen, die kleiner als C++ 11 waren) gab es für einen NULL-Pointer lediglich das define NULL.

Das hatte unter Umständen negative Auswirkungen. Um diese negativen Auswirkungen zu beseitigen wurde in C++ 11 das neue Schlüsselwort nullptr eingeführt. Schauen Sie sich dazu das Programm 13.5 an.

```cpp
// P003KC_nullptr.cpp
#include "stdafx.h"
#include <iostream>
using namespace std;
int testFkt (char *p2Char) {
    if (p2Char == nullptr)
        return 0;
    else
        return 1;
}
int testFkt (int iTest) {
    if (iTest == 0)
        return 2;
    else
        return 3;
}
int main(int argc, char* argv[]) {
    cout << "testFkt (0)      : " << testFkt (0)      << endl;   //1
    cout << "testFkt (NULL)   : " << testFkt (NULL)   << endl;   //2
    cout << "testFkt (nullptr): " << testFkt (nullptr)<< endl;   //3
    return 0;
}
```

Programm 13.5: Beispielprogramm zur Illustration des nullptr.

//1 An dieser Stelle wollen wir die Funktion
   int testFkt (int iTest)
aufrufen. Das klappt auch. In der Abbildung 13.13 sehen Sie, dass eine 2 ausgegeben wird.
//2 Hier wollen wir eigentlich, dass die Funktion
   int testFkt (char *p2Char)
aufgerufen wird. Aber leider ist das nicht so. NULL wird übergeben und so werden in der Regel nicht initialisierte Pointer definiert. Aber die direkte Übergabe von NULL ist nichts anderes als 0. Wenn Sie sich die Definition von NULL anschauen, so wird dies auch klar:

```
#define NULL    0
```

Sie finden diese Definition in stdio.h.
//3 Mit dem Schlüsselwort nullptr finden Sie eine Lösung aus dieser Misere. Sie sehen, dass in der Ausgabe nun tatsächlich die Funktion
   int testFkt (char *p2Char)
aufgerufen wurde. Damit wurde in C++ 11 endgültig ein Unterschied zwischen 0 und "0-Pointer" möglich.

Abbildung 13.13: Die Ausgabe des Programmes 13.5.

13.4 Die move Semantik

Zum Abschluss wollen wir durch ein kleines Beispiel die Funktionsweise der move-Symantec skizzieren. Der Unterschied zwischen einem Copy-Vorgang und einem Move-Vorgang besteht darin, dass beim Kopieren eines Datums von <1> nach <2> das Datum quasi verdoppelt wird. Stand es vor dem Copy-Vorganges nur in <1>, so steht das Datum nach den Copy-Vorgang in <1> UND <2>!

Beim Move-Vorgang des Datums von <1> nach <2> hingegen wird das Datum nach <2> "geschoben"; es verschwindet aus <1>. Schauen Sie sich dazu die Abbildung 13.14. Um die move Semantik nutzen zu können, müssen wir noch die Rvalue-Referenzen erklären. Sie bilden praktisch die Grundlage der move Semantik. Schauen Sie sich dazu nochmals das Programm 9.23 auf Seite 299 an. Hier werden beim Copy-Konstruktor die Referenzen als Lvalue-Referenz übergeben. Wenn Sie ein move-Copy Konstruktor oder einen move assignment operator schreiben wollen, so kann die Schnittstelle eigentlich nur ebenso aussehen. Aber der Compiler benötigt einen Unterschied, damit er tatsächlich die klassischen Überladungen codieren kann, oder die neuen, die move "Überladungen". Dazu benötigen wir dann die Rvalue-Referenzen. Sie unterscheiden sich von den Lvalue-Referenzen dadurch, dass die neuen Methoden ihre Rvalue-Referenzen mit zwei & annehmen. Wir schauen uns dies im Programm 13.6 an.

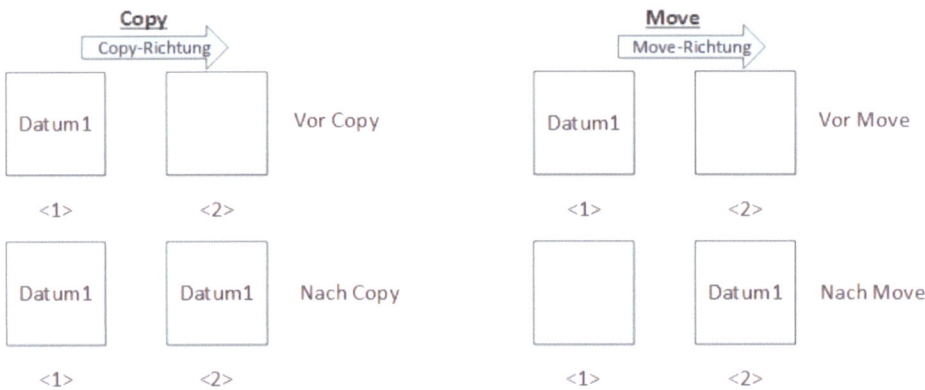

Abbildung 13.14: Die Funktionsweise von Copy und Move.

Mit dem Programm wollen wir die move Semantik an einem Beispiel verstehen. Dazu machen wir uns zunächst den move-Befehl anhand von string-Variablen klar. Anschließend codieren wir neben den klassischen Konstruktoren den copy move constructor und den move-assignment operator.

//1 An dieser Stelle definieren wir einen überladenen Konstruktor der Klasse cStrList. Diese Klasse soll Objekte der Klasse string verwalten. Wir initialisieren die private Membervariable myStrList_. Dabei haben wir vorgegeben, dass wir im init-Zustand lediglich zwei (identische) Strings in der Liste myStrList_ speichern wollen.

//2 Nun definieren wir den klassischen Copy Konstruktor. Schauen Sie sich dazu ruhig nochmals das Programm 9.22 auf Seite 298 an.

//3 Und hier wird der Zuweisungsoperator definiert. Die Deklaration dieses Operators können Sie auch im oben genannten Programm einsehen.

//4 Jetzt definieren wir den move Copy-Constructor. Dazu ist die Rvalue Referenz str notwendig:
```
const cStrList&& str
```

//5 In dieser Zeile wird der zweite move operator definiert; der move assignment operator. Auch hier wenden wir die Rvalue-Referenz an.

//6 Die Klasse cStrList verfügt über eine einzige Ausgabe-Methode: getStr. Hier werden alle Strings (von begin bis end) auf die Konsole geschrieben. Diese Methode soll uns dazu dienen, im main-Programm des Programmes 13.6 die Funktionsweise der Klasse und damit die Funktionsweise der move Semantik zu verstehen.

//7 Wie bereits erwähnt: als private Variable dient uns die list-Variable myStrList_.

//8 Zunächst definieren wir zwei Strings (str1 und str2).

//9 Diese Strings geben wir auf der Konsole aus.

//10 Anschließend moven wir - im Sinne der Abbildung 13.14 - den String str1 in den String str2. Wenn wir das getan haben, so geben wir abermals beide Strings auf der Konsole aus. Sie sehen (siehe Abbildung 13.15; dritte Konsolenzeile), dass der String str1 leer ist. Und

```cpp
// P004KC_move.cpp
#include "stdafx.h"
#include <iostream>
using namespace std;
#include <list>
#include <string>
#define MAX_STR 2
class cStrList
{
public:
    cStrList (string str) {                                 //1
        for (unsigned int i=0; i<MAX_STR; i++)
            myStrList_.push_back (str);                     }
    cStrList (const cStrList& str) {                        //2
        cout << ">> Copy-Constructor\n";
        myStrList_ = str.myStrList_;                        }
    cStrList& operator = (const cStrList& str) {            //3
        cout << ">> = operator\n";
        myStrList_ = str.myStrList_; return *this;          }

    cStrList (const cStrList&& str) {                       //4
        cout << ">> move Copy-Constructor\n";
        myStrList_ = move (str.myStrList_);                 }
    cStrList& operator = (cStrList&& str) {                 //5
        cout << ">> move = operator\n";
        myStrList_ = move (str.myStrList_); return *this;   }
    void getStr(void) {                                     //6
        for (list<string>::iterator it=myStrList_.begin(); it != myStrList_.end(); ++it)
            cout << *it << "; " << endl;                    }
private:
    list<string> myStrList_;                                //7
};
int main(void)
{
    string str1 ("Das ist der String1.");
    string str2 ("Das ist der String2.");                   //8
    cout << "String1-Ausgabe vor move : " << str1.data() << endl;   //9
    cout << "String2-Ausgabe vor move : " << str2.data() << endl;
    str2 = move (str1);                                     //10
    cout << "String1-Ausgabe nach move: " << str1.data() << endl;
    cout << "String2-Ausgabe nach move: " << str2.data() << endl << endl;
    cStrList myStrList1 (str2);                             //11
    cout << "Ausgabe myStr1-Liste    : " << endl;
    myStrList1.getStr();
    cStrList myStrList2 (str1);                             //12
    cout << "Ausgabe myStr2-Liste    : " << endl;
    myStrList2.getStr();
    myStrList2 = myStrList1;                                //13
    cout << "Ausgabe myStr2-Liste    : " << endl;
    myStrList2.getStr();
    myStrList1 = move (myStrList2);                         //14
    cout << "Ausgabe myStr2-Liste    : " << endl;
    myStrList2.getStr();
    cout << "Ausgabe myStr1-Liste    : " << endl;  //15
    myStrList1.getStr();
    return 0;
}
```

Programm 13.6: Beispielprogramm zur move Semantik.

in str1 steht der Text, der vorher in str1 stand. Wir haben str1 in str1 gelöscht und nach str2 "geschoben".

//11 Nun legen wir eine Stringliste an. Sie soll mit str2 vorinitialisiert werden. Diese Liste geben wir aus und wir sehen auch, dass der str2 mit dem Text "Das ist der String1.;" ausgegeben wird.
//12 Natürlich versuchen wir das auch mit der Liste myStrList2 und geben den String str1 aus: Wir sehen lediglich das Semikolon. Das erzeugen wir selbst; siehe Kommentar //6.
//13 Nun weisen wir der Liste myStrList2 die Liste myStrList1 zu; mit einem klassischem Copy-Konstruktor. Jetzt sehen Sie, dass myStrList2 nicht mehr leer ist.
//14 An dieser Stelle checken wir die Funktionsweise des "move = operators". Wir moven die Liste myStrList2 in die Liste myStrList1. Anschließend geben wir die Liste 2 aus. Sie ist natürlich jetzt nur noch mit leeren Strings gefüllt.
//15 Aber die Liste 1, die wir final ausgeben, hat jetzt wieder zwei "nichtleere" Elemente.

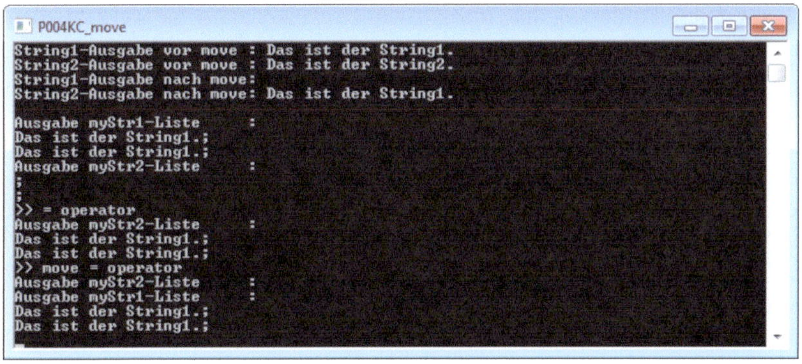

Abbildung 13.15: Die Ausgabe des Programmes 13.6.

13.5 Ende des Buches

Wir sind am Ende des Buches angekommen. Wir sollten eine grundlegende neue Idee, Software zu entwickeln verstanden haben: die Idee der objektorientierten Softwareentwicklung; es geht um Transparenz, es geht um Wiederverwendbarkeit, es geht um Sicherheit. Software sollte funktionieren. Das ist der wichtigste Job von Software. Die Funktionen, die Methoden sollten das tun, wofür sie geschrieben wurden. Für diese Forderung, für die Forderung nach Funktionstüchtigkeit von Software, haben wir in diesem Buch grundlegendes Rüstzeug mitnehmen können. Die trivialsten Forderungen sind:

- Definieren Sie Variablen sofort nach ihrer Deklaration.
- Vermeiden Sie zu viele lines of codes in Methoden.
- Vermeiden Sie zu viele Variablen in structs; zerlegen Sie die Probleme (Strukturen) in Teilprobleme (Sub-Strukturen).
- Testen Sie Ihre Software! Testen Sie, testen Sie, testen Sie!

Wenn Sie ein Projekt starten, so überlegen Sie genau, was das Ziel ist. Stimmen Sie sich eng mit Ihrem Auftraggeber ab. Das gern formulierte Ziel "Mach, dass es geht", ist dabei der falsche Ansatz. Aber trotz alledem kann dies der Grundgedanke Ihres Auftraggebers sein. Und das ist auch - aus der Sicht des Auftraggebers - nachvollziehbar. Er wird ja in der Regel das Projekt finanzieren und ist an einer schnellen, funktionalen Lösung interessiert.

Sie jedoch sollten sich die Probleme des Auftrages klarmachen. Sie müssen den Auftrag in Teilprobleme zerlegen. Und dann müssen Sie sich überlegen, für welche Teilprobleme schon Lösungen existieren und welche Teilprobleme Sie neu codieren müssen. Dazu ist ein weiteres Studium von Softwaremustern nötig. Wir empfehlen für solche Fälle ein entsprechendes Literaturstudium (z.B.: [Gam09]). Seien Sie trotzdem vorsichtig mit solchen Entwurfsmustern: verwenden Sie keine Lösungen für Probleme, die Sie nicht haben! Sie sollten immer der "Herr" Ihrer Software sein und nicht umgekehrt. Diese Forderung mag Ihnen trivial erscheinen, aber Sie werden sehen, dass es schwierig ist, immer "Herr" seiner Software zu sein. Und Sie werden sehr wahrscheinlich auch den einen oder anderen Entwickler-Kollegen entdecken, der die Herrschaft über seine Software verloren hat.

Wir haben in diesem Buch die OOP behandelt. Betrachten Sie die OOP als eine Möglichkeit, Software sauber und wiederverwendbar zu codieren. Der große Vorteil der OOP besteht darin, dass Sie auf eine bedeutende Anzahl von Libraries, Mustern und allgemeinen Lösungen zurückgreifen können. Schauen Sie sich dazu nochmals unseren kleinen Texteditor im Programm CP002KC_FileView auf Seite 384 an. Verdeutlichen Sie sich, wie wenig zu codieren war, um einen Lösung zu erhalten! Das wird allerdings nicht immer die Regel sein. Sie werden häufig mit Problemen zu tun haben, wo Sie vieles selbst codieren müssen. Wir hoffen, dass Sie durch die Lektüre dieses Buches ein gewisses Rüstzeug und eine gewisse Portion Mut dafür erhalten haben. Das gesamte Spektrum der Sprache C++/C++ 11 in allen Tiefen auszuleuchten, konnten wir nicht behandeln. Das würde den Rahmen dieses Buches sprengen. An dieser Stelle sei auf entsprechende Sekundärliteratur verwiesen ([Gri12], [Her05]). Wir wollten Ihnen Appetit machen, Appetit auf neue Aufgaben. Und neue Aufgaben gibt es zuhauf; täglich werden es mehr. Fangen Sie einfach an! Sie wissen doch:

<blockquote>
Es gibt nichts Gutes, außer man tut es.
- Erich Kästner[1] -
</blockquote>

---

[1] Erich Kästner (* 23. Februar 1899 in Dresden; † 29. Juli 1974 in München) war ein deutscher Schriftsteller

13.6 Zusammenfassung

- Wir haben in diesem Kapitel die neuen cast-Operatoren kennengelernt:
  - `const_cast`
  - `static_cast`
  - `dynamic_cast`
  - `reinterpret_cast`
- Wir haben gelernt, wie man einen Dialog anlegt. Außerdem sollte Ihnen klar geworden sein, dass Sie in solchen Dialogen das im Buch Gelernte sehr gut anwenden können. Wir haben die Klasse cFileUtil eingebunden.
  Weiterhin: ein bedeutender Anwendungsfall - wenn nicht gar der bedeutendste - eines PCs ist immer noch der einer Schreibmaschine. Dazu bedarf es eines Texteditors. Sie haben in dem Dialog FileViewDlg mit vergleichsweise geringem Aufwand einen solchen Editor eingesetzt. Aber: denken Sie immer daran, dass Sie diesen Editor sofort nutzen konnten, ohne dass Sie selbst etwas programmieren mussten. Um sich darüber klar zu werden, sollten Sie sich an unseren kleinen Zeileneditor erinnern. Sie waren (vielleicht) erstaunt, was das für Aufwände waren.
  Und genau darin besteht der Vorteil der OOP: Vieles ist schon fertig; Sie müssen es nur einbinden!
- Wir haben gelernt, wie man Dialogen mittels ParseCommandLine Parameter übergeben kann.
- Uns ist der Unterschied zwischen NULL und nullptr klar geworden.
- Wir haben die Funktionsweise der move Semantik verstanden.

Literaturverzeichnis

[att89] ATT: *The AT&T C++ Language System*. att, 1. Auflage, 1989.

[blo11] BLOODSHED: *href=http://bloodshed-dev-c.en.softonic.com/*. Internet, 2011.

[Bro60] BRONSTEIN, I.; SEMENDJAJEW, K.: *Taschenbuch der Mathematik*. BSB B. G. Teubner Verlagsgesellschaft, Leipzig, 6. Auflage, 1960.

[CFi13] CFILEDIALOG: *href=http://forum.codecall.net/topic/60962-a-tutorial-on-cfiledialog*. Internet, 2013.

[CHI17] CHIP: *href=www.chip.de/downloads*. Internet, 2017.

[Deb14] DEBUG: *href=http://thestarman.pcministry.com/asm/debug/debug.htm/*. Internet, 2014.

[dec11] DECEMBER: *href=http://www.december.com/html/spec/ascii.html*. Internet, 2011.

[Dos14] DOSBOX: *href=http://www.dosbox.com/*. Internet, 2014.

[Dre75] DRESZER, J.: *Handbuch der Mathematik*. VEB Fachbuchverlag Leipzig, Leipzig, 1. Auflage, 1975.

[Dus11] DUSCHL, D.: *Einführung in die Softwareentwicklung mit C*. Vieweg+Teubner Verlag, 1. Auflage, 2011.

[Erl05] ERLENKÖTTER, H.: *C Programmieren von Anfang an*. Rowohlt Taschenbuch Verlag GmbH, Hamburg, 11. Auflage, 2005.

[Gam09] GAMMA, E.; HELM, R.; JOHNSON R.; VLISSIDES J.: *Entwurfsmuster*. ADDISON-WESLEY, München, 1. Auflage, 2009.

[Gär10] GÄRTNER, J.: *href=http://jgae.de/endian.htm*. Internet, 2010.

[Gri12] GRIMM, R.: *C++ 11*. ADDISON-WESLEY, München, 1. Auflage, 2012.

[Her05] HEROLD, H.; KLAR, M; KLAR S.: *C++, UML und Design Patterns*. ADDISON-WESLEY, München, 1. Auflage, 2005.

[Krü09]   KRÜGER, G; STARK, TH.: *Handbuch der Java-Programmierung*. Addison-Wesley Longman Verlag, München, 6. Auflage, 2009.

[Kuh05]   KUHLINS, S.: *Die C++ Standardbibliothek*. Springer, Hamburg, 11. Auflage, 2005.

[Küv06]   KÜVELER, G; SCHWOCH, D.: *Informatik für Ingenieure und Naturwissenschaftler 2*. Friedr. Vieweg & Sohn Verlag / GVM Verlage GmbH Wiesbaden, 5. Auflage, 2006.

[Mic11a] MICROSOFT: *href=http://support.microsoft.com/kb/301583/de*. Internet, 2011.

[Mic11b] MICROSOFT: *http://www.microsoft.com/visualstudio/deu/downloads*. Internet, 2011.

[MIT10]   MIT: *href=http://www.technologyreview.com/qa/407076/bjarne-stroustrup/*. Internet, 2010.

[Mor84]   MORGENSTERN, CHR.: *Alle Galgenlieder*. Gustav Kiepenheuer Verlag, Leipzig und Weimar, 2. Auflage, 1984.

[Nis14]   NISSL, D.: *href=http://www.mbudde.de/mp3player/files/dos.pdf/*. Internet, 2014.

[Pi17]   PI: *href=http://www.aip.de/ wasi/PI/Pibel/pibel_5mio.pdf*. Internet, 2017.

[Pil09]   PILATO, C. M.; COLLINS-SUSSMAN, B; FITZPATRICK B. F.; LICHTENBERG K.; DEMMIG T.: *Versionskontrolle mit Subversion*. O'Reilly, 3. Auflage, 2009.

[Sch10]   SCHMIDT, H.: *href=https://www.h-schmidt.net/FloatConverter/IEEE754.html*. Internet, 2010.

[Sto11]   STOKELY: *href=http://www.stokely.com/lighter.side/unix.prank.html/*. Internet, 2011.

[Swi74]   SWIFT, J.: *Gullivers Reisen*. Insel Verlag, 16. Auflage, 1974.

[Wik11a] WIKIPEDIA: *href=http://de.wikipedia.org*. Internet, 2011.

[Wik11b] WIKIPEDIA: *href=http://de.wikipedia.org/wiki/Koordinierte_Weltzeit*. Internet, 2011.

[You98]   YOUNG, J. MICHAEL: *Das Visual C++ 5 Programmierbuch*. Sybex-Verlag GmbH, Düsseldorf, 1. Auflage, 1998.

Sachverzeichnis

π, 158, 316
e, Eulersche Zahl, 55
"put to" Operator, 17
<WinDef.h>, 119
<Windows.h>, 139
<conio.h>, 139
<crtdefs.h>, 139
<cstring>, 302
<decltype>, 95
<locale.h>, 151
<stdlib.h>, 139
<string.h>, 302
<time.h>, 139, 145, 149
<typeinfo>, 94
#define, 43, 67, 71, 74, 108, 326
#error, 326
#ifdef, 326
#include, 326
#include, spitze Klammerung der Files, 30
#line, 326
#pagma pack (), 110
#pragma, 326
#pragma once, 227
#pragma pack, 87
#pragma pack (2), 87
#pragma pack (N), 109
#pragma pack (show), 88, 109
#undef, 326
&=-Operator, 140
_TCHAR, 12
_USE_MATH_DEFINES, 316
__asm, 287
_getch, 357
_kbhit(), 137, 139, 357
Security Development Lifecycle, SDL, 10
©National Instruments, 21
boolalpha, 332
noboolalpha, 332

Abbruchkriterium für for-Schleifen, 130

Abgeleitete Klasse, 274
abs, 141
Abschlussfunktion, 225
Abstrakte Klassen, 316
abstrakte Klassen, 305
ACK, 131, 133
Adressoperator, 46, 80, 201
alignas, 87
Alignment, 85
Alignment, Default-Wert, 88
alignof, 88
Allround-Handler, 222
AM, 149
Anlegen von Projekten, 9
Anweisung, 127
Arbeiten mit Files, 245
Archimedes, 67
Argumente, debuggen, 234
Arten der Vererbung, 284
asctime_s, 139, 216
Assignment Operator, Zuweisungsoperator , 237
Aufzählungstypen, selbstdefinierte Typen, 103
auto Variable, 93

back, 342
Basis logarithmus naturalis, 123
Basis-Klasse, 269
Bedingungsoperator, 115
begin, 342
BEL, 133
Bibliotheks-Exceptions, 232
Big Endian, 44
BOOL, 119
bool, 119
break, 111, 169
break-Anweisung, 169
breakpoint, 128
BS, 133
BYTE, 107
Byte, 106

byte, 87

C++, 82
C++11, V
C99, long long, 43
CAN, 133
CARDINAL, 105
carriage return, 127, 129
case, 169
cassert, 141
cast, 131
cast, const_cast, 375
cast, dynamic_cast, 375
cast, reinterpret_cast, 375
cast, static_cast, 375
Casting, 354, 373
catch any, 224, 231, 234, 238, 239
cctype, 141
CCustomCommandLineInfo, 236
cerr, 35
cerrno, 141
CET, 151
CFile, 195, 251
cfloat, 141
cin, 35, 55, 155
cl.exe, 33, 252
class, 23, 33, 82, 108, 173
clear, 247, 342
climits, 141
clocale, 141
clog, 35
close, 246, 248
CloseHandle, 355
cls, Dos-Kommando, 350
cmath, 141
cmd.exe, 357
CodePage, 153
CodeWright , 2
Compilerfehlermeldungen, 40
conio.h, 137, 357
const, 67
const_cast, 375
constructor, 176
Container, 342
continue, 111, 140
continue-Anweisung, 169
COORD, 360
Copy Konstruktor, 211, 298
CopyFile, 268

cout, 35, 50
cout; mehrzeilig, 157, 158
CPU, 80
CR, 133
CreateThread, 355
CRect, 195
critical section, 349
CRITICAL_SECTION, 360
cstdio, 141
cstdlib, 141
CString, 195, 236, 302, 339
cstring, 141
CTime, 148, 195
ctime, 141
ctime_s, 216
CToolTipCtrl, 195

DC1, 133
DC2, 133
DC3, 133
DC4, 133
dec, 51, 91
dec, oct, hex, 201
decltype, 93
default, 169
define, 185
delete, 191
Delphi, 23, 46, 63, 109
deque, 342
Der ternäre Operator, 115
Destruktor, 193
Die Berechnung der Zahl π, 158
Die break-Anweisung, 145
Die continue-Anweisung, 154
Die do-while-Anweisung, 142
Die else if Anweisung, 114
Die else-Anweisung, 111
Die for-Anweisung, 123
Die goto-Anweisung, 156
Die if-Anweisung, 111
Die switch-Anweisung, 121
Die while-Anweisung(kopflastige), 133
difftime, 147
Disassembly-Ansicht im VS 2012, 286
Disassembly-Mode, 20
div, 141
DLE, 133
do-Anweisung, 111, 169
Dos-Kommando, resident, 350

Sachverzeichnis

Dos-Kommando, transient, 350
dynamic_cast, 376

early binding, 305
Eigenschaften von C++, 24
EM, 133
empty, 342
end, 342
endl, 51
Endlosschleife, 145
Endlosschleifen mit for, 127
ENQ, 132, 133
EnterCriticalSection, 362
enum, 103
eof, 247
EOT, 132, 133
erase, 342
errorlevel, 255
ESC, 133
Escapesequenzen, 35
ETB, 133
ETX, 133
Euklid'scher Algorithmus, 142
Euler, Leonard, 123
Eulersche Zahl, 55, 123
Exception in den Standard-Methoden, 237
Exception, weiterleiten, 230
Exception-Klasse, 227
Exceptionhandling, 215
Exceptions, 219
Exponent, Gleitpunktzahl, 99

fabs, 32
fail, 247
Features des Visual Studios 2015, 20
FIFO, 342
FileSize bestimmen, 254
Filezugriffe, 246
fill, 256
flush, 246
for, 121
for-Anweisung, 111
for-Schleife, 169
Frühe Bindung, 305
frühe Bindung, 305
fread, 257
friend, 202
friend-Funktionen, global, 202
friend-Funktionen, lokal, 207

front, 342
FS, 133
fußlastige while-Schleife, 111
Funktions-Templates, 327
Funktions-Templates, mehrdeutig, 332
Funktionspointer, 28, 30, 173

Garbage-Collector, 184
Genauigkeiten von Gleitpunktzahlen, 99
Geschichte, 23
GetAsyncKeyState, 372
GetDiskFreeSpaceEx, 267
GetLastError, 188, 217, 218, 241
getline, cin, 264
ggT, 144
Gleichheitsoperator, 114
GlobalMemoryStatusEx, 188
good, 247, 254
goto, 158
goto-Anweisung, 111, 170
Grunddatentypen, 38
GS, 133
GUI-Projekt, 359, 376

Hadamard, Jacques Salomon, 297
hex, 51
hex, dec, oct, 201
Hinweise zum Buch, 1
HMI, 35
HT, 133

IDE, 26
IEEE 754, 99
if-Anweisung, 111, 169
InitializeCriticalSection, 362
Inkludes von Inkludes, 175
inline-Funktion, 194
insert, 343
INT_MAX, 136, 384
Intelkonvention, 44, 48, 72
ios, 52
istream, 52, 175
Iterationen, VI
iterator, 341

Java, 156, 184
jmp, 128

Kapselung, 82

kgV, 144
Klasse, class, 23
Klassen und Objekte, 173
Klassen-Assistent, 270
Klassen-Templates, 334
Konsole, 349
Konstanten, 67
Konstruktor, 176, 193
Konstruktor, überladener, 176
Konstruktor, Destruktor; Regeln, 193
kopflastige while-Schleife, 111, 134
Kopieren von Projekten, 17

LabWindows™/CVI™, 21
late Binding, 305
LeaveCriticalSection, 362
Lebensdauer von Variablen, 78
Leibniz, Gottfried Wilhelm, 172
Lesbarkeit des Codes, 25
LIFO, 342
limits.h, 136
list, 342
Little Endian, 44, 64
localtime, 139
LOF, 325
LPTSTR, 385
Lvalue-Referenz, 388

Makros, 325
Mantisse, Gleitpunktzahl, 99
Mehrfachincludes, Vermeidung, 258
Memberfunktion, 30, 178
Membervariablen, 28
memory-Leaks, 184
MEMORYSTATUSEX, 187
Meridian, 151
MessageBox, 268, 386
Methoden, virtuelle, 269
MEZ, 151
MFC, 148, 195
Minus-Operator, 288
minwindef.h, 107, 119, 368
Modula, 46, 82
Modula 2, 23, 105, 106, 109
Modulo-Operator, 143
Motorola-Prozessor, 44
Mouse-Arm, 1
move, 388
move constructor, 237

move-assignment operator, 237
ms, MilliSekunde, 137
MSG, 364
mutable, 81

NAK, 132
namespace, 182
NaN, 100
NL, 133
NOT-Operator, 120
NP, 133
NULL, 133, 387
nullptr, 387

Oberon, 23
object, 178
Objekt, 80
oct, 51
oct, hex, dec, 201
OOP, 82
open, 246, 248
Operator, ternär, 218, 264, 325
ostream, 52, 175
Overloading, 269, 285
Overloading, local, 289
Overloading, Operatoren, 288

Parameter-Übergabe, 232
ParseCommandLine, 236, 386, 393
Pascal, 23, 46, 82, 105, 109
PathFileExists, 251
PeekMessage, 355, 368
Performance von Programmen, 170
perror, 216
Persistenz von Daten, 245
Pfeiloperator, 28, 83
Pflegeaufwände von Software, 26
Pipe-Zeichen, 129, 131
Plus-Operator, 288
PM, 149
Pointer, 83, 152
Polymorphismus, 305
pop_back(), 342
pop_front(), 342
Präfix für lokale Variablen, Empfehlung, 77, 178
Präprozessor-Befehle, 326
Präprozessoranweisung, 29
Primzahlen, 172
Prioritäten von Operatoren, 136

private, 82, 176
protected, 82, 280
ps, PicoSekunde, 137
public, 82, 178, 180
Punktoperator, 28, 83, 85
push_back(), 342
push_front(), 342

Qt, 2
Quellcode-Kommentare, 25
Quellcode-Mode, 20
QueryPerformanceCounter, 146
QueryPerformanceFrequency, 146
queue, 342

RAM, 80
rand, 138, 139, 343
random_device, 343
rbegin, 342
read, 247
Rechenstab, 159
Referenzen in C++, 97
rein virtuelle Methoden, 316
reinterpret_cast, 377
remove, 246, 261, 262
rename, 261, 262
rend, 342
reverse, 343
reverse_iterator, 342
RS, 133
RTTI, 94, 332
RTTI-System, 93, 307
Rvalue-Referenzen, 388

Satz von Pythagoras, 162, 279
Schaltjahr, 104
Schnellüberwachung, 45, 46
Scope Resolution Operator, 175, 178
seed, 343
seekg, 247, 254
seekp, 247, 265
SEH, 241
SEH; Structured Exception Handling, 222
self-typing, 71, 108, 110
set_terminate, 225
SetConsoleTextAttribute, 357
SetThreadPriority, 355
Shift Lock, 112
SI, 133

Singleton, 202, 208
size, 342
sizeof, struct, 87
sizeof-Operator, 64, 109
skalare Datentypen, 115
Sleep, 139, 358, 365
sln-File, 3
SO, 133
SOH, 133
sort, 343
SP, 140
Späte Bindung, 310
späte Bindung, 305
Space-Zeichen, 53, 131
Speicherklassen, 79
srand, 138, 139, 343
stack, 342
Standard Template Library, 337
static_cast, 376
Statische Variablen, Statische Funktionen, 197
stdio.h, 388
Stepanow, Alexander Alexandrowitsch, 337
STL, 337
stream insertion Operator, 17
strerror_s, 216
Stroustrup, Bjarne, 4, 23
strst, 141
strstr, 294
struct, sizeof, 87
Struktur, Alignment, 85
Struktur, Definition der, 27
Struktur, Speicherplatzbedarf, 85
Strukturen, 81
Strukturvariable, 30, 85
Strukturvariablen, Definition, 84
STX, 133
SUB, 133
Suffix für globale Variablen, Empfehlung, 178
SVN, 17
swap, 341
switch-Anweisung, 111, 169
Symbolische Konstanten, 71
SYN, 133
syn:tellg, 257
system-Funktion, 16

Tabulator, 36
Tabulatoren, 4
Taskmanager; Aktivierung des, 185

Tausch zweier Werte, 98
tellg, 247, 254
tellp, 247, 265
Templates, 325
ternärer Operator, 111, 169
Tetrade, 351
Tetrade, links, 129
Tetrade, rechts, 129
this, 199
Thread, 127, 145
time, 139
time_t, 139
tolower, 112
typedef, 106
typename, 327

uir-Files, 21
ullAvailPhys, 188
ullTotalPhys, 187
Umgang mit Compilerfehlermeldungen, 40
UML, 320
Umlenken, Konsolenausgabe, 261
Ungleichheitsoperator, 114
union, Nutzung, 101
unions, 89
US, 133
Using-Klausel, 16
UTC, 151

Variable; Definition;, 201
Variable; Kommentare;, 199
Variablen, 77
variant record, 109
Vererbung, 269
Verzweigungen und Schleifen, 111
virtual, 310
virtueller Methoden-Pointer, 311
Visual SourceSafe, 1
VK_LEFT, 372
VK_MENU, 372
VK_RIGHT, 372
VMT, virtuelle Methodentabelle, 311
Vorzeichenbit, Gleitpunktzahl, 99
VT, 133

Wagenrücklauf, 127
WaitForMultipleObjects, 355
warning disable, 374
warning level, 13, 374

warning once, 374
warning-freies compilieren, 33
wcerr, 36
wcin, 36
wclog, 36
wcout, 36
wcstombs_s, 385
while-Anweisung, 111
while-Schleife, 169
Whitespace-Charakter, 54
Wichtige Hotkeys, 5
width, 256
write, 247, 261, 262

x64-System; Aktivierung, 189

Zbikowski, M., 255
Zeilen-Editor, 372
Zufallswürfel, 137
Zusammenfassung; Abschluss und Ausblick, 393
Zusammenfassung; Arbeiten mit Files, 265
Zusammenfassung; Exceptionhandling
    in C++, 241
Zusammenfassung; Geschichte und
    Eigenschaften, 33
Zusammenfassung; Grundlagen, 63
Zusammenfassung; Klassen und Objekte, 212
Zusammenfassung; Konstanten - Variablen -
    Strukturen, 108
Zusammenfassung; Polymorphismus, 322
Zusammenfassung; Templates, 345
Zusammenfassung; Threads, 371
Zusammenfassung; Vererbung und
    Overloading, 301
Zusammenfassung; Verzweigungen und
    Schleifen, 168
Zuweisungsoperator, 211, 298
Zuweisungsoperator, Assignment Operator, 211

Lizenz zum Wissen.

Sichern Sie sich umfassendes Technikwissen mit Sofortzugriff auf tausende Fachbücher und Fachzeitschriften aus den Bereichen: Automobiltechnik, Maschinenbau, Energie + Umwelt, E-Technik, Informatik + IT und Bauwesen.

Exklusiv für Leser von Springer-Fachbüchern: Testen Sie Springer für Professionals 30 Tage unverbindlich. Nutzen Sie dazu im Bestellverlauf Ihren persönlichen Aktionscode C0005406 auf www.springerprofessional.de/buchaktion/

Jetzt 30 Tage testen!

Springer für Professionals.
Digitale Fachbibliothek. Themen-Scout. Knowledge-Manager.

- Zugriff auf tausende von Fachbüchern und Fachzeitschriften
- Selektion, Komprimierung und Verknüpfung relevanter Themen durch Fachredaktionen
- Tools zur persönlichen Wissensorganisation und Vernetzung

www.entschieden-intelligenter.de

Springer für Professionals

If you have any concerns about our products,
you can contact us on
ProductSafety@springernature.com

In case Publisher is established outside the EU,
the EU authorized representative is:
**Springer Nature Customer Service Center GmbH
Europaplatz 3, 69115 Heidelberg, Germany**

Printed by Libri Plureos GmbH
in Hamburg, Germany